Grandes conspiraciones de la Historia

Miguel Martín-Albo Lucas

LIBSA

Contenido

© 2023, Editorial Libsa
C/ Puerto de Navacerrada, 88
28935 Móstoles (Madrid)
Tel. (34) 91 657 25 80
e-mail: libsa@libsa.es
www.libsa.es

Colaboración en textos:
Miguel Martín-Albo Lucas
Edición: Equipo Editorial Libsa
Diseño de cubierta: Equipo de Diseño Libsa
Maquetación: Javier García Pastor y equipo
de maquetación Libsa

ISBN: 978-84-662-4236-3

DL: M 4645-2023

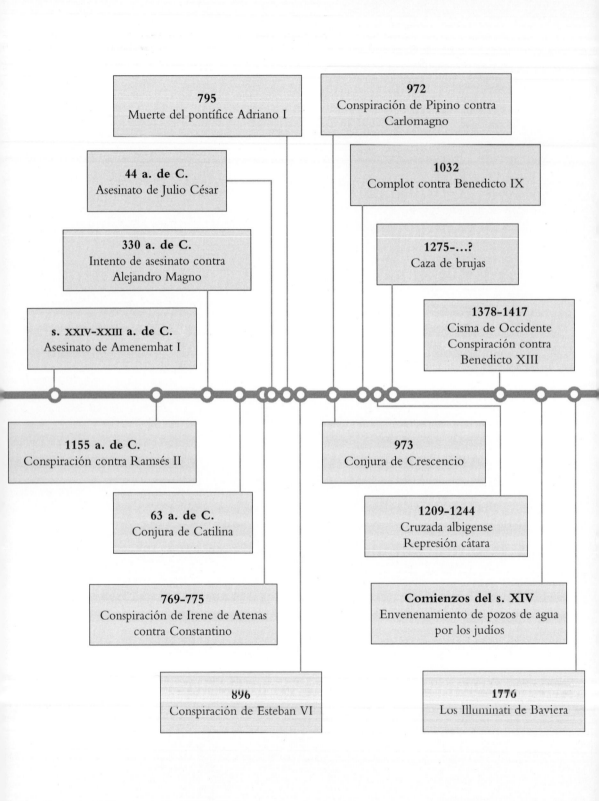

795
Muerte del pontífice Adriano I

972
Conspiración de Pipino contra
Carlomagno

44 a. de C.
Asesinato de Julio César

1032
Complot contra Benedicto IX

330 a. de C.
Intento de asesinato contra
Alejandro Magno

1275-...?
Caza de brujas

s. XXIV-XXIII a. de C.
Asesinato de Amenemhat I

1378-1417
Cisma de Occidente
Conspiración contra
Benedicto XIII

1155 a. de C.
Conspiración contra Ramsés II

973
Conjura de Crescencio

63 a. de C.
Conjura de Catilina

1209-1244
Cruzada albigense
Represión cátara

769-775
Conspiración de Irene de Atenas
contra Constantino

Comienzos del s. XIV
Envenenamiento de pozos de agua
por los judíos

896
Conspiración de Esteban VI

1776
Los Illuminati de Baviera

Cronología

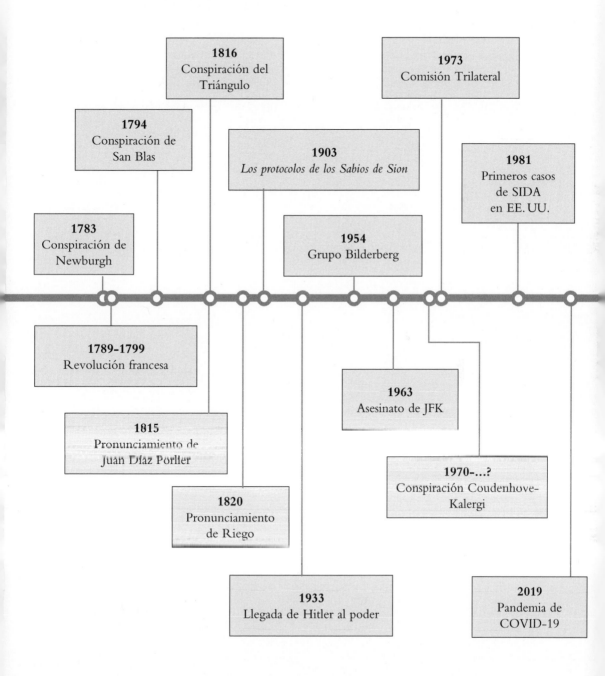

1816
Conspiración del
Triángulo

1973
Comisión Trilateral

1794
Conspiración de
San Blas

1903
Los protocolos de los Sabios de Sion

1981
Primeros casos
de SIDA
en EE. UU.

1783
Conspiración de
Newburgh

1954
Grupo Bilderberg

1789-1799
Revolución francesa

1963
Asesinato de JFK

1815
Pronunciamiento de
Juan Díaz Porlier

1970-...?
Conspiración Coudenhove-
Kalergi

1820
Pronunciamiento
de Riego

1933
Llegada de Hitler al poder

2019
Pandemia de
COVID-19

De conspiraciones
y revoluciones

«Conspirar» significa aliarse contra alguien o contra algo, particularmente contra una autoridad. La Real Academia Española define este término: «cuando varias personas se unen contra su superior o soberano, incluso contra un particular para hacerle daño». En el mundo anglosajón, el concepto va un poco más allá, el *Webster's New Collegiate Dictionary* lo expresa del siguiente modo: «unirse en secreto acuerdo con el fin de efectuar un acto ilícito o impropio, o para usar tal medio para llevar a cabo un fin ilícito».

Uno de los primeros filósofos que profundizó en los procesos relacionados con las conspiraciones fue Karl Popper. En su obra, *La sociedad abierta y sus enemigos,* escrita en 1945, el autor señala: «todo lo que ocurre en la sociedad –especialmente los sucesos que, como la guerra, la desocupación, la pobreza, la escasez, etc., por regla general no le gustan a la gente– es el resultado directo del designio de algunos individuos y grupos poderosos»[1]. En consecuencia, cualquier plan de acción oculto diseñado para beneficiarse en el ámbito social, económico o político podría considerarse una forma de conspiración.

Etimológicamente, «conspiración», del latín *con spirare*, que significa «respirar con», pone de manifiesto una cierta complicidad. Esto es, estar persuadido de un idéntico espíritu o ánimo. Sin embargo, la conspiración no debe entenderse como un concepto aislado. Palabras como «conjura»,

---

1 Popper, Karl (1994). *La sociedad abierta y sus enemigos* (p. 310). Barcelona. Paidós.

«complot» o «cábala» hemos de singularizarlas dentro del contexto histórico, una observación que adquirió gran relevancia a partir del siglo XVI, cuando la historiografía haría una notable distinción entre los diferentes conceptos.

La conjura, del latín *conjuratio* o *cum jurare*, es decir «jurar con», expresa la fidelidad y el apoyo mediante una promesa o juramento. La finalidad de toda conjura es el cambio. Un golpe al Estado o una revolución implican una participación de personas con la capacidad y la fuerza necesarias para arrebatar el poder, bien a un alto cargo o bien a algún otro miembro importante del Estado. Y el círculo de conjurados deberá mantener en secreto cualquier pacto.

En cuanto al complot, este pretende hacerse con el control de alguien, con la obtención de dinero o cualquier otro privilegio. Durante el siglo XII, las tropas galas llamaban así a ciertos acuerdos militares en el campo de batalla. Su verdadero origen, una vez más, se halla en la voz latina *complicitum*, que comparte raíz y prefijo con la palabra «cómplice» o *complicare*, expresión que indica unidad, entrelazamiento o doblamiento. Los franceses adoptaron el término *compelote*, para referirse a un «ovillo» o grupo de personas reunidas, para, más tarde, finalmente reducir su acción semántica a una conspiración o confabulación, dando lugar así al complot.

Por último, la cábala tiene sus raíces en la Inglaterra del rey Jacobo I durante los siglos XVI y XVII. Valiéndose del vocablo hebreo *kabbale*, empezó a utilizarse para referirse a un ideal secreto o esotérico. Más tarde, en Francia, se incorporaría al ámbito político con la llamada «*Cabale des Importants*». En cierto modo, la cábala era un término empleado por facciones políticas que a través de acuerdos ocultos o presiones lograba cierta influencia sobre un determinado número de personas y decisiones. Aunar seguidores para maniobrar en una dirección concreta sería su principal propósito.

Paralelamente existe una relación evidente entre estos cuatro términos, un nexo de unión, ya sea entre particulares o entre una colectividad. En este sentido sería François Guizot, en 1822, quien destacaría la importancia y la significación de los conceptos de conspiración, conjura, complot y cábala. En su *Dictionnaire des synonymes de la langue française* (diccionario de sinónimos en lengua francesa) expresaba lo siguiente:

La palabra «conspiración» siempre anuncia grandes empresas y grandes intereses. […] El objetivo de la conspiración es efectuar cambios más para mal que para bien; más en los asuntos públicos que en los privados; más con respecto a las personas que a las cosas; […] La conspiración a veces se refiere a personas privadas, lo que esencialmente la distingue de la conjura. Así, comúnmente se citan conspiraciones a favor o en contra de un litigante, de un candidato. […] El objetivo de la conjura es emprender un gran cambio, una revolución del Estado o en el Estado, ya sea en las formas propias y características del gobierno o en las leyes fundamentales y constitucionales. […] La cábala va por caminos oblicuos y ocultos; el complot por caminos silenciosos y oscuros; la conspiración por caminos profundos y horribles; la conjura a través de formas ignoradas y aborrecibles. En la cábala, por tanto, el arte es necesario; en el complot, el valor; en la conspiración, la prudencia, en la conjura, la razón y el atrevimiento. […] La cábala conduce al complot; el complot a la conspiración; la conspiración a la conjura; la conjura a la revuelta.

Para profundizar un poco más en el conocimiento y los hechos vinculados a las conspiraciones es preciso remontarse a la Antigüedad. Sabemos que los primeros signos relacionados con la escritura surgieron gracias a los pueblos sumerios. Desde aquellos primeros documentos, entre los que destaca la *Epopeya de Gilgamesh* (2500-2000 a. C), ya fuera a través de la religión o de su literatura, se han podido descubrir fragmentos que se funden con las conspiraciones protagonizadas en Egipto durante el Imperio Antiguo.

A menudo la conspiración ha llevado implícito un modo para someter la voluntad de las masas a dicha autoridad. Esta idea, que aparece ya en *La República* de Platón, ha seguido desarrollándose a lo largo del tiempo y se ha mantenido viva hasta la actualidad.

En el siglo VIII a. C, Homero ya mostraba en sus narraciones las vicisitudes del mundo civilizado para poner de manifiesto las confabulaciones e intrigas urdidas por los dioses. Siglos después, Virgilio, en su obra *La Eneida*, contemplaría esta misma idea al presentar a Neptuno, fruto de una conspiración, fuera del Olimpo. A lo largo de los siglos, tanto las tramas como los elementos conspiradores irían transformándose, sin dejar de ser por ello uno de los ejes principales de la Historia.

La trama urdida para asesinar a Julio César en el año 44 a. C. podría ser un claro ejemplo de ello. Como sabemos, los senadores implicados consiguieron el objetivo de acabar con su vida. El hecho en sí comprendía el más importante de los anhelos: la continuidad de la República. Sin embargo, con la muerte de César el proyecto se precipitó y dio origen a un violento enfrentamiento y, con ello, al estallido de una nueva guerra civil, arrastrando a Roma al siguiente periodo de su historia: el Imperio. A estos episodios sobrevivirían los relatos de confabulaciones urdidas por la corte de Nerón con el incendio del año 64 d. C., o de las acontecidas en tiempos de Diocleciano contra los cristianos en el año 303 d. C.

En la Edad Media, un cristianismo preponderante, reinos entregados a agotadoras guerras territoriales, hambrunas, prolongadas sequías, escasez de cosechas, enfermedades como la peste, la tuberculosis o la lepra, provocaron que las conspiraciones estuvieran a la orden del día. Los males generalizados empezaron a relacionarse con el pecado y, en consecuencia, la cristiandad comenzó a buscar culpables. Como resultado de esta mala praxis, judíos, brujas y herejes pasaron a ser los grandes conspiradores de las monarquías occidentales.

La expulsión de los judíos en varias partes de Europa supuso el final de los asesinatos y de los castigos administrados a los mismos bajo el pretexto de confesiones y juicios previamente acordados. Estos procesos procuraron a los poderes civiles y religiosos el restablecimiento de una posición infalible frente a un pueblo que mayoritariamente era sumiso e ignorante. Y al mismo tiempo que quedaba solventada la cuestión, el hambre y las enfermedades continuaron haciendo mella en la sociedad. Brujas y herejes pasaron a ser los siguientes inculpados y en padecer las fatales consecuencias que confería tener cierta singularidad social. Como quiera que sea, en Occidente, durante años, las políticas de castigo impuestas a las conjuras sirvieron para justificar un modelo de cristiandad estático. Surgidas en momentos de incertidumbre económica, política y religiosa, las conspiraciones actuaron como instrumento focalizador, a la vez que reparador de las causas más ruines, aunque a menudo estuvieran carentes de justificación.

La aparición de la imprenta en el siglo XV y la llegada de los primeros europeos al continente americano durante el siglo XVI supuso el fin de los casi mil años de Edad Media. Comenzaba una etapa de crecimiento cimentada en la producción capitalista y en la consolidación de una imperecedera burguesía. Pensadores como Erasmo de Róterdam, Maquiavelo o Tomás Moro vendrían a afianzar la creencia en el hombre y en sus gobiernos, al tiempo que rebajaban el vínculo con Dios. Los nuevos tiempos trajeron también nuevas formas de interpretación de la realidad. Había llegado el Renacimiento, un periodo de elevado desarrollo y mayor sosiego. Aún bajo el acecho de la Inquisición, el panorama religioso quedó dividido en dos partes: los seguidores de la Reforma y los que terminarían por abrazar la Contrarreforma.

Pese a que las primeras civilizaciones no estuvieron exentas de conspiraciones, no fue hasta la Edad Moderna cuando comenzaron a aceptarse diversos razonamientos acerca de las conspiraciones para poder entender y explicar algunos acontecimientos de la Historia. Occidente abrió la puerta a una nueva clase de conspiradores, entre los que se encontraban las sociedades ilustradas, los enciclopedistas y los francmasones. En pleno siglo XVII por ejemplo, los nacionalistas norteamericanos acusaron de confabulación a las vetustas monarquías europeas, a las que se uniría más tarde una Iglesia todavía reacia a los cambios y a las transformaciones. Y el punto álgido llegó con la Revolución francesa, consecuencia del protagonismo que ya había adquirido el proletariado de las grandes ciudades, además de una burguesía instalada plenamente en la actividad comercial y liberal.

El 14 de julio de 1789, una parte muy destacada de la población de París tomó la Bastilla. La rendición de aquellos muros significó el comienzo de una revolución que terminaría extendiéndose prácticamente por toda Europa, derribando los planteamientos del llamado Antiguo Régimen. El éxito de aquella acción, lejos de ser considerado un hecho aislado o espontáneo, resultó ser la consecuencia insoslayable de un perfecto plan concebido por personajes tan notables como Mirabeau, Danton, Marat, Felipe de Orleans, Robespierre o el mismo Napoleón, entre otros.

Por la misma razón, las ciudades renovaron su carácter burgués, estableciéndose nuevos sistemas de control capaces de hacer frente a las acciones subversivas. Tribunales de justicia y agentes de orden público contrarrestaron las acciones de anarquistas, delincuentes, además de aquellas otras colectividades secretas que, inequívocamente, terminarían perfilando el nuevo concepto de complot. En pleno siglo XIX, a la lista de conspiradores se unirían banqueros, marxistas y judíos. El Estado también tuvo su momento al recuperar el papel que desempeñó en otros tiempos como agente conspirador.

A comienzos del siglo XX, el agravamiento en las revueltas sociales desencadena un complejo entramado de confabulaciones ideadas por unas cuantas minorías poderosas. En primer término, se pensó en aquellos que controlaban el dinero, especialmente en grupos surgidos de los bancos y de la política que simpatizaba con masones bien situados. Incluso se llegó a acusar a la Compañía de Jesús, que, bajo las órdenes del Vaticano, pretendía desestabilizar a los nuevos países surgidos de la descolonización. Todo este armazón construido alrededor de la conspiración tuvo, sin duda, sus efectos, aunque no siempre se pudo demostrar.

El Estado, convertido en el gran arquitecto de las conspiraciones, adquirió protagonismo a partir de 1905, en el primer intento de revolución social que se llevó a cabo en la Rusia zarista. Surgida como consecuencia de una grave crisis económica y de una prolongada falta de empleo, la represión fue justificada y la monarquía redimida después de señalar a los judíos como la causa conspirativa para desestabilizar el país. El alegato antisemita *Los protocolos de los Sabios de Sion*, una invención de los servicios secretos rusos, estimuló el antisemitismo en la población y evitó que se culpara a bolcheviques y comunistas de la desestabilización del país. Pese a ello, el éxito de estos últimos en 1917, desencadenó una corriente de opiniones que comparaba su triunfo con el de la Revolución francesa, en tanto que ambos pretendían la liquidación de una monarquía de carácter totalitario.

Un razonamiento similar sería esgrimido poco tiempo después por el nacionalsocialismo en la Alemania de los años treinta. La lectura de *Los protocolos* entre los cabecillas nazis produjo un efecto inmediato. Goebbels, consciente de su falsedad, no dudó en utilizarlo como arma arrojadiza para persuadir primero a Himmler y luego a Hitler de la existencia de razas inferiores, responsables, por ende, de las conspiraciones contra el mundo que el nazismo pretendía exterminar.

Finalizado el periodo de guerras mundiales en 1945, la relación entre los dos principales bloques vencedores, los Estados Unidos y la URSS, quedó tensionada con la Guerra Fría. Las tramas conspirativas se intensificaron. Oriente y Occidente se escindieron en dos mundos irreconciliables con la zozobra permanente de una posible conspiración a manos de sus enemigos.

En noviembre de 1963, el asesinato de John F. Kennedy puso contra las cuerdas al mundo civilizado. A ello hubo que añadir, un año más tarde, la operación en el golfo de Tonkín, llevada a cabo por los servicios secretos estadounidenses con el fin de justificar su participación en la guerra de Vietnam. El supuesto ataque perfectamente diseñado desencadenó un efecto inmediato. Los cerca de 60 000 soldados que ya operaban en la región pasaron a ser, en poco tiempo, más de 500 000. Un complot que, en principio, había funcionado a la perfección.

La eventual rebaja de la tensión entre ambos bloques durante los años ochenta y noventa del pasado siglo dio lugar, una vez más, a un replanteamiento acerca de cuáles eran los mejores criterios conspirativos. Como contrapartida, la persistente necesidad de seguir conteniendo las fronteras de ambas coaliciones prolongó la dinámica dirigida a alterar los gobiernos, ya fuera a través de golpes militares o mediante bloqueos económicos y comerciales. Esta coyuntura se ha mantenido después inalterable en grandes áreas de Latinoamérica y, especialmente, en casi todo el continente africano. Una actitud visiblemente polarizada que ha dejado huellas notables en extensas regiones del mundo.

Con la globalización, la transición hacia el siglo XXI se vio sacudida por nuevos temores frente a una pérdida de soberanía de las naciones. La amenaza islamista, los atentados de las Torres Gemelas de Nueva York, el cambio climático o el miedo real a una pandemia mundial han vuelto a utilizarse como recursos para la búsqueda de complots contra la estabilidad mundial y el llamado Estado del bienestar.

En este libro abordaremos hechos históricos que, que, por su relevancia, han repercutido claramente en la sociedad. Acontecimientos como la Revolución francesa o la independencia de los Estados Unidos, por ejemplo, fueron, de hecho, decisivos para cambiar el curso de la Historia.

No es casual el hecho de que esa «palanca» de cambios no fuese interpretada siempre de manera acertada. En las sociedades modernas existe una clara tendencia a presentar las conspiraciones como acontecimientos, como el resultado de planes deliberados, muchas veces perjudicando el conocimiento científico e historiográfico. Este hecho ha comportado un innegable desafío a historiadores y divulgadores en los diferentes ámbitos de la cultura. De ahí que debamos establecer una marcada diferencia entre las tramas y complots justificados y aquellos imaginados por los llamados teóricos de la conspiración.

En definitiva, las conspiraciones han afectado por igual a individuos y Estados. En un tiempo donde la interpretación del mundo no era posible fuera del ámbito del pensamiento cristiano, la peste acabó con las vidas, tanto de herejes como de creyentes devotos. Tras la Revolución francesa, las estrategias del poder cambiaron en Europa. La trama ideada por girondinos y jacobinos tuvo unas consecuencias que han llegado hasta nuestros días. Ambos deseaban un cambio, ya fuera de mentalidad como de las actitudes propias de la época. Tanto si se trató de falsas confabulaciones o, por el contrario, de verdades conspirativas, los hechos han puesto en evidencia una transformación de la realidad social de aquel periodo. En definitiva, motivar el estudio de los procesos surgidos de la conspiración es una tarea esencial para la recuperación y la reconstrucción del pasado, así como de nuestra propia memoria.

TRAICIÓN Y ORDEN EN EL MUNDO ANTIGUO

El mantenimiento del orden cósmico a orillas del Nilo

La percepción del universo para los antiguos egipcios estaba basada esencialmente en el equilibrio. El mundo estaba sometido a una fuerza celestial, que era necesaria para su sostenimiento. En virtud de dicho precepto, Egipto se asemejaba a un microcosmos, donde el faraón era el responsable de mantener el orden frente al desconcierto y el caos. Cuando el faraón fallecía, su espíritu ascendía al cielo y se situaba entre las estrellas imperecederas, convirtiéndose, así, en un dios.

En el Imperio Antiguo, el mundo celestial estaba concebido como una enorme extensión rodeada de agua y atravesada por diversas corrientes. Coincidiendo con los puntos cardinales había cuatro puertas que podían ser atravesadas solo por los dioses y los espíritus de los monarcas ya difuntos. Todo faraón era, pues, diferente al resto de los mortales durante su mandato terrenal. Su muerte significaba poder aspirar a ser uno de los dioses que moraban en el cielo. Esta premisa ya estaba recogida en los Textos de las Pirámides, un conjunto de textos grabados en las paredes y cámaras de las primeras pirámides: «Estoy espalda con espalda con los dioses del norte del cielo, las Estrellas Imperecederas; por eso no pereceré. […] Soy puro, he cogido el faldellín dorado, asciendo al cielo, y la tierra queda atrás»[2].

En tales circunstancias, quitarle la vida a un faraón era un hecho impensable. Cualquier actuación de ese tipo transgredía el orden preciso del mundo. Entre los delitos, el asesinato estaba considerado uno de los hechos

---

2 López, Francisco y Thode, Rosa (2003). *Los Textos de las Pirámides*. Traducción española en internet de la versión en inglés de Faulkner, R. O.: https://egiptologia.org/

más deleznables y despreciables. Quitarle la vida a un ser humano era un privilegio de los dioses y, por extensión, de los reyes. Matar a un faraón era un acto de una crueldad sin límites. A pesar de todo, algunos atentados o asesinatos dejaron su impronta en los registros de toda la historia faraónica. Estos hechos, que por lo general estaban lo suficientemente silenciados en las fuentes egipcias, consiguieron llegar hasta Occidente gracias a los relatos de los griegos. En muchos casos, resulta aún hoy una tarea ardua completar las narraciones y obtener una perspectiva más precisa de los acontecimientos. Hasta el momento, sí podemos afirmar que en la historia del Antiguo Egipto hubo numerosas luchas y rivalidades por el poder que irían sucediéndose a lo largo del tiempo.

Por lo que respecta a las conspiraciones contra el faraón, estas solían planificarse al final de su reinado con el propósito de arrebatarle el trono y otorgárselo a otro candidato distinto. No hay constancia de que en la sucesión tuviera preferencia el primogénito o aquel nacido de la esposa principal. Tampoco existen documentos que demuestren, explícitamente, la pena que se aplicaba por tales actos, aunque podemos suponer que el castigo para los conjurados era la muerte.

Uno de los aspectos más relevantes en la vida del Antiguo Egipto es la aceptación de la poligamia. Su aprobación en la corte, a lo largo de las dinastías egipcias, dio lugar a la proliferación de grandes aposentos reales con un elevado número de esposas y mujeres, procedentes muchas veces de acuerdos diplomáticos o como consecuencia directa de su ascendencia o linaje. Esta situación, en ocasiones, generó rivalidades, desencadenando complots que rara vez eran revelados. La trama protagonizada por la esposa del faraón Pepi I, por ejemplo, es la primera que conocemos gracias a la autobiografía de Uni, un funcionario que a la postre sería el encargado de conducir la investigación.

En el transcurso de su reinado, Pepi I sobrellevó numerosos conflictos, incluido el más que probable asesinato de su padre, Teti, fundador de la VI dinastía. Después de veinte años de mandato, sus logros eran bastante considerables.

Tanto Teti como su hijo Pepi I emprendieron cambios en la Administración con el nombramiento de gobernadores provinciales en el Alto Egipto y la creación de capillas reales dedicadas al dios Ka. Todo ello representaba un estímulo a la fuerza vital del espíritu y reforzaba, además, la presencia del faraón en las provincias del Bajo Egipto. Asimismo, conocemos parte de las distintas expediciones militares, cuyo propósito no era otro que el de llevar a la práctica una política de expansión territorial a través de Nubia y el Sinaí. Para tal fin fueron necesarios la militarización y el reclutamiento de soldados procedentes de todas las provincias que bordeaban el Nilo. A ellos se sumaron mercenarios que llegaron desde Libia, además de soldados nubios procedentes de los valles de Iam o Kaau[3].

El reinado de Pepi I, tal vez por su precoz acceso al trono, no comenzó del mejor modo. Después de un breve periodo en el gobierno del faraón Userkara, para muchos el usurpador del trono de Teti, la corte quedó dividida entre los partidarios de este y los que pretendían seguir al nuevo faraón. Existe la creencia de que Userkara asumió la regencia junto a la madre de Pepi durante un año, ocupando el trono hasta la mayoría de edad de este último. Otra de las suposiciones es que obtuvo dicho interregno gracias al apoyo incondicional de los sacerdotes y a un golpe de Estado. Lo cierto es que hoy no es posible determinar el momento preciso, pero se sabe ya que durante su reinado Pepi tuvo que enfrentarse al complot ideado por una de las consortes de su harén.

Sobre este asunto existen varias teorías, sin que ninguna de ellas sea determinante. Una hipótesis se refiere a una conspiración urdida por Jentjuaues III, la madre de Userkara y esposa de Teti que podría haberse llevado a cabo al principio del reinado de Pepi I. Otra es que el intento de derrocar al rey se hubiera producido al menos dos décadas después del acceso al trono; en este caso, la reina habría querido asegurar la sucesión a su hijo, del que se desconoce su nombre.

---

3 Pérez Largacha, Antonio (2006). *Historia antigua de Egipto y del Próximo Oriente* (pp. 182-184). Madrid. Akal.

Se cree que la conspiración llevada a cabo contra su persona, le impulsó a cambiar de nombre y pasar a llamarse Meryra Pepi, es decir, «el amado de Ra». El intento de usurpación, en todo caso, acabó afectando a diferentes familias de la nobleza egipcia que por aquel entonces ostentaban un afianzado poder. Se sabe que algunos miembros de dichas familias fueron acusados, un hecho que fortaleció la figura del faraón. Terminada la crisis, Pepi contrajo matrimonio con dos hijas del gobernador o nomarca de Abidos. Con el acercamiento a Jui y Nebet, padres de sus esposas, se retomó la autoridad real sobre el Medio y Alto Egipto y se aseguró, además, la lealtad de un importante número de familias poderosas. De su matrimonio con Anjesemire I nacería el príncipe Merenra I. Pero tras el fallecimiento de esta, y tras desposarse con Anjesemire II, el monarca vería nacer a su sucesor y futuro faraón, cuyo nombre sería inscrito como Pepi II.

El final del reinado resultó ser tan comprometido como su inicio. Pepi I tuvo que sortear otra conspiración, esta vez urdida por el visir Rawer. La causa de este nuevo plan habría sido la designación de un heredero alternativo a Merenra I. Por esta razón, durante el reinado de Pepi I, parece ser que se produjo la coronación de Merenra, que compartió el trono con el faraón hasta la posterior subida al poder de Pepi II[4]. Este hecho ha supuesto para algunos historiadores la confirmación de la primera corregencia documentada de la historia de Egipto.

Otro de los relatos de conspiración y crimen que han sobrevivido al paso del tiempo es el de Amenemhat I, fundador de la Dinastía XII. El poema *Instrucción del rey Amenemhat I a su hijo Sesostris* recoge con detalle uno de los primeros asesinatos que se cometió a un faraón, Amenemhat, alrededor del año 1962 a. C.

---

4 La tesis de una probable corregencia se apoya, entre otras cuestiones, en la existencia de un colgante de oro que contiene los nombres de Pepi I y Merenra I con la indicación de que fueron monarcas en vida. Una descripción completa aparece en Allen, James P., Allen, Susan, Anderson, Julie, Arnold, Dieter, Arnold Dorothea, Cherpion, Nadine [...] Ziegler, Christiane (1999). *Egyptian Art in the Age of the Pyramids.* The Metropolitan Museum of Art, 10-11. En lo relativo a las últimas conspiraciones contra Pepi I, puede consultarse una antigua obra de referencia, la de Drioton, Étienne (1947). «Notes diverses. 2, Une corégence de Pépi Ier et de Mérenrê?», *Annales du service des antiquités de l'Égypte.* Conseil suprême des Antiquités égyptiennes, 53-92.

Amenemhat, cuyo significado es «Amón está a la cabeza», era el hijo de Neferet y del sacerdote, Sesostris. Muy pronto accedió al cargo de visir del monarca Mentuhotep IV, último representante de la Dinastía XI. A su muerte, la sucesión se vio rodeada de un sinfín de intrigas políticas debido a los dos aspirantes al trono. Tanto Antef, procedente de Tebas, como Segerseny, asentado en Nubia, no tardaron en enfrentarse hasta que finalmente ambos perdieron la vida y dejaron el camino libre a Amenemhat. Bajo la protección de Amón, Amenemhat situó la nueva capital en Ity-tauy, en la región de El Fayum, justificando de inmediato su acceso al poder en el relato la *Profecía de Neferty*, redactada por él y escrita por un sacerdote de Heliópolis. En ella se anunciaba la llegada de un salvador, llamado Ameny, y se auguran tiempos de prosperidad y justicia.

> Del sur vendrá un rey, de nombre Ameny [Amenemhat], hijo de una mujer de la tierra de Jeti. Se colocará la corona blanca, tomará la corona roja; unirá ambas en una doble corona. Y propiciará la voluntad de los Dos Señores con lo que él desea, la tierra será incluida en su sentimiento, los remos en su puño, la gente que se regocija en la voluntad de su reinado, el hombre de bien honrará su nombre eternamente.

En efecto, durante su reinado se restablecieron las fronteras y se reorganizó de forma eficaz la Administración, además del reconocimiento a los nomarcas que habían apoyado sus actuaciones para hacerse con el trono. En el aspecto militar se llevaron a cabo campañas en Elefantina, Libia y Nubia, sometiendo a la mayoría de los habitantes de esta última región. Entre sus logros, cabe destacar las reformas en los registros o la fundación de templos. En definitiva, acciones todas ellas que dotaron de prestigio a su gobierno y sembraron una holgada prosperidad económica en todo el país[5].

---

5 San Martín, Joaquín y Serrano, José Miguel (2006). *Historia antigua del Próximo Oriente. Mesopotamia y Egipto* (pp. 282-284). Madrid. Akal.

Pese a todo, es muy probable que Amenemhat temiera por su vida. Al asociar primero al trono a su hijo primogénito, Sesostris I, y después construir una pirámide en Lisht, todo hace pensar que el faraón llegara a presagiar un trágico final. El complot se llevó a cabo durante la preparación del Heb Sed o fiesta jubilar, al tiempo que su hijo dirigía una campaña militar en Libia. Por primera vez dos fuentes historiográficas muestran el plan trazado contra Amenemhat. Además de las ya citadas *Instrucciones* hay que añadir la *Historia de Sinuhé*, cuya narración detalla precisamente las acciones del protagonista en la expedición de Sesostris I a Libia. Al enterarse por casualidad del complot contra el faraón, Sinuhé habría decidido volver a Egipto, dejando al hijo primogénito de este enfrentado a la conspiración. El relato de ficción, no obstante, parece iniciarse en el momento del magnicidio, lo que le ha conferido un valioso interés histórico.

La ausencia del primogénito de Ity-tauy, debido a las campañas libias, despertó en los conjurados el interés de poner en el trono a uno de sus hermanastros, otro príncipe real. Sin embargo, al enterarse también del plan urdido para asesinar a su padre, Sesostris reaccionó a tiempo y consiguió abortar la conspiración. Pese a no poder impedir la muerte de Amenemhat, su acción al menos logró evitar la usurpación del trono. En cuanto Sesostris tomó el poder, actuó contra los culpables y mató a los asesinos. Bajo su mandato se escribieron *Las Instrucciones de Amenemhat I*, redactadas por el escriba Khety, que a través del tiempo y de las sucesivas copias en papiros se han conservado hasta la actualidad. Sesostris I ordenó escribir el texto con el fin de legitimar su reinado y exculparse del crimen cometido a su padre. Precisamente, es la propia narración la que, una vez fallecido, y en boca del propio Amenemhat, elude a Sesostris de cualquier responsabilidad en el crimen.

Cuando duermas, que te vigile tu propio corazón, porque el hombre no tiene amigos el día de la desgracia. […] Era después de cenar y había anochecido; descansé un rato, acostado sobre mi cama. Estaba cansado y mi mente se dejó llevar por el sueño.

Entonces, circularon armas; el jefe de la guardia me era fiel, pero otros eran como serpientes de la necrópolis. Me desperté con el ruido de la lucha y estaba solo; encontré un hombre tendido en el suelo, era el cuerpo del jefe de la guardia. Si hubiese cogido rápidamente el arma con las manos habría obligado a retroceder a estos ruines con la lanza: pero no hay nadie valiente de noche, no hay quien luche solo, no ha lugar una acción con éxito sin un protector. Pues bien, la agresión se produjo mientras yo estaba sin ti, antes que los cortesanos supieran que te había dejado el reino en herencia, antes que me hubiese sentado en el trono contigo, para que pudiesen acatarse tus decisiones. Pero yo no estaba preparado para esto, no lo sabía, y mi corazón no podía pensar en la negligencia de mis servidores. ¿Quizá un harén conduce a la lucha? ¿Quizá se introducen bandidos dentro de casa? ¿Quizá se abre a los ladrones? (Padró, Josep, 2020, p. 19).

Existe igualmente la certeza recogida en el relato de Sinuhé. Aunque con toda probabilidad se trata de una crónica ficticia, es interesante observar la narración referida al magnicidio. Rompiendo el silencio protector decretado en todo el Nilo, la crónica va más allá de lo que, por fin, será inevitable. Esto es, la descripción de la conjura y posterior muerte del faraón.

El año xxx, el tercer mes de la inundación, el 7, el dios entró en su horizonte, el rey del Alto y Bajo Egipto […] fue elevado al cielo y así se halló unido al disco solar, y el cuerpo del dios quedó absorbido en aquel que lo había creado. La corte estaba en silencio; los corazones, tristes; la gran puerta doble permanecía cerrada; los cortesanos estaban recogidos con la cabeza sobre las rodillas y el pueblo se lamentaba. Pues bien, Su Majestad había enviado un ejército al país de los chemehu, y su hijo mayor era el jefe, el dios perfecto Sesostris: había sido enviado para golpear los países extranjeros y castigar a quienes estaban entre los tehenu [...]. Los amigos de palacio enviaron mensajeros a Occidente para comunicar al hijo del rey los acontecimientos que habían tenido lugar en la corte. Los mensajeros llegaron hasta él de noche, lo encontraron en el camino. No se demoró un instante: el halcón levantó el vuelo con sus seguidores sin informar a su ejército. Pero también se envió a buscar a los infantes reales que estaban en su comitiva en ese ejército y se dirigió una llamada a uno de ellos. Pues bien, hallándome allí, oí su voz cuando él hablaba lejos de todos, pero mientras yo me encontraba cerca de él. Mi corazón se asustó, mis brazos se despegaron de mi cuerpo, y un temblor se abatió sobre todos mis miembros. [...] Me dirigí hacia el sur: yo me proponía volver a esta corte, pues pensaba que habría luchas y no creía poder vivir después de estos acontecimientos. (Padró, Josep, 2020, p. 20).

La rápida venganza por parte de Sesostris por matar a los asesinos de su padre y tomar las riendas del trono, no lo eximen de su parte de complicidad en los hechos. Es el propio Sinuhé el que huye de su lado. ¿Acaso sabía de un posible complot urdido por el mismo Sesostris? Con todo, queda claro que las tierras del Antiguo Egipto no fueron una excepción a la hora de tramar y urdir conspiraciones. Precisamente, durante los siglos siguientes, muchas habrían de ser todavía las dinastías en padecer complots y la muerte de sus faraones.

Conspiración y muerte en el harén

En el transcurso del Imperio Nuevo, entre los años 1543-1080 a. C., Egipto vivió un periodo de máximo esplendor con el inicio y la consolidación de la dinastía XVIII, la más importante de cuantas habrían de surgir en toda su historia. El país había superado las guerras contra los hicsos y comenzaba a percibir una madurez cultural junto a un incesante desarrollo económico, lo que conformó la apertura de nuevos territorios para el comercio fuera de sus fronteras. Después de la prolongada época conflictiva durante el reinado de Tutmosis III, los siguientes monarcas empezaron a disfrutar de amplios periodos de paz, estableciendo alianzas a través de matrimonios concertados con las realezas próximas al valle del Nilo.

La paz y el desarrollo alcanzarían su apogeo durante el reinado de Amenhotep III, alrededor de los años 1387-1348 a. C. Hijo y sucesor de Tutmosis IV, fue el noveno en la línea sucesoria de la dinastía. Casado con Tiy, lo que el monarca probablemente nunca llegó a imaginar es que aquella mujer, la primera gran esposa real, terminaría siendo la principal artífice de la conspiración que luego llevaría al trono a su hijo predilecto, Amenhotep IV. Con ello, además, iba a quedar eclipsado el poder de los seguidores de Amón.

Existe documentación bastante fragmentada hasta la Dinastía XVIII con respecto a una de las instituciones más singulares del Antiguo Egipto. Nos referimos al harén. Desde las primeras dinastías habían coexistido dos colectivos de mujeres que estaban directamente asociados al faraón. El primero, *ipt nswt*, era la auténtica cámara secreta o harén, esto es, uno de los lugares en el que se gestaron las mayores conjuras contra el poder real. El segundo, *hnrIwt*, designaba el lugar de reunión de artistas, ya estuvieran relacionados con la liturgia religiosa o secular. En este aspecto, las actividades que iban dirigidas al culto de algún dios, las realizaba una élite de mujeres que pertenecían a un destacado rango social.[6]

En uno de los papiros procedentes del yacimiento de Medinet el-Ghurob, próximo a la región de El Fayum, se describen algunos hechos relacionados con un *ipt nswt*. El estudio arqueológico ha proporcionado detalles de estos lugares anexos al palacio real, en los que, ocasionalmente, debido al elevado número de personas que lo visitaban, era precisa la presencia de un «supervisor». Una parte del harén, el *kap*, estaba reservado solo a aquellas mujeres que estaban íntimamente relacionadas con el faraón. Así sucedía con la madre, las esposas, las hermanas o las hijas. Hay que señalar que la poligamia o la existencia de concubinas no siempre fue una circunstancia habitual en la corte. Según las distintas dinastías el proceder de los monarcas variaba. En consecuencia, algunas esposas se sucedían en el tiempo, ya fuera por el fallecimiento de alguna de ellas o como resultado de un divorcio del marido.

Amenhotep III y su esposa Tiy tenían un hijo varón, el príncipe Amenhotep. Sin embargo, este no gozaba del privilegio de ser el primero en la línea de sucesión al trono. Tutmosis mantenía esta prerrogativa por ser el descendiente legítimo del faraón y de Kilu-Hepa, hija del monarca de Mitanni. Los estrechos lazos debidos al pacto de familia supusieron mayores dificultades para Tiy.

Tutmosis era el nombre que se otorgaba a los príncipes reales, concretamente a los hijos de mujeres que no ocupaban el puesto en la corte de la esposa real. Por el contrario, Amenhotep era el indicado para ser el sucesor de la corona, pero, en ese caso, el precepto tradicional fue extrañamente modificado. El destinado a suceder a Amenhotep III no había sido fruto de la relación con Tiy, primera esposa real.

---

6 Gugel Gironés, Begoña (2005). «¿Harenes y concubinas en el Antiguo Egipto?», *Boletín de la Asociación Española de Egiptología*, pp. 7-28.

Como consecuencia de todo ello, y debido a conspiración llevada a cabo para alterar el orden, el príncipe Tutmosis, el primogénito de los hijos de Amenhotep III, fue asesinado, y con él, una larga lista de nobles de Tebas, entre los que se encontraba el visir Ra-Mose, considerado uno de los más altos funcionarios de Egipto. La conspiración, tanto de índole política como religiosa, revelaba una minuciosa planificación y ejecución, lo que hacía sospechar que había sido concebida desde el mismo corazón de la familia real, concretamente desde las dependencias del harén.

Lo cierto es que no existen testimonios precisos de los hechos relacionados con los crímenes. Todo parece indicar que Tutmosis fue objeto de un asesinato que fue ejecutado tras un complot. Con la muerte del hermanastro se sorteó el mayor de los obstáculos, y Amenhotep recuperó el legado al trono y asumió el cargo de sumo sacerdote dedicado al dios Ptah. Esta situación alteró por completo la estabilidad religiosa del país al dejar a los partidarios del dios Amón sin un representante capaz frente a los elegidos por Tiy.

La concomitancia de dos formas distintas de entender el poder religioso, esto es, el de la reforma solar propuesta por Tiy junto con su hijo Amenhotep y, por otra parte, el que estaba dirigido al dios Amón que había predominado hasta entonces, desencadenó una nueva acción por parte de los conspiradores. Uno de los mayores inconvenientes era el viejo sabio Amenhotep, hijo del escriba real Hapu. Su condición le convertía en una de las figuras más poderosas e influyentes junto al faraón. Fiel devoto de Amón, a él se le debía la asimilación del dios tebano a los mitos solares. Esta circunstancia supuso la proliferación de un ingente número de seguidores de la deidad Amón-Ra.

Alrededor del año 1357 a. C., durante el primer mes de la estación *Ajet*, durante el periodo de inundaciones en el Nilo, el hijo de Hapu fue hallado muerto. Con su asesinato quedaban relegados también los poderes de Amón. El mismo faraón no pudo evitar presenciar los funerales de su gran amigo y consejero. Para lograr sus objetivos, durante la celebración del tercer jubileo de Amenhotep III, Tiy ordenó nuevas persecuciones contra las familias más importantes de la nobleza tebana y dispuso que fueran borrados los nombres de Amón de todas sus tumbas. En esos años, el faraón enfermó y pasó a depender completamente de su esposa Tiy. Con su muerte, hacia el trigésimo noveno aniversario de su reinado, finalizó un periodo de opresión en la sombra resuelto por quien había sido la primera esposa de la realeza. Tiy pudo ver la coronación de su hijo Amenhotep IV, que en poco tiempo pasaría a denominarse Akenatón, el «espíritu luminoso de Atón».

Dos siglos después, hacia el año 1153 a. C., cuando la situación se había vuelto caótica, se produjo una de las tramas conspirativas más conocidas de la Antigüedad. Planificada desde el propio harén de un enfermo Ramsés III, la conjura aprovechó el proceso de crisis imperante en todo Egipto y llegó a conseguir una implicación máxima. En su planificación y ulterior ejecución colaboraron miembros de todas y cada una de las jerarquías del Estado, incluyendo los estamentos político y militar, y se implicaron hasta los más altos cargos del poder religioso.

Parte de esta conspiración estaba justificada en el notable deterioro de los sectores económicos, además de la profunda corrupción que había minado todo el país. Todo este contingente de circunstancias acabó en la primera huelga documentada de la Historia, que provocaron los trabajadores de la tumba del faraón. Con un escenario tan complejo, la conocida como «Conspiración del harén» puso en marcha un avanzado plan que, finalmente, fracasaría. Si bien el éxito no acompañó a los conjurados, ocasionó una crisis que generó una importante fractura en la sociedad que llegó a provocar saqueos de tumbas y a un forzoso declive de la Dinastía XX. A este periodo se le conoce como el Tercer Periodo Intermedio.

Algunas fuentes como el Papiro Judicial de Turín, el Papiro Rollin o el Papiro Rifaud, rescatados de los yacimientos arqueológicos, resultan indispensables para comprender el entramado ideado contra Ramsés III. Existe la convicción de que con la finalidad de conducir al trono a Pentaur, miembro de la familia real del que apenas se tienen datos, la conspiración fue concebida por su madre, Tiyi, y al deseo declarado de Pentaur. Este habría conjurado contra el faraón apoyado por la propia Tiyi, y con el apoyo también de un escogido grupo de mujeres perteneciente al mismo harén. Pero el plan fracasó y Pentaur fue detenido, juzgado y obligado a quitarse la vida, una cuestión que se debía a su alto rango. Tras el suicidio nunca pudo encontrarse el lugar del enterramiento. Se sospecha que Tiyi conspiró contra Ramsés III, aun siendo con toda probabilidad una esposa secundaria. En uno de los cartuchos dedicado a las esposas del faraón aparece el nombre semiborrado de Tiyi, lo que evidencia la intención de que su nombre quedara para siempre en el olvido. Sin embargo, a Tiyi se la menciona en dos ocasiones más por sus condenas. La primera junto al jefe de la Cámara, Paybakkmen, cómplice en la conspiración; la segunda, junto a Pentaur. Ambos, tanto Paybakkmen como Pentaur, murieron por las mismas circunstancias al ser descubiertos[7].

El harén real acogía a miembros de la alta Administración del Estado, del ejército e incluso del clero. Entre sus tareas estaba satisfacer las necesidades de la corte, tanto a reinas como a príncipes. En el proceso que se llevó a cabo contra los acusados se afirmaba que, Paybakkmen, el jefe de la Cámara, había conspirado junto con Tiyi y otras mujeres pertenecientes al harén. El propósito no era otro que el de sublevar a la población contra el faraón. Entre los conjurados aparecía también el nombre de Payiri, miembro de la Administración civil, además de Panik, en aquellos momentos, el máximo responsable del harén. Otros cargos de confianza como el responsable del ganado, así como varios mayordomos reales fueron también condenados. Siete funcionarios más fueron castigados por haber silenciado la trama.

El día elegido para conjurar contra Ramsés III debía ser el dedicado a la Fiesta del Valle, en la que se aprovecharía la distracción de la multitud para acceder al palacio. Una destacada facción del ejército apoyaba la conspiración, encabezada por el general del país. A ella se incorporó también Beyenemwese, jefe de los arqueros del Kush que procedía de la región de

---

7 Bedman, Teresa (2003). *Reinas de Egipto. El secreto del poder* (pp. 191-210). Madrid. Alianza editorial.

Nubia. La consigna para dar luz verde a la sublevación era muy precisa: «Levantad al pueblo, suscitad disturbios para hacer la rebelión contra nuestro señor»[8].

La magia estuvo también presente en la conjura. Parece cierto que un grupo de sacerdotes participó de manera activa. El más destacado, Parekamenef, junto con Iroi, supervisor de los conocidos como sacerdotes puros de la diosa Sejmet. Por último, en la larga lista de inculpados había dos escribas de la Casa de la Vida, Messui y Shaaedmasdjer. Como señala el historiador Jesús Trello, la magia se limitaba al uso de escritos y figuras realizadas en cera. Parece ser que el sortilegio debía servir para reducir a la guardia y acceder de esa forma hasta las proximidades de Ramsés. Esta circunstancia parece que, en efecto, se consiguió, según los Papiros Lee y Rollin.

Hay que señalar que no existen documentos que aclaren el verdadero propósito de la conspiración. El más admitido entre los historiadores es el de un cambio en la sucesión, es decir, impedir que el príncipe Ramsés accediera al trono para que, en su lugar, lo hiciera Pentaur. La mala salud de Ramsés III, su edad próxima ya a los setenta años, además de la inestabilidad económica que asolaba el país permiten intuir que el descontento generalizado animó a la gestación de una alternativa, que fue apoyada desde todos los segmentos del Estado. La intención de acceder hasta las proximidades del faraón no encontró, pues, opositores, un hecho que terminó produciéndose a través de la puerta oeste de Medinet Habu, frente a la ciudad de Tebas.

Debemos suponer que, en efecto, un grupo de conspiradores llegó a cruzar la puerta, pero no se sabe con certeza si llegaron hasta las dependencias del faraón. Lo que es evidente es que la momia de Ramsés III no presenta heridas de arma, lo que significa que la muerte no se produjo de forma

---

8 Una reconstrucción del relato referido a la conspiración contra Ramsés III puede verse en: Trello Espada, Jesús (2003). «Medinet-Habu: La conjura de la reina madre», *La Aventura de la Historia*, 57, pp. 94-101.

inmediata, porque, si bien es cierto que la muerte de Ramsés III se produjo solo un mes después del asalto, es cierto también que los asaltantes fueron vencidos y posteriormente detenidos. De ser así, Tiyi pudo advertir muy pronto su fracaso. La apresurada reacción de Ramsés IV, en esos momentos comandante en jefe del ejército, y la de su hermano Amonherjopeshef, que llegaría a reinar bajo el nombre de Ramsés VI, resultaron decisivas para malograr definitivamente el golpe.

Bajo el mandato de Ramsés IV se produjeron los juicios y las sentencias. Más de una treintena de personas fueron ejecutadas. Del Papiro Judicial de Turín se han podido identificar cinco relaciones de acusados que con toda probabilidad fueron expuestas al público. De los ajusticiados, al menos la mitad sufrió castigos por guardar silencio sin que hubieran llegado a intervenir directamente en la conjura. Hay indicios de la presencia de más condenados, pero se ignora aún cuál fue su número exacto porque los arqueólogos disponen de una información todavía fragmentada. Tampoco se ha podido determinar una fecha precisa de la celebración de los procesos. En cualquier caso, a los condenados se les añadió el calificativo de «grandes criminales». En Egipto, las condenas se dictaban en nombre de los dioses y nunca eran ordenadas por voluntad de los jueces. Debemos destacar que a algunos de los condenados se los sometió a la pérdida de su nombre, un escarmiento que suponía el rechazo y el repudio social como personas.

Pero, en realidad, ¿la muerte de Ramsés III fue una consecuencia directa o indirecta del plan urdido contra él? A pesar de su fracaso, la conspiración pudo consumarse después de un plan perfectamente trazado. Éxito o no, lo que es preciso destacar en todo este relato es, precisamente, la significación y el sentido que, aun sin ser previsible, aportó al rumbo de la Historia.

La autocracia y el imperio de Alejandro Magno

La historia de Alejandro III de Macedonia, más conocido como Alejandro Magno, siempre estuvo rodeada de complots y conspiraciones para terminar con su vida. Con la muerte del rey Darío III, último rey de la dinastía aqueménida, a manos de unos sátrapas insurgentes en el año 330 a. C., Alejandro asumió el papel de vengador de quien hasta entonces había sido su principal enemigo. Después de sus victorias y con el trono de Persia bajo su poder, comenzaría un periodo de tensiones internas durante el cual se entramó un gran número de complots y conspiraciones alrededor del trono.

Macedonia inició su expansión hacia el año 730 a. C. Su reino, ubicado al norte de la actual Grecia, se hallaba custodiado por los pueblos de Epiro, en el oeste, y la región de Tracia al este. Consolidado como Estado, alrededor del siglo V a. C. alcanzó su mayor esplendor durante el mandato de Filipo II, que lo convirtió en la principal potencia helena. Precisamente, con la llegada al trono de su hijo Alejandro III el territorio macedonio alcanzaría su mayor extensión, desde Grecia hasta el valle del Indo por el este y hasta Egipto por el oeste, donde fundó la ciudad de Alejandría.

Debido a su posición estratégica entre el mar Egeo y Oriente, la historia de la consolidación del reino macedónico y su posterior expansión se caracterizó por las numerosas alianzas y conflictos entre los reinos colindantes. La consolidación de sus fronteras frente a los ilirios o los epirotas durante el siglo V a. C. fue una consecuencia más de las continuas luchas por dominar la región. Una situación que se repetiría con los territorios de Tracia y las ciudades de Negotino y Pieria.

La llegada al trono de Filipo II trajo consigo un intento por acrecentar las fronteras de Macedonia, por lo que necesariamente tuvo que reformar la Administración y ampliar su ejército. Con esa política expansionista sus dominios se abrieron hasta el lago Ócrida, muy próximo a lo que hoy es la frontera con Albania. Casado con la princesa Olimpia de Epiro, hija del monarca de Molosia, no dudó en establecer un estrecho lazo de unión con Atenas, lo que le permitió articular una fuerte coalición con los pueblos balcánicos e indoeuropeos como los tracios, ilirios y peonios.

Gracias a Heródoto y el libro V de su *Historia,* nos ha llegado el que es el primer complot documentado en la historia helénica. En un contexto de guerras y revueltas entre la dinastía aqueménida de Persia y las polis del mundo griego, Macedonia había podido mantener una débil alianza con sus vecinos más próximos y con Argos, en el Peloponeso. A propósito del avance persa, este debilitaba el equilibrio macedonio alcanzado un tiempo atrás con el resto de los poderes helenos, además de atraer a muchos adeptos hacia posiciones tanto de uno como de otro bando. La intención de Amintas I, rey de Macedonia, era la de clarificar la condición del reino en favor de las poblaciones griegas.

Según Heródoto, Amintas sentía la necesidad de atraer el favor heleno, eliminando así cualquier sospecha de que pudiera acusársele de traición. En el año 512 a. C., una delegación de persas encomendada por el general aqueménida Megabazo se presentó a las puertas de la corte de Amintas con el fin de solicitar el reconocimiento de la soberanía de Darío I sobre Macedonia. Esta circunstancia y la respuesta de Amintas I es contada por el propio Heródoto: «Cuando estos persas enviados por Megabazo a Amintas llegaron, yendo en presencia de Amintas, reclamaron tierra y agua para el rey Darío; este se las dio y les ofreció los dones de la hospitalidad, y recibió a los persas cordialmente aprestando un suntuoso banquete»[9].

---

9 Basile, Gastón Javier (2015). Heródoto, V, 19-21: «Alejandro I de Macedonia o el cruce de un límite heredado», *Nova Téllus. Revista semestral del Centro de Estudios Clásicos*, 32, 175.

Entre las costumbres aqueménidas, era habitual expresar el propósito de ocupación en los términos que Heródoto describe. La solicitud de «tierra y agua» indicaba un claro propósito de ocupación y, con ello, el control de la producción en todas sus regiones. Con todo, Amintas aceptó acoger a los delegados persas y les ofreció un banquete. Se ha especulado con la idea de que Megabazo propusiera al rey la posibilidad de convertir Macedonia en un Estado dependiente o una satrapía de Persia. Sea como fuere, y a pesar de la buena disposición mostrada por el rey Amintas I, la petición de sumisión realizada por los embajadores terminaría siendo rechazada por su hijo Alejandro, cuyo reinado se extendería después, entre los años 498-454 a. C.

Aunque los acontecimientos posteriores siguen generando bastantes interrogantes historiográficos, lo que parece cierto es que durante el mencionado banquete se solicitó por parte de la representación persa la presencia de las mujeres de la corte. Mientras, el futuro rey Alejandro I de Macedonia, junto con varios leales, urdieron un complot para terminar con la humillación que se estaba produciendo. Con el pretexto de que todas ellas debían adornarse y acicalarse, las hizo retirar del banquete junto a su padre, el rey. Reemplazadas por soldados al servicio de Alejandro y vestidos con ropas de mujer, una vez en el banquete, desenfundaron sus dagas y mataron por sorpresa a los embajadores. Junto a estos, asesinaron después a varios sirvientes y destruyeron todo cuanto los acompañaba.

Las fuentes recogidas por Heródoto nos hablan de siete cónsules muertos. También nos aclara que, enterado Megabazo de la trama y de los asesinatos de sus emisarios, envió una facción del ejército a Macedonia al mando de Búbares, uno de sus hijos. Según su relato, ante el miedo a las represalias, Amintas no tuvo más remedio que entregar una importante cantidad de dinero a los persas, además de la mano de su hermana Gigea para que fuera desposada con el propio Búbares.

Este pasaje dedicado al complot de Alejandro I pone de manifiesto las dificultades que existieron para mantener el control y el poder en la corte de Macedonia. No sería, sin embargo, hasta el año 326 a. C. cuando Alejandro habría de acceder al trono con la intención de transformar la estructura política y cultural de la región. Educado y preparado para ser el sucesor de su padre, Filipo II, Alejandro fue instruido militarmente y educado por Aristóteles desde los 13 años. Con un enorme bagaje acumulado y después del asesinato de Filipo II, fruto de una conspiración, Alejandro alcanzaría el poder antes de lo previsto.

Probablemente, empleó los primeros años de reinado en fortalecer su autoridad ante los pueblos más rebeldes y en someterlos. Durante la primera mitad del siglo IV a. C., Macedonia estaba integrada en la Hélade y podía presumir de tener el control de Grecia gracias a la influencia que ejercía sobre la Liga de Corinto, una federación de estados concebida por Filipo II. A propósito de este cambio emprendido por su padre, Alejandro pronunciaría un discurso cuyas palabras recogió el filósofo griego Flavio Arriano. En su intención destacó la reprobación al pueblo macedonio una vez pudo constatar el comportamiento que tuvo en la rebelión de la ciudad de Opis:

> Ante todo, comenzaré mis palabras refiriéndome, como es natural, a Filipo, mi padre. En efecto, Filipo os encontró siendo unos vagabundos indigentes; muchos de vosotros, mal cubiertos con unas burdas pieles, erais pastores de unas pocas ovejas allá en los montes, ovejas que teníais que guardar (y no siempre con éxito) de los ilirios, tribalios y vuestros vecinos tracios. Fue Filipo quien os facilitó clámides en vez de vuestras pieles, os bajó del monte a la llanura, os hizo contrincantes capaces de pelear con vuestros vecinos bárbaros, de suerte que pudierais vivir confiados, no tanto en la seguridad de vuestras fortalezas del monte, como en la capacidad de salvaros por vuestros propios méritos. Os hizo habitar las ciudades y os proporcionó leyes y costumbres en extremo útiles (Lagos Aburto, Leslie, 2015, p. 11).

A partir de ese momento y tras la muerte del rey Filipo, algunas de las ciudades sometidas hicieron todo lo posible por debilitar a Alejandro mediante rebeliones militares. La rápida intervención para sofocar dichas rebeliones le permitió a Alejandro contener los territorios de Iliria y Tracia para llegar, en el año 335 a. C., hasta Tesalia y asegurar el control a orillas del mar Egeo. El periplo de sus conquistas durante su corto reinado, entre los años 336-323 a. C., le llevó a tomar Éfeso y Alejandría en un prolongado asedio a sus enemigos. En su idea de perseguir a Darío III, no dudó en adentrarse en las regiones de Oriente, donde alcanzó los territorios de Babilonia, Susa, además de tomar Persépolis, capital del Imperio aqueménida. Aun cuando todos sus logros parecían deberse a un empeño del destino, lo cierto es que a lo largo de todo este periodo de conquistas Alejandro vio amenazada su vida en distintas conjuras y complots.

El camino victorioso hasta Persia, así como la derrota de su rey en la batalla de Gaugamela y su posterior asesinato a manos de unos traidores, cerca del río Tigris, no tardaron en conducir a Alejandro hasta el trono de un país con unas costumbres muy distintas de las que procedía. Existen referencias al hecho de que se crearon dos cancillerías, una europea y otra persa, en las que los asuntos eran despachados con el sello real de su antecesor, Darío III. Esta costumbre de mostrar a todos sus nuevos súbditos un comportamiento acorde a la cultura persa propició que la confianza de sus antiguos aliados acabara desvaneciéndose y, con ello, que aumentara el interés por acabar con su vida.

En su afán por capturar a Bessos, el asesino de Darío III, Alejandro emprendió un largo peregrinaje de conquistas que terminaría en la India, una extensa travesía que le serviría para tomar varias de las satrapías de Asia Central. Tras de sí las pequeñas guarniciones que iban quedando por el camino permanecían al mando de oficiales griegos. Precisamente, en una de las acciones por dar captura a su oponente, durante el otoño del 330 a. C., tuvo lugar uno de los episodios más destacados de la vida de Alejandro Magno: la conocida conspiración de Filotas.

Alejandro había partido desde la ciudad de Zadracarta, en la antigua región de Hircania de Asia Central, con el fin de llegar hasta el valle del río Atrek. Junto a él marchaban 20 000 soldados de infantería y otros 3 000 de caballería. Solo un mes más tarde ocupaba la ciudad de Suzia, en la satrapía de Aria, actualmente en la frontera del Turkmenistán. De su rápido avance había sido informado también el sátrapa de Satibarzanes, que no dudó en brindarle todo de tipo de reconocimientos y pleitesías. En su afán por recorrer la mayor distancia posible y ganar tiempo, Alejandro mantenía la práctica de consentir que los sátrapas conservaran su cargo bajo la vigilancia de un reducido contingente de efectivos.

Prácticamente con todo su ejército al completo y tomando la ruta hacia el norte, en dirección hacia la satrapía de Bactriana, creyó que finalmente se encontraría con Bessos. En pleno avance se unió a Filipo, hijo de Menelao, con la caballería mercenaria griega que estaba bajo su mando. Camino de Bactria, Alejandro fue advertido por unos persas del complot que el sátrapa de los arios, Satibarzanes, había urdido contra él, y por ello había asesinado a Anaxipo, uno de sus oficiales, que había sido enviado con el fin de mantener la vigilancia de los caminos colindantes. Para entonces, Bessos había asumido la mitra de los reyes persas a modo de corona bajo el nombre de Artajerjes, y había afirmado que él era el único y legítimo rey de Asia. Con el complot en marcha, la determinación de Satibarzanes se dirigió a reforzar las tropas de Bessos con el fin de poder emprender una lucha abierta contra los macedonios. Nuevamente Flavio Arriano lo describiría así:

> Mientras Alejandro estaba todavía de camino a Bactria, le reportaron que Satibarzanes, el recientemente confirmado sátrapa de Aria, había matado a Anaxipo y a toda la guardia de lanceros a caballo que iban con él; había armado a los arios y estaba ahora con ellos atrincherado en la ciudad de Artacoana, la capital de esa nación. Había determinado que, tan pronto como fuera conocido que Alejandro había avanzado en su dirección, sus tropas saldrían de ese lugar para ir a engrosar las de Bessos. Su intención era unirse a ese príncipe en una guerra que acabase con los macedonios, siempre que se diera la oportunidad (Flavio Arriano, Lucio, 2013, p. 96).

Enterado de la noticia, Alejandro Magno comenzó una marcha forzada que le llevó a recorrer 120 kilómetros en dos días y arrasar la ciudad de Artacoana. Pero Satibarzanes logró escapar con unas decenas de jinetes. Atrás, sin embargo, quedaban las vidas de más de 3000 de sus soldados y oficiales muertos. Tras la victoria, Arsames, aliado de Alejandro, fue nombrado nuevo sátrapa de Aria. Y antes de reemprender la persecución todavía fundaría la ciudad de Alejandría de Aria, actual Herat, en Afganistán.

El grueso del ejército se dirigió entonces a Frada, capital de la provincia de Drangiana, para correr la misma suerte y comprobar que a aquellas alturas, Bessos ya había huido hacia el este. A pesar de su rápida evasión, esta vez la fortuna iba a correr del lado del rey macedonio. Próximos ya al río Indo, Bessos fue capturado y hecho prisionero por unos nativos de la región. Entregado a Alejandro, fue inmediatamente ejecutado sin juicio alguno. Alejandro acababa de vengar la muerte de Darío III, aunque estaba lejos todavía de terminar con las numerosas conspiraciones que había en su contra.

A finales del 330 a. C., durante la persecución de los últimos rebeldes de Drangiana, Alejandro se encontraba próximo a la ciudad de Frada. Junto a él, Filotas, hijo del general Parmenión, dirigía los *hetairoi*, un cuerpo avanzado de caballería. Aproximadamente iguales en edad, Filotas era, en palabras de Plutarco, un militar capaz, siempre dispuesto a combatir y al que le atraía el lujo oriental. Esta actitud provocaba en otros oficiales un cierto recelo, de modo que resultaba un hombre antipático a sus tropas. Mientras esto sucedía, una conspiración, encabezada por Dimno de Calastra, uno de los miembros más destacados de la élite militar macedonia, pretendía acabar con el propio Alejandro.

Aunque se ha especulado mucho sobre este asunto, lo que parece cierto es que Filotas tuvo conocimiento de la trama. Se dice que dicho lance se produjo de manera fortuita. Dimno, amigo íntimo de Alejandro y líder de la conjura, habría hecho llegar de alguna manera los planes a oídos de Filotas. Y este último pensó en no informar a Alejandro. Se ha teorizado sobre la posibilidad de que el mismo Filotas estuviera ya persuadido del complot, incluso que no le pareciera un asunto sobre el que hubiera que preocuparse[10].

Informado Alejandro de la conspiración, ordenó inmediatamente la detención de Dimno de Calastra, quien a su vez se quitó la vida, evitando tener que confesar. En cuanto a Filotas, este fue llamado para que se presentara ante el rey. En su defensa alegaría después que no había tomado en serio las palabras de Dimno, entendiéndolas como una bravata de quien había sido uno de sus más fieles amigos. En tales circunstancias no dudó en declararse inocente.

Alejandro sospechaba de la complicidad de Filotas y, esa misma noche, tomó la decisión, de reunir a su círculo más próximo de consejeros y amigos. Entre los reunidos estaba Crátero, Hefestión, además de la Ptolomeo y Perdicas. Discutido el asunto de la traición, Alejandro aceptó su culpabilidad y determinó el cierre de las puertas de la ciudad y la detención de Filotas. Tal y como era la costumbre en el ejército macedonio, a la mañana siguiente se constituyó un tribunal de guerra al que se presentaron los acusados. Al mismo tiempo que se exhibía el cadáver de Dimno, unos agentes hicieron entrega a Alejandro de unas cartas de Parmenión dirigidas a su hijo Filotas, en las que criticaba algunas actitudes del monarca. Este asunto motivaría finalmente la total implicación de este en el complot.

En cuanto a los motivos de la imputación, pronto comenzaron a considerarse otros muy distintos a los esgrimidos en un primer momento. Alejandro recordó actuaciones pasadas. En particular, la reconciliación con su padre, Filipo, una actitud contra la que el general acusado se rebeló. Además, la connivencia con Amintas III tras la muerte de Filipo o la negligencia en Gaugamela al permitir la huida de Darío en el campo de batalla fueron factores decisivos para que Alejandro se inclinara por la condena final.

---

10 Sobre esta cuestión resulta interesante ver el análisis de las distintas perspectivas que se exponen en el trabajo de: Cadiñanos Martínez, Ana Begoña (2016). *La imagen de Alejandro en Roma. Desde los Escipiones a los Severos*. Tesis doctoral (pp. 136-142). Universidad Autónoma de Madrid. Disponible en: https://repositorio.uam.es/bitstream/handle/10486/671607/cadinanos_martinez_ana_bego%C3%B1a.pdf?sequence=1.

La acusación de alta traición se concretaría horas más tarde con la sentencia a muerte de los implicados. Sabemos que Filotas fue torturado hasta confesar. Solo así admitió su participación, una cuestión que ha puesto en tela de juicio si fue cierta o no. La confesión fue leída al ejército. Tanto Filotas como el resto de los colaboradores fueron ejecutados de inmediato, siendo lapidados y atravesados por jabalinas.

Antes de que llegara a oídos de Parmenión, la noticia de la muerte de su hijo, Alejandro ordenó a un emisario que llevara tres cartas hasta Ecbatana, lugar donde este custodiaba el tesoro real persa. El viejo general de 65 años de edad, después de la muerte de su hijo Filotas, podía constituir una amenaza para la vida y la estabilidad de Alejandro. En aquellas cartas, destinadas a los tres generales, Cleandro, Sitalces y Ménidas, desplazados en la provincia de Media, iba impresa la orden precisa de asesinar a Parmenión. Solo dos días después de la ejecución de Filotas el crimen contra su padre se había consumado. Apuñalado y posteriormente decapitado, su cabeza fue llevada a los pies de Alejandro. Con ello y la consiguiente purga en el ejército parecía quedar resuelto uno de los mayores problemas a los que se había enfrentado como rey. Sin embargo, la realidad demostraría que no todo estaba acabado.

La muerte de Filotas ha sido uno de los acontecimientos más controvertidos en la vida de Alejandro Magno, al tratarse, por vez primera, de un juicio por un intento de traición, y el posterior ajusticiamiento de una persona próxima al monarca, y también la de su padre. La condena de ambos, junto con la de otros personajes relevantes de la corte de Macedonia, sería muy discutida ya por los autores de la Antigüedad[11]. Esta conspiración, además, a pesar de haber fracasado, no sería la última que sufriría. Dos años después, Alejandro habría de enfrentarse a otra conspiración parecida, esta vez urdida por algunos de sus pajes.

---

11 *Ibíd.*, p. 179. Esta controversia figura también en el trabajo de: Palacios Mahecha, Jaime Alberto (2009). «Las cartas en la historia de Alejandro Magno de Quinto Curcio Rufo como elemento literario de crítica política», *Literatura: teoría, historia, crítica*, 10, Universidad de Colombia, pp. 287-296: https://revistas.unal.edu.co/index.php/lthc/article/view/11542.

En efecto, una de las aportaciones de Filipo en su corte fue la creación de un cuerpo de élite pensado fundamentalmente para asistir a los reyes y sus descendientes. De modo que, los hijos de los macedonios que habían ostentado un alto cargo en el gobierno o la Administración tenían la obligación de servir a la corona para tales propósitos. Eran seleccionados ya durante la pubertad, y una vez preparados, se les confiaba aquellas tareas que estaban relacionadas con el cuidado de la persona del rey. A menudo, este cuerpo de pajes fraternizaba con los miembros de la realeza, con los que llegaban a compartir juegos y cacerías.

Concretamente, el mayor cometido de Hermolao era asistir a Alejandro. Hijo de Sopolis, dedicaba parte de su tiempo al estudio de la filosofía, siguiendo los pasos de Calístenes de Olinto, historiador y sobrino de Aristóteles. Existe un relato al respecto que implica directamente a Hermolao en una conspiración en contra del rey. Durante una de las cacerías que tan a menudo se organizaban, Hermolao y Alejandro compitieron por un jabalí. El primero, más certero, terminó abatiendo al animal con su lanza, una lanza corta utilizada para estas ocasiones. Alejandro, menos ágil, pensó que perdía una oportunidad para vanagloriarse ante sus partidarios. Debido a su ira, el hecho terminaría con la flagelación de su paje y la pérdida de su montura.

Sufrida la humillación, Hermolao relató lo sucedido a Sóstrato, hijo de Amintas, entonces oficial del ejército macedonio, y de esta forma se inició una nueva conspiración. A la causa terminarían uniéndose Antípatro, hijo del sátrapa sirio Asclepiodoro, Anticles, hijo de Teócrito, y Filotas, hijo de Carsis de Tracia. El plan acordado era dar muerte a Alejandro durante la noche, mientras durmiera, aprovechando el turno de la guardia de Antípatro. Llegados a este punto, las narraciones difieren.

La primera de las versiones apunta a la posibilidad de que Alejandro hubiera estado bebiendo hasta el amanecer. Por el contrario, Aristóbulo de Alejandría subraya la presencia de una mujer siria con poderes adivinatorios a la que Alejandro habría prestado oídos. Al constatar que sus predicciones se cumplían, el rey le dio acceso a la corte. Esa noche le pidió a Alejandro que no abandonara el banquete en el que se encontraba. Se trataba de un ruego de inspiración divina. Alejandro acató el deseo de la hechicera, y continuó toda la noche en el festejo, y de ese modo salvó su vida.

Después del fracaso consumado del complot, a la mañana siguiente los acontecimientos debieron sucederse de la siguiente manera: Epímenes, hijo de Arseas, uno de los conjurados, confesaría la trama a Caricles, hijo de Menandro, y esa información llegaría hasta Eurícolo, hermano de Epímenes. Finalmente, el propio Eurícolo iría a la tienda de Alejandro y confesaría el intento de asesinar a Ptolomeo, hijo de Lago y uno de los escoltas leales al rey. Solo así puede comprenderse que a través de este último llegara a oídos de Alejandro Magno[12]. Una vez arrestados, conocemos que todos ellos fueron sometidos a torturas y confesaron su culpabilidad, por lo que finalmente fueron ajusticiados.

En el 323 a. C., un mes antes de cumplir 33 años, Alejando falleció en el interior del palacio que había pertenecido a Nabucodonosor II, en Babilonia. Para muchos, dicha muerte fue la consecuencia de otro complot. Su indisposición tras asistir a un banquete organizado por su amigo Medio de Larisa, así como su muerte ocurrida dos semanas más tarde han sido motivo de suspicacias con las que defender la existencia de una conspiración. De hecho, no existen pruebas que sustenten el asesinato. Sin embargo, suele aceptarse esta posibilidad debido a la larga serie de intentos que sobrellevó a lo largo de su vida.

Entre los que más apoyaron la causa natural de su muerte destaca el historiador y filósofo griego Plutarco de Queronea. Este siempre defendió la enfermedad como una causa probable, señalando que en sus últimos días de vida realizaba inmersiones en agua, una especie de hidroterapia muy común entre los griegos, cuya finalidad era bajar la fiebre[13]. En el siglo XIX, las especulaciones sobre su muerte fueron aún mayores debido a Émile

---

12 Cadiñanos Martínez, Ana Begoña, *op. cit.*, pp. 149-152.

13 Es muy significativo el detalle de los últimos días que hace Plutarco al respecto. En Guzmán Guerra, Antonio (Ed.). *Plutarco/Diodoro Sículo. Alejandro Magno* (pp. 127-128). Madrid. Akal.

Littré, un médico francés que propuso el paludismo como causa probable, o más recientemente la doctora Katherine Hall y el síndrome de Guillain-Barré cuando mostró unos síntomas similares a los descritos en los documentos de la época.

En los siglos I y III, los historiadores romanos Marco Juniano Justino y, especialmente, Quinto Curcio Rufo, en su obra *Historia de Alejandro*, sostienen el envenenamiento como la causa de la muerte de Alejandro Magno. La trama, concebida en un primer momento por Casandro, hijo de Antípatro, debía conseguir el veneno y hacerlo llegar hasta Babilonia. Una vez en su poder, Yolas, su hermano, sería el encargado de suministrarlo al rey. Se ha especulado con la estricnina y el heléboro en una o más dosis como las sustancias que podrían haberle causado la muerte. Con todo ello, la forma en la que la toxicidad del veneno actúa en su cuerpo quedó perfectamente descrita por Calístenes:

> Los demás, muy preocupados, disolvieron la reunión, aguardando ansiosos desde fuera el desenlace de aquello. Alejandro, con intención de vomitar el exceso de vino, solicitó una pluma. Pues estaba acostumbrado a devolver con este procedimiento. Y Yolas se la dio, untándola antes con el veneno. Con esto activaba el veneno que quedaba introducido de manera más fuerte en su cuerpo. Desgarrado por dentro y dominado por extraordinarios dolores, Alejandro pasó la noche soportándolos valerosamente; luego, al día siguiente, viéndose a sí mismo tan postrado en la dolencia y que ya hablaba torpemente, porque se le hinchaba la lengua, despidió a todos, para tener tranquilidad, estar a solas y reflexionar consigo mismo sobre sus discusiones (Calístenes, Pseudo, 1977, p. 219).

Sin duda, existían razones de peso para acabar con la vida de Alejandro Magno, desde motivos militares hasta personales. Parece evidente que las relaciones entre el propio Alejandro y algunos de sus generales no eran buenas. Un ejemplo de ello tuvo lugar en una incursión en la India. El ejército amotinado obligó a Alejandro a volver a Macedonia. Otros encontronazos tuvieron lugar en el transcurso del año 324 a. C., cuando Antíper, regente de Macedonia, no acudió en su ayuda en Babilonia. Quizá esta circunstancia terminó provocando el relevo del regente. Como venganza, Antíper envió a sus hijos Casandro y Yolas para acabar con la vida del monarca.

La muerte de Alejandro Magno dejó el trono sin herederos. Su madre Olimpia, su esposa Roxana y sus hijos Alejandro y Heracles fueron asesinados por Casandro. Así terminaba la dinastía Argéada. Poco antes de morir, se dice que varios de sus generales preguntaron a Alejandro a quién pasaría la corona. El historiador siciliano Diodoro Sículo, en el siglo I a. C., magnificó el relato del testamento de Alejandro Magno, insistiendo en que había dado instrucciones concretas a Crátero de lo que debía hacerse.

Los sucesores no tardarían en conocer los deseos tan extravagantes que había solicitado antes de morir: desde la realización de grandes construcciones a la continuación de la expansión iniciada desde el comienzo de su reinado. La leyenda cuenta que su cuerpo fue colocado en un sarcófago antropomorfo de oro que fue cubierto con una capa púrpura. Con la ocupación romana de Egipto en el año 29 a. C., se cree que su tumba fue saqueada y el cuerpo flagelado por los emperadores Octavio Augusto, Pompeyo y Calígula. Nunca se ha sabido dónde se halla realmente su tumba. Sin embargo, concluido su reinado de trece años, Alejandro Magno dejó un legado histórico que llegaría a extenderse por todo el Mediterráneo y que se conocería como periodo helenístico.

El poder consular en Roma

Durante la República, la carrera pública romana resultaba esencial para sustentar la tradición y prestigiar a la familia, algo que podía suponer la obtención de oportunidades para los descendientes de quienes la ejercían. Cualquier ciudadano noble anhelaba desarrollar el *cursus honorum*, cuya máxima aspiración era la obtención de un consulado. A lo largo del siglo I a. C., la dictadura de Sila había provocado una larga serie de luchas políticas entre quienes veían en la dictadura una opción de progreso y aquellos que deseaban la vuelta a una legislación anterior. La política desencadenó numerosas tramas oscuras con las que conseguir un puesto seguro, permitiendo la corrupción si era preciso.

La conjura de Catalina

En el año 70 a. C., prácticamente veinte años después de la muerte de Sila, se comenzó a discutir la conveniencia de mantener la legislación conservadora aprobada durante su mandato. Una parte del Senado, más acorde con propuestas que favorecieran al pueblo se enfrentó a quienes abogaban por mantener los derechos de la aristocracia romana. Así, surgirían los denominados *popularis* en contraposición a quienes se hacían llamar *nobiles* u *optimates*, esto es, «hombres buenos». Lucio Sergio Catilina era uno de aquellos *popularis*. Aunque nacido en el seno de una familia patricia, Catilina no dudó en unirse a la camarilla de populares al ver en ello una buena oportunidad para alcanzar el poder y enjugar así sus cuantiosas deudas.

Un acontecimiento célebre durante este periodo fue la conjura de Catilina, en parte gracias a la abundante documentación que existe sobre este asunto, especialmente por los textos del jurista y senador Marco Tulio Cicerón. Su participación en los hechos llegó a ser tan decisiva que, en varias ocasiones, manifestaría haberse sentido profundamente orgulloso del papel que había desempeñado en la contención de la misma.

A mediados del siglo I a. C., el Senado se había convertido en un órgano que daba cabida a cerca de 600 miembros, hombres que eran elegidos para desempeñar los distintos cargos políticos que acaparaba el poder. Sabemos que ninguna mujer llegó a ocupar un puesto como senadora durante los distintos periodos que conformaron la Roma republicana. En un escenario tan restringido, los senadores debían reunirse regularmente para debatir, aconsejar a los cónsules y promulgar decretos que muchas veces se ignoraban o incumplían. Aquel privilegiado número de senadores debía transitar diariamente una ciudad que, con aproximadamente un millón de almas en sus calles, no dudarían en compararla con otros núcleos urbanos tan notables como Atenas o la propia Alejandría[14].

En su origen, los cónsules o pretores tenían holgadas atribuciones y llegaron a detentar la mayor responsabilidad dentro del ejército. El consulado se afianzó alrededor del año 509 a. C., en los inicios de la República, cuando el cargo representaba un alto prestigio. Sin embargo, progresivamente las atribuciones fueron menguando, de modo que fueron perdiendo los poderes judiciales, luego los civiles y criminales, para terminar sin apenas influencia al delegar muchas de sus competencias en el Senado. Además, y a medida que la expansión romana se hacía más ostensible, parte de las responsabilidades que aún no habían perdido pasaron a encomendarse primero a los cuestores y después a los procónsules. El cargo era anual, eligiéndose a dos cónsules entre los ciudadanos mayores de 42 años. El tránsito definitivo iniciado desde la República hacia el Imperio atenuaría definitivamente la figura del cónsul, mientras que la mayor parte de sus responsabilidades pasarían a ser desempeñadas por el propio emperador, figura suprema de Roma.

En cuanto a Catilina, se cree que nació en el año 108 a. C. Tenía el firme convencimiento de ser un descendiente de Sergesto, uno de los compañeros del héroe mitológico Eneas. Opuesto a las tesis de Cicerón,

---

14 Beard, Mary (2017). *SPQR. Una historia de la antigua Roma* (pp. 33-34). Barcelona. Crítica.

este último considerado un burgués y carente de ascendencia notable, los primeros datos que conocemos, alrededor del año 89 a. C., aluden a su cargo como tribuno de las legiones y prefecto a las órdenes del cónsul Pompeyo Estrabón. Sus orígenes aristocráticos no parecieron servirle de mucho al emprender, en ocasiones, actividades económicas que continuamente le acercaban a la ruina. Por esta razón no tuvo más remedio que incorporarse al ejército. A pesar de ello, derrochaba cualquier cantidad que pudiera recibir. El historiador romano Cayo Suetonio relata que César aconsejaba a los jóvenes romanos acudir a él y, por consiguiente, a las guerras en las que participaba para poder saldar de este modo sus deudas. En alguna ocasión, César llegó a advertir: «Para vosotros la solución es la guerra civil»[15].

La política romana de mediados del siglo I a. C. estaba determinada por Cneo Pompeyo. Su exigua presencia en el Senado no mermaba su influencia a la hora de tomar decisiones en la misma. La rivalidad entre este y Craso, cuya aspiración era acceder a un puesto de mayor influencia, hizo que su proximidad a César fuera en aumento, y este último hasta llegó incluso a prestarle apoyo financiero en las elecciones.

Por lo que respecta a Catilina, en el año 66 a. C. presentó su candidatura al consulado, que pronto fracasó al ser acusado de malversador durante su propretorato en el norte de África. A pesar de las tretas hábilmente llevadas a cabo por sus enemigos, eso no impidió que dos años más tarde volviera a intentarlo. Esta vez, con el apoyo de Craso y César, su candidatura se enfrentaba a las de Marco Tulio Cicerón y Cayo Antonio. Pero debido a su mala reputación, nuevamente hubo de ceder frente a sus rivales, quienes serían finalmente elegidos cónsules.

Acusado de torturador y criminal, hubo quien también terminó tildando a Catilina de usurero y estafador. Fue sospechoso de haber asesinado a su propio hermano y a su cuñado, pero nunca fue condenado por sus

---

15 Hernández Buberos, Adolfo (2009). «La conjura de Catilina», *Revista de Claseshistoria*, 56, 3. Disponible en: https://dialnet.unirioja.es/servlet/articulo?codigo=5162749.

presuntos crímenes. Sin embargo, las malas prácticas de las que solía hacer gala serían utilizadas por Salustio y, especialmente por Cicerón, con el fin de desacreditar sus actos ante la ciudadanía. La soberbia demostrada en los cargos que había alcanzado le impulsó, aún más si cabe, a prolongar una carrera con la que obtener alguno de los dos consulados que sustentaban el poder en la República. Legado, cuestor, edil y finalmente pretor durante el año 68 a. C., llegaría a adquirir el rango de propretor de África en 67 a. C. De esta suerte, en la carrera particular del *cursus honorum* le faltaba solo un nombramiento: el de cónsul de Roma.

Finalizado el mandato en África, la acusación por malversación provocó la anulación de su candidatura por parte del Senado. Elegidos en un primer momento los populares Publio Autronio Peto y Publio Cornelio Sila, estos, por proceder mediante sobornos en la carrera electoral, fueron inmediatamente apartados de sus cargos. Repetidas las elecciones, Lucio Aurelio Cota y Cayo Manlio Torcuato, acusadores de los dos anteriores, obtuvieron la victoria y fueron nombrados en sus cargos.

Después de haber seguido ese proceso desde la distancia, pero con la pretensión de hacerse con una parcela más amplia de poder, Catilina comenzó lo que sería la primera de sus conjuraciones. Primero logró el favor de los destituidos y luego consiguió atraer a Craso y César. Con el objetivo de restituir en sus puestos a Sila y a Autronio, Catilina ideó un golpe para atentar contra los cónsules que habían sido elegidos. No se sabe con exactitud, pero se cree que el intento fracasó al precipitar la orden el propio Catilina. En esta tesitura, los conjurados, sin apenas tiempo, no pudieron concretar el crimen. Lo cierto es que no hubo resarcimiento ni castigo, pero sí un proceso que no se resolvería hasta el año 63 a. C.

La absolución ese mismo año determinó una nueva oportunidad para Catilina, que presentó su candidatura junto a Cayo Antonio Híbrida y Marco Tulio Cicerón. A pesar de contar este último con el apoyo de los *optimates*, nunca se había considerado un hombre acaudalado. En consecuencia, la falta de medios económicos con los que poder sobornar a sus opositores provocó que su estrategia estuviera sustentada en fomentar el desprestigio de aquellos mediante discursos, elocuentes e implacables, en el Foro Romano. Las severas afirmaciones de corrupción contra Catilina pronto dejaron entrever las escasas posibilidades que tenía para lograr su propósito y forzaron a este a radicalizar su discurso. Entre las propuestas planteadas figuraba el firme compromiso de anular las deudas de sus seguidores, a la vez que prometía puestos de responsabilidad en el gobierno.

Sin apenas apoyos a su candidatura, Catilina tuvo que asumir la derrota en favor de sus adversarios. Cicerón, ávido por tener el control absoluto del consulado, consideró la posibilidad de ceder a Antonio el gobierno de la provincia de Macedonia una vez concluyera el año como alto magistrado. Esta maniobra le dejaba como único cónsul en la práctica, y a Catilina, con una deuda muy significativa. Estos movimientos, no obstante, no impidieron que comenzara un tenaz asedio por parte de Pompeyo, Craso y Julio César, que llevaron al nuevo cónsul a una serie de procesos en su contra.

La negativa de Cicerón a reformar algunos enunciados de la ley agraria, en especial el relativo a la distribución de la tierra, lo enfrentaron a una parte importante de la ciudadanía, además de hacerlo ante los conocidos tribunos de la plebe. Su maniobra, reforzada por los discursos *De Lege Agraria contra Rullum*, terminó irritando al grupo de reformistas y seduciendo a los más conservadores del Senado.

Mientras estos hechos alteraban la vida política y social de Roma, Catilina proyectó su conjura, para la que, esta vez, contaba con el apoyo de la ciudadanía más desencantada, al tiempo que preparaba otro asalto al consulado. Los dos frentes para acceder al poder debían estar coordinados. Por un lado, el propio Catilina, incitando a una parte de la aristocracia decepcionada, justificaría el caos y los incendios de algunos barrios de Roma. En sus planes dejaba entrever la idea de asesinar a sus enemigos. Entre las víctimas figuraba el propio Cicerón. La otra línea del conflicto partiría desde Etruria. Comandada por Cayo Manlio, antiguo centurión del ejército, la acción contaría con el apoyo de los campesinos, antiguos propietarios descontentos y veteranos seguidores de Sila. En definitiva, un plan para levantarse en armas contra la República y lo que esta significaba.

Catilina albergaba la esperanza de que en poco tiempo el país quedaría envuelto en una gran revuelta. Pero la situación cambió cuando Fulvia, esposa del político patricio Publio Clodio Pulcro y amante de Quinto Curión, uno de los conspiradores, informó a Cicerón del complot. Las medidas aplicadas por el cónsul fueron inmediatas y Catilina perdió los apoyos de una parte de la nobleza y de sus seguidores. Cicerón, entonces, haciendo uso del *senatus consultum ultimun* y tras reunir al Senado de urgencia, pronunció el primero de sus discursos o *Catilinarias* y consiguió las atribuciones para reprimir las insurgencias y detener la conspiración. Con esta intervención evitaba, además, cualquier intento de huida de Catilina.

En la región de Etruria la situación era cada vez más dramática. Enterado de la sublevación de Manlio en Fésulas y después de fracasar en Roma, Catilina intentó detener la conspiración. Pero reaccionó tarde y no le quedó otro recurso que escapar de la ciudad. Sin embargo, antes haría acto de presencia en el Senado, aunque, ofendido y acusado de enemigo público, su marcha de Roma estaba decidida. Con su huida súbita hacia Fésulas, lugar que ya controlaba Cayo Manlio, quedaban pocas dudas de su participación en el intento de conjura. Además, mientras todo esto sucedía, los rumores de rebelión en Roma se extendían sin que pudiera probarse ningún hecho significativo. En verdad, Cicerón había salvado una clara tentativa de asesinato, pero carecía de pruebas para acusar a Catilina.

Cicerón había recibido noticias según las cuales un número importante de conspiradores continuaban dentro de la ciudad. La fortuna quiso, una vez más, aliarse con él cuando se interceptaron unas cartas a los alóbrogos, unos galos que estaban de paso por la ciudad. Estos habían sido tentados por los conspiradores, que los habían atraído a su causa y los habían animado a participar en las revueltas callejeras. Con las detenciones posteriores se descubrieron armas en algunas de las casas, además de listas de nombres implicados en la conjura y que Cicerón se apresuró a detener.

A las órdenes de Antonio, el ejército comenzó a tomar la ciudad, mientras, Catilina y Manlio eran declarados oficialmente enemigos del Estado. Esta circunstancia, no obstante, no impidió que continuara la búsqueda de adeptos que pudieran sumarse a las revueltas. Enterado Cicerón de los planes rebeldes, ordenó la intercepción de cuantos pudieran ser culpables de la rebelión. Reunido una vez más el Senado y después de pronunciar su tercera *Catilinaria*, la conjura había quedado prácticamente sofocada.

Con la clara sospecha de la implicación de Craso en el complot, las penas solicitadas a los conjurados comenzaron a debatirse. El senador Marco Junio Silano solicitó la pena de muerte para los culpables. Julio César, la confiscación de los bienes, además de la cadena perpetua y el reparto de los presos en diferentes cárceles. Cicerón, bajo la autoridad que le confería el *senatus consultum*, estaba en disposición de mandar ejecutar de manera sumaria a los enemigos de la República. El edicto especial solo podía aplicarse en situaciones que pusieran en peligro el gobierno de Roma. Sin embargo, esta circunstancia no se produjo, y Cicerón esperó a obtener el respaldo del resto de senadores. Por otra parte, los conjurados, al ser todos ellos ciudadanos romanos, tenían el derecho a ser escuchados en un juicio justo. Y con el temor a que se siguieran produciendo sobornos y alborotos, Cicerón procuró llevar el caso hasta el final antes de concluir su mandato al frente del consulado. Aun advirtiendo que aceptaría el veredicto de la sesión, no dudó en asegurar que lo más justo sería la ejecución de los conspiradores.

Tras escuchar las palabras de los cónsules, hablaron los pretores y el resto de los senadores. César, que por aquellos años era un joven orador, propuso, después de un gran discurso, el encarcelamiento de los responsables de la rebelión. Este no era un castigo muy común, si tenemos en cuenta que lo habitual en los tribunales romanos era la multa, el exilio o la muerte. Lejos de lo que debía ser la ortodoxia condenatoria de Roma, la propuesta de César fue contestada por Marco Porcio Catón. Hábil con las palabras y después de un discurso convincente, este último defendió la pena de muerte para los confabulados, haciendo constar ante todos los senadores que, antes de ser considerados ciudadanos romanos, debían ser tratados como verdaderos enemigos del Estado.

Con la votación a favor de la pena capital, Cicerón dispuso todo para que las sentencias se cumplieran de inmediato. No hubo piedad y los culpables fueron ahorcados. Roma quedaba aliviada de una crisis que, de no haber sido resuelta con celeridad, podría haber tenido consecuencias. La mayor parte del núcleo de la conspiración había sido eliminada. Pero no así Catilina, quien todavía resistía junto a Manlio y unas tropas que ya estaban bastante mermadas. Estos, a la postre, serían los protagonistas del último combate contra la Republica de Cicerón. Con la intención de llegar hasta la Galia para reforzarse, el grueso del ejército en rebeldía no tardó en comprobar lo descabellado de sus planes. Detenido en los Alpes por las legiones llegadas desde el norte al mando de Quinto Metelo, estas finalmente consiguieron unirse a las tropas que desde el sur dirigía Antonio. Con todo dispuesto y solo un mes después de que hubieran sido ejecutados los sentenciados, tendría lugar en Pistoya la última de las batallas de la conjura.

Con pocas esperanzas, Catilina emprendió la contienda al frente de la misma para perder la vida en los primeros lances de la lucha. No hubo un solo prisionero entre los sublevados: todos ellos encontraron la muerte al final de la lucha. Se ha escrito bastante acerca de estos últimos momentos de la conjura de Catilina y el enfrentamiento con Cicerón. Lo cierto es que el reconocimiento al cónsul fue absoluto. Nombrado *Pater Patriae*, un honor poco habitual entre los senadores durante la época republicana, llegaría a manifestarse así en uno de sus discursos:

Ahora que tenéis, ciudadanos, cogidos y presos a los más peligrosos y malvados jefes de esta criminal conspiración, debéis considerar vencidas todas las huestes de Catilina, todas sus esperanzas y trabajos, y libre a Roma de peligros. Cuando eché de la ciudad a Catilina, tuve en cuenta que lejos él de nosotros nada debía temer de la somnolencia de P. Léntulo, de la obesidad de L. Casio, ni de la furiosa temeridad de Cetego. Solo Catilina era temible, y lo era únicamente dentro de Roma, porque de todo entendía, en todas partes tenía entrada; él era quien podía llamar, sondear, solicitar, y se atrevía a hacerlo; tenía aptitudes para el crimen y no le faltaban la elocuencia ni la fuerza. [...]

Verdad es que mientras Catilina estuvo en Roma, previne y reprimí constantemente sus intentos; pero si hubiera estado hasta hoy, lo menos que puedo decir es que habríamos necesitado luchar contra él, y jamás, teniendo tal enemigo dentro de Roma, pudiera yo librar a la República de tan grandes peligros, con tanta paz, tanto sosiego y tan calladamente (Cicerón, Marco Tulio, 1994, pp. 44-45).

Con toda seguridad, el alcance de la conjura tuvo sus consecuencias. A nivel político, por ejemplo, la consolidación de César marcaría evidentemente el camino que Roma habría de tomar solo unos años después. Este, ayudado por el tribuno de la plebe, Publio Clodio, acusó a Cicerón de haber ejecutado a ciudadanos de Roma sin las garantías que exigían las leyes romanas. Con el temor de que finalmente fuera detenido y asesinado, Cicerón optó por el exilio, dejando a Julio César las manos libres para aproximarse definitivamente al poder.

El golpe definitivo a las estructuras políticas de la República llegaría, como veremos más adelante, al constituirse el pacto entre Julio César, Pompeyo y Craso, lo que daría lugar en el año 60 a. C. a la formación de un triunvirato que impediría cualquier actuación del Senado en contra de las decisiones adoptadas por estos. Con esta nueva situación para manejar el gobierno, el principal objetivo debía ser resistir los desafíos procedentes de las filas de los conservadores. Así y todo, el deseo de Cicerón por limitar los abusos durante sus años de esplendor y prestigio en el poder acabaría desvaneciéndose para desembocar en una guerra civil con consecuencias imprevisibles, como el desmoronamiento y declive del periodo republicano, una de las peores de la Historia.

La conspiración contra Julio César

A mediados del siglo I a. C., la República había entrado en un periodo convulso que a punto estuvo de llevarla a su desaparición. En una carta, fechada al 9 de diciembre del año 50 a. C., Cicerón deploraba que a César se le hubiera concedido tanto poder político y militar para sus campañas en la Galia. Aquella situación, bajo su punto de vista, había convertido a la República en cómplice de su influencia y profusión.

> Todo esto lo ha hecho a él [César] tan poderoso que la única esperanza que lo puede detener descansa en un solo ciudadano [Pompeyo]. Realmente deseo que este último no le hubiese dado tanto poder en primer lugar, en vez de esperar a que él [Pompeyo] fuera demasiado fuerte para luchar con él [César].

En efecto, Julio César terminaría por sublevarse contra el Senado, lo que provocaría una guerra civil que duraría hasta el año 45 a. C., cuando los últimos seguidores de Pompeyo fueron derrotados. A su regreso triunfal a Roma, César decidió celebrar sus triunfos ante a una población que apenas le aclamaba. Nunca las calles de Roma habían celebrado una victoria sobre los propios romanos, y aquella actitud fue interpretada, como ya había sucedido décadas atrás con la dictadura de Sila, como un mal presagio para el nuevo régimen que daba comienzo.

Cayo Julio César, *Gaius Iulius Caesar*, nació alrededor del año 100 a. C. Hijo de una familia de patricios con escasos recursos económicos, comenzó desde muy pronto a interesarse por las cuestiones políticas de la mano de su tío Cayo Mario, quien había ocupado el consulado hasta en siete ocasiones. A los 16 años, Lucio Cornelio Cinna nombró a César *flamen dialis*, un cargo religioso que ostentaría durante poco tiempo. Con apenas 20 años combatió como legado de Marco Minucio. También participó en la toma de la ciudad griega de Mitilene y obtuvo la corona cívica, la más alta de las condecoraciones al valor concedida por la República. Tras la muerte de Sila, regresaría a Roma para ejercer durante algunos años la abogacía en el Foro Romano. Cosechados algunos éxitos importantes en el campo de batalla, en el año 73 a. C. sustituiría a Aurelio Cota como Pontifex, un cargo religioso que le daría por fin la oportunidad de establecer vínculos con Pompeyo y Craso.

Fue cuestor, a la edad de 30 años, en la Hispania Ulterior y edil curul en Roma. Lo cierto es que ya en el año 63 a. C., César ejercería como pretor urbano, apoyando al tribuno de la plebe Quinto Cecilio Metelo, pasaría después a propretor y dirigiría una campaña militar en Lusitania. Solo cuatro años más tarde, gracias a los apoyos de Pompeyo y, en especial de Craso, sería nombrado cónsul.

Los optimates

La candidatura a cónsul de César se consideró enseguida un peligro por parte de los *optimatae*. Marco Porcio Catón despreciaba el comportamiento de César, lo que provocó la reacción del grupo conservador que eligió a Marco Calpurnio Bíbulo, yerno de Catón, como candidato. Sin embargo, Pompeyo sobornó a una parte importante de los electores, que resultó finalmente determinante. Julio César obtuvo así el cargo de cónsul, junto con Bíbulo, merecedor del segundo de los consulados.

Los intentos por apartar a César del poder no se hicieron esperar. Aprovechando el aumento de saqueadores y malhechores en algunas de las provincias italianas, tal y como había sucedido tiempo atrás con Espartaco, Catón planteó al Senado una intervención concluyente por parte de los cónsules. La misión debería tener una duración de un año. Acogida en un primer momento de manera favorable, la nueva ley que obligaba a César a retirarse durante un tiempo en campañas de vigilancia fracasó.

A la hora de gobernar, entre las primeras decisiones de Julio César como cónsul fue la de aproximarse al grupo de seguidores de Pompeyo. Utilizando nuevamente la ley agraria como argumento y consciente del bloqueo que se produciría en el Senado, como ya había sucedido con sus antecesores, consiguió los apoyos necesarios, además de los favores de Pompeyo y Craso. Con dicha actitud, este último, de manera sorprendente, dio la espalda a la formación de los conservadores. Frustrados con la decisión de quien hasta aquel momento había sido la mayor esperanza para contrarrestar a César, terminaron cediendo. Juntos Pompeyo, Craso y Julio César comenzaban un periodo que se conoce como el primer triunvirato.

Existían serias razones por las que apoyar ese pacto. Pompeyo necesitaba que César impulsara la ley agraria y el reparto de tierras entre los veteranos servidores de aquel en la milicia. Marco Licino Craso ambicionaba un puesto de procónsul con el que alcanzar el reconocimiento perdido durante la revuelta de Espartaco. El caso de Julio César era diferente. Sin el prestigio que le proporcionaba Pompeyo y sin los fondos anticipados por Craso, la vida política en Roma podía convertirse en un mero artificio. Pero después de esta alianza, Pompeyo se unió a Julia, la única hija de César. Dicha unión, en definitiva, iba a fortalecer aún más dicho pacto.

Bajo estas circunstancias, los conservadores se vieron obligados a utilizar el veto permanente a las propuestas de César. Frente a esta actitud, César aplicó las prerrogativas entregadas por Pompeyo y su grupo de partidarios en el Senado. Existía, además, la opción de los comicios. En efecto, el llamado *Ius Romanum* o derecho romano, recogía la posibilidad de constituir asambleas entre la ciudadanía libre, con las que se podían decidir acciones dirigidas a proporcionar recursos e intereses a la mayoría del pueblo. En suma, comicios y tribunos de la plebe formaron un cinturón de seguridad que permitió a César legislar a su conveniencia.

La autoridad se afianzó después del primer año consular al obtener del Senado poderes proconsulares. Estos se concedían con el fin de proporcionar estabilidad gubernamental a las provincias de la Galia Transalpina, en el sur de Francia, e Iliria, actual costa de Dalmacia. Desplazado en campaña y con el apoyo de los legados, entonces comandantes de las legiones, Marco Antonio, Publio Craso y Quinto Tulio Cicerón, y ayudado por las tácticas personales basadas en la rapidez a la hora de atacar, Julio César no tardó en vencer a las tribus galas. Era el año 52 a. C. cuando, en palabras de Plutarco, se habían sometido a casi un millón de galos, tomadas más de 800 ciudades y perdido más de un millón de vidas humanas[16].

Alrededor del año 56 a. C., las relaciones de confianza entre Pompeyo y Craso estaban mermadas. Al comprender el peligro que dicho estado podía provocar en su mandato, César convocó una reunión con ambos en la ciudad de Lucca, donde acudió las dos terceras partes del Senado. Dotado de una gran autoridad y poder, César influyó notablemente en dicho concilio. Como colofón, el acuerdo final estableció que al año siguiente tanto Pompeyo como Craso se presentarían como candidatos al consulado. Alcanzado ese nuevo estado, promulgarían una ley que le concedería cinco años más de proconsulado. Estos acuerdos, conocidos como el Convenio de Lucca, no tendrían, pese a todo, una vigencia prolongada.

En efecto, en el transcurso del año 53 a. C., Craso perdía la vida en la batalla de Carras, cuando combatía contra los partos en la campaña de Persia. Solo un año antes, Julia, esposa de Pompeyo, había fallecido durante el parto. A todo esto, el Senado solicitó el procesamiento de César, que había sido acusado de crímenes durante el primer consulado. En ese momento, el triunvirato tenía poco sentido. Era evidente que mientras fuera poseedor del título de procónsul, Julio César mantendría su inmunidad judicial. Sin embargo, la acusación contra su persona impedía que pudiera presentar en Roma una nueva candidatura al consulado. Esta situación, así como el número de tropas que estaba todavía bajo su mando, llevaron al Senado a largas disertaciones y a aumentar su animadversión hacia él.

---

16 Plutarco (1822). *Vidas paralelas*. Tomo IV. Traducidas de su original griego en lengua castellana (pp. 110-112). Imprenta Nacional.

Dada las circunstancias, Pompeyo tuvo que ceder y admitir que César debía dimitir de su cargo para ser juzgado. Esto debía producirse antes, incluso, de presentarse a las elecciones a cónsul. Pero el curso de los acontecimientos estaba a punto de cambiarlo todo. Las elecciones para tribuno de la plebe, celebradas poco antes de que se consumara la resolución de Pompeyo, dieron el triunfo a Cayo Escribonio Curión, futuro aliado de César. Con ello iban a quedar vetadas las decisiones que intentaban apartarlo de su cargo. El motivo no era otro que la *tribunicia potestas*, una facultad de la que estaban dotados todos los tribunos de la plebe romana.

El enfrentamiento civil estaba servido. Antes de que finalizara aquel año, César llevó a su XIII legión hasta Rávena. Pompeyo, al mando de dos legiones, emprendió un reclutamiento obligatorio con el propósito de organizar levas y adquirir, de esta forma, una superioridad que le otorgara la victoria ante un más que probable enfrentamiento. El Senado culminó su acción determinando la imposibilidad de que aquel pudiera acudir a los comicios. Igualmente, le ordenaba la inmediata disolución y que licenciara a sus legiones. De no hacerlo, César sería declarado enemigo público. Con el fin de contrarrestar el poder que ya acumulaba, el Senado logró el nombramiento de dos cónsules, Emilio Paulio y Cayo Curión, en un principio, contrarios a las tesis y a los comportamientos mostrados por aquel. Sin embargo, este último ya era para entonces un firme aliado de César.[17]

A comienzos del año 49 a. C., Marco Antonio, nombrado tribuno, leyó una carta del propio César en el Senado en la que se hacía alusión a la paz y proponía el cese de Pompeyo y el suyo propio. Precipitados los acontecimientos, Quinto Escipión sometió a la aprobación de los senadores una moción para que Julio César renunciase al mando de sus legiones y al cargo de gobernador de las Galias. En caso contrario, sería declarado enemigo de la República. En la votación, solo dos senadores votaron en contra, Curión

17 Una buena parte de los acontecimientos están recogidos en: Cid Zurita, Andrés (2011). «Roma se tambalea. El aumento de los personalismos a fines de la República», *Revista Electrónica Historias del Orbis Terrarum*, 7, 66-69: https://dialnet.unirioja.es/servlet/articulo?codigo=3770728.

y Marco Celio Rufo. A pesar de la conminación a César, Marco Antonio se opuso vetando la ley. En consecuencia, el Senado declaró el estado de emergencia, concedió a Pompeyo el título de cónsul *sine collega* y le instó a desplazar a Roma las tropas que estaban bajo su mando. Cicerón, en relación con estos mismos acontecimientos y en una carta dirigida a varios familiares, escribió lo siguiente:

> César, el que fuera nuestro amigo, ha enviado una amenazadora y ofensiva carta al Senado, y es tan insolente como para retener a su ejército y su provincia a pesar de lo dictado por el Senado, y mi viejo amigo Curio le brinda su apoyo. Nuestro amigo Antonio y Quinto Casio también, aunque no enérgicamente expulsados, se han marchado con Curio para unirse a César después de que el Senado ha confiado a cónsules, pretores, tribunos, y a nosotros los procónsules con la tarea de asegurar el Estado de que no sufra ningún daño. Nuestro Estado jamás ha estado en mayor peligro, y nunca ha tenido a escrupulosos ciudadanos que hayan tenido a un mejor líder preparado. Pero al mismo tiempo, también se han estado realizando preparaciones muy cuidadosas de nuestro lado, con la autorización y el sello de nuestro amigo Pompeyo, que ha comenzado a temer a César a finales del día.

La guerra civil estaba servida. Los primeros movimientos de Julio César en la frontera entre la Galia e Italia fueron un éxito, y obligaron a gran parte de los *optimates* a abandonar la ciudad de Roma. En un intento por retomar la antigua alianza con Pompeyo, César llegó hasta el puerto de Brundisium, actual Bríndisi, al sur de la península itálica, pero resultó del todo inútil y provocó su huida a Grecia. Esta actitud originó la marcha en muy pocos días hasta Hispania, donde tuvo lugar un fuerte enfrentamiento en Ilerda, cerca de la actual ciudad de Lleida, y las tropas que allí todavía seguían respaldando a Pompeyo fueron derrotadas.

Con el fin de regularizar las instituciones políticas, Julio César retornó a Roma después de obtener la victoria en la batalla de Farsalia contra las legiones pompeyanas. Era el 9 de agosto del año 48 a. C. Pompeyo huyó con un grupo numeroso de conservadores hasta el norte de Egipto. Allí solicitó asilo al rey Ptolomeo XIII. No obstante, y antes de que obtuviera una respuesta, fue decapitado por un grupo de egipcios. Su cabeza y su sello fueron llevados hasta César, un hecho que no obtuvo el beneplácito de este último.

Sin apenas enemigos y una vez finalizadas las campañas del norte de África y Asia Menor, el regreso de César a Roma, en julio del año 46 a. C., supuso el tercer nombramiento como dictador durante un periodo de diez años, algo que nunca se había producido durante toda la República. Con prácticamente todo el Senado rendido ante él, Julio César quedaba gozaba de un poder absoluto en todas las provincias romanas; un poder que no iba a quedar exento de conspiraciones.

El último de los intentos por desestabilizar el mandato de César tuvo lugar en Munda, en Hispania, durante el año 45 a. C., a manos de Cneo Pompeyo, hijo de Pompeyo Magno. Con el final de la guerra, terminaban los deseos de los pompeyanos que habían luchado contra el gobierno autoritario impuesto desde hacía años por el *Dictator Perpetuus*. Sin embargo, el temor de César a sufrir un atentado provocó que en uno de sus viajes de descanso a Puteoli se hiciera acompañar de una escolta de 2 000 soldados. Sus seguidores se podían contar por miles, pero también sus enemigos.

A pesar de sus esforzadas victorias, conviene subrayar que estas no apartaron en ningún momento a César de la habilidad diplomática que siempre había poseído. Para mantener la visión de líder misericordioso aplicó la llamada *clementia caesaris* con el fin de extender el perdón a quienes le habían atacado. Esta más que aparente generosidad la tuvo también con políticos y militares, y así ofreció magistraturas y la posibilidad de acceder a la vida política a quienes estuvieran dispuestos a regresar. A este grupo de exonerados terminarían acogiéndose, entre otros, Marco Junio Bruto, Cayo Casio Longino o Marco Tulio Cicerón.

Por aquellos días, hacia el otoño del año 45 a. C., y antes de que se produjera el complot y asesinato de César, el dictador ya había proyectado dos nuevas campañas militares. Convencido de que tanto el reino dacio de Berebistas como el imperio parto de Orodes II seguían siendo una amenaza, había dispuesto los preparativos para emprender otra guerra. Entre ellos se incluía la aplicación de un estricto control sobre los tribunos durante el largo periodo en el que César tendría que estar ausente. Por otra parte, la dictadura suponía un poder unipersonal tanto por lo que respecta al poder legislativo como a la Administración y la potestad judicial.

Bajo dicha perspectiva, la historiografía parece, en efecto, estar de acuerdo en establecer el origen del complot en un grupo numeroso de miembros del Senado. Para ser más exactos, en la persona de Cayo Casio Longino. El plan establecido era que el dictador debía morir, evitando de ese modo que Roma acabara convirtiéndose en una especie de imperio personal. Longino comenzó a tantear la opinión de algunos hombres en los que poder confiar. De ellos, Marco Junio Bruto destacó como la persona más apropiada para encabezar dicho plan.

El día 15 de marzo del año 44 a. C. –*idus* en el antiguo calendario romano–, el Senado había decidido reunirse y discutir la campaña que, en la mente de César, debía realizarse contra los partos en Oriente. La República estaba siendo cuestionada. No obstante, y en opinión de Bruto, su asistencia no era segura al estar reglamentada la protesta pasiva mediante la conocida abstención. Casio le recordó que el cargo de pretor exigía la presencia física de los dos. Convencido Bruto de la necesidad de llegar hasta el final, atrajo a unos 60 correligionarios, seguidores de la conspiración en los que había depositado una total confianza. Con un número tan elevado de cómplices, la muerte de César nunca parecería una emboscada y sí un hecho plausible que permitiría la salvación de Roma. Asimismo, el resto de los senadores no implicados pronto demostrarían su aprobación.

Entre aquel número de magistrados, las razones para acabar con la vida de Julio César eran muy distintas. Desde el rencor personal hasta el llamamiento a la salvación de la República, todos aspiraban a ver muerto al dictador. Así, durante los *idus* de marzo, con el pretexto de proceder a la lectura de una petición senatorial para devolverle a la cámara su poder efectivo, se convocó a César al Foro. Marco Antonio, que sospechaba del peligro que entrañaba tal acción y tras haber conversado con el senador Servilio Casca, trató de llegar al lugar para detener a César en las escaleras. Sin embargo, Marco Antonio nunca llegó.

El contingente de senadores decididos a terminar con César lo interceptaron cerca del teatro de Pompeyo, lugar donde se daba cita la curia romana. Después lo condujeron a una sala próxima al pórtico del lugar de los espectáculos. Luego le entregaron el escrito. Comenzada la lectura de las peticiones, Tulio Cimber tiró de la túnica de César arrojándola al suelo. Violentado este, apenas tuvo tiempo de ver la daga con la que le asestaba un corte en el cuello. Inquietado Casca, solicitó el auxilio del resto de los conspiradores, que acudieron a dar muerte a César. Indefenso, según Suetonio, el dictador llegaría a recibir veintitrés puñaladas antes de morir. Por su parte, el historiador Apiano, autor de la *Historia romana*, aseguró que aquel suceso se produjo sin apenas reacción de la víctima.

Los conspiradores habían dejado a Trebonio, uno de los suyos, para que entretuviera a Antonio delante de las puertas, y los demás se habían colocado de pie alrededor de César, como amigos, con puñales ocultos, mientras él se sentaba en su asiento. Entonces, uno de ellos, Tilio Cimber, se puso frente a él y le pidió el regreso de su hermano del exilio. Cuando César respondió que el asunto debía ser del todo pospuesto, Cimber lo cogió de su vestido de púrpura, como si todavía le suplicara, y tirando de él lo bajó hasta la base del cuello gritando: «¿A qué esperáis, amigos?». Entonces, Casca, que estaba colocado sobre la cabeza de César, empuñó su espada para asestar el golpe, pero al desviarse lo hirió en el pecho. César arrancó su toga a Cimber y, tomando de la mano a Casca, bajó precipitadamente de su asiento; giró sobre sí mismo y lanzó con mucha fuerza a su agresor. En esta situación, otro, debido a la posición forzada de César, le atravesó el costado con una daga cuando se hallaba estirado. Casio le hirió en el rostro, Bruto le golpeó en el muslo y Bucoliano en la espalda, de tal forma que César, con ira y gritos, como un animal salvaje, daba vueltas para enfrentarse a cada uno de ellos, pero después de la herida de Bruto, sea porque había perdido ya la esperanza, se ocultó con su vestido y cayó, con compostura, ante la estatua de Pompeyo. Mas ellos, incluso en tal estado, continuaron con sus golpes, cuando estaba caído, hasta que recibió veintitrés heridas; y varios de sus agresores se hirieron mutuamente mientras asestaban sus golpes con saña.

Consumado el crimen, se ha comentado que los conspiradores huyeron, abandonando el cadáver y dejando el cuerpo expuesto durante un tiempo. Del lugar lo recogieron tres esclavos, que lo trasladaron a su casa en una litera. Allí, Marco Antonio lo mostró al pueblo, mientras soldados de la legión XIII incineraban su cuerpo. La conmoción fue total. El mismo Apiano relataría así aquellos momentos:

> Una vez los asesinos hubieron perpetrado un crimen tan impío, en un lugar sagrado y en la persona de un hombre sagrado e inviolable, se produjo de inmediato una huida a través del Senado y de toda la ciudad y, en este desconcierto, algunos senadores resultaron heridos y murieron otros. También murieron muchos ciudadanos y extranjeros, no de forma deliberada, sino, como suele ocurrir, a consecuencia de los disturbios públicos y por error de aquellos en cuyas manos cayeron. Los gladiadores, que habían sido armados a la mañana muy temprano para una exhibición en un espectáculo, corrieron desde el teatro hasta las barreras del Senado, y el teatro se quedó vacío de repente, sobrecogido por el terror; las mercancías fueron saqueadas, y todos cerraron las puertas de sus casas y se dispu-

sieron a defenderse desde los tejados. También fortificó Antonio su propia casa al conjeturar que la conspiración estaba dirigida contra él, así como contra César.

Tras la muerte de Julio César, en el lugar de la cremación se levantó un altar y un templo dedicado a su divinidad. En efecto, el Senado, en el año 42 a. C., le deificó bajo el nombre de *Divus Iulius*, una práctica que continuaría a partir de la muerte del emperador Augusto. Fueron numerosos los proyectos e iniciativas que quedaron incumplidas, desde la acometida contra los dacios hasta importantes obras arquitectónicas por toda la península itálica.

En definitiva, una parte muy importante de la aristocracia romana había comprendido el sentido de aquella conjura contra César. Especialmente, después de que este asumiera un elevado número de distinciones y de actuar con desdén frente al pueblo. En todo caso, la desaparición de su figura provocó una lucha por el poder entre Cayo Octavio —sobrino-nieto y persona a quien el propio dictador había nombrado heredero universal— y Marco Antonio. Las sucesivas guerras civiles se dieron por finalizadas en el año 32 a. C., después de que tuviera lugar la batalla de Accio, frente al golfo de Ambracia, al noroeste de Grecia. Octavio, ayudado por su comandante Agripa, pondría fin a la compleja herencia dejada por su tío-abuelo. Comenzaba, pues, un sistema autocrático que culminaría con la proclamación del Imperio. El final de la República corroboraba, después de todo, el fracaso en la práctica del proyecto surgido con el intento de conspiración.

LA EDAD MEDIA. BRUJERÍA, HEREJÍA E INQUISICIÓN

Irene de Atenas y
la conspiración en Bizancio

L a Edad Media ha sido desde hace siglos un importante epicentro para el estudio y la investigación de un buen número de historiadores. El término «Medievo», o «Medioevo», *medium aevum,* se refiere a un periodo extenso en el que la Tierra permaneció plana a los ojos de la humanidad, llena de supersticiones y estigmas que finalizaría en las postrimerías del siglo xv.

En efecto, desde una perspectiva puramente económica o social, podemos acotar el periodo de la Edad Media entre los siglos iii y xiv. No obstante, la interpretación más habitual la sitúa entre la caída del Imperio romano de Occidente, acaecida en el año 476 con la llegada al trono del rey bárbaro Odoacro, y el fin del Imperio romano de Oriente, con la desaparición del Imperio bizantino en el año 1453.[18] Existen suficientes argumentos para retrasar su conclusión hasta el descubrimiento del continente americano, en 1492, incluso hasta la aparición de la imprenta en torno a 1450, por el orfebre alemán Johannes Gutenberg. La Edad Media se divide en la llamada alta Edad Media, periodo que abarca del siglo v al siglo x, la plena Edad Media, desde el siglo xi al xiii, y la baja Edad Media, desde el siglo xiv al xv.

Así, para cada uno de los tramos temporales existen rasgos singulares. Dentro de la Alta Edad Media cabría destacar la aparición de los reinos

---

18 Esta última fecha coincide con el final de la guerra de los Cien Años, iniciada en el año 1337 entre los reinos de Francia e Inglaterra. Existen algunos autores, entre ellos, Édouard Perroy, que lo consideran como uno de los momentos que definen el final del medievo.

romanos-germánicos, hecho esencial para entender la Europa carolingia y las derivaciones tras su posterior fragmentación. Por otra parte, la aparición del feudalismo y el crecimiento demográfico, económico y cultural en la Europa occidental comprenderían una gran parte de la plena Edad Media. Finalmente, la baja Edad Media quedaría definida, principalmente, por el notable aumento de la productividad agrícola, la reactivación del comercio y el auge de las ciudades, sin olvidar la normalización de las peregrinaciones cristianas a los lugares santos repartidos por el continente.

Contrariamente a lo que la Historia nos enseña, se ha intentado definir el periodo medieval como un espacio de oscuridad y de transición entre la Edad Antigua y la Edad Moderna, marcado por un incuestionable retroceso en la intelectualidad, además de un incremento de las enfermedades, la ignorancia, el inmovilismo o la superstición. Surgida en la Ilustración, esta idea sobrecogedora de la Edad Media tuvo durante el siglo XVIII en la figura del historiador británico Edward Gibbon a su más firme defensor[19]. En este mismo sentido se manifestaría unos años más tarde el francés Jules Michelet, quien, por ejemplo, describiría el temor a la llegada del año 1000 en los siguientes términos:

Desgracia tras desgracia, ruina tras ruina. Era necesario que viniera otra cosa, y se la esperaba. El cautivo esperaba en el oscuro torreón, en el sepulcral *in pace*; el siervo esperaba en su surco, a la sombra de la odiosa torre; el monje esperaba en las abstinencias del claustro, en los tumultos solitarios del corazón, en medio de las tentaciones y las caídas, de los remordimientos y las visiones extrañas, miserable juguete del diablo que revolo-

---

19 Autor de *Historia de la decadencia y caída del Imperio romano*, existe en la tradición historiográfica la idea de que fue el propio Gibbon, en octubre de 1764 y mientras meditaba entre las ruinas romanas, quien decidió escribir sobre la decadencia y la caída del Imperio. Publicada entre 1776 y 1788 en seis volúmenes, el trabajo abarca la historia de trece siglos, desde Trajano hasta la caída de Constantinopla a manos de los turcos durante el año de 1453. La obra produjo en su momento un gran impacto y su influencia perdura en nuestros días.

teaba a su alrededor y que, por la noche, tirando de su manta, le decía alegremente al oído: «Estás condenado».

Lejos de aquel pesimismo, lo cierto es que durante los diez siglos que duró la Edad Media, los avances fueron una realidad más que evidentes. Bajo dicha perspectiva, no se explica un crecimiento demográfico sin los necesarios avances tecnológicos en la agricultura. La rotación trienal en los cultivos y la introducción del arado de reja y de vertedera dieron lugar a la ampliación de las superficies cultivadas, lo que repercutió en el incremento de la producción. Nombres de pensadores y científicos como Guillermo de Ockham, Nicolás de Cusa, Walter Burley, Richard de Wallingford o Roger Bacon, este último iniciador del empirismo, base de la ciencia moderna, son un ejemplo de avance y desarrollo en el pensamiento. La adopción de la pólvora, el papel, la energía hidráulica llevada a los molinos, el reloj mecánico, la brújula, etc., fueron algunas de las mejoras de la Edad Media a las que habría que añadir el progreso arquitectónico, especialmente durante los siglos XII y XIII con la construcción de las grandes catedrales góticas, o el surgimiento de las primeras universidades en Europa, como en Bolonia, Oxford, Cambridge, La Sorbona en París y Salamanca.

Una de las singularidades del periodo medieval fue precisamente la formación de nuevos sistemas políticos que terminarían consolidándose, sobre todo, en el continente europeo. Las regiones más urbanizadas comenzaron a poner de manifiesto una nueva complejidad política, a la par que se asentaban las sociedades feudales. Sistemas cada vez más complejos a la hora de establecer gobiernos que dieron lugar a la necesidad de cuidar y valorar, aún más si cabe, las relaciones diplomáticas. No podemos olvidar tampoco la presencia de centros de poder cada vez más consolidados, administraciones mucho más complejas y fronteras más definidas. Una muestra de todo ello fueron el Sacro Imperio Romano Germánico o el Imperio bizantino.

Uno de los primeros focos de interés durante el comienzo de la Edad Media tuvo lugar en el llamado Imperio romano de Oriente. En efecto, durante los siglos II y I a. C., Roma abarcaba una formidable extensión de territorios, incluidos los obtenidos tras la muerte de Alejandro Magno, salvo los de Persia y la Media oriental. Todas las regiones evidenciaban una pluralidad religiosa y lingüística, consecuencia de su origen multiétnico. Debido, precisamente, a la gran extensión jurisdiccional, la complejidad administrativa del Imperio romano a finales del siglo III llevó al emperador Diocleciano a establecer la llamada tetrarquía. El imperio quedaba dividido de esta forma en dos partes, gobernadas cada una de ellas por dos emperadores augustos a los que se sumaban otros dos vice emperadores o césares. Tras la abdicación de Diocleciano, Constantino I el Grande tomó el poder en el año 324 y estableció la nueva capital en Bizancio, la ciudad que muy pronto pasaría a llamarse Constantinopla o *Constantinópolis* y se convertiría en una de las ciudades más importantes en las rutas comerciales del Mediterráneo oriental.

Con el trono de Bizancio en poder de Constantino, el cristianismo empezó a ocupar un lugar destacado en el ámbito religioso hasta que finalmente Teodosio I, en el año 380, lo implantó tras la promulgación del Edicto de Tesalónica. No obstante, la imposición de la nueva religión no estuvo exenta de conflictos. A la muerte de Teodosio, en el año 395, los territorios quedaron repartidos entre sus hijos Flavio Honorio y Arcadio. Al primero le correspondió el de Occidente, cuya capital seguiría ubicada en la ciudad de Roma. Mientras, el segundo le correspondió el gobierno de las regiones orientales estableciendo su capital en la ciudad de Constantinopla. La mayoría de los historiadores coinciden en situar este momento como el comienzo de la historia del Imperio bizantino. Así, mientras el Imperio romano de Occidente habría de ver su final en el año 476 con la caída de Rómulo Augústulo, la vida del Imperio bizantino se extendería todavía durante casi mil años.

Con el control de los pueblos bárbaros por parte de los sucesores de Teodosio, la unidad religiosa en Bizancio se vio amenazada hasta el Concilio de Nicea, celebrado en el año 325. Desde ese momento, el arrianismo, dogma que negaba la divinidad de Cristo, quedaba condenado por el cristianismo. En el año 431, el Concilio de Éfeso declararía como herejía al nestorianismo, idea basada en el reconocimiento de la doble naturaleza de Jesucristo, esto es, una humana y otra de carácter divino. Durante el reinado de Justiniano I, entre los años 527 y 565, el Imperio vio el mayor apogeo de su cultura cuando quedaron restauradas las fronteras orientales después de la victoria en Dara, en el año 530, del general Belisario frente a los ejércitos persas de Cosroes I.

Con el Imperio consolidado, en noviembre del año 769, una joven llamada Irene, con apenas dieciséis años, llegaba desde a Constantinopla, procedente de Atenas, con el firme propósito de contraer matrimonio con el hijo del emperador de Bizancio. Las crónicas se refieren a su belleza y a su muy humilde procedencia. Se dice que, a pesar de sus origines, hija de una hilandera, fue apadrinada por un sacerdote tío suyo poseedor de una gran influencia entre las élites bizantinas. El emperador Constantino V se fijó en ella y no tuvo dudas en escogerla como consorte de su hijo y coemperador León IV. A pesar de la juventud de este último, de tan solo diecinueve años, el matrimonio contribuía a reforzar los vínculos entre el Imperio y la provincia de Grecia.

Irene nació en 752 en Atenas, se ha especulado con la posibilidad de que la madre de Irene pudiera haber ejercido la prostitución sin que se pudiera determinar cuál era el verdadero padre de la niña. Siendo todavía una adolescente demostró sus dotes y aptitudes personales, además de su atractivo físico, por lo que su tío decidió enviarla a la corte bizantina con una recomendación. Pronto comprendió los beneficios que podía obtener aprovechándose de los conflictos religiosos que rodeaban al Imperio y la deriva política que estos acarreaban. Muchos cristianos, inspirándose en las Sagradas Escrituras, concretamente en el Éxodo, que prohíbe el culto a los ídolos, consideraban ofensiva la veneración de imágenes. Unos años antes del nacimiento de Irene, el emperador León III había ordenado, a través de varios edictos, la destrucción de todas las representaciones religiosas que pudieran ser objeto de adoración. La conducta ocasionó serios conflictos, que se prolongaron hasta el reinado de Constantino V, su hijo y heredero. Solo después de que este utilizara la fuerza con la subsiguiente pérdida de vidas humanas pudo imponerse la voluntad de su padre.[20] Fue el propio emperador Constantino quien terminó eligiendo a Irene para su hijo, al creer que dicha unión daría estabilidad al trono y a su propio hijo, el futuro León IV.

No sabemos los motivos exactos por los que fue elegida para acompañar al emperador o *basileus* en las tareas de su gobierno. Tampoco figura en ningún documento la razón por la cual debía ocupar el lugar de la futura *basilissa* o emperatriz. La aludida belleza o quizá su extraordinario carácter embaucador pudieron resultar, a la postre, decisivos. Pero desde una perspectiva política y de intereses con sus aliados griegos, no cabe ninguna duda de que el matrimonio aseguraba el equilibrio en una Europa muy compleja por lo que respecta a las relaciones exteriores. De acuerdo con todo lo dicho, el 17 de diciembre del año 769, Irene y el príncipe heredero contraían matrimonio.

Constantino V había dado sobradas muestras de la importancia que concedía a su primogénito León al nombrarlo coemperador cuando todavía era un niño, hasta tal punto que los hijos que tuvo con Eudoxia, su tercera esposa, quedaron excluidos del trono imperial, si bien con el título de césares. En 771, sólo dos años después de la unión, Irene dio a luz un hijo varón, el futuro emperador Constantino VI, lo que significaba la continuidad de la dinastía Isáurica.

Constantino V falleció en el año 775 en Selimbria, ciudad de la Tracia, durante una de las campañas contra los búlgaros tras ser herido en una cadera. Apenas conocida la noticia, León e Irene fueron nombrados emperadores de Bizancio, lo que dio inicio a una serie de tramas por parte de Irene para poder colmar sus aspiraciones personales.

Del mismo modo que había procedido su padre, León IV se apresuró a que su hijo fuera reconocido como futuro monarca, por lo que con tan solo cinco años obtuvo el título de coemperador. Este hecho, junto con la

---

20 D. M. M. (1860) *Diccionario de las principales sectas heréticas* (pp. 97-98) Barcelona. Imprenta y Librería Politécnica de Tomás Gorchs.

muerte de Constantino V, provocó el rechazo de los hermanastros de León, lo que dio inicio a un periodo de conspiraciones dirigidas por Nikêphoros, el mayor de todos ellos, con el objetivo de ocupar el trono. Sabedora del peligro que suponía la presencia de los césares en la corte, Irene no tardó en descubrir su conjura y los forzó a declararse culpables. Tras exigir la celebración de un consejo real, la propia emperatriz los despojó de todos los títulos y ordenó el exilio para los cinco césares. Todos los intentos posteriores de Nikêphoros por tomar el control del imperio, fracasaron al ser sofocados por Irene.

Se cree que Irene no tenía una buena relación con su marido y que esa fue una de las posibles razones por las que no dio a luz a más hijos con los que asegurar la dinastía. Estos hechos despertaron un cierto rechazo hacia su persona y suspicacias sobre sus pretensiones. Lo cierto es que la muerte del emperador León IV, en el año 780, acrecentó los rumores sobre la avaricia y la falsa modestia de la emperatriz. La muerte del emperador dio a Irene un motivo más para planificar su futuro en la cima del mismo trono. Tras el breve reinado del difunto emperador entre los años 775 y 780, madre e hijo con 25 y 9 años de edad, respectivamente, afrontaban un futuro complejo en una Edad Media bizantina en la que los dogmas sobre la fe resultaban decisivos para justificar acciones y decisiones sobre la política interior y exterior.

Después de seis semanas desde el ascenso al trono del joven emperador, Nikêphoros, asumiendo la idea iconoclasta y el poder militar heredado de Constantino V, ideó una nueva conspiración con la ayuda de importantes personalidades de Constantinopla y Bizancio. Como ocurrió en su intento anterior, el fracaso tuvo consecuencias irreparables. Detenidos los conjurados, fueron azotados y obligados a aceptar la tonsura, lo que implicaba el sometimiento al primero de los grados clericales. Todas las tierras y bienes de los césares rebeldes fueron confiscados y terminaron en manos de Irene y sus más firmes allegados. Con la ordenación como sacerdotes de Nikêphoros y sus cuatro hermanos, el Imperio prescindía de una parte decisiva de su gobierno.

Dadas las circunstancias, la emperatriz asumía el consejo de regencia, lo que en un principio le aseguraba la gobernabilidad del Imperio, al menos durante los siguientes seis años. Para ello, sabía que los apoyos resultarían fundamentales. Con el nombramiento como logoteta del dromo de Eustaraquio, encargado de las cuestiones policiales y de las cuentas del Estado, además de Tarasio como patriarca de Bizancio, Irene no dudó en convocar un concilio para condenar a los iconoclastas. Para entonces, el nuevo patriarca ya había enviado un documento en contra de aquellos al papa Adriano, en el que solicitaba, además, la convocatoria de un concilio ecuménico con la finalidad de hacer del Imperio bizantino un lugar de adoración a las imágenes.

Con los asuntos religiosos bajo el control de Tarasio, la emperatriz regente desarrolló una política basada en la diplomacia con el objeto de acercar Bizancio a Occidente, especialmente al papado en Roma y a Carlomagno. De este último, la emperatriz temía su incursión en territorios todavía bajo su protección. Para evitarlo, Irene le propuso que Constantino VI se casara con Rotrud, hija del rey franco. El consentimiento de Carlomagno al pacto de matrimonio solucionó momentáneamente la amenaza territorial, pero, su actitud mostraba un control absoluto sobre la vida privada de su hijo y futuro emperador.

En 786, ayudada por Tarasio, Irene convocó un nuevo concilio en Constantinopla. Los obispos iconoclastas de Bizancio vieron en aquel un motivo de traición y urdieron un complot para acabar con los despropósitos de la regente. El ejército, fiel todavía a los postulados del antiguo emperador Constantino V, tomó la iglesia en donde se llevaba a cabo el cónclave y obligó a los participantes a suspenderlo. Irene, que entonces aceptó el resultado de aquella presumible derrota, obró una vez más con inteligencia. En solo un año, y para terminar con los elementos más antagónicos de la milicia, decretó una campaña militar en Asia Menor contra los árabes. Con el grueso del ejército ya desplazado, los soldados fueron licenciados al tiempo que se expulsaba de Constantinopla a las mujeres y a los hijos de esos. Disuelto el ejército insurgente, la emperatriz reforzó su poder con las tropas que todavía le eran leales[21].

Irene estaba decidida a celebrar otro concilio, y vio la posibilidad celebrarlo en Nicea, lugar en el que Constantino I, en el transcurso del siglo IV, había definido los pilares de la cristiandad en los inicios de la Edad Media. El sínodo tuvo lugar entre el 24 de septiembre y el 13 de octubre del año 787. Irene y su hijo Constantino terminaron siendo magnificados como los nuevos signos de la unidad cristiana. Con ello, los iconoclastas quedaron condenados al olvido. Las nuevas monedas acuñadas en el Imperio mostraban la efigie de los dos monarcas. Sin embargo, Irene no tardaría en apropiarse del cetro imperial.

No obstante, el segundo Concilio de Nicea tuvo consecuencias no previstas para la soberana. Rodeada de consejeros con escasa experiencia de gobierno, un error en los planteamientos de Irene provocó que Carlomagno no acudiera y, en su lugar, envió a dos de sus embajadores. Era una obviedad que la displicencia observada hacia el que estaba considerado desde el año 774 *Imperator Romanun gubernans Imperium* demostraba que Bizancio consideraba a los francos una pieza más del entramado papal en Roma. Desplazado Carlomagno, el compromiso adquirido con Constantino VI quebró definitivamente. Tampoco reconoció las disposiciones adoptadas en el concilio, criticando el mismo y demostrando, además, su superioridad sobre el papa.

El fracaso fue considerado en la corte una decisión personal de la emperatriz. La corta edad de Constantino era un motivo más de control por parte de su madre, lo que le llevó a aceptar, en 788, el matrimonio con María de Amnia, una mujer noble de Anatolia que el monarca no toleraba. Nieta de Filareto, un viejo devoto de las representaciones religiosas, se ha dicho en alguna ocasión que fue la propia Irene quien, bajo la amenaza de

---

21 Una excelente descripción de los acontecimientos del concilio puede consultarse en la obra de Díaz Iglesias Castañeda, Epifanio (1852). *Historia general de la Iglesia, desde la predicación de los apóstoles hasta el pontificado de Gregorio XVI*. Tomo II (pp. 317-319). Madrid. Imprenta de Ancos, Editor.

envenenamiento, la obligó a no mostrar desacuerdos en las decisiones de la emperatriz.

La humillación tras el casamiento no hizo más que empeorar las relaciones entre Constantino y su madre. Cansado de los consejos de adivinos y astrólogos sufragados por quien era la verdadera propietaria del trono, el todavía joven monarca llevó a cabo una conspiración contra Eustaraquio. En la primavera de 790 se produjo la primera revuelta. El conato de guerra civil pudo ser sofocado por las tropas leales a Irene. Constantino y sus más inmediatos seguidores fueron encarcelados. La emperatriz, obligada a dar un giro sustancial a su gobierno, solicitó del ejército un juramento de fidelidad. En él, todo el cuerpo de la milicia quedaba comprometido a rechazar la autoridad de Constantino VI. Con ello, el heredero quedaba apartado del trono.

Si bien las tropas de Constantinopla habían apoyado las medidas de la emperatriz, las que estaban desplazadas en Asia menor no reconocieron a Irene. Partidarias de Constantino desde que era un niño, solo durante la regencia habían mostrado una forzada fidelidad a su madre. Aquella negativa ponía en peligro la estabilidad del Imperio, aún más después de que a finales de aquel mismo año proclamaran su absoluta adhesión a Constantino VI, a quien aclamaron como único emperador. Los movimientos en favor del emperador llegaron enseguida a la capital. Durante el mes de diciembre, los partidarios de Irene fueron arrestados y exiliados. Sin aliados, la que hasta esos momentos había sido la cabeza visible de Bizancio fue condenada y confinada en el palacio de Eleuterio, y su hijo comenzó un reinado que le correspondía por derecho propio.

Con apenas 20 años, Constantino VI emprendía una aventura de gobierno a la que no estaba acostumbrado. Esa circunstancia, junto con la ausencia de su madre, incrementó su carácter dubitativo en todo lo relacionado con las políticas de dentro y fuera del Imperio y alcanzó su momento más delicado tras el fracaso militar frente a los búlgaros y los árabes. La escasa suerte en las tareas de gobierno dio un giro incomprensible a la actitud del joven soberano, que dispuso el regreso de Irene al trono como coemperatriz y le otorgó de nuevo el control de todos los resortes del Estado. No se sabe exactamente el motivo o las circunstancias que llevaron a Constantino a tomar una decisión de tal magnitud. Se ha especulado sobre la debilidad y la soledad que tuvo que sobrellevar tras la expulsión de su madre del trono. Lo cierto es que la vuelta de Irene al poder de Bizancio hizo que de inmediato tomara las riendas del gobierno y restableciera los viejos proyectos que una vez había ambicionado.

Como los conflictos fronterizos continuaban, en julio del año 792, cerca de Markellai, en la frontera con Bulgaria y mientras se libraba una batalla decisiva, Constantino, al advertir la derrota, decidió escapar de un modo pusilánime. Como era de suponer, la retirada del emperador dejó al ejército imperial sumido en un cúmulo de dudas. Conscientes de la fragilidad del momento y con el temor de que se desestabilizara la unidad de Bizancio, algunos militares resolvieron rescatar al césar Nikêphoros y nombrarlo emperador. Una vez más, los intentos por apartar a Irene del trono se malograron con un resultado todavía más implacable y despiadado. La emperatriz ordenó que se le sacaran los ojos a Nikêphoros y se arrancara la lengua a sus hermanos. Del mismo modo dejó ciego a Alejo Mosele, ayudante de su hijo. Esta conducta alejaba a Constantino de las dotes de liderazgo que sus seguidores habían creído ver en él para presentarlo definitivamente ante su pueblo como un títere en manos de su madre Irene.

Solo dos años más tarde, y manteniendo el rigor sugerido por la emperatriz, Constantino se vio forzado a repudiar a su mujer, quien le había dado dos hijas, Eufrósine e Irene, y aceptar en matrimonio a Teodate, una de las damas al servicio de su madre. Era el año 795. Por lo que se refiere a María, fue recluida junto con sus hijas en un convento. Mientras, en agosto de aquel mismo año, la nueva esposa y vasalla de la emperatriz era nombrada augusta, título que nunca había poseído María de Amnia. El divorcio obligado había suscitado rechazo y un escándalo para los fieles religiosos. La conducta juzgada por un grupo de monjes llegó a conocerse como la «controversia adulterina», lo que provocó el enojo del propio Constantino, que ordenó el encarcelamiento de aquellos y su posterior exilio en marzo del año 797.

Como resultado del rechazo a su primer matrimonio, además de los antecedentes que ya había demostrado en el manejo del Imperio, Constantino se precipitó hacia un aislamiento que, enseguida, fue atribuido por Irene a la incompetencia de su hijo para las tareas de gobierno. Consecuentemente, el mantenimiento del poder, dadas las circunstancias, solo podía lograrse con la destrucción completa de Constantino. Las tensiones familiares aumentaron y, en consecuencia, el plan para terminar con el coemperador no tardó en consumarse.

La huida a finales de aquel mismo año de Constantino no alteró los planes de la conspiración que se había emprendido contra él. La emperatriz, sin esperar a un posible exilio de su hijo que pudiera evitar un derramamiento de sangre, ordenó su detención y la de su esposa. Apresado y torturado, fue cegado con un hierro incandescente en la Pórfida, la misma estancia del palacio real en la que veintiséis años atrás había nacido. Teófanes, el cronista de la época, llegó a escribir el momento de la destitución, así como de la cegación de Constantino, aludiendo a un posterior eclipse solar y a una oscuridad que duró varios días, lo que en su momento se interpretó como una señal de rechazo por parte de los dioses.

> Irene lo cegó en la habitación púrpura donde lo había traído al mundo [...] el sol se oscureció, las naves equivocaron su rumbo, y todo el mundo convino en que si el sol ocultaba sus rayos era porque se había dejado ciego al emperador. [...] Durante diecisiete días el cielo se oscureció, las naves en el mar extraviaban el rumbo, pues se negaba a resplandecer sobre el trono de Irene, la madre del emperador (Castellanos de Zubiría, Susana, 2008, p. 142).

Las versiones de los sucesos ocurridos a partir del tormento no están corroboradas. Sabemos que el emperador Constantino murió a los pocos días dejando el Imperio sin un heredero varón y con Teodate confinada. Seguramente la muerte fue una consecuencia lógica del castigo infligido por su madre, que asumía así el poder absoluto como la primera mujer poseedora del trono de Bizancio. La explicación oficial fue que su hijo, privado de la vista, quedaba imposibilitado para cualquier actividad que tuviera que ver con el ejercicio de la autoridad imperial.

Esta vez las monedas de oro llevarían su imagen grabada en ambas caras, un detalle que enfatizaba su gloria y preponderancia. Era una manera de reconocerla como *basilissa*. No obstante, en toda la documentación procedente de su administración figuraba como *basileus*, es decir, «emperador». En la historiografía de la época hay quien ha querido ver en este detalle un claro empeño por dar una imagen de gobernante masculino. De todas formas, entre sus deseos siempre estuvo el que un día fuese reconocida como la gran *basileus* y *autokrator* de los romanos que ostentaba el poder político y militar del Imperio bizantino.

A pesar de haber sufrido castigo y de estar alejados de la corte, los hermanos de Constantino V tuvieron tiempo para intentar una última pugna contra Irene. Ya mutilados en el pasado y mudos por la extirpación de sus lenguas, la derrota de aquellos en su intento de conspiración se saldó con la tortura y la ceguera de todos ellos en marzo del año 799. Pero una parte de lo que restaba del ejército no aceptó el comportamiento de la emperatriz. Mermadas las fuerzas, la presión en las fronteras se volvió prácticamente insostenible y, en consecuencia, Bizancio tuvo que ceder algunos de los territorios que el Imperio mantenía en las regiones orientales. A todo este contingente de desaciertos vino a unirse la falta de control sobre los eunucos de palacio, ministros a los que se les había otorgado un poder desmesurado.[22]

Los llamados castrados de confianza llevaban tiempo bajo los dictados de Estauracio y Aecio, que protagonizaron un fuerte enfrentamiento interno durante la enfermedad de la emperatriz en el año 799. Creyendo Aecio que

---

22 Resulta interesante advertir el gran número de ministros y cargos nombrados por la emperatriz Irene que debían cumplir la condición de ser eunucos. A este respecto puede consultarse, entre otras obras, la de Miranda, Salvador (1955). *El gran palacio sagrado de Bizancio*. México. Editorial Stylo.

Irene podía ser víctima de una conspiración organizada por Estauracio, remitió unos informes con el fin de detener cualquier posible intento por desestabilizar el trono. Aún convaleciente, la emperatriz pudo convocar un consejo para pedir explicaciones. Estauracio se disculpó y pudo conservar el puesto, pero inició un complot contra quienes le habían delatado. A partir de esos momentos el desconcierto se hizo más ostensible, sobre todo porque la Administración y el ejército debían actuar soportando los caprichos de los ministros y de una corte en decadencia. En este estado de cosas, la tensión se hizo máxima cuando los eunucos decidieron disputar el trono a la propia emperatriz.

La situación en Bizancio comenzó a deteriorarse y a ser vista en otros reinos europeos con un cierto grado de preocupación. Fue probablemente el desconcierto vivido en la corte de Irene lo que condujo a Carlomagno a asumir más responsabilidades políticas y religiosas. El día de Navidad del año 800, el papa León III coronó en la ciudad de Roma al rey franco como «emperador que gobierna el Imperio romano», un nombramiento que presentaba todas las garantías al ser un gesto que la Iglesia romana podía ejercer como poseedora de la *auctoritas* papal, así como de la *potestas* imperial. El acontecimiento, pues, significaba el reconocimiento de Carlomagno como el emperador de todos los romanos, además de un claro menosprecio al trono imperial de Oriente.

Para los bizantinos la coronación significó, en efecto, un desprestigio dirigido a la emperatriz Irene y a todo el Imperio. Además, la situación interna no mejoró. Con el gobierno en manos de Aecio, durante el año 802 el eunuco trató de llevar al trono a su hermano León. La rápida reacción llevada a cabo por el ministro de finanzas Nikêphoros, partidario en esos momentos de Irene, impidió tal acción. La sublevación contra Aecio creció con la presencia de los embajadores de Carlomagno y del papa León III, llegados hasta la corte con el propósito de solicitar a Irene el casamiento con el rey franco.

Sin embargo, los sucesos no daban respiro ni tranquilizaban la situación. Presentes todavía en Constantinopla los emisarios de Carlomagno y mientras esperaban una respuesta, Aecio impidió que pudiera llegarse a un acuerdo. Durante la mañana del 31 de octubre del año 802, Nikêphoros, de forma deliberada y acompañado de leales, culminó un golpe que impidió que el eunuco pusiera en el trono a su hermano y frustró, asimismo, que la emperatriz aceptara la propuesta de los francos. Esta última fue arrestada, luego desterrada a un convento y llevada más tarde a la isla de Lesbos. Totalmente aislada, pero siguiendo el mismo afán conspirador que la había acompañado durante sus años en Constantinopla, Irene trató de recobrar el poder. No obstante, el 9 de agosto del año 803, la muerte hizo imposible su regreso a la corte. Siguiendo su voluntad, el cuerpo fue trasladado a la isla de Prinkipo, en el mar de Mármara.

En definitiva, la desaparición de Irene no impidió que los cristianos católicos la terminaran venerando como una santa. El escritor y teólogo bizantino Teodoro Studita había llegado a escribirle una carta en la que se congratulaba del apoyo que la emperatriz había prestado a la causa iconódula. No obstante, la Iglesia ortodoxa no reconoció dicha circunstancia. Su crueldad, en todo caso, quedó en parte compensada con su deseo de restaurar el culto a las imágenes y representaciones religiosas.

Por último, de haberse consumado el matrimonio con Carlomagno, son muchos los que todavía creen que el destino del Imperio en Oriente hubiera sido muy diferente. Con toda probabilidad, lo realmente importante de este relato es la habilidad e inteligencia mostrada por esa mujer que, llegada desde lejos, logró alcanzar la cúspide de un gran imperio en decadencia. Recordada por la madre que cegó a su propio hijo, la realidad es que a su muerte el Imperio se deshizo en una lucha, la llamada querella iconoclasta, que terminaría en el año 843 con la prohibición del culto religioso a las imágenes. El Imperio romano de Oriente, esto es, Bizancio, prolongaría su cultura y civilización hasta el año de 1453, convertido para entonces en un reino griego ortodoxo. Siglos después, un viajero como Robert Byron, llegaría a describirlo como la unión de un cuerpo romano, una mente griega y un alma oriental[23].

---

23 En efecto, el comentario procede del escritor y viajero británico del siglo XX. Véase Tardáguila, Esperanza (2012). «El viaje de la filosofía por los caminos de la traducción», *Mutatis Mutandis,* 5 (1) (p. 55): https://dialnet.unirioja.es/servlet/articulo?codigo=5692645.

Tramas nobiliarias en el Imperio carolingio

A mediados del siglo VIII, el mapa geopolítico de Europa se concretaba en tres grandes espacios territoriales: el Imperio bizantino, el reino franco y las regiones sometidas al dominio musulmán. Estas últimas aglutinaban áreas del actual Turquestán, en Asia Central, entre el mar de Aral y la meseta de Pamir, además de casi totalidad de la península ibérica, desde que Tarik iniciara su conquista en el año 711. Con la detención de la invasión en la batalla de Poitiers, en el año 732, por las tropas francas al mando de Carlos Martel, el islam medieval alcanzaba la mayor expansión que verían sus huestes.

A finales del siglo V, la conversión del rey merovingio Clodoveo I dio paso a la cristianización de los francos. Desde el año 509, el reino constituido entonces por las regiones de la Galia, Aquitania, Borgoña, Neustria y Austrasia mantenía una estructura política muy diversa, al mismo tiempo que esbozaba las líneas de lo que más tarde comprendería el Sacro Imperio Romano Germánico. Estas regiones, hasta el año 751 estaban gobernadas por los descendientes del jefe militar Meroveo, la dinastía merovingia logró definitivamente cristianizarlas, dotándolas al mismo tiempo de una particular idiosincrasia con el fin de mantener los lazos y las alianzas en todo el reino.

El hecho de que los musulmanes controlasen las rutas más importantes del comercio mediterráneo, supuso que el eje geopolítico, además del económico, tuvo que trasladarse hacia el norte de Europa. Con ello, los territorios controlados por los carolingios adquirieron una enorme importancia y su influencia llegó hasta las regiones italianas, después de que Pipino III el Breve fuese nombrado legítimo rey de los francos por el papa Zacarías. La nueva dinastía aseguraba el control en Occidente y se extendería hasta el siglo x gracias al que sería uno de los monarcas más representativos de la época: Carlomagno.

La deslealtad de Pipino el Jorobado

Coronado en el año 768 como rey de los francos y emperador por el papa León III en la Navidad del año 800, Carlomagno adquiría, en consecuencia, un amplio dominio sobre los pueblos bretones, sajones, ávaros y lombardos. Sus años de reinado pondrían pronto en alto valor el antiguo Imperio romano con una combinación de la tradición germánica y una perspectiva cristiana, convirtiendo al reino carolingio en el mayor baluarte de la fe, además del brazo armado de la Iglesia católica.

El plan trazado para cohesionar los territorios se basó en la fortificación de las fronteras, la centralización del gobierno, con un absoluto respeto por las diferencias regionales, y en estimular a sus súbditos para unirse al Imperio mediante un juramento de lealtad al mismo. Una serie de instituciones eran las encargadas de vigilar y canalizar la administración de justicia, la recaudación, etc., mediante inspectores y condes en cada comarca, además de tribunales locales e instituciones colegiadas que daban cuenta en una asamblea general.

Carlomagno era el hijo de Pipino el Breve y Bertrada de Laon. Se ha fijado la fecha de su nacimiento en el año 743, pero, existen certezas para contemplar como fecha de su nacimiento el 1 de abril del año 747, ya que el mismo se calculó a partir del año de su muerte, coincidiendo la misma con la Pascua, en los llamados *Annales Petarienses*, relatos que cubren la historia de los primeros monarcas carolingios. Por su parte, otros historiadores sugieren que el alumbramiento del monarca tuvo lugar un año más tarde en la ciudad de Herstal, lugar de nacimiento de su padre, próximo a la actual ciudad belga de Lieja.

Como primogénito, Carlomagno tenía derecho a recibir la corona franca. Conocemos la existencia de algunos hermanos menores, como Carlomán, Gisela o Pipino, este último fallecido cuando todavía era un niño. Tras la muerte de su padre, Pipino III, en septiembre del año 768, el reino de los francos fue dividido entre Carlomán y el propio Carlomagno.

Este asumió el gobierno de las regiones exteriores junto a las costas del mar, esto es, Neustria, el oeste de Aquitania y el norte de Austrasia, mientras las del interior, como el sur de Austrasia, Septimania, el este de Aquitania, Borgoña, Provenza o Suabia, quedaron bajo mandato de Carlomán.

Durante el reinado compartido, el primer problema que se presentó fue la sublevación de los aquitanos y gascones en el año 769. Las relaciones entre ambos hermanos no eran buenas. El levantamiento, encabezado por Hunaldo II de Aquitania, había llevado el conflicto al norte, hasta los alrededores de Angulema, al sudoeste de Francia. Carlomagno, consciente de las dificultades, convocó a Carlomán con el fin de atajar la situación, pero este último se negó a combatir y regresó a Burgundia. Solo, Carlomagno lideró sus tropas, derrotó a Hunaldo y lo desterró a un monasterio. Aquitania quedaba sometida así a los francos.

Si bien es cierto que el reino parecía cohesionado, Bertrada intentó mediar entre sus hijos debido a las continuas disputas entre ambos. En el 770, Carlomagno refrendó un tratado con el duque Tasilón III de Baviera y se casó con la princesa lombarda Desiderata, hija del rey Didier de Istria, último rey de Lombardía. Gracias a su matrimonio y a pesar de las negativas expuestas por el papa Esteban III, su hermano Carlomán quedó cercado por quienes hasta esos momentos habían sido sus aliados. Sin embargo, solo un año después, Carlomagno reprobó a su mujer y volvió a casarse, esta vez con Hildegarda de Anglachgau, quien solo contaba 13 años de edad. Desiderata intentó organizar desde la corte de su padre, en Pavía, una venganza, y para ello se alió con Carlomán. Sin embargo, la muerte inesperada de este último en diciembre del año 771 hizo imposible que se materializara el enfrentamiento.

En los años sucesivos, las campañas militares de Carlomagno fueron acrecentando su poder e influencia. A finales del siglo VIII, ejercía el vasallaje de varios reinos y condados en Italia, además de poseer el control de Sajonia y Baviera. Durante el año 789 organizó una milicia formada por soldados austríacos y sajones, cruzó el Elba con el propósito de tomar territorios eslavos y obtuvo rápidamente la rendición de Witzin. Al mismo tiempo, detenidas por fin en el Pirineo las tropas del emir de Córdoba Abderramán I y estabilizada la nueva Marca Hispánica tras los enfrentamientos habidos en Roncesvalles en el año 778, Carlomagno fue nombrado, en el año 800, emperador, lo que le otorgaba el poder absoluto de una gran parte del Mediterráneo y de Europa Central.

Tal y como exigía la tradición entre los reyes y mayordomos, a medida que el reino franco iba conformándose, Carlomagno dispuso el nombramiento de sus hijos para que ocuparan los cargos más relevantes. Ungidos por el papa, no tardó en hacer reyes a los más jóvenes. En el año 781, Carlomán, el mayor de ellos, asumió la *Corona Férrea* de Lombardía y fue renombrado como Pipino. El menor, Ludovico Pío, conocido también como Luis I, fue designado rey de Aquitania. Educados en el conocimiento y las costumbres de sus respectivos reinos con el fin de gobernar algún día los mismos, el verdadero poder, no obstante, estuvo siempre en manos de su padre. Alcanzada la mayoría de edad, ambos combatieron en numerosos conflictos, durante los cuales Pipino logró doblegar a los ávaros, mientras Luis establecía el control en la Marca Hispánica y tomaba Barcelona en el año 801. Las hijas de Carlomagno, por su parte, se mantuvieron bajo la autoridad palaciega: no se les permitió contraer matrimonio, aunque se aceptaron sus relaciones extramaritales y sus hijos bastardos incluso disfrutaron de aprecio. Aquella situación se mantuvo hasta la muerte de Carlomagno, tras la cual Luis las desterró de la corte y las encerró en un convento[24].

Dentro de la estructura carolingia, la nobleza jugó un papel determinante. El poder dado a los mismos abocó al reino carolingio, sobre todo en épocas de crisis, a continuas guerras civiles y conflictos dinásticos. Para tener controlado el poder de los nobles, la corona se vio obligada a centralizar la Administración y el ejército, además de controlar a sus funcionarios mediante el desplazamiento de la corte, atendiendo de este modo las cues-

---

24 Halphen, Louis (1992). *Carlomagno y el Imperio Carolingio* (pp. 189-191). Madrid. Akal Universitaria.

tiones relativas a la justicia y a la fiscalidad del Estado. Son incontables los historiadores que han querido ver en esta fase itinerante la verdadera razón por la que el Imperio carolingio pudo, finalmente, prolongarse en el tiempo.

La distribución de la jerarquía social carolingia asumía la diferenciación de grupos y clases, con sus respectivos derechos y deberes. A la cabeza estaban situadas aquellas colectividades más privilegiadas, compuestas por el monarca, su entorno familiar y la nobleza, ya fuera esta última laica o eclesiástica. Inmediatamente después se encontraban los funcionarios y militares. Luego, los trabajadores acomodados en las ciudades, algunos comerciantes y campesinos tenentes, estos últimos sometidos a relaciones de dependencia, y por último los aldeanos, los siervos y los esclavos.

A pesar de todos los esfuerzos emprendidos por la monarquía, las fricciones y enfrentamientos no cesaron. La práctica imperial consideraba los territorios conquistados como un bien personal del rey, que podía repartirlos con cualquier criterio. Las tensiones generadas por este comportamiento entre los herederos de la corona desencadenaron numerosos enfrentamientos y conspiraciones contra el propio rey, lo que condujo definitivamente a la fractura territorial en el año 843 con el reparto del poder a manos de los nietos de Carlomagno. En definitiva, una situación que hizo de las conspiraciones el denominador común de la monarquía carolingia.

La apuesta en favor de políticas unificadoras durante la segunda mitad del siglo VIII fomentó un relativo respeto a los vínculos de lealtad. El reparto de bienes y riquezas obtenidos en las guerras de fronteras abrió paso a la especulación y a la compra de obediencias de aquellas familias mejor posicionadas y poderosas, un sometimiento que, en gran medida, resultaba vital para los objetivos del monarca. Al finalizar el siglo, cerca de 300 condes prestaban su fidelidad a Carlomagno, pero, pese a ello y la subordinación exigida, la corona tuvo que sortear desafíos y alianzas antimonárquicas.

Entre esas primeras afrentas fue la protagonizada por el conde franco Hardrad en el 786. Artífice de la conspiración de los nobles de Turingia contra Carlomagno, a él se atribuye también la primera fractura en los procesos de lealtad al rey por parte de sus súbditos. Es relativamente poco conocida la historia y vida de Hardrad. Miembro de la aristocracia de la zona oriental de Franconia, actualmente en el sur de Alemania, era poseedor de importantes propiedades y mantenía buenas relaciones con la abadía imperial de Fulda, monasterio benedictino fundado en el año 747. Estos lazos de amistad se extendían hasta Lobdengau, especialmente con el conde Warin. La documentación encontrada en las llamadas *Traditionsbücher*, libros de tradiciones en los monasterios de Fulda y Lorsch, así como en el cartulario de la abadía de Gorze, en Lotaringia, nos aporta información acerca del nombre y de la familia de Hardrad. Sabemos del importante territorio que controlaba en Wormsgau, además de los situados en los alrededores de Sömmerda, Kölleda y Saalgau, lo que nos da una idea de la excelente posición que mantenía con la aristocracia imperial franca[25].

Son varias las razones que se han barajado para explicar la conspiración que Hardrad emprendió contra Carlomagno. La más difundida se refiere a la negativa del compromiso de una mujer de Turingia para casarse con un franco bajo las leyes carolingias. Otras fuentes aseguran que aquella mujer era hija del propio Hardrad. En cualquier caso, el origen pudo estar motivado por la obligatoriedad y aceptación de la Orden Imperial carolingia en Turingia. Mediante esta última, todo el reino debía disponer de un sistema de gobernanza general basado en la acomodación de los preceptos y disposiciones regias a las circunstancias locales[26].

El descontento fue evidente porque francos y orientales consideraron que habían sostenido la mayor parte del peso de las campañas militares contra los sajones. Quizá esto fue lo que impulsó al conde Rodolfo de Austrasia, padre de Fastrada, cuarta esposa de Carlomagno, a unirse a la conspiración iniciada por Hardrad. Esta última circunstancia explicaría la adhesión de

---

25 Las primeras referencias que se tienen de cartularios están referidas al siglo vi, en concreto al *chartarum tomi* de Gregorio de Tours. Posteriormente, ya en el siglo x, comenzaron a denominarse *chartularies*. Normalmente son libros en los que se copiaban a mano los privilegios y pertenencias de las iglesias y monasterios. En muchos casos también hacían mención a familias, sociedades, empresas, etc.

26 Wilson, Peter H. (2020). *El Sacro Imperio Romano Germánico. Mil años de historia de Europa* (pp. 42-44). Madrid. Despierta Ferro Ediciones.

algunos partidarios a la revuelta desde la misma corte carolingia. Establecida la trama, se acordó la captura y muerte del rey.

La reacción de Carlomagno fue la de enviar a un emisario para convencer a los turingios sublevados y volver así al cumplimiento de las normas establecidas. La negativa fue inmediata, lo que provocó el envío de tropas por parte de Carlomagno a través de las llanuras de Hesse que ocuparon los caminos de Turingia y derrotaron a los rebeldes. Hardrad y algunos nobles lograron huir y refugiarse en el monasterio de Fulda bajo la protección de su abad, Baugulfo. Este, actuando como mediador, dispuso una reunión con Carlomagno, que resultó inútil, por lo que al final se produjo la detención y comparecencia de los conspiradores en la corte. Era el año 786.

Durante la causa establecida contra los acusados, Hardrad expuso los hechos admitiendo la tentativa de matar al rey para unirse después a los sajones. Alegó, además, que no existía un juramento específico de lealtad, lo que le eximía de cualquier cargo derivado de desobediencia a la corona. En efecto, Carlomagno observó que su posición legal de soberano solo procedía de un acto de lealtad ofrecido por hombres libres. En consecuencia, los detenidos fueron obligados a viajar a Roma con el fin de jurar fidelidad al rey, así como a sus descendientes, siendo el primer testimonio de estas características que se ha documentado en tiempos de la monarquía carolingia. Esta acción de compromiso y fidelidad, fue dotada de una retroactividad que provocó la culpabilidad de los acusados.

Una vez confiscadas todas las propiedades de los convictos, tan solo tres fueron condenados a muerte, mientras que otros fueron cegados, encarcelados y el resto enviado al exilio. No conocemos demasiado sobre el destino que corrió Hardrad después del juicio. Lo más probable es que fuera condenado a salir del Imperio. En cuanto a la invocación hecha en favor de la ley tribal por parte de los conspiradores, resultó ser uno de los argumentos tomados por Carlomagno para transcribir y aprobar la *Lex Thuringorum* en el año 802. Quedaban, por lo tanto, reconocidas las leyes de Turingia, al menos, aunque fuera de forma parcial[27]. Probablemente, la conspiración de Pipino el Jorobado, durante el año 792, guarde similitudes con las de Hardrad. Pipino era el hijo mayor de Carlomagno, fruto de su relación con la concubina Himiltruda. Su apreciable deformidad de la columna le valió el sobrenombre de Jorobado. Esta discapacidad, unida a su ilegitimidad, dio lugar a que nunca fuese reconocido como un candidato a heredar la corona de los francos. En todo caso, su padre le concedió favores, como correspondía a su condición de primogénito.

Pipino el Jorobado era persona querida en la corte, llegó a albergar cierta esperanza de ser el sucesor de Carlomagno, a la vez que atraía a algunos nobles descontentos y con anhelos de desbancar al legítimo rey. A pesar de todo ello, en el año 781, Pipino fue formalmente apartado de la sucesión en favor del tercer hijo de su padre, Carlomán, quien sería investido príncipe bajo el nombre de Pipino por el papa Adriano I. Durante el año 792, un grupo de nobles convencieron al Jorobado para encabezar una conspiración contra el favorito de sus hermanastros, Carlos el Joven, hijo de Hildegarda, esposa de Carlomagno, quien poco antes había sido nombrado por este rey de los francos. Aquella trama, además de pretender suprimir los derechos de su hermanastro al trono, ideó la forma de matar al rey junto con toda su familia, incluidos los tres descendientes que en ese momento estaban en la corte.

El relato de la conspiración de Pipino el Jorobado contra su padre ha sido motivo de grandes controversias. Sabemos que Pipino debió ganarse con escasos esfuerzos las intrigas y artimañas de algunos sajones poco dados la obediencia, así como la de francos disgustados con la severidad de Carlomagno. El lugar escogido para cometer el crimen fue la iglesia de San Pedro de Ratisbona[28]. Reunidos los conspiradores, Pipino les explicó cómo debían entrar en el palacio y llegar hasta el rey para darle muerte. Después de describir los pasadizos y explicarles el mejor modo para evitar cualquier

---

27 Lalinde, Jesús (1988). *El derecho en la historia de la humanidad* (pp. 37-39). Barcelona. Universitat de Barcelona.

28 Resulta interesante la crónica relativa al complot recogida en la sección de estudios históricos: Soulié, F. (domingo 17 de octubre de 1847). «Pepino el Jorobado», *El Fénix, periódico universal, literario y pintoresco*, 81-83.

escapatoria del monarca, llegó el momento de pasar a la acción, que se malogró en el último momento.

Como los rebeldes necesitaban a alguien que encabezará la conspiración consiguieron persuadir a Pipino que se pusiese al frente de ellos, a lo cual accedió sin que le pesara la enormidad del delito que iba a cometer, y buscó, junto con los conjurados, la ocasión más favorable para matar a su padre y adueñarse del Imperio. Era el 972. Los rebeldes se percataron de que el emperador era amado por ser un valeroso guerrero, y que si se enteraba aniquilaría de un solo golpe sus intentos, acordaron valerse del engaño para atraerle a una celda donde poder acabar con su vida. Para ultimar los detalles, los rebeldes se reunieron una noche con gran secreto en la iglesia de San Pedro de Ratisbona, donde por aquel entontes se hallaba la corte. Quiso la suerte que aquella maldita noche estuviese velando en una capilla un sacerdote presbítero, llamado Fardulfo, natural de Lombardía, que al oír las intenciones de los conjurados, se enteró de toda la trama, y saliendo de la iglesia con la mayor presteza, fue, no obstante a lo intempestivo de la hora, a dar parte al emperador, quien sorprendido e irritado acudió con soldados armados a la junta de los rebeldes, prendiéndolos a todos, que aterrados confesaron su delito (Castellanos de Losada, Basilio Sebastián, 1863, p. 636).

Una vez apresados los conjurados, se ha llegado a escribir que Carlomagno ordenó también el apresamiento de todos sus familiares, incluidos aquellos hijos que todavía eran menores. Luego clavó su espada en la tierra y ordenó dar muerte a aquellos que superaran su altura. Su hijo, al llegar su turno enderezó el cuerpo frente a la espada con el fin de ser igualmente ajusticiado. Sin embargo, al observar la escena, Carlomagno decidió conmutarle la pena de muerte[29].

Al margen de las posibles narraciones con tintes legendarios, la realidad es que el rey declaró culpables a todos los conspiradores, que perdieron

---

29 *Ibíd.*, p. 82.

sus tierras y pagaron con sus vidas dicho desafío. Sabemos que algunos escaparon de la condena marchándose expatriados lejos de la corte y que Pipino sobrevivió al complot de su padre, pero se vio obligado a tomar los hábitos en la abadía de Prüm. La revuelta y la participación de su hijo en ella debieron preocupar a Carlomagno, que quiso salvarlo de morir por el afecto que este aún parecía tener hacia su padre[30].

Existen otras perspectivas que explican el complot contra el rey franco. Se ha dicho que la trama dirigida por Pipino llegó a ser algo más que una contienda dinástica. En efecto, las malas cosechas de aquel año provocaron una importante hambruna que desataron conflictos en muchas regiones de Europa. La conspiración, de hecho, no fue un incidente político aislado, sobre todo si tenemos en cuenta las revueltas que solo un año después iniciarían los sajones junto a Grimoaldo III, duque de Benevento, en Italia. No obstante, resulta evidente que, aunque las dificultades añadidas como consecuencia de las precarias cosechas debieron influir en los desórdenes, lo cierto es que pesaron más la insatisfacción y el rechazo que las medidas reales dictadas por la corte de Carlomagno.

En cualquier caso, el castigo impuesto a Pipino suponía en sí mismo un auténtico distanciamiento del corazón del Imperio, ya que Prüm se hallaba lejos de la corte, en la confluencia de los ríos Rin y Mosela, al norte de lo que hoy es Luxemburgo. Durante el resto de su vida quedó separado de las intrigas políticas y las conjuras que tanto habían seducido a los enemigos de su padre.

En el año 806, Carlomagno decidió mediante el decreto *Divisio Regnorum* repartir el poder territorial entre sus otros tres hijos, Carlos el Joven, Carlomán (Pipino) y Luis, de tal modo que quedara asegurada una transición sin enemistades. Se desconoce si la exclusión definitiva de Pipino el Jorobado en la citada *Divisio* se debió precisamente a la conspiración del año 792 o a la ya señalada ilegitimidad de su nacimiento. De cualquier

---

30 Esta idea del afecto no olvidado ha sido defendida por algunos historiadores, entre los que destaca, por ejemplo, Riché, Pierre (1983). *Los carolingios: una familia que forjó Europa*. Trad. Michael Idomir Allen. Filadelfia. Universidad de Pensilvania.

manera, el Jorobado moriría años más tarde, entre los años 810 y 811, en la abadía de Prüm, probablemente como consecuencia de la peste.

Aquel reparto territorial de Carlomagno suponía el traspaso a Carlos el Joven de los territorios de Austrasia, Neustria, Sajonia, Borgoña y Turingia. Pipino dispondría de los territorios de Italia, Baviera y Suabia, mientras la Marca Hispánica y la Provenza fueron para Luis de Aquitania. La distribución quedó sin efectos tras los fallecimientos de Pipino en el año 810 y la de su hermano Carlos un año después. Esta situación obligó a Carlomagno a replantearse la gobernabilidad del reino franco y ofreció a Luis la posibilidad de reinar juntos. Así, en el año 813, este sería coronado y nombrado coemperador junto a su padre[31].

Tras la muerte del emperador, en el mes de enero del año 814, y a pesar de los esfuerzos realizados por este durante su reinado, el Imperio no soportó la delicada organización política que había estado cimentada en apoyos singulares y en la fidelidad de los nobles por el monarca. Ni siquiera había existido un ejército permanente en todo el reino, que debía realizar constantes levas de armas, lo que proporcionaba una incuestionable autonomía a cada condado y la posibilidad de organizar tramas y enfrentamientos contra el poder central. De hecho, en el verano del año 807 fueron muy pocos los señores y nobles que respondieron a la convocatoria de la asamblea anual, que tuvo que ser suspendida finalmente. De esta manera, Carlomagno pudo constatar, todavía en vida, la vulnerabilidad del sistema y el debilitamiento de la confianza en los que había fundamentado toda la estructura política del Imperio.

Los nietos del emperador quisieron evitar las tensiones y complots vividos durante décadas, por lo que decidieron liquidar la herencia territorial recibida a través del Tratado de Verdún en el año 843. Con este documento se legitimaban tres nuevos estados bien diferenciados: dos reinos que comprendían la Francia occidental y la Francia oriental, y un imperio que

---

31 Mitre Fernández, Emilio (2009). *Una primera Europa. Romanos, cristianos y germanos (400-1000)* (pp. 157-159). Madrid. Ediciones Encuentro.

sería gobernado desde Aquisgrán con el nombre de Lotaringia. La dinastía carolingia que había resistido varias conspiraciones en su historia de apenas un siglo dejaba un legado que terminaría extendiéndose por toda Europa, impulsado por la cultura y las artes difundida en sus escuelas. Tal y como señala el historiador Pierre Riché, Carlomagno debe ser considerado no solo el fundador de las monarquías francesa y alemana; también es el legítimo precursor de la Europa de nuestros días. Su impronta, en efecto, no se agotaría. De este modo, en el año 962, un rey sajón, Otón el Grande, volvería a ser coronado emperador del Sacro Imperio Romano Germánico para prolongar la historia y la leyenda carolingia hasta nuestros días.

La conspiración papal

L a mayor parte de la sociedad medieval europea estuvo condicionada espiritual y culturalmente por la Iglesia y por la religión católica. A medida que los diversos reinos extendían sus dominios, la Iglesia cristianizaba y convertía a los paganos y a aquellos que consideraba que estaban lejos de la salvación eterna. Es decir, durante la mayor parte de la época medieval la fe predicada por Roma sirvió como nexo de unión entre el cielo y la tierra, imbricando de esta forma su jerarquía por todo el Occidente.

El poder de la Iglesia

También el cristianismo proyectó su tarea dando la mayor importancia a contener y abarcar todos los ámbitos propios de la naturaleza del ser humano. Y en dicha tarea el órgano rector fue el papado.

La Iglesia medieval fue la encargada de recibir el legado del *Ius Romanum*, un ordenamiento jurídico que es la base de algunos de los códigos civiles contemporáneos. Precisamente, en el medioevo, muchos de los acontecimientos estuvieron condicionados por el Derecho hasta el punto que en los permanentes conflictos entre reyes, obispos, papas y emperadores las cuestiones jurídicas ocuparon un papel esencial.

Por tanto, la Iglesia, a través del papado, llevó a cabo una serie de legislaciones que se aplicaron a la mayor parte de los sectores sociales, por ejemplo, desde las rentas y la tierra, o desde ámbitos como la filosofía, el arte, el culto, las normas de comportamiento, la economía, el Derecho... En definitiva, todos los aspectos esenciales en las comunidades y colectividades. El propio papa era el monarca supremo desde que el apóstol Pedro formó el *consortium potentiae* con Cristo, lo que le legitimaba como poseedor del poder que procedía del mismo Dios, algo indiscutible. Por esa razón, el papa no podía ser juzgado al no existir un órgano capaz de restringir su *plenitudo potestatis*[32]. Los intentos por acotar dicha supremacía son tardíos. En el año 1059, los cardenales con derecho a elegir al nuevo pontífice acordaron circunscribir al elegido a una serie de preceptos y disposiciones que debía aceptar bajo juramento. Eso desencadenó constantes controversias en el seno de la jerarquía eclesiástica. Y prolongadas tensiones entre el papa y los cardenales, lo que supuso determinar el poder y el derecho que correspondía a los sucesivos representantes de Cristo. Se comenzó a plantear prescindir de la idea de la divinidad imperial por parte de los emperadores romanos, un planteamiento que, sin duda, se fundamentaba en reconocer que Dios seguía siendo el origen de su poder, por lo que la capacidad de gobierno les era conferida como una gracia, un *beneficium* o favor divino. En consecuencia, el papa hallaba una nueva justificación al ser el mediador entre el Creador y los hombres. El rey, de este modo, obtenía la llamada *regalis potestas*, una concesión divina del poder y para la que el pontífice actuaba como intercesor. Las monarquías, pues, quedaban obligadas y expuestas a procurar el bienestar de la Iglesia, asistiendo al papa en todo lo concerniente a erradicar los males de la Tierra.

Desde un punto de vista político, la cuestión entonces se presentó en el sentido de que los reyes no eran completamente soberanos ni por lo que respecta a sus juicios ni en sus decisiones, sino que estaban obligados a respetar las resoluciones del papa. El poder público quedaba sujeto a una concesión derivada de la gracia divina, a su vez, sometida a las decisiones papales. Dada esta situación, a menudo los reyes tenían que recurrir al criterio del pontífice para legislar asuntos cuyos derechos estaban sometidos a discusión.

En definitiva, la capacidad del papa era amplia y extensa a la hora de ordenar las sociedades o de encontrar la idoneidad de un rey para ser coronado. Para el caso del nombramiento de un emperador, el papa tenía la competencia para confirmar al candidato antes de obtener el trono. La

---

32 Rojas Donat, Luis (2014). «El papel político del papado medieval. Notas sobre el valor de su estudio», *Intus - Legere Historia, 8* (2), 69-86: http://intushistoria.uai.cl/index.php/intushistoria/article/view/64/68.

prerrogativa papal llegaba hasta la potestad para transferir reinos y propiedades, similar a la concesión y la transferencia del dominio o *traditio* que el Derecho romano reconocía entre particulares. El gran poder temporal adquirido por la Iglesia la situó como un preciado objeto de deseo. Los papas, auténticos monarcas en la Tierra, no tardaron en verse seducidos por el poder, utilizando, en ocasiones, un sinfín de maniobras y enredos, llegando a subyugar a sus rivales mediante intrigas y conspiraciones de toda naturaleza y condición, con tal de alcanzarlo.

Aunque poco o nada sabemos de dónde se hallan exactamente los restos de san Pedro, desde el siglo II parece existir la certeza de que los sitúan en la necrópolis de la colina vaticana. Conocemos la lista de obispos de Roma que fueron nombrados a finales del siglo II por Ireneo de Lyon, considerados los primeros pontífices romanos, aunque el mismo autor reconoce que los datos están recogidos de la tradición.

> Luego de haber fundado y edificado la Iglesia, los beatos Apóstoles, entregaron el servicio del episcopado a Lino; a este Lino lo recuerda Pablo en sus cartas a Timoteo. Anacleto lo sucedió. Después de él, en tercer lugar, desde los Apóstoles, Clemente heredó el episcopado, el cual vio a los beatos Apóstoles y con ellos confirió, y tuvo ante los ojos la predicación y Tradición de los Apóstoles que todavía resonaba [...]. A Clemente sucedió Evaristo, a Evaristo Alejandro, y luego, sexto a partir de los Apóstoles, fue constituido Sixto. Enseguida Telésforo, el cual también sufrió gloriosamente el martirio; siguió Higinio, después Pío, después Aniceto. Habiendo Sotero sucedido a Aniceto, en este momento Eleuterio tiene el duodécimo lugar desde los Apóstoles (Ortega, Guillermo, 2015, p. 27).

En consideración a otros estudios posteriores, con toda probabilidad los primeros papas con autoridad sobre el resto de los obispos no aparecieron hasta finales del siglo II. La mayoría de comunidades cristianas en

Roma se gestionaban por su gran cantidad de creyentes sin que existiera un presbítero o un líder definido. De hecho, el propio Pablo, al final de su Epístola a los romanos —fechada aproximadamente en el año 57 y escrita en Corinto—, no alude a ningún tipo de jerarquía entre los cristianos.

Además de los dioses del Panteón romano, en los inicios del cristianismo la amenaza de otras prácticas religiosas era un hecho palpable. El propio Ireneo mantiene la tesis acerca de la posibilidad de que fuera el propio Pedro el que iniciaría la tradición, transmitiendo su poder a través de sus sucesores, nombrados personalmente por el apóstol. De esta forma se obtenía el afianzamiento frente al resto de herejías y el establecimiento de una especie de «obispado», ubicado en Roma. El elegido, proclamado directamente por el representante de Jesús, obtenía así la consideración necesaria para continuar la instauración de la nueva Iglesia.

De cualquier manera, las primeras fricciones en la jerarquía eclesiástica surgieron muy pronto. A comienzos del siglo III, tras la muerte del obispo Ceferino, Calixto fue quien se ocupó de mantener el orden cristiano. Sin embargo, su nombramiento no fue del agrado de todos. El escritor Hipólito de Roma —que posteriormente sería martirizado y proclamado santo—, en su obra *Philosophumena*, acusó a Calixto I de hereje por permitir el regreso a las comunidades cristianas de aquellas personas que habían cometido graves pecados. En su opinión, los agravios podían ser perdonados tras una vida de arrepentimiento y penitencia. Además, existía un consentimiento expreso en relación con las uniones que se producían entre patricios romanos y esclavos, algo que era inaceptable en opinión de Hipólito.

Los problemas de Calixto habían comenzado años atrás, cuando ejercía tareas administrativas al servicio del emperador Marco Aurelio Cómodo. Este le habría encomendado la gestión de sus bienes y fue acusado años después de cómplice en un asunto de malversación de fondos. Calixto huyó de Roma, pero fue capturado en Portus, a las afueras de la ciudad, cuando intentaba suicidarse arrojándose a las aguas del puerto. Al no lograr su objetivo, fue condenado a realizar trabajos forzados en una mina de Cerdeña. Después de ser indultado tres años más tarde, su regreso a Roma supuso el acercamiento al obispo Ceferino. Cuando este último murió, Calixto fue elegido jefe de la Iglesia. Sin embargo, una conspiración acabó con su vida en el año 222. Según se dice, los asesinos lo arrojaron a un pozo y le dieron muerte a pedradas. Así lo describe perfectamente Francisco de Padilla en su *Historia Eclesiástica de España*, en el año 1605, a propósito del complot:

> […] por cuyo mandato se dice en el Calendario Romano que fue atormentado este santo Papa mucho tiempo con hambre en la cárcel, y azotado cada día con varas, y finalmente echado y despeñado por una ventana de la cárcel […] y después fue echado en un pozo. Y aunque el Calendario dice que esto se hizo por mandato del emperador Alejandro, no es de creer que fuera este Príncipe tal cual se ha dicho, […] sino que se debió de hacer por mandato de algún ministro suyo (Padilla, Francisco de, 1605, folios 98 y 99).

El crimen de Calixto no condujo a Hipólito a la sucesión. El elegido fue Urbano y, posteriormente, Ponciano. Frente a ambos mantendría Hipólito una fuerte oposición, lo que le llevó a ser reconocido en el 217 como el primer antipapa de la historia. Apenas tres décadas después, en el año 251, Novaciano sería proclamado igualmente antipapa por oponerse a Cornelio, tal vez por una circunstancia similar, al consentir este último el regreso de los arrepentidos a la comunidad cristiana de Roma. Desde ese momento y hasta el llamado Cisma de Occidente –división que se produjo en la Iglesia Católica entre 1378 y 1417–, la historia papal habría de desenvolverse en constantes conflictos con un balance de asesinatos y conspiraciones muy significativo.

Uno de los primeros intentos de asesinato de un papa y de los que se tiene constancia sucedió a finales del siglo VIII. La muerte del pontífice Adriano I, en el año 795, supuso el traspaso de la triple corona, o tiara papal, a León III. Este, no tardó en mostrar sus respetos a Carlomagno con el envío de una delegación junto con las llaves de la tumba de san Pedro. Este gesto fue tomado por sus adversarios como un acto de sumisión al poder real, por lo que se conspiró con el fin de asesinar al nuevo vicario de Cristo en Roma. El intento de golpe contra el papa se saldó con la ceguera y su lengua arrancada, salvando milagrosamente su vida en última instancia. Su llamada de auxilio a Carlomagno fue inmediata, y el soberano lo refugió en su corte.

Desde la perspectiva franca y, teniendo en cuenta la expansión que el reino estaba alcanzando en aquellos momentos a través de conquistas militares, lo más apropiado era el reconocimiento moral que el representante romano podía otorgarle. Al mismo tiempo, León III necesitaba el apoyo de un valedor que garantizase su continuidad al frente de la Iglesia, además de la protección de su propia vida. En consecuencia, como ya sabemos, el rey franco fue compensado con la corona del Imperio carolingio en el año 800. Estos hechos dieron lugar al único registro del que se tienen noticias del homenaje realizado por un papa al emperador de Occidente[33].

Tras la muerte de Nicolás I el Magno en el año 867, el pontificado comenzó a vivir un periodo dramático que coincidió con la ruptura y el desmoronamiento del imperio creado por Carlomagno. En efecto, entre finales del siglo IX y el año 1000, varios pontífices morirían en extrañas circunstancias, muchas veces como consecuencia de las conspiraciones. Una muestra de ello fue Juan VIII, papa del que podría decirse que encabezó el periodo más oscuro al que hemos hecho mención. Víctima de un complot familiar para envenenarlo, durante el transcurso del año 882 su asesinato, según se recoge en los llamados *Anales de Fulda*, también conocidos como *Anales del Imperio carolingio*, se produjo finalmente a golpes de martillo al no ser letal la dosis de veneno administrada en un primer instante[34].

---

33 McCulloch, Diarmaid (2011). *Historia de la Cristiandad* (pp. 358-374). Barcelona. Editorial Debate.
34 Los conocidos como *Anales de Fulda* están conformados por relatos recopilados entre los últimos años del reino franco, bajo el mandato del rey Luis el Piadoso, fallecido en 840, hasta el final del Imperio carolingio, en el este de Francia, con la proclamación como rey de Luis el Niño en el año 900.

Otro de los casos relevantes es el del papa Esteban VI, conocido como el Tembloroso debido a su permanente estado nervioso y artífice del conocido *Sínodo del Cadáver*. Tras la muerte de Formoso I en el año 896, Bonifacio VI ocupó durante un breve espacio de tiempo el cetro de la Iglesia romana hasta que en mayo del aquel mismo año Esteban asumió el pontificado. Una de las primeras medidas adoptadas por Formoso había sido el acercamiento a una de las familias más influyentes de Italia, los Spoleto, cuyas relaciones estaban rotas desde el pontificado de Esteban V. Para conseguir la reconciliación, Formoso nombró emperador a uno de los miembros más reputados de la familia, Guido de Spoleto. Sin embargo, su condición de megalómano, además de su ambición desmedida, llevaron al nuevo emperador a proyectar la escisión de la Iglesia de los Estados Pontificios para así rebajar el poder de esta y reducir el papado a un simple obispado.

El papa, al percatarse de la situación en la que se encontraba, optó por solicitar la ayuda de Arnulfo de Baviera, que acudió de inmediato. El conflicto bélico se saldó con la muerte de Guido y la proclamación de Arnulfo como nuevo emperador, lo que despertó el odio de la viuda de Guido, Agiltrudis, y de su hijo Lamberto y desencadenó un innumerable cúmulo de revueltas en Roma.

Manipulado por la familia Spoleto, el nuevo pontífice, Esteban VI, se dispuso a desacreditar a Formoso de la manera más dantesca e inimaginable. La orden papal conminaba a exhumar el cadáver de quien era considerado enemigo de la familia Spoleto y someterlo a un juicio sumarísimo. Vestido con los ornamentos pontificios y la mitra papal, el cuerpo que llevaba nueve meses en el catafalco fue expuesto en un estado avanzado de descomposición, amarrado a una silla para que no se desmoronara del asiento. Los relatos de la época coinciden que en el cadáver podían apreciarse las cuencas de los ojos vacías y el rostro descarnado. Frente al esqueleto, Esteban anuló todas las acciones, incluido el nombramiento como obispo. El hedor de la descomposición no impidió que se le declarara culpable y, por ello, se le amputara los tres dedos utilizados para bendecir. Luego, sus restos fueron arrojados a una fosa común, junto con otros ajusticiados, para terminar siendo exhumados nuevamente y arrojados al Tíber[35].

Por último, el condenado fue sometido a la *damnatio memoriae*, una práctica romana que consistía en borrar el pasado de un enemigo del Estado. Todas esas acciones no pasaron inadvertidas al pueblo romano. Casi al mismo tiempo en el que se arrojaron los restos de Formoso al río Tíber, la basílica de San Juan de Letrán, entonces una de las residencias papales y próxima al Palacio Laerano, se derrumbó y quedó en un estado ruinoso, lo que se interpretó como una señal de la cólera de Dios. Solo unos meses después de celebrado el juicio, defensores y partidarios de Formoso planearon la captura de Esteban para que pudiera ser juzgado y vengar, de este modo, la manifiesta injusticia. Fue finalmente apresado, desnudado y arrojado por la turba a una prisión bajo tierra, donde pocos días después fue estrangulado. Tras el crimen, el cardenal Pietro in Vincoli ocupó durante cuatro meses el cargo de papa, pero falleció igualmente de forma violenta. El mismo destino aguardaba a Teodoro II, asesinado tras una conspiración solo tres semanas después de ser elegido pontífice. Teodoro, en cualquier caso, pudo convocar un sínodo con el fin de devolver todos los derechos a Formoso, así como a los eclesiásticos nombrados por este, borrando cualquier rastro del proceso emprendido por Esteban VI.

A principios del siglo X, y con un balance importante de papas muertos de forma misteriosa, Anastasio III, fue proclamado papa en 911, pero dos años después murió envenenado. En un momento de tensiones e intrigas políticas, Teodora la Mayor, esposa del senador romano Teofilacto, consiguió en 914 poner al mando de la Iglesia a Juan de Tossignano, obispo de Bolonia, bajo el nombre de Juan X. Cuenta la leyenda que Teodora sucumbió a los encantos del joven papa. Al parecer se enamoró de él, pero también ejerció su personal dominio sobre las acciones del pontífice. Durante algún tiempo, Teodora y su hija Marozia, marquesa de Tuscia, casada con Alberico,

35 Martos Rubio, Ana (2008). *Papisas y teólogas. Mujeres que gobernaron el reino de Dios en la Tierra* (pp. 232-234). Madrid. Editorial Nowtilus.

marqués de Camerino, tuvieron tanto poder en Roma que influyeron en la elección de papas y magistrados. Este periodo que se prolongó hasta el año 935 se conoce como el gobierno romano de las cortesanas.

Marozia, después de casarse en segundas nupcias con Guido, marqués de la Toscana, decidió que el protegido de su madre, el papa Juan, era un estorbo para sus planes e ideó una estrategia para dejar vacío el trono papal. El papa, al percatarse de la amenaza, -igual que algunos antecesores-, buscó protección en el exterior. Así que escapó a Rávena y logró persuadir al conde Hugo de Provenza para que accediera a darle protección a cambio de la cual le prometió la corona real de Italia. Sin embargo, el matrimonio de Marozia con el hermanastro de Hugo, el propio Guido, hizo imposible que los planes de Juan X llegaran a tener éxito. Después de sortear durante algún tiempo la conspiración urdida contra él, en el 928 fue detenido y encarcelado. Finalmente murió estrangulado tras haber soportado un año de torturas.

Los caprichos de Marozia llevaron hasta el pontificado a León VI, proclamado papa mientras el papa Juan X todavía estaba recluido. En cualquier caso, también sería asesinado por orden de su mentora y sustituido por Esteban VII. Con un mandato algo más largo, este último no pudo hacer frente a las injerencias de la marquesa de Tuscia, lo que le llevó a ser víctima de otra conspiración en marzo del año 931, que acabó también con su muerte. Por último, Juan XI, hijo de Marozia, asumió finalmente el papado romano con tan solo 25 años de edad. No está claro si Juan era hijo ilegítimo de las relaciones de Marozia con el papa Sergio III, fallecido en abril del año 911, o de su primer matrimonio con Alberico[36].

Otro episodio aterrador se produciría unos años más tarde, justo después de fallecer Juan XIII en 972. Su hermano Crescencio, que era sobrino de Marozia y miembro de la familia Crescenzi, había sido nombrado

---

36 La ilegitimidad de Juan XI fue sostenida por Liutprando de Cremona, historiador lombardo y obispo de Cremona a finales del siglo X. Véase, por ejemplo, la introducción de la obra: Cavaliero, Pablo A. (2007). *La antapódasis o retribución de Liutprando de Cremona* (pp. XII-XIII). Madrid. CSIC.

duque por el emperador Otón I el Grande. El joven duque vislumbraba un nombramiento en el trono papal para uno de sus favoritos, aunque carecía de la influencia necesaria para culminar la artimaña y sustituir a Benedicto VI, heredero del papa Juan. El momento llegó en mayo del año 973. La muerte del emperador favoreció las expectativas de quien era en aquel momento prefecto de Roma. A ello se sumaron los graves acontecimientos en Alemania, surgidos como consecuencia de la subida al trono imperial de Otón II, lo que dejaba las manos libres a Crescencio para actuar a su antojo y lleva a cabo la conjura.

La primera de las acciones fue el secuestro de Benedicto VI y su posterior encarcelamiento en el castillo de Sant'Angelo. Una vez en prisión el legítimo papa, el nombramiento del cardenal diácono Francone Ferruchi con el nombre de Bonifacio VII fue inmediato. En la celda donde Benedicto esperaba algún tipo de juicio o veredicto, Bonifacio le cortó el cuello con sus propias manos, así tuvo el camino libre para hacerse definitivamente con el pontificado. Seis semanas después del crimen, Roma se levantó en armas contra el nuevo papa escandalizada por los sucesos ocurridos en Sant'Angelo. Escondido un tiempo en el castillo, el aciago pontífice consiguió escapar y trasladarse hasta Constantinopla.

La huida condujo a un nuevo nombramiento que sustituyera a Ferruchi. El escogido fue el obispo de Sutri y conde de Túsculo, quien falleció en el año 983 después de nueve años de pontificado, bajo el nombre de Benedicto VII, y tras haber reconocido la excomunión de Bonifacio VII. Su sustituto llegó solo unos meses después. Se trataba de Pedro Canepanova, obispo de Pavía, que tomó el nombre de Juan XIV. Pocos días después de su elección, falleció el emperador Otón II, circunstancia que volvería a aprovechar Francone Ferruchi, que regresó de Constantinopla para usurpar la corona papal por segunda vez y de forma ilegítima. Era el año 984 y, esa vez, contaba con la ayuda de Crescencio II el Joven. De modo que urdió la misma trama que ya había llevado a la práctica años atrás, y encerró al papa Juan. En cautiverio y sin apenas comida, la muerte le sobrevino en pocas semanas. A pesar del rechazo que generaba la imagen de Bonifacio, este pudo sostener el papado durante casi un año. No obstante, una conjura en 985 consiguió apartarle de su cargo para ser asesinado después de aplicarle un cruel castigo. Una vez cometido el crimen, su cadáver fue mutilado y arrastrado por las calles de Roma. El relato, probablemente por su carácter siniestro, quedó recogido en uno de los capítulos dedicado a la historia papal, escrito en el siglo xix.

> La valentía con que volvió de Constantinopla, [...] El patricio Crescencio le protegió como antes y Bonifacio fue reconocido como sumo pontífice. Abandonado por sus mismos partidarios, murió desastrosamente en marzo de 985. Su cadáver fue arrastrado por las calles de Roma y desnudo y hecho trozos permaneció en la plaza pública delante del caballo de Constantino, hasta que algunos clérigos reunieron sus restos y les dieron sepultura (Ronchi, Aquiles, 1869, p. 291).

Las tropelías y desmanes no cesaron con la muerte de Bonifacio VII. Con Otón III en la cúspide imperial, Juan XV reinó en la Iglesia con codicia y favoritismo hacia sus familiares y conocidos. Muerto este, Bruno, primo del emperador y capellán de aquella corte, ocuparía el cargo en el año 996 con el nombre de Gregorio V. Sometido en Roma a las presiones de Crescencio II, el papa electo decidió emprender la huida como mejor remedio, ocupando así el trono papal Juan Filagato, obispo de Piacenza bajo el nombre de Juan XVI. Las malas gestiones de este enemistaron a los griegos con Otón, lo que provocó un enfrentamiento militar y el exilio del papa. Sin embargo, aquella marcha no le libró de la persecución que finalmente le condujeron a la detención y al sufrimiento de un castigo ejemplar. Desposeído de sus ojos y de su lengua, los soldados, siguiendo las órdenes del emperador, amputaron la nariz y las orejas al depuesto Juan. Después fue llevado ante el rehabilitado Gregorio V, desprovisto de los atributos pontificios y subido de espaldas a un burro para recorrer de ese modo gran parte de la ciudad. A pesar de todas esas penalidades, el papa Juan logró sobrevivir

15 años más recluido en un monasterio. Por su parte, Gregorio V falleció en febrero del año 999. Para algunos, murió de malaria; para otros, como consecuencia de un envenenamiento.

Superado el milenio, no podemos decir que las cosas cambiaran sustancialmente. En 1032 Benedicto IX fue víctima de una conspiración que pretendía terminar con su vida. Los conspiradores fracasaron, pero este papa pasó a formar parte de la leyenda negra al atribuírsele un buen número de asesinatos, adulterios y incluso robos a peregrinos. Gracias a la ayuda del rey Conrado de Alemania pudo sortear otros intentos de levantamientos en su contra durante algún tiempo y mantener su estatus hasta julio del 1048, año en que fue expulsado y excomulgado.

En años posteriores, las torturas y crímenes de cardenales y otros miembros del clero, como consecuencia de conspiraciones papales, no cesaron, y que llegaron a su punto álgido entre los años 1378 y 1417, periodo del llamado Cisma de Occidente, que dio lugar, durante algún tiempo, al sostenimiento simultáneo de tres sedes pontificias, es decir, Aviñón, Pisa y Roma, con el mismo número de individuos en el cetro papal.

Intrigas y cardenales

Con el fallecimiento en 1304 de Benedicto XI, la silla pontificia permaneció vacía durante diez meses. Las deliberaciones de los 25 cardenales reunidos no fructificaban en la elección de un nuevo papa. Los conclaves romanos se habían convertido en el lugar perfecto donde esgrimir las continuas diferencias, producto de las intrigas surgidas de las familias Orsini y Colonna. Esta última, acudió al rey Felipe IV de Francia, y su intervención fue decisiva para que la balanza se inclinara a favor de Bertrand de Got, que era arzobispo de Burdeos. Fue elegido con el nombre de Clemente V y derivó su pontificado hacia un claro servilismo en favor del rey francés. La sumisión llegó a tal extremo que no dudó en solicitar que su coronación se realizara en la ciudad de Lyon junto al monarca heredero de los Capetos. La relación de proximidad entre el nuevo papa y Felipe IV dio pronto sus frutos con la ordenación de diez cardenales franceses, cuatro de ellos muy cercanos al rey.

Era evidente que la situación de prolongados tumultos y agitaciones que se vivía en Roma no era la más propicia para que el papa Clemente volviera a encabezar el pontificado desde la Ciudad Eterna. La actividad se volvió todavía más inestable cuando las disputas entre las familias más importantes comenzaron a regar de sangre y crímenes sus calles. En 1308, Clemente V, apoyado una vez más por su valedor rey Felipe IV, tomó la decisión de trasladar definitivamente el papado a la ciudad de Aviñón, en el sudeste de Francia, una medida que se mantendría durante casi 70 años.

El traslado de la sede pontificia a Aviñón tuvo un impacto considerable en la economía romana, especialmente por la dependencia que existía entre los gastos del clero y los ingresos procedentes de la peregrinación a la ciudad. Con la elección de Juan XXII en 1316 y, sobre todo, con el nombramiento de Benedicto XII 18 años después, la cuestión relativa al emplazamiento de la curia católica quedó resuelta cuando se emplazó definitivamente en la ciudad francesa. Esta decisión, junto con la reforma de la administración emprendida por Benedicto, provocó un grave enfrentamiento con sus cardenales.

La ampliación del palacio papal realizada por Clemente VI en 1342 dotó de un gran número de intelectuales y artistas a la corte de Aviñón. Además, la imagen del pontífice se vio fortalecida cuando aplicó una serie de medidas destinadas a paliar las consecuencias de la peste negra. De ese modo, llegaron a la corte médicos desde distintos lugares de Europa.

A mediados del siglo XIV, Inocencio VI inició los preparativos de una campaña militar con el fin de restaurar y pacificar los Estados Pontificios. El objetivo principal se centró en la ciudad de Roma, cuyo control era esencial. Para ello, nombró al cardenal Gil Álvarez de Albornoz. Designado legado papal y vicario general en Italia, una vez completada la pacificación en 1353, la idea del retornar el papado a Roma comenzó a vislumbrarse en la corte francesa. La muerte de Inocencio no rebajó el interés, sobre todo después de que su sucesor, Urbano V, mostrara este argumento como la mayor de sus aspiraciones.

El regreso a Italia requería una enorme cantidad de recursos. A este problema debían añadirse las fricciones del colegio cardenalicio al entender que el abandono de Aviñón suponía adentrarse en la incomodidad romana, fruto de las constantes disputas nobiliarias. También el rey Carlos V presionó, pero sus coacciones fueron del todo estériles cuando, en octubre de 1367, el papa Urbano V emprendió la marcha a Roma. El pontífice solo pudo resistir en ella hasta 1370 debido a las malas condiciones en las que se encontraba la ciudad.

La llegada de Gregorio XI a la jefatura de la Iglesia supuso un nuevo impulso para emprender su renovación desde Roma. Obligado a neutralizar los conflictos en Italia, comenzó una guerra en 1376 contra las potencias que no estaban dispuestas a transigir, sirviéndose del cardenal Roberto de Ginebra, futuro Clemente VII. La crueldad del conflicto, sin embargo, no sirvió para dilucidar el destino final del trono papal. Durante el mes de marzo de 1378, y cuando estaba dispuesto a retornar a Aviñón, el papa Gregorio falleció dejando una situación de fragilidad entre los cardenales que deseaban la vuelta a Francia y los que apostaban por permanecer en la corte italiana.

Las leyes que regulaban la celebración de los cónclaves eran entonces absolutamente estrictas. Por ejemplo, el nuevo pontífice debía ser elegido en la misma ciudad en la que moría el anterior. En aquellos momentos permanecían en Roma 16 cardenales. Diez eran franceses, cuatro italianos y uno español, Pedro de Luna, que mantendría una posición neutral. El último, aliado de Francia, era Roberto de Ginebra. Presionados por la insistencia del pueblo romano, este exigió la elección de un pontífice nativo de la ciudad o que fuese italiano. Los preceptos legales exigían los dos tercios de los votos para la proclamación, pero ninguno de los candidatos podía obtener tales apoyos.

Frente al difícil reto que se les presentaba, la opción elegida fue la de nombrar a Bartolomé Prignano, arzobispo de Bari, como nuevo pontífice, solo un día después de haber comenzado el cónclave. Prignano tomó el nombre de Urbano VI. El resto de los cardenales optó entonces por que Tebaldeschi, uno de los cardenales romanos de mayor edad, simulara ser el papa elegido. Era esta una manera de satisfacer a la multitud y evitar enfrentamientos y situaciones violentas.

El día 18 de abril de 1378 quedó reafirmada la elección ante los cardenales residentes en Roma, a la vez que se notificaba a los cardenales de Aviñón, al emperador Carlos IV, así como al resto de monarcas cristianos, la buena nueva, Se ha dicho que Urbano, en el mismo discurso de proclamación, atacó duramente a los cardenales que lo habían elegido, refiriéndose a ellos como personas inmorales y que tenían dudosa ecuanimidad. Cansados de este comportamiento, la mayoría de cardenales optó por dejar la ciudad y escapar a Anagni, en el Lacio meridional, donde iniciarían una conjura para poner fin a su pontificado. El historiador francés del siglo XIX Amédée d'Hertault, conde de Beaufort, llegó incluso a describir el temor por sus vidas.

Tomó el nombre de Urbano VI y fue coronado solemnemente el 18 de agosto. No tardó en enajenarse por una severidad imprudente la voluntad de los que le habían elegido. En pleno consistorio les reprendió la irregularidad de sus costumbres y ambición, y desde entonces no desperdició ninguna ocasión de mostrar el mismo rigor. Los cardenales se arrepintieron de haberle elegido y se retiraron a Anagni, donde comenzaron a hablar de reelección; sobre lo cual consultaron a la universidad de París. Por fin el 9 de agosto de 1378 publicaron la declaración siguiente: «Para evitar el peligro de muerte que nos amenazaba creímos que debíamos elegir papa al arzobispo de Bari, en la persuasión que viendo él esta violencia tendría bastante conciencia para no aceptar el pontificado; mas olvidado de su salvación y abrasado de ambición consintió en admitirle aunque la elección era nula de pleno derecho; y como durase siempre el mismo temor, fue entronizado y coronado y tomó el nombre de Papa mereciendo más bien el de apóstata o Anticristo» (Beaufort, Amédée, 1845, pp. 236-237).

En el transcurso de la discusión de los cardenales exiliados se examinó abiertamente si el papa podía ser depuesto. Informado en su corte, Urbano ofreció someterse a un nuevo concilio que resolviera de manera definitiva la validez de su elección. El hecho en sí no alteró los planes en Francia. Sin ningún cardenal en Roma que apoyara ya al papa elegido, este nombró a 29 nuevos cargos con el fin de justificar de algún modo su proclamación. Mientras, los cardenales huidos celebraron un cónclave el 20 de septiembre, en el que fue elegido en primera votación a Roberto Ginebra, quien había sido cardenal y militar pocos años antes, bajo el nombre de Clemente VII. Se constataba así la ruptura de la unidad cristiana y el inicio del Cisma de Occidente con una doble elección papal, además de las dos sedes que garantizaban unos entramados cardenalicios completamente diferenciados.

Mientras tanto, los conflictos dinásticos en Nápoles motivaron la intervención de Urbano en favor de Carlo di Durazzo. El mismo papa se desplazó hasta el reino vecino con el pretexto de solucionar las afrentas familiares. Algunos cardenales advirtieron del riesgo que suponía dejar Roma, dadas las circunstancias que se habían producido durante su proclamación. Sin embargo, decidido a seguir su plan, en abril del año 1383, Urbano se dirigió a Nápoles, acompañado de un ejército de mercenarios, además de las arcas pontificias. Al mismo tiempo encargó al cardenal Sangro eliminar a los seguidores de Clemente que aún permanecían en la ciudad.

La expedición papal no tuvo en un principio los resultados previstos. Para Carlo aquello era una intromisión, así que el recibimiento de Urbano fue prácticamente ignorado por los napolitanos. Las relaciones entre Durazzo y Urbano se complicaron, hasta que este último abandonó Nápoles. Algunos cardenales propusieron entonces el retorno a Roma, pero en su lugar, Urbano escogió la ciudad de Nocera, algo que causó un notable descontento en buena parte de la curia romana y dio inicio a un periodo de complots y conspiraciones en su contra.

El enfrentamiento entre Carlo di Durazzo y Urbano se hizo inevitable. La excomunión a Nápoles fue inmediata y Durazzo respondió rodeando la residencia papal con su ejército. Se llegaron a ofrecer 10 000 florines por la entrega del pontífice, con o sin vida. Encolerizado y desde una de las ventanas del castillo, maldijo a las tropas de Carlos y realizó una excomunión en masa. Su suerte estaba echada, pero uno de los oficiales de Durazzo decidió sacar a Urbano de la ciudad cercada. Una vez detenidos y arrestados algunos de los cardenales indisciplinados, junto con el grueso de sus tropas y su séquito, Urbano puso destino a la costa, esperando ser rescatado por una flota de galeras del dux, magistrado supremo de Génova[37].

---

37 En efecto, el objetivo de los cardenales opositores no era otro que el de deponer al papa por su violento y errático desempeño del gobierno. En la conspiración estuvieron implicados seis cardenales. El inglés Adam Easton fue el único en salvar su vida gracias a la intervención de Ricardo II, Ludovico Donati y Bartolomé de Cucurno. La trama está perfectamente recogida en Álvarez Palenzuela, Vicente Ángel (2021). *Documentos de Benedicto XIII referentes a la Corona de Castilla* (pp. 21-22). Madrid: Editorial Dykinson.

La idea de Urbano VI era continuar con los interrogatorios a quienes habían conspirado contra él. Durante un año y medio, que fue el tiempo que tardaron en llegar hasta las costas adriáticas para ser rescatados, uno de los cardenales sublevados fue asesinado a manos del mismo pontífice. Llevados hasta Génova, las autoridades responsables de la liberación recordaron la deuda que el papa había prometido a quienes lo rescataran, que ascendía a 130 000 florines y que no se les había pagado, además de la libertad de los cardenales detenidos. El engaño urdido por Urbano para no pagar su compromiso y no liberar tampoco a los presos activó un pequeño contingente genovés para proceder al rescate de los infortunados cardenales que todavía permanecían con vida.

Enterados de los sucesos, los redentores de aquellos hombres fueron informados del asesinato de cinco de ellos. Existen dos versiones que hablan de un final cruel. Algunos fueron enterrados vivos. Otros, introducidos en sacos y lanzados al mar. En cualquier caso, un mal final. Urbano, finalmente, entró en Roma en septiembre de 1388, después de recorrer Italia durante cinco años. También él moriría algunos meses después, según algunas fuentes, envenenado y dejando los Estados Pontificios en una incontestable anarquía[38].

Afianzada la división, los territorios cristianos se vieron en la tesitura de tener que decidir por una de las dos cabezas del pontificado. La situación en Francia no era cómoda, a pesar del apoyo del rey Carlos V a los cardenales rebeldes, en tanto que había algunas resistencias al papa Clemente, especialmente por parte de la Universidad de París, que era el verdadero núcleo de la fragmentación en el país. Entre quienes se pronunciaron rápidamente a favor del pontífice de Aviñón estaban Amadeo VI de Saboya, así como el reino de Nápoles. Inglaterra, con Ricardo II en el trono e inmersa en un enfrentamiento franco-inglés, se posicionó a favor del papa Urbano VI. Tanto la corona de Castilla con Enrique II como la de Navarra con el

---

38 Berti, Giovanni Lorenzo (1787). *Compendio de la Historia Eclesiástica*. Tomo III (p. 113). Madrid. Andrés Ortega.

rey Carlos II fueron neutrales en un primer momento, pero tras la muerte de ambos monarcas la decisión se inclinó hacia Aviñón con Clemente VII, algo que sucedería también con Portugal.

En junio de 1830 se llegó a un acuerdo entre la reina Juana de Nápoles, Luis de Anjou y el papa Clemente para reforzar a este último y consolidar una estructura política que pudiera erradicar a Urbano VI. Quizá cuando este parecía más cercado, su muerte en octubre de 1389 y su rápida sucesión en Bonifacio IX restaron eficacia a los planes de Clemente. Al percatarse de las dificultades en las que se hallaba la curia romana, Bonifacio propuso a su «igual» en Aviñón la abdicación y supresión de la sede francesa, comprometiéndose a respetar su cargo cardenalicio al mismo tiempo que cedía un vicariato sobre los reinos de la Península Ibérica y Francia. Con un ambiente más proclive a la unión de la Iglesia, el fin del cisma parecía cercano.

En 1394, la Universidad de París consultó sobre tres posibles escenarios para obtener la unidad católica. La primera, *via cessionis*, consistía en la abdicación de ambos pontífices, permitiendo que el colegio cardenalicio, póstumo de Gregorio XI, asumiera la responsabilidad de un nuevo papa electo. La segunda, *via compromissi,* establecía el estudio de los derechos que amparaban a ambos pontífices. La elección, pues, debía estar en consonancia con quien acumulara un mayor número de razones legales para seguir en su cargo. La tercera de las opciones giraba en torno a la *via concilii* mediante la celebración de un concilio que pudiera arbitrar una decisión negociada y consensuada, permitiendo de esta forma la vuelta a la unidad de la Iglesia[39].

A pesar de disponer de estas tres vías, todas presentaban serios inconvenientes, por conllevar la abdicación de uno de los papas. Además, no había estamento o persona con la suficiente potestad para obligar a llevar a cabo dicha resolución. En consecuencia, ante la presión que estaba ejerciendo París, especialmente la mayoría de los cardenales que habían aceptado las tesis universitarias, Clemente VII mostró su disposición a abdicar, una

---

39 Laredo Quesada, Manuel Fernando y López Pita, Paulina (2016). *Los siglos medievales del Occidente europeo* (p. 357). Madrid, Editorial Universitaria Ramón Areces.

opción que fue rechazada debido a las diferencias que existían entre la corona francesa y la universidad. Quedaba la vía militar, pero esta última fue descartada al producirse la muerte del papa Clemente en septiembre de 1394.

La opción de Benedicto XIII

Tal como había sucedido tras el fallecimiento de Urbano VI, el cónclave cardenalicio que debía elegir al sucesor de Clemente se congregó en Aviñón, y recibió un mensaje del rey de Francia en el que se sugería cautela para concluir el cisma. Si bien todos estaban al corriente de la recepción de la misiva real, se acordó no descubrir su contenido hasta la designación del nuevo papa. Son muchos los que han abogado por señalar a Pedro Martínez de Luna como el impulsor para que dicho cónclave rehusara abrir la consigna del rey Carlos. También sabemos que el conjunto de cardenales juró dar fin al doble pontificado antes de que dieran comienzo las deliberaciones. Pero la realidad fue que, con la práctica unanimidad de los votos, el propio Martínez de Luna fue elegido sucesor de Clemente VII, con el nombre de Benedicto XIII. Antes de su coronación, prevista para el 11 de octubre de 1394, se enviaron comunicaciones a los reyes de Francia y Aragón dando cuenta del resultado del cónclave[40].

Benedicto, el Papa Luna, estaba dotado de una gran oratoria. Inteligente y experto en Derecho canónico, estaba considerado un hombre incorrupto y defensor de la *plenitudo potestatis*. Procedente de una familia noble, esta circunstancia le permitió mantener vínculos con las clases más elevadas y las monarquías de Castilla, Aragón y Portugal. Esta proximidad con los reinos ibéricos contrastaba con las relaciones distantes que se sucedían con el rey Carlos VI de Francia. Este último no dudó en enviar una delegación para departir con Benedicto con el fin de terminar con el cisma y solicitar su abdicación. La respuesta fue contundente. Siguiendo lo que se conoce como la *via conventionis*, el problema debía resolverse con la

---

40 Moxó y Montoliu, Francisco de (1986). *El Papa Luna I: un imposible empeño. Estudio político-económico* (p. 49). Zaragoza. Librería General.

reunión de ambos pontífices, acompañados de sus respectivos cardenales, para poder exponer las razones y discutir hasta hallar al legítimo valedor del poder papal.

Las monarquías cristianas tomaron de nuevo posiciones. Inglaterra exigió la abdicación de Benedicto XIII y el reconocimiento de Bonifacio IX. En su defecto, se apostó por la celebración de un nuevo concilio que dictara una sentencia concluyente. Navarra permanecía fiel a los postulados del rey francés, mientras la adhesión del reino de Aragón a su «favorito» era absoluta. La corona de Pedro IV el Ceremonioso no iba a aceptar la renuncia de Benedicto a pesar de no desestimar definitivamente la *via compromissi*.

En Roma, el papa Bonifacio IX se negaba a aceptar cualquier alternativa que no fuese el reconocimiento a su persona para ser el único pontífice. La inflexibilidad de las partes llevó a castellanos, ingleses y franceses a presentar en Aviñón una propuesta de abdicación. Benedicto XIII, obstinado en hacer valer la *via conventionis* y llevar la discusión hasta el final, rechazó el planteamiento de los embajadores. Algo similar sucedió cuando la misma delegación visitó a Bonifacio IX.

Finalmente, se fijó el día 2 de febrero de 1398 como fecha límite para la resolución del cisma. El 27 de julio de ese año se firmó la llamada sustracción de obediencia a Benedicto XIII. A las monarquías que habían defendido la abdicación se añadió el consentimiento de Wenceslao I de Luxemburgo, rey de Bohemia. Ello suponía la retirada de la obediencia de los reinos cristianos, excepto el de Aragón. En el acuerdo se consentía la permanencia de Benedicto en Aviñón bajo la protección del rey Carlos, lo que implicaba una prisión encubierta. Solo cinco de los cardenales que le habían apoyado permanecían junto a Pedro de Luna. Sin embargo, preso en su fortaleza, Benedicto ideó un plan con el que ganar tiempo y prestigio.

En efecto, la sólida defensa de sus convicciones comenzó a extenderse de tal manera que en 1402 logró el favor del rey de Castilla y la petición de restitución de obediencia. Favorable a dicho restablecimiento se mostraron igualmente Luis II de Anjou y Carlos VI. Algunos cardenales apartados de su confianza volvieron a solicitar la reconciliación y el acercamiento a las posturas anteriormente rechazadas. El nuevo plan proponía escapar del asedio y recuperar la autoridad. La madrugada del 12 de marzo de 1403, disfrazado de monje cartujo, ayudado por voluntarios y mercenarios castellanos, aragoneses, además de por el duque de Orleáns, Benedicto consiguió evadirse sacando algunos sillares de los muros y abriendo una pequeña brecha en la parte inferior de la fortaleza. Recuperada la libertad, Castilla no tardó en hacer extensible la restitución de la obediencia papal; un mes más tarde lo hacía Francia. Benedicto XIII ganaba una batalla. Al mismo tiempo, su protagonismo ya había despertado odios. Con los enemigos tan cerca, las conspiraciones en su contra estaban servidas.

La evolución de los acontecimientos en Aviñón tuvo su repercusión en Inglaterra y en el Imperio al solicitar tanto Carlos VI como Wenceslao la abdicación del papa romano. Benedicto insistió nuevamente en la disputa con el papa Bonifacio IX, que aceptó la discusión sin la presencia de su oponente. Durante las reuniones y cuando todo parecía encaminado a lograr algún acuerdo, Roma tuvo que asumir la muerte de su pontífice de forma súbita. El fallecimiento de Bonifacio provocó en los embajadores el convencimiento de que el cisma podía entrar en una fase más propicia para su resolución. Se solicitó que los cardenales no eligiesen a un nuevo papa hasta que Benedicto XIII pudiera desplazarse hasta Roma. Pero el cónclave ignoró dichas recomendaciones y nombró a Inocencio VII nuevo pontífice romano. Sin demora, en abril de 1405, el papa Luna, instalado en Marsella desde hacía dos años, excomulgó a su oponente. Decidido a ir a Roma para forzar a Inocencio a un encuentro, Benedicto no tardó en aunar los apoyos de ciudades como Génova, Pisa, Florencia, Venecia y Padua, apremiando la marcha de Roma del recién elegido papa.

No obstante, con todo a su favor, a mediados de 1406, la peste detuvo la marcha de Benedicto XIII, que desde la ciudad de Génova decidió retroceder hasta Niza. Para entonces, Gregorio XII ya ejercía su papado en Italia, hecho que se había consumado tras la aceptación de este de impedir el nombramiento de nuevos cardenales. Dicho consentimiento exceptuaba el nombramiento de aquellos cardenales indispensables para no romper el equilibrio con la curia de Aviñón.

La gestión de Benedicto, sobre todo por lo que respecta a la recaudación de impuestos, empezó a generar descontento en Castilla y en Francia, donde se alzaron voces en su contra incitando a una nueva solicitud de sustracción de obediencia. Ante todo este desconcierto, el rey francés obligó a retirar la obediencia temporal, es decir, impidió que Benedicto pudiera imponer tributos, aunque seguiría considerándosele el sumo pontífice en lo espiritual.

Durante aquellos años se produjeron los primeros complots destinados a terminar con la vida de Benedicto XIII. Fuentes confirman que, entre 1406 y 1407, hubo tentativas para cambiar el curso de la historia papal. El historiador francés Pierre Luc ha repasado la documentación existente en los archivos del Vaticano, en concreto la relativa a un proceso desarrollado entre Niza y Marsella y que incluye un complot contra el papa Benedicto. Son actas incompletas, pero esenciales, que describen las prácticas secretas, incluidas la magia y la invocación al demonio, para terminar con la vida del papa y de varios de sus familiares.

Como hemos dicho, después del anunciado fracaso militar en Italia en el verano de 1406, Benedicto, obligado por la epidemia de peste, se refugió en Niza, acompañado, entre otros, por el cardenal Luis de Flisco y su secretario Pierre Soriani. El 12 de octubre de aquel año, el papa comunicó en secreto a varios de sus confidentes la recepción de una carta rubricada por un tal Chalot de Chavenay. La intercepción de aquella misiva resultaría finalmente providencial. Se sabe que alguien llamado Francisco de Molendinis había pedido a Nicolás de Carretero, sobrino del cardenal de Flisco y estudiante en Aviñón, que la entregara a su tío.

Entre las cuestiones reveladas por Chavenay en su carta, este manifestaba la existencia de una asociación secreta dirigida por un «maître ès arts», llamado Jean d'Athènes, cuyo objetivo no era otro que asesinar al papa. Entre los conspiradores se encontraba el mismo Luis de Flisco al servicio de Roma, un estudiante de Aviñón, además de algunas personas localizadas en Montpellier. Chavenay incluía en el complot al mismo rey de Bohemia y a otros grandes señores de Alemania.

Nada más conocer la tentativa se ordenó un proceso secreto para averiguar la verdad e interrogar a los sospechosos. El primero en declarar fue el estudiante de Aviñón, Guillerme Brionne de Saumur. Había sido detenido con un cofre que le había sido entregado por Jean d'Athènes. El inventario realizado sobre el contenido de aquel arcón reveló la amenaza de la que iba a ser objeto el pontífice. Repleto de maldiciones, entre sus objetos se encontraba una manzana de cera blanca, una amplia recopilación de oraciones y conjuros y telas con inscripciones que hacían mención de la condena a muerte de Benedicto XIII y de sus cardenales afines. A todos estos elementos hubo que añadir una serie de ungüentos, un espejo de acero, así como una estatuilla que representaba a un niño, traspasada por clavos y otras piezas punzantes[41].

Del acta condenatoria no se han conservado las últimas páginas. Tampoco existen crónicas de la época que aludan a estos hechos, lo que impide tener certezas acerca de cuál fue el destino final de los implicados. El propio carácter misterioso de la conspiración explica esta dificultad, puesto que los conjuros mágicos se castigaban con la hoguera. Benedicto nunca llegó a transferir el caso a la Inquisición, sino que prefirió hacerse cargo de él personalmente y en secreto. En este sentido, la documentación conservada pone en evidencia como el mismo Pedro Martínez de Luna ocultó igualmente a Jean d'Armagnac, cardenal nombrado por este, los nombres de los implicados.

Aquel extraño plan perverso y del que el propio Pierre Luc ha dado sobrados detalles responsabilizó a Benedicto XIII del cisma y del martirio sufrido por la Iglesia. En consonancia con esta realidad que obligaba a dividir la administración de la Iglesia católica en dos mitades irreconciliables

---

41 Resulta muy interesante el relato que Pierre Luc escribe, en este sentido, pormenorizando todo el proceso de la conspiración llevada a cabo contra Benedicto XIII. Véase de Luc, Pierre (1938). «Un complot contre le pape Benoît XIII», *Melanges d'Archéologi et d'Histoire de l'École Française de Rome*, 55, Persée, 374-402.

ambos papas jugaron con la posibilidad de entablar conversaciones en una sede que fuese ajena a las de Aviñón y Roma. El escaso éxito de aquellas maniobras terminó por propiciar una situación de hastío entre la mayoría de las comunidades cristianas de Europa, con el resultado de un nuevo concilio en Pisa y el nombramiento de un tercer pontífice.

Los concilios convocados por separado, tanto por Benedicto XIII como por Gregorio XII, evidenciaron la desgana por acabar con el cisma. En consecuencia, el 25 de marzo del 1409 se celebró un concilio en la ciudad Pisa, propuso la abdicación a los dos pontificados que hasta esos momentos se habían disputado el más alto escalón de la Iglesia en Europa. El concilio no tardó en convertirse en una turba de reproches y acusaciones entre todas las delegaciones. Uno de los episodios más llamativos fue el referido a las acusaciones relacionadas con la magia contra Benedicto. Las denuncias en este sentido fueron muy directas, se acusó al papa de Aviñón de frecuentar la compañía de hechiceros, además de condenar su inclinación hacia los libros de nigromancia. Existe una extraña leyenda que afirma que durante su estancia en Niza un rayo cayó cerca de él cuando realizaba prácticas ocultas. Otros relatos intentan presentar a un papa que debajo de su cama mantenía una colección de hechizos y sortilegios secretos. La realidad es que todos estos juicios siempre estuvieron basados en testimonios muy confusos, pero que, a pesar de ello, han perdurado a lo largo del tiempo.

El Concilio de Pisa ambicionaba poner fin a una situación que era ya insostenible. Tras muchas discusiones, los papas fueron destituidos bajo la acusación de herejes y perjuros. El cónclave posterior celebrado por los cardenales delatores eligió a Alejandro V, dejando a la Iglesia aún más confundida.

Juan XXIII sucedería a Alejandro V, manteniendo las acusaciones a sus dos oponentes. Benedicto XIII, ya desde la residencia en su castillo, en Peñíscola, tendría todavía tiempo para presenciar un nuevo concilio con el que iba a ponerse fin al cisma, además de otra tentativa de envenenamiento. Con el apoyo de Segismundo de Luxemburgo, emperador germánico y del papa Juan XXIII, el 30 de octubre de 1413 se convocó en Constanza un nuevo concilio para afrontar una solución final. Los esfuerzos imperiales consiguieron convencer a Francia e Inglaterra, pero no a Castilla y Aragón, que seguían aún apostando por Benedicto. Finalmente, en mayo de 1415 se llegó a un acuerdo para realizar una votación por «naciones», lo que suponía fraccionar los sufragios entre Italia, Alemania, Francia, Inglaterra y los reinos hispanos, que comprendían a Castilla, Navarra, Portugal y Aragón.

No obstante, un mes antes de aquel acontecimiento, Benedicto XIII tuvo que enfrentarse a un complot perfectamente planificado que casi termina con su vida. Pese a que pudo recuperarse, lo cierto es que hasta su muerte siempre padeció las secuelas del mismo. Contrariamente a lo sucedido en el primer intento de envenenamiento, esta vez se inició un proceso abierto contra los dos responsables de la conspiración. Detenido en Trahiguera tras su huida de Peñíscola, Domingo de Álava, cubiculario al servicio de Benedicto y canónigo de Zaragoza, confesó haber puesto en unas obleas de azúcar y en un citronat —postres habituales en las comidas del pontífice—, un veneno que le había suministrado Paladio Calvet, monje del monasterio de Bañolas. Este declaró, por su parte, haber recibido 20 000 florines por sus servicios y actuar bajo las órdenes de Domingo de Álava. El veneno, que era arsénico, sólo provocó fuertes diarreas y vómitos a Benedicto gracias a la medicación y al efecto neutralizante del azúcar que contenían los postres. A pesar de la aparente implicación de ambos confabulados, nunca pudo probarse la culpabilidad del canónigo de Zaragoza, si bien el escándalo del complot terminaría afectándole.

La renuncia al pontificado por parte de Gregorio XII, la destitución de Juan XXIII, los fracasos en las negociaciones entre el emperador, el rey de Aragón y el propio Benedicto XIII, aceleraron la celebración del concilio de Constanza, que concluyó el 22 de abril del año 1418. Los 53 cardenales de la curia eligieron al moderado cardenal Otón de Colonna nuevo pontífice con el nombre de Martín V.

Arropado por la corona de Aragón, se acordó, sin embargo, que Benedicto siguiera residiendo en Peñíscola. Su actitud obstinada suponía un inconveniente, por lo que el propio papa envió una delegación pontificia a Aragón con el fin de tratar de conseguir su abdicación. La mayoría de los cardenales que seguían a su lado aceptaron su renuncia y solicitaron el perdón de Martín V. No obstante, la noticia de un posible envenenamiento del Papa Luna a manos de la delegación papal retrasó algunos apoyos hasta el mismo día de su muerte, el 23 de mayo del año 1423, sin haber renunciado a su dignidad pontificia y cuando contaba con 94 años de edad. Habría todavía un intento más por perpetuar el Cisma desde Peñíscola con el nombramiento de un nuevo papa, Benedicto XIV, que, amparado por el rey Alfonso V de Castilla, no pudo, sin embargo, evitar la excomunión en 1429 por el propio papa Martín V.

Existen pocas dudas acerca de los verdaderos objetivos que tuvo el concilio en Constanza. Mucho más allá de acabar con el cisma, la Iglesia estaba a punto de acometer una reforma con la que combatir las diversas herejías que empezaban a aflorar en el mundo cristiano. De hecho, no solamente Benedicto había sido acusado de ocultista y maléfico. También Juan XXIII comprendió muy pronto que el concilio había servido para destituirlo y relegarlo, acusado de herejía, asesinato, sodomía y adulterio.

Algunos pontífices más verían amenazadas sus vidas y llegaron incluso a perderlas a manos de conspiradores. La historia oficial nos asegura que el papa Alejandro VI falleció el 18 de agosto del año 1503, a causa de la malaria. No ha faltado quien, por ejemplo, atribuye su muerte a un envenenamiento producido con *cantarella*. César, su hijo, llegó a enfermar al mismo tiempo que su padre y que otros convidados a un banquete.

Quizá la última de las conspiraciones más recordadas, iniciado ya el Renacimiento, fue la urdida contra León X en 1517. Giovani di Lorenzo era un papa que pertenecía a la familia Médici, reticente a recibir los tratamientos de los médicos que no eran habituales en su corte. Un joven cardenal llamado Alfonso Petrucci ideó un plan para poner fin a su vida mediante un ungüento envenenado que debía ser utilizado en el tratamiento de una úlcera dolorosa. La ausencia del médico habitual puso en alerta al papa el día elegido para su asesinato. Sea como fuere y enterado de la conspiración contra él, hizo torturar en el castillo de Sant'Angelo al cardenal malhechor, cuya confesión llevó el complot mucho más lejos de lo que el propio León hubiera imaginado.

Aunque a priori no se esperaba llegar hasta ahí, de su declaración obtuvo el nombre de los implicados, entre los que se hallaba el cardenal Riario, quien pretendía la sucesión, Soderini y De Saulis.

Fingiendo misericordia, León X se dispuso a «perdonar» a los culpables. En realidad, la Iglesia no podía condenar un delito y manchar la institución de sangre, por lo que Petrucci fue entregado a las autoridades civiles, condenado y ejecutado. Riario y De Saulis escaparon de Roma para no correr la misma suerte que el autor del bálsamo. La conspiración conllevó el nombramiento de 31 nuevos cardenales afines, una designación que iba acompañada del pago de una importante suma de dinero para asegurarse su lealtad.

El largo periplo del cisma, unido al deseo de alcanzar el máximo escalafón en la Iglesia católica, dejó a esta última a las puertas de nuevos conflictos. Los años de quiebra, pugna y competencia entre poderes muchas veces solapados desencadenaron un nuevo temor en los reinos y regiones de Occidente. El cuestionamiento de los dogmas del catolicismo trajo consigo nuevas doctrinas, ya fuera por parte del protestantismo, el calvinismo o el anglicanismo. A todo ello, un conjunto de nuevos paradigmas, igualmente vinculados al dogma y a la fe en Cristo, conferidos a través de enfermedades como la peste, además de la herejía, la magia o la brujería, no tardaron en hacer tambalear, una vez más, los cimientos más significativos de la sociedad europea.

Peste y herejía

Nos situamos alrededor del año 1266, la expansión comercial europea había llegado hasta tierras asiáticas. La ruptura del Imperio mongol unos años antes no solo iba a abrir las puertas al Mediterráneo, sino que, además, dejaba en manos de comerciantes genoveses el asentamiento permanente de Caffa, una ciudad mercantil situada al sur de la península de Crimea. El nuevo Estado mongol de *Altın Urda*, próximo a lo que hoy es Kazajistán y conocido también con el nombre de la Horda Dorada, hizo posible los intercambios entre las regiones más alejadas del Medio Oriente y Europa.

A lo largo de varias décadas, las transacciones entre mongoles e italianos se mantuvieron inalterables, lo que permitió que estos últimos levantaran plazas fortificadas con el fin de proteger sus mercancías. Este estado aparentemente inalterable quedó desfigurado, toda vez que el imperio se vio fragmentado con la llegada del islam a tierras mongolas y, como consecuencia de ello, por la animadversión surgida hacia los cristianos que se establecían allí.

En 1343, Jani Berg, el soberano de Kipchack, ordenó la deportación de todos los europeos de la península y ocupó y destruyó la ciudad de Tana, en la costa del mar de Azov. Dicho enclave era estratégicamente importante porque había mantenido activos un consulado y numerosos puestos destinados al comercio. Los éxitos del gobernante lo animaron a continuar la contienda hasta la misma ciudad de Caffa, pero su intento fracasó, volviendo a establecerse otro cerco en 1346. En medio de aquel asedio, sabemos que Gabriel de Mussis, que era notario y cronista de Piacenza, anotó la llegada repentina de una gran epidemia que mermaba a las tropas del monarca mongol.

En vista de ello, los tártaros, agotados por aquella enfermedad pestilencial y derribados por todas partes como golpeados por un rayo, al comprobar que perecían sin remedio, ordenaron colocar los cadáveres sobre las máquinas de asedio y lanzarlos a la ciudad de Caffa. Así pues, los cuerpos de los muertos fueron arrojados por encima de las murallas, por lo que los cristianos, a pesar de haberse llevado el mayor número de muertos posibles y haberlos arrojado al mar, no pudieron ocultarse ni protegerse de aquel peligro. Pronto se infectó todo el aire y se envenenó el agua, y se desarrolló tal pestilencia que apenas consiguió escapar uno de cada mil (Benedictow, Ole Jørgen, 2011, p. 80).

El relato figurado de Mussis, todavía afectado por las teorías de los miasmas, según la cual, cualquier cuerpo en estado de putrefacción desprendía vapores nocivos, presentaba la peste como una enfermedad capaz de transmitirse a través de los cadáveres. Hoy sabemos que las tesis medievales fueron corregidas a finales del siglo XIX gracias a los trabajos del microbiólogo suizo Alexandre Yersin, descubridor del bacilo *Yersinia pestis*, verdadero causante de la infección. La peste es, en efecto, una zoonosis transmisible, en particular de las ratas y algunos roedores, que puede ser contagiada casualmente a los seres humanos mediante picaduras de pulgas. Cabe la posibilidad de que en el caso del sitio de Caffa las ratas infectadas hubieran entrado por alguna fisura de las puertas o muros y contagiaran de este modo a alguna colonia doméstica de roedores de la ciudad. Al constatar que la enfermedad mermaba considerablemente a la población, algunos comerciantes debieron escapar en varios de los barcos amarrados todavía en el muelle. Con ellos, especialmente en sus ropas y en las bodegas de la mayoría de las naves, la infección, a través de las pulgas y las ratas pestíferas, viajaba con destino a Occidente. Sin posibilidad alguna de evitar el desastre, Europa y el mundo estaban a las puertas de vivir una expansión de la epidemia sin precedentes.

En efecto, la peste negra se extendió rápidamente por todo el continente como consecuencia de la persistente actividad comercial con Oriente. Sabemos que hacia el verano de 1347 ya había llegado a la ciudad de Constantinopla y que, en otoño de ese mismo año. la epidemia se había expandido por toda Asia Menor y el entorno del estrecho del Bósforo. Las grandes ciudades portuarias, como Génova, Venecia, Marsella, Barcelona o Mallorca, no tardaron en sumarse a la debacle. Desde estos epicentros la peste no tardaba en desplazarse hacia el interior cubriendo en pocos años prácticamente toda la geografía europea.

La llamada muerte negra o peste bubónica asoló las poblaciones del continente entre los años 1347 y 1350 y las redujo de manera considerable. Todavía hoy, la cifra exacta de muertes provocada por esta calamidad resulta difícil de precisar. Las diferencias y oscilaciones en los datos son evidentes, y se estima que se vio afectada entre un 30 y un 60% de la población total de Europa, lo que superó, en cualquier caso, las pandemias acaecidas algunos siglos atrás[42].

Es sabido que la llamada muerte negra no fue ampliamente difundida hasta el siglo XVIII. Sin embargo, la primera de las descripciones de la enfermedad en Europa de la que se tienen noticias se atribuye a Michelle de la Piazza, un monje franciscano en relación a un incidente que tuvo lugar en Sicilia. La narración estaría en consonancia con lo descrito por Gabriel de Mussis, especialmente por lo que respecta a una flota genovesa que, compuesta por 12 galeras atracaron en el puerto de Mesina en el otoño de 1347. Aunque extensa, la descripción está plenamente adornada con detalles muy descriptivos de los síntomas de la enfermedad.

---

42 Además de la peste que asoló en el año 125 a. C. el norte de África, sabemos de la existencia de la denominada *peste justinianea*, o Plaga de Justiniano, ocurrida a mediados del siglo VI en el Imperio romano, que muy probablemente fue llevada hasta Constantinopla desde el Bajo Egipto a través de unos viajeros que se desplazaron hasta Bizancio. Gracias al historiador Procopio de Cesarea conocemos que en el año 543, en la misma Constantinopla, llegaron a morir más de 500 personas en un solo día, con macabros escenarios de cadáveres amontonados y una población que padecía continuos vómitos de sangre. Véase, por ejemplo, de Arce, Javier (2011). *Esperando a los árabes. Los visigodos en Hispania (507-711)* (pp. 186-187). Madrid. Marcial Pons Historia.

He aquí que, en octubre del año de la Encarnación del Señor de 1347, a comienzos del mes de octubre, primera indicción, genoveses, sobre doce galeras, huyendo de la cólera divina que se había abatido sobre ellos por razón de su iniquidad, arribaron al puerto de la ciudad de Mesina. Los genoveses transportaban con ellos, impregnada en sus huesos, una enfermedad tal que todos los que habían hablado a uno de ellos eran alcanzados por esta enfermedad mortal; esta muerte, muerte inmediata, era absolutamente imposible de evitar. He aquí cuáles eran los síntomas de la muerte para los genoveses y las gentes de Mesina que los frecuentaban. A causa de una corrupción de su aliento, todos los que se hablaban mezclados unos con otros se infectaban uno a otro. El cuerpo parecía entonces sacudido casi por entero y como dislocado por el dolor. De este dolor, de esta sacudida, de esta corrupción del aliento nacía en la pierna o en el brazo una pústula de la forma de una lenteja, Ésta impregnaba y penetraba tan profundamente en el cuerpo que se veía acometido por violentos esputos de sangre. Las expectoraciones duraban tres días continuos y se moría a pesar de cualquier cuidado. [...] ¿Qué diremos de la ciudad de Catania ahora desaparecida de las memorias? La peste que se extendió por esta ciudad que no solo eran las pústulas, a las que se llaman ántrax, sino que también glandes que se formaban en las diferentes partes del cuerpo, tanto en el pecho como en las piernas, los brazos o bien en la región de la garganta. [...] Una vez corrompido el organismo y desecados los humores se moría (Martínez Campos, Leticia, 2020, pp. 5-6).

Se da por hecho que la peste llegó hasta Europa desde Oriente, aunque su origen no está detallado con exactitud. El foco principal pudo estar localizado en China, el sur de la India o probablemente en algunas otras regiones del Asia Central. Los sucesos ya comentados en Caffa debieron igualmente aportar un número importante de infectados a los puertos europeos, desde donde la enfermedad se extendió al Mediterráneo musulmán. Solo así se explica la entrada de la peste en Alejandría en 1347 o en el delta del Nilo y El Cairo en la primavera de 1348, causando la muerte de alrededor de 200 000 habitantes. También está documentado la ruta de navíos genoveses hasta Chipre y la propagación de la epidemia hasta Antioquía en ese mismo periodo de tiempo.

En Siena, por ejemplo, el cronista Agnolo di Tura, detalla los enterramientos de los fallecidos en zanjas abiertas para tal fin sin la presencia de sacerdotes ni de oficios religiosos. Cubiertas después las fosas con tierra y arena, tampoco se hacían sonar las campanas, de modo que se extendió la idea de que aquellos acontecimientos marcaban el fin del mundo. En la mayoría de las ocasiones, los médicos dejaban de atender a los enfermos por temor a infectarse. Era habitual que los cadáveres quedaran tendidos a las puertas de las casas, a veces arrojados por las ventanas, etc. Otros ilustres personajes, como el historiador y comerciante Giovanni Villani e incluso el propio Boccaccio, llegaron a describir el impacto de la peste en Florencia entre 1347 y 1348, dejando entrever «... la crueldad del cielo, y acaso en parte la de los hombres»[43].

Aprovechando las comunicaciones terrestres y los cauces de los ríos, la peste llegó a los centros urbanos más importantes de Francia. En localidades como Caen o Ruan, dos de los principales centros sociales y económicos de Normandía, la epidemia causó la muerte de casi el 50% de la población. En París, durante los meses de mayor mortandad, se llegó a contabilizar alrededor de 800 fallecimientos diarios. Los países escandinavos tampoco permanecieron ajenos al desastre con cifras similares a otras regiones del continente. En Centroeuropa, como el norte de Alemania, entre 1349 y 1350, el azote de la enfermedad fue especialmente virulento con más de 10 000 muertes. En ciudades como Lübeck sobrevivió a la epidemia solo el

---

43 Benedictow, Ole J. (2011). La Peste Negra (1346-1353). La historia completa (p. 131). Madrid. Akal. También en Boccaccio, Giovanni (2020). El Decamerón (pp. 21). Madrid. Alianza Editorial.

5% de su población. En solo cuatro años cerca de 200 pueblos y localidades desaparecieron por completo.

En Inglaterra, ciudades de Bristol, Exeter y Plymouth quedaron devastadas y en muchas otras localidades fue precisa la apertura de grandes fosas para realizar los enterramientos. Sus efectos en Londres, durante el invierno de 1348, dieron lugar a una peste neumónica con un número elevado de muertes y llegaron a ser enterrados más de 2000 cuerpos en un solo cementerio. Hasta el año 1350, el balance apunta a que prácticamente la mitad de las personas perecieron.

En los reinos de la Península Ibérica, la muerte negra entró por el paso de Roncesvalles, en Navarra, uno de los principales accesos del Camino de Santiago. Además de adquirir protagonismo en el norte peninsular, otro punto destacado de entrada fue el puerto de la ciudad de Valencia, donde se descargaban las mercancías provenientes de la ruta de la seda. En Navarra, cerca del 50% de su población perdió la vida. Cifras menos sobrecogedoras se dieron en los reinos de Castilla y de León, donde las muertes no sobrepasaron el 20%. En Aragón, especialmente en los condados de Cataluña, se estima que la epidemia acabó con el 35% de la población, especialmente en Barcelona. Sabemos que algunas poblaciones pequeñas fueron diezmadas por completo y que, en muchos casos, no había suficientes enterradores ni hombres que reclutar para las campañas militares.

La muerte de tantas vidas y las pocas propuestas posibles al problema de la epidemia obligaron a la sociedad medieval a buscar soluciones de una manera un tanto desesperada. En efecto, la demanda de respuestas se hizo desde tres perspectivas muy diferentes. La perspectiva científica solo podía plantear el problema desde teorías erróneas, como eran los miasmas o la contaminación del aire. En este sentido, es preciso destacar que la literatura médica amplió su espectro, recomendando purgas, sangrías o fármacos ideados para la ocasión, así como la utilización de perfumes o quema de maderas olorosas. Otra interpretación incidía sobre el castigo de Dios hacia la humanidad como consecuencia de sus pecados. La última atribuía las muertes a una conspiración o envenenamiento provocado por algún grupo social o marginal.

La idea del castigo divino originó una religiosidad exacerbada, cuyo principio fundamental era el pecado. Con la peste, la venta de indulgencias y la donación de bienes a la Iglesia se multiplicaron de manera considerable. La culpa y la penitencia pasaron a ser elementos comunes de las sociedades cristianas y, en algunos casos, se llegaron a organizar auténticos ejércitos de cofradías, cuya finalidad no era otra que la de autoinfligirse castigos y mortificaciones para alcanzar el perdón. En relación con este hecho, debemos destacar el llamado movimiento de los Flagelantes, nacido en Italia, cuya filosofía alentaba a buscar la salvación por uno mismo, sin la ayuda de la Iglesia[44]. Estos penitentes deambulaban en procesión por los pueblos y ciudades, adornados de una solemne parafernalia, y finalizaban sus recorridos alrededor de las iglesias, golpeándose en público con escarpines de hierro hasta sangrar y pidiendo el exterminio de los herejes. Las liturgias lograban atraer a la muchedumbre, a la que se hacía creer que la sangre tenía efectos curativos.

> Mientras la peste aún estaba activa, pasando de una ciudad a otra, en Alemania, Flandes, Henao y Lorena hubo hombres que se levantaron para formar una nueva secta por su propia autoridad. Desnudos hasta la cintura, se unieron en grandes grupos y bandas y marcharon en procesión por encrucijadas y las plazas de las ciudades y poblados. Formaban círculos y se golpeaban las espaldas con pesados azotes, regocijándose al hacerlo, dando altas voces y cantando himnos apropiados a su rito, recién compuestos [...] se daban latigazos en los hombros y en los brazos, con azotes provistos de puntas de acero, para sacar sangre (Gottfried, Robert S., 1989, p. 150).

En este mismo orden de cosas, estos colectivos de Flagelantes contribuyeron en gran medida a la búsqueda de los responsables de las

---

44 Saint-Acheul, M. Julien (18??). *Tarifa de los emolumentos eventuales de la tienda del papa, arreglada por Juan XXII y publicada por León X, para la absolución (á dinero de contado) de toda especie de crimen* (pp. 91-94). Cádiz. Imprenta de Ramírez.

calamidades provocadas por la peste. Igual que ya sucediera siglos atrás, la acusación contra los judíos por envenenamiento de los pozos y las fuentes de agua fue la alternativa durante los años de epidemia. En efecto, durante el periodo transcurrido entre 1348 y 1350, cuando la epidemia causó mayores estragos, en muchos rincones de Europa, alimentados por la especulación de los pozos envenenados, miles de judíos perdieron la vida por el simple hecho de ser sospechosos.

Las acusaciones de conspiración no eran una novedad. Durante la Edad Media la comunidad judía soportó el papel de chivo expiatorio en épocas de desastres, sequías, epidemias e inundaciones, a veces por el solo hecho de ser «diferentes». Estas desigualdades comenzaban en las distintas ocupaciones y oficios que detentaban en los lugares que residían. Establecidos como comerciantes o financieros, un elevado número de acreedores hallaron la forma más efectiva de evadir sus deudas empleando falsas acusaciones. Además, es evidente que en muchas ocasiones se mantuvieron al margen de las enfermedades y epidemias por su forma de relacionarse, su modo de vida basado en la segregación dentro de comunidades cerradas y su elevada consideración por la higiene. Estas excepciones, en un momento en el que la peste estaba causando estragos fueron determinantes a la hora de considerar a los judíos culpables por una causa inexistente, lo que en algunos casos llevó a la erradicación de muchas comunidades judías de Europa.

A comienzos del siglo XIV, la teoría del envenenamiento de los pozos por parte de los judíos se extendió por algunas comarcas de la Franconia, al sur de Alemania, y tiempo después por algunas ciudades del centro y del sur de Francia. Asimismo, fueron acusados de propagar la lepra, por lo que las localidades de Dauphiné y Chinon fueron quemados en la hoguera cerca de 160 judíos en 1321. Precisamente, en Alemania y en tiempos de la peste negra, se difundió la leyenda de que la transmisión de la enfermedad se debía a una conspiración de los judíos con el fin de dar muerte a los cristianos, sirviéndose para ello de la contaminación de los pozos y las fuentes de agua potable.

Existen confesiones bajo tortura que afirmaron que los envenenamientos se realizaban con ranas, lagartijas, arañas y corazones de cristianos. Estas murmuraciones consiguieron que, por ejemplo, en Basilea fueran encerrados en un edificio de madera y posteriormente quemados vivos todos los judíos residentes en la ciudad. Más de 8000 fueron ajusticiados en Estrasburgo, 12000 en Maguncia, y la persecución se propagó por la todo el Sacro Imperio Romano Germánico[45]. Se ejecutaron más de 500 judíos en la ciudad alemana de Núremberg sin tener prueba alguna de que estos fueron responsables de la peste.

La incoherencia de tales crímenes llegó a tal extremo que, monarcas como Casimiro III de Polonia instó a huir a muchas comunidades hebreas hacia otras regiones en Lituania. Incluso algunos llegaban a aceptar la conversión antes de morir, especialmente niños que eran separados del fuego mientras sus padres ardían hasta morir. El propio pontífice Clemente VI declaró, mediante una bula el 26 de septiembre de 1348, que la epidemia afectaba a personas de todas las creencias y procedencias. El resultado fue estéril.

Recientemente nos han llegado noticias infames: la plaga que Dios inflige al pueblo cristiano por sus pecados, aquí es que los cristianos están culpando a los judíos. Empujados por el diablo, los acusan de envenenamiento. Los masacran sin dejar que recurran a la justicia, no perdonan ni a los niños, ni a los ancianos, ni a las mujeres. Es cierto que este crimen de envenenamiento merece un castigo terrible, pero vemos que la plaga también afecta a los judíos […] Y entonces ¿cómo podemos creer que los judíos podrían encontrar la forma de desencadenar tal catástrofe? Le ordenamos que aproveche la Misa para prohibir a su clero y a la población, bajo pena de excomunión,

45 Van Nievelt Pattillo, Hendrik (2020). *El fin de la sociedad medieval y la peste negra* (pp. 82-83). Santiago de Chile. Origo Ediciones.

dañar o matar a los judíos; si tienen agravios contra los judíos, que recurran a los jueces competentes (*Acusación de envenenamiento de pozos contra judíos*, s.f.).

Los reinos cristianos de la Península Ibérica tampoco quedaron al margen de las persecuciones. En Cataluña surgieron, a partir de 1348, pogromos y linchamientos, especialmente en Barcelona, Cervera y Tárrega, siendo en esta última ciudad donde fueron asesinadas, solo un año más tarde, alrededor de 300 personas al grito de «¡muerte a los traidores!», siempre acusadas del envenenamiento de las aguas. De Castilla también surgieron otras conspiraciones, esta vez relacionadas con la creencia de que los rabinos de Toledo habrían formado un complot para acabar con toda la cristiandad. De hecho, tal y como señala el profesor norteamericano de historia y literatura, James K. Hosmer, después de torturar a los apresados, estos declararon la composición del veneno, el color de los bultos en los que se transportaba y las personas encargadas de su distribución[46].

Los estragos que causó la peste en Europa fueron considerables. La prosperidad que durante el primer tercio del siglo XIV empezaba a vislumbrarse quedó del todo interrumpida. La consecuente despoblación de las ciudades y aldeas, el hambre y la desesperanza, y la fragmentación social debido al miedo y a la búsqueda de responsables desencadenaron un efecto adverso tanto en el ámbito social como en el cultural.

A medida que la epidemia se reducía, mucha gente que había quedado en la miseria en las zonas rurales optó por establecerse en las ciudades, la mayoría de veces para ocupar las vacantes de los decesos. La epidemia dejó intactas muchas propiedades, lo que supuso un acercamiento al progreso y al conocimiento. Los excedentes de papel propiciaron que la recién creada imprenta de Gutenberg multiplicara sus ediciones, un hecho que impulsó

---

46 Amelang, James S. (2011) *Historia paralelas. Judeoconversos y moriscos en la España moderna* (p. 88). Madrid. Akal. Resulta muy interesante el trabajo sobre las persecuciones a los judíos en Castilla realizado a finales del siglo XIX y recogido por Hosmer, James K. (1893) en *Historia de los judíos en las edades antigua, media y moderna* (pp.142-143). Madrid. El Progreso Editorial.

el estudio de la filosofía y de los clásicos que habían quedado olvidados. Otro tanto sucedió con las telas sobrantes, que propició la elaboración de prendas de vestir en los núcleos que más necesitaban crecer para salir de la miseria. Pero si hubo un sector de la sociedad que vivió una auténtica regeneración ese fue el de la medicina, una disciplina que se institucionaliza en las universidades, como es el caso de Bolonia, París o Montpellier, sin olvidar la instituida en la Universidad de Valladolid por orden de Enrique III de Castilla a comienzos del siglo XIV.

La epidemia trajo consigo una nueva medicina con el fin de atajarla a través de *consilium* y tratados contra la «pestilencia». Entre estos, destacan el *Consilium contra pestilencia*, creado en 1348 por Gentile da Foligno, profesor en la Universidad de Perugia, en el que figuraban ordenadas todas las medidas prácticas que se debían aplicar contra la peste. Otros como el *Consilium in magna pestilentita*, de Giovanni della Penna, desarrollado en Nápoles el mismo año, o el más tardío de Alfonso López de Valladolid, conocido como *Regiment contra la pestilencia*, de 1435, ayudaron a comprender el origen y el tratamiento de la afección.

Otra novedad fue la implantación de los llamados médicos de la peste, distribuidos desde Italia e Inglaterra hasta Alemania, que eran contratados por los ayuntamientos o las juntas de salud. Convencidos de que la peste se transmitía a través del pésimo olor que la propia infección provocaba y no el envenenamiento de las aguas, los facultativos colocaban en el interior del largo pico de sus máscaras hierbas aromáticas para corregir el aire corrupto.

Por otra parte, muchos de aquellos que habían sido perseguidos durante los años de epidemia, musulmanes y sobre todo judíos, habían trabajado y seguían trabajando en beneficio de la medicina. Las minorías judías de Castilla y Aragón, así como las de otras zonas como la Provenza y el sur de Francia, valiéndose de la lengua hebrea, llegaron a poner en conocimiento de facultativos y cirujanos medievales un interesante número de obras de filosofía natural y de medicina. Es destacable el caso de Meir ben Soloman Alguadez, médico del rey Enrique III de Castilla, quien llevó a cabo la compilación de un recetario en castellano, tarea que realizó al traducir documentos utilizados por *doceres* hebreos. Asimismo, los judíos castellanos tenían un amplio conocimiento del árabe, lo que les permitía abordar fuentes originales arábigas y traducir obras y manuscritos médicos en dicha lengua. Tal y como nos cuenta en su excelente trabajo Bruno Navazo Santamaría, precisamente a finales del siglo XIV y coincidiendo con la epidemia de peste negra se produjo una ralentización de las traducciones y de la circulación de las obras médicas en árabe, todo ello debido a la progresiva marginalización y control sobre las minorías judía y musulmana que estaba llevándose a cabo[47].

En la Edad Media, estas prácticas médicas dieron paso a la llamada magia sanadora, en contraposición a la medicina racionalista, conviviendo ambas y alterando el ritmo del conocimiento y de las ideas religiosas. El propio Moisés ben Maimón, Maimónides, médico y astrónomo judío que vivió entre los siglos XII y XIII, llegó a ser reprobado por eludir las prácticas nigrománticas, habituales durante todo el Medievo. La misma medicina escolástica, dicho sea de paso, no dudó en incorporar elementos de magia a la medicina al entender que existía un vínculo entre infecciones como la peste y el pecado.

Por último, y del mismo modo que los judíos habían sido acusados de ser los causantes de la peste, hechiceras y brujas fueron sometidas a una implacable marginalidad en la sociedad medieval y repudiadas hasta prácticamente el siglo XIX, coincidiendo con la desaparición de la Inquisición. Acusadas de envenenadoras y de materializar pactos diabólicos, aquellas mujeres fueron, como veremos a continuación, objeto de leyendas y vejatorias acusaciones. Al mismo tiempo que se perseguían los judíos, muchas mujeres fueron masacradas, torturadas y asesinadas sobre el fuego de la justicia, por considerarlas emisarias del diablo y conjurar contra Dios.

---

47 Navazo Santamaría, Bruno (2019). *La medicina judía bajomedieval en las Coronas de Castilla y Aragón*. Trabajo de Fin de Grado (pp. 17-19). Universidad de Cantabria (España). Disponible en: https://repositorio.unican.es/xmlui/bitstream/handle/10902/17132/NavazoSantamar%C3%ADaBruno.pdf?sequence=1&isAllowed=y

La caza de brujas

La brujería y la herejía significaron para la ortodoxia religiosa dos de los problemas más serios durante la Edad Media porque, en muchos casos, llegaban a desafiar a la autoridad de la Iglesia y del orden jurídico establecido. Por ello la Inquisición, la institución de la iglesia católica que en un principio se había pensado para combatir la herejía en Europa, tuvo que ampliar su jurisdicción a otros tipos de conductas que no cabían en la moral o contradecían la fe cristiana de la época. En la medida en que el cristianismo romano asumió el papel rector de los territorios que ocupaba, las tradiciones y culturas quedaron relegadas a una especie de olvido, lo que supuso con el paso del tiempo la generación de una corriente de creencias que dio sentido a la magia y la brujería.

Desde el siglo VII la concepción de la brujería se vio inmersa en distintas transformaciones gracias a la creencia del teólogo Teófilo, que sostenía que se trataba de un pacto demoniaco, el cual sólo podía romperse justo antes de la muerte por la intercesión de la Virgen María. También se culpó a las brujas de lanzar maleficios. En el año 906 apareció el primer texto referido a la persecución de la brujería, titulado *Canon Episcopi*, de Regino de Prüm, en el que se detallaban los procedimientos para interrogar a las mujeres sospechosas de realizar encantamientos y hechizos. Estos podían estar relacionados con sortilegios y conjuros de amor, de odio, siempre referidos a actividades desarrolladas por una mujer[48].

---

[48] En el siglo VIII, Carlomagno insistió en incluir en la legislación del reino elementos que fueran capaces de reprimir el paganismo en las tierras recién conquistadas de Sajonia. Ello se debía a la creencia de que las brujas eran capaces de atravesar muros y puertas, así como volar por sí mismas a lomos de alguna criatura. Sobre esta cuestión existe bastante información en: Martínez Peñas, Leandro (2019). «La convergencia entre brujería y herejía y su influencia en la actuación de la Inquisición medieval», *Revista de la Inquisición. Intolerancia y Derechos Humanos*, 23, 69-90. Disponible en: https://dialnet.unirioja.es/servlet/articulo?codigo=7454260

Según el escritor norteamericano Joseph Hansen, la primera bruja quemada en una hoguera fue en 1275 después de que la Inquisición de Toulouse condenara a una mujer llamada Ángela de la Barthe por haber comido carne de niños y mantener relaciones con el demonio. Ya en el siglo XIV, centenares de hombres y mujeres fueron acusados de brujería y abrasados en las llamas por los tribunales de aquella misma ciudad y de Carcasona.

A lo largo del siglo XI, la brujería *heretica facta* consideraba el maleficio un crimen terrenal que la Iglesia no podía condenar. A partir de ese momento y hasta mediados del siglo XIII, el apremio por sojuzgar y someter a las brujas surgió de la agitación popular, unas veces influyendo sobre la ley, otras a través de linchamientos o ejecuciones fuera de los tribunales oficiales. La persecución de los actos de brujería y los delitos de herejía se castigaban con la hoguera. Sin olvidar lo que suponía la tortura previa a la acusación, utilizada contra las personas sospechosas. A todo ello, hay que añadir el edicto del papa Inocencio III, aprobado en 1197, en el que, además de castigar a brujos y herejes con la pena de muerte en el fuego, se procedía a la confiscación de sus bienes.

Por lo que respecta a la tortura, si bien durante el siglo XII las leyes limitaban su uso, durante la siguiente centuria su empleo se fue generalizando en países como Francia, el reino de Jerusalén y la mayoría de las ciudades de Italia. Algunos teólogos como san Agustín o pontífices como Gregorio Magno y Nicolás I realizaron serias objeciones a este tipo de castigos. A pesar de ello, la Iglesia terminó aceptando la tortura como un elemento probatorio debido al incremento de desavenencias que estaban proliferando respecto a la ortodoxia oficial. A fin de cuentas, el tormento era entendido como un componente más de la justicia divina, un elemento ordálico que podía ayudar al acusado a no realizar una falsa confesión, devolviéndole así su inocencia.

Si bien había necesitado de un proceso teológico, además de una adecuación jurídica, la brujería quedó finalmente, tal y como ha recogido la historiadora Constanza Cavallero, dentro de los supuestos complots y conspiraciones urdidos contra la cristiandad, como las epidemias o las guerras. En la mentalidad medieval, la intención deliberada de hacer el mal mediante la práctica de maleficios requería un pacto con el demonio. De acuerdo con ello, dicho «compromiso» era considerado por la Iglesia ilícito, algo muy común entre los llamados *malefici*, sectas en las que se incluía a las brujas, dado que estas, según se decía, se servían de la mencionada trama satánica para sus conjuros[49].

Diversas tesis apuntan a que fue precisamente la actividad médica la que se vio beneficiada de la caza de brujas durante el periodo más expeditivo de la Inquisición. Esta persecución, sin duda, asoció la brujería a la mujer al representar esta una amenaza religiosa, política y sexual para la cristiandad y para el Estado. Las persecuciones más intensas coincidieron con momentos de gran agitación social, en muchos casos fruto de insurrecciones campesinas, seguramente con una alta participación de las mujeres. Pero volviendo al caso concreto de las actividades relacionadas con el curanderismo y las intrusiones en el ámbito de la medicina, Thomas Istvan Szasz, profesor de psiquiatría de la Universidad de Nueva York, en su excepcional trabajo *La fabricación de la locura*, escrito a principios del siglo XX, dejaba claro el motivo del desplazamiento de las mujeres, que fueron tildadas de cometer envenenamientos.

En los tiempos de la caza de brujas, médicos y sacerdotes se veían de esta manera ligados al problema del «diagnóstico diferencial» entre enfermedad natural y enfermedad diabólica. Dicha diferenciación nos parece sencilla, simplemente porque no creemos en la enfermedad sobrenatural; pero para nuestros antepasados, que sí creían en ella, tal distinción constituía una ardua tarea. Además, los doctores e inquisidores entregados a la tarea de discernir la brujería realizaban su trabajo en el contexto de otro problema muy relacionado con este y que era muy real: debían distinguir entre personas culpables de actos

---

49 Cavallero, Constanza (2011). «Brujería, superstición y "cuestión conversa": historias de construcción de "otros-cristianos"», *Anuario de Estudios Medievales (AEM)*, 44 (1), 346-347.

criminales, especialmente envenenadoras o *veneficae*, e inocentes de cualquier mala acción, es decir, personas normales. Al ser considerada simultáneamente malhechora (hechicera) —como cualquier vulgar envenenador— y víctima (mero instrumento de los poderes diabólicos) —como la común humanidad doliente—, la bruja contribuía a borrar las agudas diferencias existentes entre envenenador y no envenenador, inocente y culpable (Szasz, Thomas S., 2005, p. 23).

Es importante considerar que durante los siglos que se mantuvo viva la caza de brujas las acusaciones por hechicería y superstición abarcaron un innumerable repertorio de delitos. Sin duda los relacionados con la magia y los poderes derivados de la misma sobre la salud fueron los más comunes. De los textos inquisitoriales se desprende la capacidad para curar, además de un cierto discernimiento en cometidos relacionados con la medicina y la ginecología. Resulta, cuando menos curioso, comprobar que ser una bruja podía conllevar la imputación por causar la impotencia en los hombres mediante la desaparición de sus genitales. También poseían la capacidad de conocer hierbas y plantas con propiedades anticonceptivas[50].

Lo cierto es que muchas brujas «sanadoras» atendían a las personas enfermas y en los partos en las zonas rurales, contribuyendo a mitigar los sufrimientos de la población campesina. No debemos olvidar la doble vara de medir de la Iglesia que, por un lado, arremetía virulentamente contra la brujería, mientras, por el otro, permitía la asistencia a nobles y reyes a través de médicos varones. En este sentido, los inquisidores entendían las persecuciones como un modo de neutralizar la magia y no como un ataque a la praxis médica. Con el tiempo se pensó que la cura de campesinos por parte de aquellas sanadoras proporcionaba una menor dependencia de Dios y, en consecuencia, de las instituciones eclesiásticas.

---

50 Ehrenreich, Barbara y English, Deirdre (1981). *Brujas, parteras y enfermeras. Una historia de sanadoras* (pp. 10-11). Barcelona. Editorial La Sal.

Durante años, las brujas utilizaron numerosos remedios, la mayoría de las veces, a base de hierbas. Entre sus fármacos más comunes no faltaban los analgésicos, tranquilizantes y digestivos. Conocían el cornezuelo o ergotina, empleado en los dolores del parto, cuyos derivados siguen utilizándose en la actualidad como paliativo para las hemorragias después de los alumbramientos. También antiespasmódicos, como la belladona, que servía para contrarrestar los riesgos en un aborto espontáneo. Llama la atención otro de los fármacos utilizados por las brujas inglesas de la Edad Media como era la digitalina. Empleado para las afecciones cardiacas, en el año 1867 el farmacéutico francés Claude Adolphus Nativelle pudo sintetizarlo obteniendo la *Digitaline cristalisée*, más pura y eficaz que la anterior[51].

Cualquier método utilizado por las brujas con la intención de aliviar las dolencias en las personas representaba una amenaza para la Iglesia católica, igual que sucedería más tarde con los protestantes. La razón residía en el empirismo que relegaba a un segundo plano la fe o la doctrina cristiana. La capacidad para encontrar remedios a las enfermedades, mejorar los embarazos o asistir con las mayores garantías los partos suponía en la mentalidad de la época una práctica mágica. Durante siglos, las directrices eclesiásticas se manifestaron en contra de la investigación de los fenómenos naturales. Con esta actitud, mientras la brujería actuaba directamente en el centro de los problemas de la población rural, las clases más acomodadas, por su parte, podían disponer de sanadores formados en las universidades. A pesar de ello, la Iglesia mantuvo un cierto control sobre las prácticas médicas, permitiendo su ejercicio dentro de los límites que establecía la doctrina católica. Asimismo, cualquier facultativo formado en las universidades debía profesar sus habilidades con la asistencia y el asesoramiento de un sacerdote.

Desde luego, la Iglesia contemplaba a las brujas y hechiceras como seres cuyo poder procedía, en última instancia, de su relación sexual con el diablo. Este debía copular en reuniones colectivas con las neófitas, que

---

51 Jácome Roca, Alfredo (2003). *Historia de los medicamentos* (pp. 122-123). Bogotá. Academia Nacional de Medicina.

obtenían sus habilidades a cambio de fidelidad. Pero la realidad es que aquellas mujeres llegaron a ser poseedoras de una erudición capaz de aliviar las dolencias de huesos y músculos, además del conocimiento de hierbas y drogas, mientras, los médicos formados, aparte de la superstición, mostraban escasos recursos ante las enfermedades. Uno de los paradigmas más célebres en este sentido es el del suizo Theophrastus Phillippus Aureolus, más conocido como Teofrasto Paracelso, médico, alquimista y astrólogo, considerado el padre de la medicina moderna. En 1527, Paracelso quemó su manual de farmacología y llegó a admitir que todo lo que sabía lo había aprendido de las brujas[52].

A pesar de la virulencia de la persecución practicada durante la caza de brujas, no se terminó con la costumbre sanadora desempeñada por muchas mujeres, dejando, eso sí, abundantes rasgos de estigmatización por superchería y maldad durante siglos. Dentro de estos mismos planteamientos, nada más iniciarse el siglo XV, un grupo reducido de escritores del centro de Europa, integrado por inquisidores de la Iglesia, teólogos y magistrados laicos decidieron divulgar la existencia de encuentros dantescos durante los cuales las brujas se reunían para adorar al demonio. Las disparatadas afirmaciones se completaban con la descripción de orgías, el asesinato de niños recién nacidos y otras actividades incalificables.

Aunque aquel relato denotaba una clara invención, la idea de la conjura de las brujas se consolidó a mediados del siglo XV, en gran medida por la obra del teólogo alemán Johannes Nider. Una serie de escritos reunidos bajo el nombre de *Formicarius*, un tratado de principios filosóficos y teológicos escrito entre 1435 y 1437, recogía en el libro quinto un auténtico imaginario del complot de la brujería y el satanismo. En él se detallan las experiencias de un tal Pedro de Greyerz, inquisidor de Berna entre los años 1390 y 1410, que sostenía haber interrogado a un brujo llamado Stedelein, quien terminó confesando hechos relacionados con asesinatos de niños,

---

52 Ehrenreich, Barbara y English, Deirdre, *op. cit.*, pp. 17-18.

herejía y apostasía. El mismo Greyerz sería objeto de una conspiración y el posterior asesinato, organizado por una bruja y cuatro cómplices en la localidad de Blankenburg. Por aquellos mismos años aparecieron detalles sobre una secta compuesta de brujas recogidos en el tratado *Ut magorum et maleficiorum errores*, escrito por Claude Tholosan, juez secular en la provincia de Dauphiné.

Fueron las mujeres, en un número considerablemente superior al de los hombres, como ya hemos comentado, quienes sufrieron las acusaciones de brujería, sobre todo curanderas y comadronas: las primeras, por el uso de hierbas y la supuesta preparación de brebajes y ungüentos; en el segundo caso, por embrujar a madres e hijos en el momento del parto.

La creencia en un complot secreto planificado por las brujas para terminar con el orden establecido por el Estado y la Iglesia, con la ayuda del demonio, alcanzó en el año 1487 su proyección más sobresaliente al aparecer el tratado demonológico *Malleus Maleficarum* o *Martirio de las Brujas*. Escrito por los monjes dominicos Jacobus Sprenger y Heinrich Kramer entre los años 1485 y 1486, su publicación supuso el hallazgo de la principal herramienta que justificaba la persecución de las mujeres consideradas brujas. Concebido como una síntesis de actuación para los inquisidores, el manual no tardó en ser reconocido y apreciado por los dogmas de la Iglesia, que enseguida equiparó la brujería con la herejía. En 1484, la proclamación por Inocencio VIII de la bula *desiderantus affectibus*, reconocía la existencia y práctica de la magia y la brujería como un arte femenino de origen maléfico.

> Se encuentran infectados de la herejía de los brujos más mujeres que hombres. De ahí que, lógicamente, no se puede hablar de herejía de brujos, sino de brujas, si queremos darle nombre; y loado sea el Altísimo que ha preservado hasta hoy al sexo masculino de semejante abominación (*Bula Summis desiderantus affectibus*).

Por esta razón, el *Malleus* está considerado el primer tratado que reconoce el vínculo entre la brujería y la mujer, además de insistir en la idea del pacto de estas con el demonio para terminar con la cristiandad. Dividido en tres partes, la primera de ellas evidencia y prueba la existencia de la brujería; una segunda describe sus distintas manifestaciones, y, por último, la tercera alude a los medios empleados para detectar, examinar y ajusticiar a las brujas. El *Malleus Maleficarum* consideraba a la mujer débil intelectualmente, por lo que solo a través del complot con las fuerzas del mal podía adquirir tanta notabilidad como el hombre.

> Además, resulta fútil argüir que cualquier resultado de la brujería puede ser fantasioso e irreal, porque tal fantasía no puede alcanzarse sin acudir a los poderes del demonio, y es necesario que se haya establecido un contrato con este, por medio del cual la bruja real y verdaderamente se obligue a ser la sierva del diablo y se consagre por entero a sus órdenes; esto no se hace en sueños, ni sujeto a la influencia de ilusión alguna, sino que coopera real y físicamente con el diablo y se somete a él. Pues en realidad, este es el fin de toda brujería; se trate de efectuar encantamientos por medio de la mirada o por una fórmula de palabras, o mediante cualquier otro hechizo, todo ello pertenece al diablo […] El segundo punto es que, aunque estas mujeres imaginen cabalgar (así lo piensan y dicen) con Diana o Herodías, en realidad cabalgan con el diablo […] Y el cuarto punto es este: las brujas firmaron un pacto que consiste en obedecer en todo al demonio, de donde la afirmación de que las palabras del *Canon* debieran extenderse hasta incluir y abarcar todos los actos brujeriles es un absurdo, ya que las brujas hacen mucho más que estas mujeres, y en verdad son de una especie diferente (Kramer, Heinrich y Sprenger, Jacobus, 2005, pp. 56-57).

El *Malleus* se publicó en Alemania a finales del siglo xv, y no tardaron en ver la luz sucesivas ediciones, difundiéndose por toda Europa como el tratado oficial en la caza de brujas durante dos siglos más. Hasta el año 1678, solo la Biblia había vendido más ediciones que el *Malleus*. Aunque la Iglesia nunca se manifestó oficialmente en favor de la persecución de las brujas, hasta 1657 no se corrigió esta actitud con la publicación de la bula *Pro formandis*. Para entonces, miles de personas, sobre todo mujeres, habían sido castigadas con la muerte después de sufrir crueles tormentos. El número de víctimas oscila entre 60 000 y 5 000 000 personas.

En las páginas del propio manual se relatan hechos relacionados con la brujería, supuestamente obtenidos después de confesiones realizadas bajo largos interrogatorios y martirios. Así, no nos debe extrañar que se den por ciertos algunos sucesos en los que se describe, por ejemplo, el crimen de 13 niños en Berna con el fin de ser devorados. Desde el *Malleus* se reseñaban acontecimientos, casi siempre sobre la manera de proceder de las brujas en sus rituales. La transcripción se llevaba a cabo con sumo cuidado sin obviar cualquier detalle que sirviera para inquietar a la sociedad sobre el peligro de aquellas mujeres. Es especialmente el relato referido al engaño y a la muerte lo que sobrecoge. Un ejemplo de ello es el modo en el que asesinaban a los niños.

Ante todo, tendemos nuestras trampas a niños no bautizados, e inclusive a los bautizados, en especial cuando no han sido protegidos por el signo de la Cruz y las oraciones, y con nuestros hechizos los matamos en la cuna, o aun cuando duermen junto a sus padres, de tal modo que después se cree que han fallecido o muerto de alguna muerte natural. Entonces en secreto, los sacamos de sus tumbas, y los cocemos en un caldero, hasta que toda la carne se desprende de los huesos para hacer una sopa que puede beberse con facilidad. Con la sustancia más sólida hacemos un ungüento, que tiene la virtud de ayudarnos en nuestras artes y placeres, y en nuestros viajes, y con el líquido llenamos un frasco u odre, y quien bebe de él, con el agregado de algunas ceremonias, adquiere enseguida muchos conocimientos y se convierte de jefe de nuestra secta (Kramer, Heinrich y Sprenger, Jacobus, 2005, p. 224).

En una sucesión de hechos fantásticos, las brujas eran capaces con un solo toque de provocar un aborto, impotencia en un hombre o transmitir la lepra de forma vengativa con un solo soplido. Para más detalles, Kramer y Sprenger llegaron a transcribir aspectos un tanto imposibles de creer, pero que para la época eran bien aceptados. Se aseguraba que las hijas de las brujas asumían desde pequeñas las mismas prácticas que sus madres. Imitadoras de los delitos, niñas de ocho o diez años a menudo habían confesado haber provocado tormentas de granizo. Como puede comprobarse, las imperfecciones femeninas del *Malleus Maleficarum* llegaron a transgredir la inteligencia masculina, aferrada a un severo patriarcado muy consolidado en la Edad Media.

Con la delación, sacerdotes y predicadores advertían a los habitantes de pueblos y aldeas del peligro de las brujas. Este hecho produjo el efecto deseado al incrementarse las denuncias. La muerte de un niño, la pérdida de algunas reses de ganado o el daño en las cosechas eran motivos suficientes para proceder a una denuncia y a la posterior apertura de un procedimiento por brujería. La entrega al Tribunal inquisitorial era inmediata. A partir de ahí, el inquisidor papal, un obispo y algunos representantes locales bastaban para obligar al sospechoso a declararse culpable de practicar la magia, organizar aquelarres, etc., siempre con el añadido de buscar cómplices y acólitos.

Durante el proceso, que podía prolongarse incluso varios meses, los acusados permanecían en prisión. Si finalmente la sentencia era de culpabilidad por brujería, el delito quedaba considerado como un crimen de lesa majestad, esto es, cometido contra el pueblo y su seguridad. En estos casos la pena de hoguera debía ser ejecutada por las autoridades civiles. El fuego implicaba no solo un castigo físico, sino también espiritual. Arder entre las llamas aseguraba el repudio en el juicio final. Las cifras que se han manejado hasta ahora señalan que en algunas regiones de Europa las condenas a muerte llegaron hasta el 70% de las personas procesadas. Existe también la convicción de que hubo zonas en las que dichas condenas se realizaron de forma mayoritaria contra hombres, al contrario de lo que ha prevalecido en la historiografía a lo largo de muchos años. Esta idea, defendida, entre otros, por la escritora y profesora suiza Martine Ostorero, en cualquier caso, no modifica ni la imagen despreciativa hacia la bruja ni el severo castigo que, de manera generalizada, soportaron las mujeres durante la llamada caza de brujas.

Por lo que respecta a las pruebas para justificar la culpabilidad del acusado, resulta curioso observar la escasa preparación y el poco criterio científico que tenía el tribunal. Entre las más manidas estaba la llamada prueba del agua o *judicium aquae*, consistente en extraer un objeto sumergido en agua hirviendo. Otras veces se hacía descender a la víctima atada hasta el interior de un pozo de agua fría. Del resultado de su hundimiento o no dependía su inocencia. La inmersión indicaba su exculpación, aunque en muchos casos el ahogamiento era inevitable, obviamente. Andar sobre el fuego o introducir la mano en él era otra de las abruptas pruebas que debían realizar los acusados. En determinadas zonas del centro de Europa se sometía a los sospechosos de brujería a la prueba de las lágrimas, porque existía la creencia popular de que bajo la presión del diablo no se podía llorar. Finalmente, otra prueba totalmente descabellada era el sangrado después de ser atravesada la piel por un hierro, que se suponía que demostraba la sinceridad de los prisioneros.

En todo caso y por increíble que parezca, la confesión del inculpado se hizo imprescindible hasta bien entrado el siglo XVI. En los procesos por brujería, la tolerancia habitual otorgada a las torturas permitía, la mayoría de las veces, obtener la declaración con facilidad, ya que bajo tortura era fácil que el acusado dijese cualquier cosa con tal de librarse del sufrimiento. A ello se sumaba un último interrogatorio para lograr la revelación de colaboradores y cómplices. Durante todo el periodo medieval, la idea de que las brujas se reunían en asambleas, aquelarres, orgías y otras celebraciones grotescas suponía que existía un cierto conocimiento entre varias personas con la misma pretensión. La consecuencia era un proceso en cadena después de las inculpaciones. El final era obvio. Evidentemente, la condena y el ajusticiamiento cerraban el proceso. En no pocos casos se procedía a la decapitación, el estrangulamiento o el ahorcamiento previo a la hoguera. Esto se interpretaba como un acto piadoso a favor de la víctima[53].

En definitiva, en una sociedad convulsa y en un periodo caracterizado por la peste negra, el avance de la guerra de los Cien Años o el Cisma de Occidente, el proceso de satanización de algunas minorías se hizo evidente, siendo la Iglesia la encargada de incorporar nuevos conceptos y nociones, la mayoría de las veces vinculados a supuestos crímenes y actos reprobables. Fue a partir de la segunda mitad del siglo xv, apenas resueltos los problemas ocasionados por las llamadas herejías tardomedievales que cuestionaban el orden social y político, cuando la Europa cristiana comenzó a desplazar su atención punitiva a la brujería. Hombres y sobre todo mujeres que, a diferencia de judíos, herejes o leprosos, presentaban una seria dificultad a la hora de ser reconocidos, ya que habían sido bautizados y estaban integrados en las comunidades religiosas. Tampoco estaban segregados por sus condiciones físicas o por sus creencias, lo que les hacía imperceptibles entre las colectividades a las que pertenecían y que, supuestamente, querían destruir.

Con esta argumentación, basada sobre todo en el miedo a lo desconocido, muchas personas fueron sentenciadas a muerte como castigo de una conspiración secreta urdida contra la sociedad, pero sobre todo contra Dios. Personas que, organizadas en pequeños rituales y tertulias, llegaron a disponer de sus propios códigos secretos y de sus propios reyes, preceptos que contravenían la moral cristiana, en muchos casos relacionados con la curación y el consuelo por las heridas de la vida cotidiana. Con un infierno creado exprofeso para salvar a la humanidad por quienes pensaron que estaban en peligro, las brujas asumieron el peso de la desgracia, haciéndolas creíbles entre quienes las llegaron a necesitar realmente. Gentes humildes y enfermas, al tiempo que alejadas de la sinrazón.

---

53 Salgado Herrera, Antonio (1977). *La brujería en Hispanoamérica* (p. 30). México. B. Costa-Amic.

Cátaros. Conspiración y represión

La fe y el conocimiento habían sido desde el siglo VIII un monopolio del estamento eclesiástico en la mayor parte de Occidente. La unidad, tanto en el adoctrinamiento como en el ámbito de la cultura, apenas había sufrido cambios en su configuración y mentalidad a lo largo de los últimos siglos. Esta estabilidad religiosa quedó fragmentada con el surgimiento de dos flujos heréticos a comienzos del siglo XI en Europa, en buena medida, causados por las influencias culturales llegadas desde el exterior y de una mentalidad más abierta, lo que terminaría provocando odios y recelos en la cúpula de la Iglesia. Por ello, tal como define el historiador Emilio Mitre, el siglo XIII se caracterizaría por ser el siglo «… de las universidades, una de las grandes creaciones del espíritu europeo, pero también el de la represión de la disidencia»[54].

Una vez más, los flujos heréticos constituían una seria amenaza al orden social y natural del cristianismo. La aparición del catarismo y su impacto en la sociedad hizo tambalear las estructuras católicas, al materializarse en una respuesta sin precedentes sobre los reinos cristianos. La intensa campaña antiherética emprendida por Inocencio III demostraba, una vez más, el temor a una conspiración ideada para acabar con la cristiandad. En cualquier caso, las preguntas surgen inmediatamente: ¿por qué los cátaros generaron tanto odio?; ¿cuáles fueron sus argumentos y su doctrina?

El catarismo fue un movimiento religioso cristiano de carácter gnóstico —quienes destacaban el conocimiento espiritual por encima de

---

54 Mitre Fernández, Emilio (coordinador) (2001). *Historia del cristianismo, vol. II* (pp. 10-11). Granada. Trotta.

las enseñanzas y la autoridad de la iglesia– que se propagó por la Europa Occidental a mediados del siglo XI y logró arraigar en el siglo XII. Así, la jerarquía católica no tardó en considerar el catarismo un desafío demasiado peligroso, razón por la que debía ser erradicado.

Los primeros núcleos heréticos que surgieron en el siglo XI no fueron más allá de pequeños grupos o comunidades que apenas inquietaron a las autoridades eclesiásticas. En 1022, un grupo de herejes fueron quemados por las autoridades civiles de Orleans. Pocos años después, en la ciudad de Arrás, al norte de Francia, se celebró un juicio contra unos herejes que negaban la cruz, los sacramentos y la divinidad de Cristo. Una situación que igualmente se repitió en algunas regiones de Italia, donde diferentes congregaciones mostraban un considerable desapego por el mundo material y una clara aversión por la vida. Grupos de campesinos en la localidad de Châlot llegaron a rechazar el matrimonio y la ingesta de carne, elementos que más tarde se incorporarían a los principios de los cátaros.

Esos focos heréticos dispersos por diversos territorios hicieron reaccionar a la Iglesia, que convocó dos concilios: el primero, en 1049, en la ciudad de Reims 1049 y un segundo en Toulouse en 1095, ambos con la intención de reprimir estos movimientos que surgían cada vez con mayor frecuencia. Se cree que el catarismo se introdujo en Europa a través de las religiones maniqueas que Bizancio había ido erradicando durante su expansión. Estos credos fueron propagándose por distintos lugares y regiones, sobre todo en el sur de Francia, persistiendo los vínculos con otras comunidades heréticas, como los bogomilos de Tracia o los paulicianos en los territorios de Armenia y de la Anatolia oriental.

El origen maniqueo del catarismo se remonta al siglo III d. C. al Imperio sasánida, concretamente a la figura del sabio persa Mani, quien aseguraba ser el último de los profetas enviados por Dios, siguiendo las mismas directrices que Zoroastro, Buda o el propio Jesús de Nazaret. Los postulados religiosos de Mani se caracterizaba por creer en la existencia de dos principios contrarios y eternos que luchan entre sí: el bien y el mal. Esta concepción dualista suponía una contrariedad en relación con los dogmas del cristianismo oficial. En cualquier caso, historiadores como Abel Ignacio López han rechazado estas tesis, apartando al maniqueísmo como idea inspiradora del catarismo[55].

El progresivo arraigo de los principios cátaros terminó por suscitar un cierto temor en los cimientos de la sociedad, que estaba comprometida fundamentalmente con los valores de la Iglesia romana. Su consolidación y posterior expansión tampoco estuvieron exentas de campañas de hostigamiento. Ya en 1143, el abad Everwin, canónigo de Steinfeld, en Alemania, escribió una carta a Bernard de Clairvaux, representante del papa contra la herejía. En ella hacía referencia a unos «apóstoles» herejes relacionados con una doctrina cátara. Otra denuncia, esta vez manifestada por unos canónigos de Lieja, se produciría solo unos años más tarde al comunicar al papa Lucio II la existencia de herejes en la región de Champagne.

A partir de la segunda mitad del siglo XII, las comunidades cátaras disponían ya de cierta autonomía. En 1165, el abad Eckbert de Schönau inició un apostolado en contra de dichos grupos, afirmando que estos herejes establecidos en la región de Alsacia se autoproclamaban «puros». De hecho, muchos creen que la procedencia del nombre «cátaro» es una derivación del griego *katharós*, esto es, «puro». Con posterioridad, también fueron denominados albigenses, nombre con el que a finales del siglo XII el cronista Geoffroy du Breuil se refirió a ellos como un colectivo que estaba ubicado en la ciudad occitana de Albi. Por último, hay quien hace referencia a la secta de los «tejedores» al ser este gremio y el de los vendedores de tejidos quienes más difundieron sus principios por Europa occidental.

En Italia, las comunidades de cátaros dispersadas por el norte italiano quedaron fragmentadas, desde su inicio, en torno a seis iglesias, dotadas todas ellas de un obispo y entre las que destacaban sobre todo las de Florencia, Concorezzo y Vizenza Trevisana. No obstante, fue en el sur de Francia donde el catarismo terminaría encontrando su mayor aceptación.

---

55 Ignacio López, Abel (2000). «Disidencia y poder en la Edad Media: la historia de los cátaros», *Historia Crítica*, 20, pp.113-142.

Esta región, debido a sus condiciones socioeconómicas y geográficas, no solo permitió los asentamientos de las comunidades cátaras, sino que posibilitó, además, su expansión y consolidación.

Precisamente, los territorios pertenecientes a la zona de Languedoc, constituida por importantes ciudades, como Toulouse, Montpellier, Carcasona o Albi, favorecían la conexión con las zonas rurales del exterior gracias al comercio y las rutas migratorias. De ese modo, las actividades a través de las áreas urbanas se desarrollaban en consonancia con las del mundo rural, manteniendo un flujo constante de gente y, en consecuencia, de propagación de ideas. Otro aspecto que es preciso destacar son los puertos, como el de Marsella, cuya proximidad daba a Occitania la oportunidad de abrirse al Mediterráneo. La herejía, pues, no tardó en atraer a los sectores artesanales y rápidamente fue aceptada por la nobleza y las clases más acomodadas de la población.

Por último, también la Iglesia, con un elevado grado de independencia con respecto a la de Roma, dejaba entrever una cierta distancia entre los poderes políticos y eclesiásticos. Más aún, como ha reconocido Mitre, existía un enfrentamiento permanente a la hora de conseguir importantes cuotas de poder, lo que hacía del todo imposible cualquier ataque contra el catarismo sin que se vieran comprometidos los intereses particulares de ambos. Por consiguiente, la facilidad con que las distintas corrientes disidentes, como el catarismo o el valdismo, tuvieran cabida y difusión en la sociedad de Occitania era un hecho bastante evidente. Asimismo, la propia Iglesia se vio incapacitada para erradicar la herejía en la mayoría de los núcleos urbanos de la región[56]. También la segmentación política, debida en parte al aislamiento de la zona respecto a los grandes centros europeos de poder, obstaculizó el desarrollo de estructuras homogéneas, incapacitando a la nobleza para consolidarse en los diferentes gobiernos. Esta cuestión explica también la fragmentación de los señoríos feudales en la región de

---

56 Mitre Fernández, Emilio, *op. cit.*, p. 414.

Languedoc. Con todo ello, el río Loira quedó convertido en la línea divisoria de las diferentes corrientes de influencias en Francia.

Aun cuando el catarismo occitano gozó de una gran aceptación, lo que parece evidente es que no fue capaz de dotarse de una estructura sólida que le protegiera de sus enemigos. Ya hemos dicho que las diferentes comunidades tenían sus diferencias organizativas y teológicas. En un primer momento, la herejía estableció su área de influencia en el sudoeste francés, caracterizada por la preeminencia de la agricultura y de ciudades fortificadas como Carcasona y Albi. Hoy en día, resulta imposible conocer el número de cátaros que se establecieron en las regiones de mayor difusión de la herejía. Se ha estimado que no sobrepasó el 25% del total de la población. Tampoco quedaron vestigios ni un conocimiento exacto de las manifestaciones culturales cátaras.

Lejos del encorsetamiento que suponían las restricciones católicas, la religión de los cátaros permitía algunas libertades. Por ejemplo, a la mujer le dejaba adquirir un singular protagonismo por tener una mayor libertad social y religiosa, especialmente dentro de la nobleza occitana. Con la persecución iniciada a partir del siglo XIII, la herejía se asentó con mayor fuerza en las zonas rurales, lugar en el que residían sus últimos seguidores antes de su desaparición.

Las diferentes comunidades cátaras estaban organizadas en torno a una iglesia que era muy distinta a la católica. Sabemos que contaban con sus propios preceptos, sus obispos y sus diócesis. Igualmente tenemos constancia de un concilio celebrado en 1167, en Saint-Félix-Lauragais, en el sur de Francia, un lugar muy próximo a la ciudad de Toulouse. Del mismo modo, de sus actas no se ha conservado más que una copia realizada por Guillaume Besse en 1660. Sin que otras fuentes lo mencionen, se ha aceptado como cierto el hecho de que dicho concilio fuera el punto de partida de lo que se conoce como su «refundación oficial». Para otros, supone la prueba concluyente de la relación de la herejía cátara con el bogomilismo. De hecho, fue el papa bogomilo Nicetas, obispo de Constantinopla, el encargado de presidir el sínodo, consagrando de este modo a los obispos de las distintas diócesis[57]. La aparente institucionalización de la iglesia cátara dejaba un amplio margen de actuación a sus creyentes, exentos de satisfacer aquellos principios más sustanciales. Aunque estaba aceptado por todas las comunidades cátaras, el matrimonio se consideraba perjudicial, por lo que se alternaba con el amor libre. No estaba permitido hacer juramentos o matar animales y no existía la pena de muerte. Al morir se recibía un único sacramento, el *consolamentum*. Los llamados *perfectos* o *bonnos hommes* carecían de bienes materiales. Se les consideraba personas que habían recuperado el control de su alma, evitando las prácticas sexuales al pertenecer estas al mundo terrenal y, en consecuencia, al dominio de Satanás. A diferencia del catolicismo y de otras sectas heréticas, el catarismo permitía a la mujer alcanzar dicho grado. Las *perfectas*, en su mayoría, solían pertenecer a la aristocracia. Alcanzado dicho grado, la igualdad con el hombre era absoluta.

A pesar de que el amor carnal era un pecado, las mujeres cátaras disponían de absoluta libertad sexual. Los jueces inquisitoriales no ocultaban su asombro al escuchar sus confesiones. Una *perfecta* podía, además, administrar el *consolamentum* a los moribundos, lo que les otorgaba un rango dentro del estamento eclesiástico. Ello no era un impedimento para que mantuvieran también sus actividades como enfermeras, educadoras o artesanas.

Por otra parte, el dogma de cualquier cátaro estaba determinado por una dualidad incuestionable: dos mundos diferentes entre el bien y el mal. Dios y Satanás. Un dualismo radical que significaba que sus espíritus, atrapados en un cuerpo, debían purificarse a través de un proceso o *metempsicosis*, similar a lo que podríamos entender como una especie de reencarnación. A diferencia de la Iglesia romana, Cristo no formaba parte de la Santa Trinidad. La negación humana de Jesús de Nazaret colisionaba frontalmente con la heterodoxia de la Iglesia tradicional. La muerte en la cruz, por lo tanto, no salvaba a la humanidad. Tampoco los sacramentos católicos eran

---

57 Gutiérrez Vidal, Mario (2015). *Herejía y represión en la Occitania del siglo XIII: Catarismo y Cruzada Albigense*. Trabajo Fin de Grado (pp. 23-24). Universidad de Zaragoza. Facultad de Filosofía y Letras. Disponible en: https://zaguan.unizar.es/record/32394/files/TAZ-TFG-2015-2214.pdf

aceptados por el catarismo, excepción del mencionado *consolamentum*, al que se sumaba el *servitium*, una especie de confesión pública y general en la que se evitaba la presencia de un intermediario.

Con semejantes fundamentos religiosos y de adoctrinamientos no es de extrañar que la represión ortodoxa actuara de inmediato. Las primeras reacciones se produjeron de manera individual y aislada, acciones promovidas por el poder laico o eclesiástico que nunca sobrepasaban la demarcación municipal. Pero a mediados del siglo XI los procesos y la represión contra la herejía se intensificaron. Castigos como confesiones forzadas, excomuniones o quemas en la hoguera que no pretendían otra cosa que el arrepentimiento y el retorno a la fe «verdadera». Si la confesión no resultaba efectiva y la excomunión no sometía al hereje en su totalidad, la hoguera servía como un verdadero escaparate para exhibir públicamente el legítimo poder que tenía la Iglesia católica, un poder con el que pudo hacer frente a los primeros movimientos heréticos.

Por el contrario, la consolidación del catarismo en el siglo XIII llevó a la Iglesia a concebir un plan un tanto diferente para su erradicación, primero a través de un intento de reconciliación y después mediante una represión implacable. Los primeros acercamientos a disidentes moderados del catarismo produjeron algunos resultados, como la vuelta al dogma del catolicismo del clérigo oscense Durán de Huesca o del médico y obispo cátaro Bonacorsi. En efecto, siguiendo los postulados que conllevaron las reformas propuestas con anterioridad por el papa Gregorio VII, la predicación para reconducir a los herejes tuvo, en sus inicios, una buena aceptación. Uno de los factores que más influyó fue la implicación de la orden del Císter, dejando ver en sus actos aspectos como la austeridad o la disciplina, entonces bien entendidos por el ideario cátaro.

El papado era consciente del poco o escaso interés que tenían las comunidades laicas en las zonas de influencia cátara para conminar a la erradicación de la herejía. Precisamente, Bernard de Clairvaux, vinculado al Císter, inició en 1145 una campaña de predicaciones en favor de aquellos que todavía querían huir de los ideales heréticos. Los resultados, a pesar de la excelente oratoria empleada por Bernard, apenas sirvieron para atraer a unos pocos contestatarios. Quizá por todo ello, el papa Lucio III tuvo que convocar el Concilio de Verona en 1184, proclamando la bula *Ad abolendam diversarum haeresium pravitatem* por la cual quedaban condenadas las cuatro herejías más importantes del sur francés[58].

Al mismo tiempo que Bernard de Clairvaux predicaba, el catarismo se expandía por Occitania. Varios concilios se celebraron para detener la ofensiva del nuevo movimiento cristiano: en 1163, en Tours, con Alejandro III, que también convocaría el Concilio Ecuménico de Letrán en 1179 con el fin de determinar y localizar los focos en los que la herejía se había intensificado. En apenas 20 años, la legislación y los esfuerzos habían cambiado. El estamento eclesiástico estaba obligado a rastrear cualquier caso sospechoso de herejía e intervenir para erradicarlo y se requería el poder civil para actuar con mayor contundencia.

Inocencio III contra los cátaros

La radicalización de la persecución tuvo lugar con la llegada al papado de Inocencio III, que muy pronto advirtió el riesgo real de desestabilización que corría la sociedad católica por las aspiraciones cátaras. Con el emperador Federico I de Hohenstaufen sometido a la voluntad papal, la *plenitudo potestatis* volvía a adquirir protagonismo: el pontífice era el auténtico intercesor y árbitro en el mundo cristiano. Una prueba de ello fue la promulgación en 1199 de la bula *Vergentis in senium* que establecía la expatriación de los herejes y enemigos del emperador y la confiscación de sus bienes, lo que suponía considerar a los cátaros culpables de traición.

Esta bula, además, tanto desde una perspectiva política como religiosa, concedía al papa las atribuciones necesarias para adoptar medidas

---

58 Además de condenar a los propios cátaros, la bula se refería a los humillados de Lyon, josefinos y arnaldistas. Véase: Ceballos Gómez, Diana L. (1994). *Hechicería, brujería, e Inquisición en el Nuevo Reino de Granada: un duelo de imaginarios* (p. 31). Medellín. Editorial Universidad Nacional de Colombia.

en nombre de la Iglesia y salvar al mundo de las impurezas cátaras. En la primera década del siglo XIII, y tras el fracaso de la predicación y el diálogo, Inocencio III proclamó la llamada cruzada albigense contra los cátaros del sur de Francia, que marcó el camino hacia una solución armada.

El incremento de la actividad cátara provocó el envío de dos delegaciones papales, en 1198 y 1199, lo que no impidió que a la herejía se añadieran algunas poblaciones valdenses, un movimiento próximo surgido de las predicaciones del seglar Pedro Valdo, especialmente en la ciudad de Lyon. La última de las campañas pacíficas tuvo lugar cuatro años más tarde y estuvo encabezada por Arnaud Amaury, abad cisterciense de Cîteaux. El Císter estaba compuesto por monjes cuyo cometido era lograr la rápida erradicación de los herejes. Formados ampliamente en teología y conocedores de las diversas jurisdicciones de los territorios que estaban bajo su control, no eran probablemente los más indicados para hallar una vía pacífica al conflicto. En 1204 se dieron por finalizados los intentos de reconciliación de ambas posturas con la reunión del rey aragonés Pedro II el Católico, en Béziers. Los legados de Arnaud exigieron entonces el levantamiento contra sus vasallos occitanos, pero la negativa de este forzó la intervención del obispo de Osma como última esperanza de reincorporar a los herejes a la ortodoxia católica.

Sin apenas esperanzas de éxito en la mediación, la siguiente tentativa para poner en marcha una acción militar volvió a producirse por iniciativa del propio Inocencio III. En esta ocasión intentó convencer al rey capeto Felipe II el Augusto para llevar a cabo una represión contra la nobleza occitana y contra quienes se consideraban colaboradores del catarismo en los territorios de Languedoc. La idea de una guerra santa contra otros cristianos había comenzado a proyectarse desde una Iglesia resentida. Sin embargo, el rey, observando que ese hecho excedía de sus competencias, se negó a complacer las sugerencias papales. Una intervención armada en Occitania significaba un enfrentamiento directo con Pedro de Aragón. Además, la monarquía francesa, en guerra con Inglaterra, consideraba el problema del catarismo una cuestión compleja y alejada de sus intereses.

A pesar de las reticencias de la corona francesa, la vía militar volvió a adquirir protagonismo con la coronación en 1204 del rey aragonés por el papa Inocencio. Aquel acto suponía la aceptación del vasallaje a Roma y su pontífice, una condición que le obligaba a reconsiderar su papel en el conflicto cátaro. Para despejar sospechas, Pedro II convocó ese mismo año una asamblea en Carcasona, condenando de un modo concluyente la herejía cátara, pero evitando por todos los medios un enfrentamiento armado. A ello hubo que sumar la excomunión del conde de Toulouse, Raimon VI, por desacato a los legados. Con todo, el desinterés mostrado por nobles y monarcas a las peticiones de Inocencio III eran evidentes.

En 1208, Raimon VI fue sometido de un nuevo a un proceso de excomunión. El asesinato del legado Pierre de Castelnau, impulsor de la misma, a manos de uno de sus sirvientes dejaba abierta definitivamente la acción militar para resolver el enfrentamiento. El 9 de marzo de ese mismo año, el papa emitió una carta a los arzobispos, condes y barones de Francia en la que declaraba la confiscación de todas las tierras de Toulouse y de la región de Occitania. Los territorios quedaban sujetos, además, a ser ofrecidos como recompensa para quienes decidieran ocuparlos. La medida, en definitiva, ponía las bases para erradicar la trama cátara.

Los preceptos adoptados hicieron tambalearse considerablemente las instituciones y la jurisdicción que hasta el momento habían venido actuando en Europa. Un nuevo *corpus* jurídico, inexistente hasta la aparición de la herejía, junto a una maquinaria específica sin antecedentes en la Edad Media iba a transformar el propio concepto de justicia. De esta forma quedaban establecidos los cimientos de lo que sería la Inquisición con el fin de proteger al estamento eclesiástico frente a cualquier amenaza herética.

Desde el primer momento, los cátaros fueron asimilados al arrianismo y al maniqueísmo, antiguas herejías contra las que la Iglesia oficial había combatido en el pasado. Esta especie de disidencia en la fe aseguraba una imagen negativa de los cátaros, que eran acusados de conspiradores, lo que proporcionaba a sus enemigos la posibilidad de proyectar denuncias tan desproporcionadas como incoherentes. El resultado ya lo conocemos.

Partidarios incondicionales del veneno, de la brujería o de esparcir plagas mortales, los herejes ponían en peligro los cimientos de la sociedad.

Los teólogos católicos elaboraron un código legislativo durante el siglo XIII. Uno de los documentos de referencia que ya había sido utilizado durante el siglo anterior fue el conocido *Decretum Gratiani*, una recopilación atribuida al monje Graciano y celebrado en su tiempo como «la extirpación de los herejes». El *Decretum* o *Concordia discordantium canonum* refrendaba la persecución de cualquier tipo de herejía al tiempo que ordenaba la primera Inquisición episcopal, aún lejos de lo que llegaría a ser siglos después. Hacia 1159, el papa Alejandro III introdujo un procedimiento de oficio mediante el cual un arzobispo podía incoar un interrogatorio e investigar a los sospechosos de herejía, un procedimiento que no tardó en llevarse a la práctica de modo ininterrumpido, así en 1178 se procedió a la identificación y elaboración de listas con el fin de registrar a los principales líderes cátaros en cada población.

El enfrentamiento, concebido en un primer momento por el papa Inocencio III para terminar con la disidencia cátara y valdense, acabó extendiéndose entre 1209 y 1244, comprometiendo los intereses de las grandes monarquías de la cristiandad en Europa, sobre todo los capetos y los reyes de Aragón. Con el paso del tiempo, los intentos por dominar la región de Languedoc atrajeron igualmente a otras casas feudales y monarquías europeas, como Enrique III de Winchester y Eduardo I de Inglaterra.

La cruzada debía combatir a la nobleza local, que estaba representada por Raimon Rotger, conde de Foix y vasallo de la casa de Toulouse, junto con el vizconde de Béziers y Carcasona, Raimundo Roger de Trencavel, protectores cátaros y considerados dos de los bastiones más fuertes de la herejía. No obstante, sería Raimon VI, hombre decisivo y contradictorio y principal baluarte en los dominios occitanos, quien terminaría por acaparar el mayor protagonismo en el bando cátaro.

Alentada por el liderazgo de Inocencio III, la campaña militar se sustentó en el legado de Arnau Amalric y en la figura de Simón de Montfort, conde de Leicester. A ellos se unió Pedro II de Aragón, considerado por el papa un elemento esencial frente a la herejía. A pesar de todo, el monarca no estuvo siempre al lado de quien le había proporcionado la corona y protagonizó más de un enfrentamiento en defensa de sus vasallos de Occitania. En la primavera de 1209, las tropas cruzadas se concentraron en la ciudad de Lyon, donde había normandos, ingleses, germanos, italianos y franceses, todos ellos adversarios de las doctrinas cátaras.

Por otra parte, la nobleza occitana no conseguía establecer una alianza capaz de ofrecer garantías frente a los aliados. La enemistad y las escasas relaciones que durante años habían mantenido los Trencavel y los condes de Toulouse dieron como resultado la retirada de Raimon VI de la alianza cátara, que solicitó el perdón papal y la incorporación a los ejércitos católicos. Estos movimientos terminaron convirtiendo el conflicto en una guerra civil cuyas consecuencias serían dramáticas.

En efecto, el primer objetivo fue la conquista de Béziers. Tomada con rapidez por los cruzados, la ciudad fue saqueada y quemada y todos los cátaros que allí se encontraban fueron ajusticiados. Tras Béziers, Carcasona no tardó en caer; el señor de la ciudad, Raimundo Roger de Trencavel, ofreció su vida a cambio de que sus habitantes fueran perdonados. Sin embargo, la urbe sucumbió finalmente a manos de las tropas católicas y su redentor murió poco después. La primera de las campañas militares culminaría con la caída de Albi y la ocupación de algunos castillos de la región.

Con Aragón fuera del conflicto debido a la presión almohade en la península, el rey Pedro adoptó una política de neutralidad. A pesar de ello, ciudades como Minerve, Termes o Lavaur terminaron rindiéndose y cerca de un millar de cátaros fueron ejecutados o quemados. La represión mediante las hogueras y el impacto producido hizo que muchos herejes huyeran de las ciudades al campo para mezclarse con la población rural.

Abocados a una derrota casi segura, las fuerzas occitanas quedaron en manos de Raimon VI, mientras la nobleza acudía a solicitar ayuda al rey Pedro de Aragón. Simón de Montfort, seguro de su victoria, no esperó a formar un futuro gobierno y promulgó los Estatutos de Pamiers, en los que se aseguraba la persecución a los cátaros como herejes, se restablecían los privilegios de la Iglesia católica y se eliminaban las libertades concedidas por aquellos a las mujeres durante el periodo de vigencia de las leyes cátaras. Con los Estatutos, Montfort evidenciaba las pretensiones de poder en la región, por lo que no dudó en formar un ejército francés con el que colmar sus aspiraciones.

Los problemas se intensificaron con la retirada de los ejércitos musulmanes, tras la batalla en las Navas de Tolosa en el año 1212, que dejó al rey Pedro II expuesto frente a las tropas católicas, sin posibilidad de seguir amparándose en su declarada neutralidad. Para legitimar su poder, en 1213 convocó a buena parte de la nobleza occitana en Toulouse: quería asegurarse la fidelidad de una buena parte de aquellos, lo que dio lugar a lo que algunos historiadores han querido ver como un intento por establecer una *Gran Corona de Aragón*. Lo cierto es que la acción emprendida por el rey terminó provocando el estancamiento de la cruzada.

La tregua no impidió, sin embargo, que Simón de Montfort continuara con su política de agresión y conquista contra los rebeldes, mientras Inocencio III advertía a Pedro II de la imposibilidad de prestar auxilio a los occitanos. Ante la incapacidad del papa para que el monarca aragonés fuera excomulgado y lejos de creer que aquella guerra había nacido para terminar con la conspiración cátara, las tropas del rey se posicionaron en la villa de Muret, al sur de Toulouse, en septiembre de 1213. Superiores tanto en número como en armamento, las tropas de Aragón salieron al encuentro del ejército cruzado. Este último seguía encabezado por el conde de Leicester y los legados pontificios. La victoria parecía segura para el rey católico. Con todo a su favor, se situó en la primera línea de la batalla: la muerte le sobrevino en pleno combate, lo que precipitó la derrota de los aragoneses.

La batalla de Muret ponía prácticamente fin a la cruzada contra los cátaros. Esta se mantuvo unos años más, hasta 1224. Sin la participación de Pedro de Aragón en el conflicto feudal, la represión de la herejía quedaba bajo la responsabilidad de los Capeto, un hecho que, por otra parte, fue muy celebrada por el pontífice Inocencio III. Los tratados de Meaux-París y Toulouse en 1229 obligaban al conde Raimon de Toulouse a devolver parte de sus territorios, a la vez que se restauraba la ortodoxia católica en la región y su vinculación a la monarquía francesa.

La herejía, iniciada en contra de la doctrina católica, apenas pudo sobrevivir unos cuantos años más distribuida en pequeños núcleos de la Península Ibérica y de otros territorios europeos. La persecución sin descanso llevada a cabo por parte de la Iglesia agotó las iniciativas por resucitar el ideario teológico y vital del catarismo. Se considera el año 1243 como el de la erradicación del catarismo de Occitania, coincidiendo con el fracaso en el sitio del castillo de Montsegur. La rendición de la fortaleza a las fuerzas del rey francés en mayo de aquel mismo año supuso la condena a la hoguera de unos 200 creyentes e impenitentes cátaros apenas unos meses después.

Sin negar su importancia teológica, el catarismo adquirió una destacada importancia en la sociedad medieval. Fue a partir de su impacto mediático cuando la Iglesia comenzó una represión generalizada frente a aquellos que estaban en desacuerdo con los dogmas del catolicismo romano. Ello no impidió, sin embargo, que los propios pilares de la Iglesia se resintieran debido al crédito que algunos preceptos cátaros habían ocasionado en pensadores y teólogos cristianos. Solo así puede entenderse que con una Inquisición en auge y sometida a las decisiones eclesiásticas, las órdenes mendicantes no dudaran en proclamar la humildad, tal y como habían propuesto los herejes durante sus años de plenitud. En definitiva, la desconfianza y los recelos surgidos a raíz de la herejía cátara en Occitania abrieron un pensamiento nuevo que sería recordado por intelectuales e historiadores, a la par que un espíritu altruista que volvería a resurgir siglos más tarde para alimentar los deseos de libertad de las sociedades occidentales.

REVOLUCIÓN E INDEPENDENCIA. LOS FRANCMASONES EN EL MUNDO CONTEMPORÁNEO

Adam Weishaupt y los Illuminati de Baviera

En la noche del 30 de abril al 1 de mayo de 1776, un grupo de jóvenes estudiantes, junto con el profesor de Derecho eclesiástico y Filosofía práctica Adam Weishaupt, fundaban la Orden de los Illuminati. El lugar elegido, un bosque próximo a la ciudad bávara de Ingolstadt, iba a ser testigo del juramento que exigía el cumplimiento de las aspiraciones de la nueva sociedad. Conocemos únicamente la identidad de tres de los nombres que la fundaron: Max Merz, Anton von Massenhausen y el propio Weishaupt. Los *Bund der Perfektibilisten*, o Asociación de los Perfectibilistas, han pasado a la historia como la Orden de los Iluminados de Baviera, a la que se ha responsabilizado de innumerables tramas conspirativas de importantes hechos históricos, como la Revolución francesa o la independencia de los Estados Unidos de América, entre otros. Surgida en plena Ilustración europea, entre sus más destacados principios se contaba la férrea oposición a la influencia religiosa, así como a los excesos cometidos desde los poderes del Estado.

Los Illuminatis basaron su doctrina en los principios intelectuales de la Ilustración. El mismo Weishaupt manifestó que la orden debía tener el propósito de liberar a los cristianos de cualquier confesión religiosa, para lo que era preciso contar con un Estado que abogara por la libertad y la igualdad.

Adam Weishaupt, un entusiasta ilustrado, tuvo que hacer frente durante años, mientras desempeñaba su puesto como profesor en la Universidad de Ingolstadt, al riguroso y circunspecto ambiente que había ejercido la Compañía de Jesús. Desde joven conoció las obras de destacadas figuras del pensamiento francés, libros que podía hojear en la biblioteca familiar de su tío. De las lecturas de juventud pudo extraer la idea de que las monarquías y la Iglesia ejercían una fuerte presión sobre una población poco más o menos engañada. Convencido de que mediante las ideas religiosas no era posible construir un gobierno universal, no dudó en buscar alternativas que permitieran cimentar una sociedad sobre una base más realista y práctica. Weishaupt, atraído en un primer momento por las logias masónicas, quedó enseguida defraudado de estas y optó por la creación de un nuevo tipo de sociedad secreta.

Separado del claustro de profesores por su declarada animadversión al ideario oficial, Weishaupt organizó la Asociación para la sabiduría secreta, desde la que amparaba a los estudiantes que ofrecían una clara resistencia a las intrigas de los jesuitas. Entendida también como un foro para discípulos anticlericales, la asociación adquirió muy pronto divulgación en círculos políticos y científicos. En 1778, un antiguo alumno y presidente del Palatinado Renano, propuso la reorganización de la orden a la vez que un cambio en su denominación. Finalmente, la *Bud der Illuminaten*, Unión de los Iluminados, pasó a denominarse *Illuminatenorden* u Orden de los Iluminados.

Con la ayuda de Adolph von Knigge, barón protestante de Hannover y miembro masón de una de las logias más importantes de Alemania, los Illuminati lograron extenderse por otros países, como Austria, Hungría, Suiza, Francia e Italia, atrayendo hacia sus filas a personalidades de la cultura, como Goethe, Cagliostro, Herder o el conde de Mirabeau. También grandes nombres de la política se sumaron a la orden, como los príncipes Ferdinando de Brunswick y Karl von Hessen-Kassel, el conde de Stolberg, los duques de Sachsen-Weimar o el barón de Karl Theodor von Dalberg, entre otros muchos. Con todo ello y después del éxito logrado con la adhesión de destacadas figuras del pensamiento, del arte y de los negocios, Adam Weishaupt, de la mano de Von Knigge, decidió unirse a los principios de la masonería.

Precisamente, la remodelación emprendida tiempo atrás por el barón había dotado a los Illuminati de una estructura más propia de las logias masónicas. De esta forma, en julio de 1782 y durante el transcurso de una reunión de la masonería europea celebrada en el convento de Wilhelmsbad, la orden intentó unificar y conducir bajo su autoridad todas las ramas de esta. A pesar del importante número de informadores que los Illuminati mantenían en la mayoría de las logias europeas, la Gran Logia de Inglaterra, el Gran Oriente de Francia y los Iluminados teósofos de Swedenborg rechazaron la propuesta de Weishaupt. Desactivadas todas las tentativas de injerencia por parte de la orden hacia la masonería, la oposición hacia los Illuminati no tardó en agudizarse.

Pese a no conseguir su objetivo, el número de miembros fue incrementándose. También se intensificaron las discrepancias entre Weishaupt y Knigge al permitir el primero que se incorporasen personas vinculadas al absolutismo, como Von Sachsen-Weimar y su consejero privado Goethe. Un hecho, este último, interpretado por algunos Illuminati como parte de un complot urdido para investigar la orden. En febrero de 1784 se convocó en Weimar un congreso para dirimir responsabilidades y decidir la refundación de la sociedad. Asumiendo su fracaso, Von Knigge abandonó la sociedad unos meses más tarde al entender que era imposible seguir adelante con el proyecto. Mientras, Weishaupt comenzó a ser censurado por las sociedades masónicas inglesas y por las órdenes de martinistas francesas. Desde los iluminados no se comprendía que la Gran Logia de Londres hubiese sido fundada por clérigos protestantes no iniciados en la masonería. En todo caso, las discrepancias internas, además de provocar un cierto desgaste, habían puesto en alerta a las autoridades de Baviera.

Hasta esos momentos la orden había mantenido sus compromisos desde que se fundara solo unos pocos años antes. Los Illuminatis, apoyándose en el modelo de la Ilustración, pensaban en un mundo mejor, asentado en valores como la libertad, la igualdad y la fraternidad. Una de las formas para lograr esa liberación debía hacerse a través de la educación, no solo por medio de los conocimientos, sino con la formación del corazón. Asimismo, se necesitaba atender a la moral de los individuos, tan precisa como todo lo anterior para combatir el despotismo ejercido por la Iglesia católica. En este sentido, en 1782, Weishaupt llegaría a escribir: «… pero la Iluminación no consiste en el conocimiento de palabras, sino de cosas, no se trata de la comprensión de conocimientos abstractos, especulativos, teóricos, que hinchan el espíritu, pero no mejoran el corazón»[59].

De entre toda la documentación que se conserva y en relación con sus objetivos, la orden pretendía crear y propagar una nueva religión, además de la instauración de una república democrática y universal. En el ideal de Weishaupt todo estaría sostenido por la razón. La moral, una vez más, sería la pieza clave para romper la tutela tanto del Estado como de la Iglesia y devolver al ser humano su conciencia y dignidad. La manera de obtener resultados debía descansar en los cimientos de las «escuelas secretas de sabiduría», consideradas pilares ineludibles para preservar los derechos del hombre y erradicar todo tipo de violencia. Un nuevo concepto de humanidad que, en definitiva, quedaría definido por una gran colectividad de seres racionales.

Adam Weishaupt creyó que a través de la «iluminación», de la caridad universal, la fraternidad y la tolerancia, se lograría una sociedad inmersa en la libertad y la igualdad. Al fin y al cabo, eran argumentos que la masonería ya había difundido hacía tiempo y que el propio fundador había reconocido como un patrimonio de las distintas logias repartidas por el mundo. Estos objetivos debían ser revelados a los miembros de la orden, una vez alcanzado el grado «sacerdotal». Mientras, los grados inferiores, haciendo uso de la prudencia y el mimetismo, debían adecuarse para la gestación de las vías que conducirían a la libre organización en la religión y en la sociedad.

Los Illuminati estaban organizados en un consejo supremo a través de «iglesias» provinciales y nacionales, a cuya cabeza estaba el propio Weishaupt. Los integrantes de la orden solamente trataban con sus superiores y eran muy pocos los que conocían la identidad de su iniciador. Entre las instrucciones que recibían prevalecía la de observar, de manera sistemática,

---

59 La frase está extraída del «Discurso a los nuevos dirigentes Iluminados», en: Lanfranchi, Edalfo (2017). *Illuminati (Historia, Poder y Futuro)*. Berlín. Verlag GD Publishing Ltd. & Co KG.

a personas y entidades con el objetivo de procurar conocimientos y dotar a sus miembros de capacidad científica. La documentación, fruto de esas investigaciones, debía entregarse a los superiores, correctamente sellada, para ser remitida finalmente a Weishaupt.

A diferencia de otras organizaciones, los Illuminati sostenían un proyecto político muy concreto. Cierto que Knigge había dotado a la orden de una estructura más propia de la masonería con una serie de «grados», en concreto 13, todos ellos con nombres singulares. Así, podíamos encontrar entre los principiantes desde el *preparatorio*, *novicio*, *minerval*, *iluminado inferior* o *iluminado regente* hasta los de más elevada condición, como el *sacerdote*, *regent*, *magus* y *rex*. Cada uno de estos niveles conllevaba su propio ritual iniciático. Como cualquier otra asociación, esta también tuvo un símbolo representativo, cuyo significado solo podían conocer sus miembros. El elegido fue el mochuelo de la diosa griega Atenea, deidad de la sabiduría, las artes y las técnicas de guerra.

Por su parte, cada miembro de la orden recibía en su iniciación un nombre secreto. Sabemos que Weishaupt adoptó el apelativo de Espartaco, jefe de las revueltas esclavas en Roma. Knigge era Filón de Alejandría, filósofo judío y primero en pensar en Dios como el arquitecto del universo. Sobre Goethe recayó el seudónimo de Abaris, conocido también como Abaris el hiperbóreo, del que se dice fue maestro del matemático Pitágoras. Tales llegaban a ser los recursos de los Illuminatis que el calendario secreto de los miembros contenía nombres persas y la numeración comenzaba en el número 632, una cifra vinculada al mundo espiritual y la alquimia.

Aparte de todo ello, el programa de aprendizaje era muy rígido y contemplaba la lectura obligatoria de un elevado volumen de textos ilustrados y deísticos. Una vez incorporado, el novicio debía contribuir con deberes adicionales. Entre sus responsabilidades básicas, debía elaborar un detallado informe respecto de su carrera personal, su familia, etc., en el que tenía que incluir el nombre de los títulos de los libros que poseía y la identidad de sus enemigos, si los tenía. Se completaba el control personal con el conocimiento de las debilidades y fortalezas tanto de él como de sus familiares. Durante al menos dos años, el novicio permanecía reclutado sin posibilidades de ascenso. Una vez demostrada su idoneidad y dotes para el ascenso, obtenía el grado Minerval. Por lo que se refiere a los rigurosos métodos para su adiestramiento, la estricta vigilancia ejercida sobre los miembros con grados inferiores llegó a ocasionar críticas incluso dentro de la orden.

El objetivo de todas estas actuaciones era garantizar el gobierno y la influencia de los Illuminati en todos los órganos e instituciones oficiales, haciéndolo extensible a la prensa, las escuelas y las iglesias. En casos delicados y de oposición debía lograrse la cooperación de los elementos subversivos o interferir sus tentativas, lo que al fin y a la postre facilitaba el control de la opinión pública. Además de todo lo anterior, existían medios coercitivos para convertir la orden en un elemento de temor frente a sus enemigos.

Weishaupt declaró en alguna ocasión que la historia habría de darle la razón, debido a que, en las primeras comunidades humanas, tanto el poder como las propiedades no estaban presentes. Fue con la formación de los primeros estados cuando debió surgir el despotismo, un concepto que debía superarse a partir de la Ilustración sin que por ello hubiera que recurrir a la violencia. El rechazo aparente a la política por parte de los francmasones no invalidaba a los Illuminati como un medio más con el que poder iniciar un nuevo cambio social. La vía revolucionaria, pues, quedaba fuera de los mecanismos para abolir el régimen absolutista. Cierto es que Weishaupt nunca dejó constancia de cómo los Iluminados conseguirían realmente reemplazar al Antiguo Régimen.

Alrededor del año 1780, la sociedad secreta dirigida por Weishaupt había llevado ya sus preceptos a más de 70 ciudades y contaba con casi 2000 miembros, la tercera parte masones, principalmente en Baviera, Weimar y Gotha. Sorprende, además, el elevado número de ellos perteneciente a la nobleza y alrededor de un 10% de clérigos. La mayoría, aproximadamente el 70%, eran personas con formación académica, y el resto se repartía entre comerciantes y artesanos. Las tres cuartas partes de la orden estaban com-puestas por funcionarios y trabajadores públicos, una cuestión que no se consideraba menor al pretender aquella la erradicación del Estado absolutista. Algunos acudían a la asociación con el ánimo de encontrar una oportunidad para acceder a un cargo público, cosa que tampoco desagradaba a Weishaupt, cuya visión era la inclusión permanente de sus miembros en los escalones del poder. Si bien es cierto que algunas personalidades destacadas se acercaron a la sociedad de los Illuminati, también hay que decir que otras, como Schiller, Kant o Lessing, siempre estuvieron lejos de cualquier tentación por incorporarse a la misma.

Los problemas internos dentro de la organización airearon algunos de los detalles secretos que estaban entre las pretensiones de Weishaupt. Si bien la mayor parte de las sospechas eran falsas, se llegó a especular con la materialización de algunos crímenes que perseguían trastocar el orden establecido y con la introducción, dentro del propio Estado, a miembros de la orden para llegar a modificar su *statu quo*. A ello contribuyó también la orden secreta de los Rosacruces, vinculada a la masonería y con principios protestantes, cuyas difamaciones empeoraron todavía más la imagen de los Illuminati

En esta misma línea, Joseph Utzschneider, uno de los miembros postergados, envió una carta a la gran duquesa de Baviera con la intención de poner al descubierto las actividades de la sociedad. Las acusaciones sostenían la aceptación del suicidio o el envenenamiento de los enemigos. Seguramente fruto de su imaginación, entre el resto de las afirmaciones relatadas a la duquesa estaba la intención de conspirar a favor de Austria. En concordancia con las conjeturas y advertido por su esposa, el 22 de junio de 1784 el príncipe elector Karl Theodor aprobó un edicto a través del cual quedaban prohibidas todas las «comunidades, sociedades y fraternidades», entre las que se encontraba la de los Iluminados de Baviera[60].

Los planes secretos de la orden fueron descubiertos casualmente el 10 de julio de 1784. Uno de los mensajeros de Weishaupt, conocido como

---

60. Koch, Paul H. (2006). *Illuminati. Los secretos de la secta más temida por la Iglesia católica* (pp. 37-38). Barcelona. Planeta-De Agostini.

el abad Lanz, fue alcanzado por un rayo cuando galopaba en medio de una tormenta y murió en el acto. Su cadáver fue trasladado a la capilla de San Emmeran por algunos vecinos del lugar. Entre sus ropas y hábitos se hallaron importantes documentos que revelaban planes secretos para la desestabilización de la práctica totalidad de las monarquías europeas. Investigados por la policía bávara, los escritos se dieron a conocer a Francisco I, el emperador del Sacro Imperio Romano Germánico, que además fue informado del complot que estaba en marcha contra su yerno Luis XVI de Francia y su hija María Antonieta. Junto a los papeles comprometedores se hallaron los protocolos y escritos originales de la orden, que terminarían siendo publicados por el gobierno de Baviera para alertar a la nobleza y al clero de Europa[61].

Una vez hecha pública toda esa información, Adam Weishaupt fue destituido de su cátedra y huyó para establecerse en Ratisbona, desde donde dirigiría la orden bajo la protección de uno de sus adeptos, el duque de Saxe. En marzo de 1785, influido por el canciller barón de Kreittmayr, Peter Frank, así como por otros miembros de la corte, el príncipe ordenó la publicación de un edicto adicional en el que se consideraba traidores y enemigos de la religión a los Illuminati y francmasones. Los registros domiciliarios ordenados tras el edicto dieron como resultado la confiscación de más documentación en la que se ponían de manifiesto las aspiraciones revolucionarias y las tramas conspirativas en contra de la religión y del Estado.

El mismo año, el papa Pío VI, en dos cartas dirigidas al obispo de Freising, corroboró la incompatibilidad de los Illuminati con la Iglesia católica. Las prohibiciones suscitaron las oportunas persecuciones de sus miembros, además de la confiscación de los bienes de algunos de ellos y la pérdida de puestos de trabajo. En el peor de los casos, el castigo impuesto fue el destierro. En el caso de Franz Xavier von Zwack, persona de confianza de Weishaupt, se hallaron documentos en favor del ateísmo y un proyecto para

---

61 *Ibíd.*, pp. 38-39.

la creación de una derivación de la orden dirigida por mujeres. A ellos se sumaban fórmulas tóxicas y recetas con tinta invisible. En 1787, un tercer edicto confirmó la prohibición total de los Illuminati y la imposición de la pena de muerte para aquellos que se incorporaran a cualquier secta.

Las promulgaciones no hicieron más que provocar un histerismo contra las tesis iluministas. Un segundo impacto tendría lugar durante la Revolución francesa, sobre todo con el ideario jacobino, influenciado por los planteamientos de la orden bávara. Trasladado a Gotha, Weishaupt publicó todavía varios escritos con el ánimo de resucitar la sociedad secreta de los Iluminados. Sus intentos fracasaron al toparse con la implacable represión que el duque de Baviera había establecido en sus territorios y, en 1790, tuvo que abandonar el proyecto. En 1799, con la llegada al Ministerio de Estado de Baviera de Maximilian von Montgelas, antiguo iluminado, todas las organizaciones secretas quedaron prohibidas; la orden fue reiterada en 1804.

Se ha especulado con la posibilidad de que todavía algunos miembros, seguidores de Weishaupt, huyeran a Estados Unidos y allí establecieran una logia legataria de la sociedad bávara. Lo cierto es que desde su desaparición tras los numerosos edictos promulgados en su contra las noticias sobre un posible resurgimiento de la orden no han dejado de producirse. El interés por rescatar la capacidad intelectual y personal de Adam Weishaupt, transformándola una vez más en una sociedad secreta, no ha pasado, por lo general, de ser una leyenda o sencillamente un engaño manifiesto.

Probablemente la primera de las narraciones que surgieron en este sentido fue la que aseguraba la participación de la Orden de los Illuminati en la Revolución francesa. En 1786, Ernst August von Göchhausen, en su obra titulada *Revoluciones sobre el sistema político cosmopolita*, denunció una conspiración conjunta masónica y de los Illuminati, vaticinando revoluciones en todo el mundo, justo tres años antes de que estallara el golpe contra la monarquía en Francia. En el año 1791, un párroco francés llamado Jacques François Lefranc, en su libro *Le voile levé pour les curieux ou les secrets de la Révolution révélés à l'aide de la franc-maçonnerie*, hacía referencia a la participación en los hechos de la orden de Baviera. Solo unos años más tarde fueron el exjesuita Augustin Barruel, Pierre-Joseph de Clorivière y Antoine de Rivaro los que intentaron probar que la conspiración para liquidar al rey Luis XVI había sido una consecuencia directa de la intervención de los Illuminati. Algo muy parecido defendió el profesor y erudito escocés John Robison, desestimando entonces la pésima gestión realizada durante la crisis del propio monarca, las hambrunas o la presión del Tercer Estado. En su lugar, Robison entendió que la Revolución había sido el resultado de una intervención directa de la orden creada por Weishaupt.

Por otra parte, no han faltado quienes han querido ver también la marca de los Illuminati en la planificación de las grandes guerras del último siglo y medio en el mundo. Para el escritor británico William James Guy Carr, experto en la divulgación de teorías de la conspiración y antimasónicas, la supuesta existencia de una serie de cartas escritas entre los años 1870 y 1871 demostraría la planificación de las guerras iniciadas en 1914 y en 1939. Según el propio Carr, una de las cartas, fechada el 15 de agosto de 1871 y escrita por el general del ejército confederado Albert Pike, gran comendador del Rito Escocés Antiguo, dirigida al francmasón y carbonario Giuseppe Mazzini, político italiano y activista por la unificación italiana, contendría las claves de la presunta conspiración.

Fomentaremos tres guerras que implicarán al mundo entero. La primera de ellas permitirá derrocar al poder de los zares en Rusia […]. Las divergencias causadas por los «agenteur» (agentes) de los iluminati entre los imperios británico y alemán serán utilizados para provocar esta guerra, a la vez que la lucha entre el pangermanismo y el paneslavismo. Un mundo agotado tras la guerra no interferirá en el proceso de construcción de la «nueva Rusia» y el establecimiento del comunismo, que será utilizado para destruir los demás gobiernos y debilitar a las religiones. La segunda guerra mundial se desataría aprovechando las diferencias entre la facción ultraconservadora y los sionistas políticos. Se apoyará a los regímenes europeos para que terminen en dictaduras que se opongan a las democracias y provoquen

una convulsión mundial cuyo fruto más importante será el establecimiento de un Estado soberano de Israel en Palestina [...]. La tercera y definitiva guerra se desataría a partir de los enfrentamientos
entre sionistas políticos y los dirigentes musulmanes. Este conflicto
deberá orientarse de forma tal que el islam y el sionismo político se
destruyan mutuamente y además obligará a otras naciones, una vez
más divididas sobre este asunto, a entrar en la lucha hasta el punto de
agotarse física, mental, moral y económicamente [...]. Liberaremos a
los nihilistas y a los ateos, y provocaremos un formidable cataclismo
social que en todo su horror mostrará claramente a las naciones el
efecto del absoluto ateísmo, origen del comportamiento salvaje y
de la más sangrienta confusión. Entonces en todas partes [...], la
multitud, desilusionada con el cristianismo —cuyos espíritus deístas,
a partir de ese momento, se quedarán sin rumbo y ansiosos por un
ideal, pero sin saber dónde hacer su adoración—, recibirá la verdadera
LUZ a través de la manifestación universal de la doctrina pura de
«Lucifer», sacada a la vista pública finalmente. [...] Esta manifestación resultará del movimiento reaccionario general que seguirá
a la destrucción del cristianismo y ateísmo, ambos conquistados y
exterminados al mismo tiempo (Sánchez, Gerardo, 2010, pp. 20-22).

Titular de varias distinciones francmasónicas, Pike llegó a desempeñar
varios cargos en la institución e incluso a ser supuestamente el responsable
máximo de los Illuminati en el año 1859. Por su parte, aunque siempre
según las tesis de Carr, Mazzini habría sido el encargado de dirigir todas las
operaciones mundiales a partir de 1834.

No obstante, la simple existencia de estas supuestas cartas siempre ha
sido negada por el Museo Británico, lo que deja sin pruebas la supuesta
trama, llevando el relato a una simple ficción legendaria . Por otra parte,
hay determinados términos como pueden ser «fascistas» o «nazismo» que
ni siquiera existían en 1871, por lo que está claro que desde una perspectiva puramente historiográfica no tendría ningún sentido dar validez a la

narración[62], que debería quedarse, en efecto, como una visión fantasiosa que distorsiona la realidad.

El papel de los Iluminados fue decisivo en el ámbito del pensamiento y de la política durante los años que estuvo en vigencia la orden. La prueba más evidente de que llegaron a tener una gran influencia fueron precisamente las reiteradas órdenes para su erradicación dentro del entorno de las asociaciones secretas, especialmente en el reino de Baviera. Disuelta hacia el año 1785, sus efectos sin duda se extendieron entre el mundo intelectual europeo, reforzando las esperanzas de los ilustrados y revolucionarios que emergerían con posterioridad. A pesar de su corta existencia, los Illuminati se caracterizaron por ejercer una notable influencia en la opinión pública, tanto en los sectores religiosos como políticos, traspasando rápidamente las fronteras, igual que había sucedido anteriormente con las logias masónicas. En definitiva, la larga sombra de la orden seguiría la estela vaticinada por Adam Weishaupt en los primeros días de su fundación hasta llegar a ser considerada, todavía en la actualidad, como una de las órdenes secretas más fascinantes de la historia.

---

62 En 1958 el escritor canadiense William Guy Carr publicó un libro titulado *Peones en el juego*, donde afirmaba que en el British Museum de Londres se guardaba y catalogaba una carta de Albert Pike a Giuseppe Mazzini fechada el 15 de agosto de 1871. Esta circunstancia nunca ha podido ser probada.

Insurrección e independencia en América del Norte

La independencia de los Estados Unidos está considerada uno de los acontecimientos más importantes del siglo XVIII. El empeño de los grandes imperios europeos por mantener los intereses coloniales, la aparición del liberalismo y de las ideas ilustradas, así como la agitación social promovida por una burguesía sometida hasta esos momentos por la nobleza, constataron un periodo de cambios cuyo principal objetivo fue la liquidación de las monarquías absolutistas para iniciar los primeros regímenes democráticos de la historia. Entendida la emancipación de las 13 colonias de América del Norte como un símbolo de la lucha por la libertad, el complot proyectado por un pequeño grupo de políticos contra la monarquía británica del rey Jorge III terminaría por configurar una república de corte federal al tiempo que una nación que incrementaría su poder e influencia durante los siglos XIX y XX.

Existe un cierto acuerdo en atribuir a la masonería un marcado protagonismo en la guerra de la Independencia y en reconocer a un destacado número de dirigentes del proceso como miembros de diferentes logias francmasónicas. Si bien la masonería no podía utilizar sus actividades para promover enfrentamientos políticos y religiosos, lo cierto es que el mismo hecho desencadenante del conflicto, el conocido «motín del té» en la ciudad de Boston, estuvo planeado y dirigido por miembros de la Logia de San Andrés de dicha localidad. Estos se reunían en una taberna llamada Green Dragon, dirigidos entonces por su venerable maestro, el cirujano Joseph Warren, amigo personal de Benjamin Franklin.

Durante la tarde del 16 de diciembre de 1773, un grupo de hombres disfrazados de indios *mohawk*, encabezados por Samuel Adams, dejaron el local para encaminarse hacia el puerto, asaltaron varios barcos mercantes, que estaban allí fondeados y arrojaron al mar un cargamento de 350 partidas de té inglés, valorado en 10000 libras. Sabemos que los conspiradores regresaron después hasta el lugar desde el que habían partido. Si bien nunca llegaron a conocerse sus nombres, en las «minutas» de la logia todavía puede corroborarse que, en efecto, dicha reunión se llegó a celebrar[63].

En todo caso, y como veremos a continuación, el largo proceso de independencia norteamericana contó con una importante participación de miembros de distintas logias en prácticamente todos los sucesos y acontecimientos importantes. El propio George Washington alentó a sus generales a participar decididamente en actividades patrocinadas por sociedades secretas vinculadas a la masonería. Las investigaciones realizadas apuntan unas cifras lo suficientemente concluyentes en este sentido. De un total de 74 generales, al menos 33 de ellos pertenecían a alguna logia. Incluso de las 56 firmas recogidas en la conocida Declaración de Independencia, la participación de la masonería llegó a ser tan decisiva que al menos nueve de los firmantes eran masones.

Masones firmantes del Acta de Independencia el 4 de julio de 1776

William Ellery	Primera Logia de Boston
Benjamin Franklin	Gran Maestro de Pensilvania
John Hancock	Logia de San Andrés en Boston
Joseph Hewes	Unanimidad Lodge N.º 7
William Hooper	Hanover Lodge, en Masonborough (NC)
Robert John Penn	Existen pruebas de que era un masón
Richard Stockton	Maestro de San Juan Lodge, en Princeton (NJ)
George Walton	Salomon's Lodge N.º 1, en Savannah (GA)
William Whipple	St. John's Lodge, en Portsmouth (NH)

Fuente: Peluas, Daniel (2016). «Las logias masónicas en la independencia de EE. UU.», *Diálogo entre masones*, año 3, n.º 31, 14-15.

---

63 Dedopulos, Tim (2006). *Claves y secretos de la masonería* (p. 86). Barcelona. Ediciones Robinbook.

La paz de Utrecht, firmada entre 1713 y 1715, supuso el final de la hegemonía francesa y el comienzo del dominio británico en las colonias del norte de América. En 1759 los británicos controlaban el valle del río Ohio y tomaron Quebec y Montreal. Inglaterra se confirmaba como la mayor potencia mundial con el dominio de los mares y amplios territorios, como India, Florida y Canadá. Los colonos establecidos en los territorios norteamericanos se extendían desde el golfo de México a la bahía de Hudson y desde los Apalaches al Mississippi en el oeste. A pesar del inmenso dominio, las deudas contraídas en la guerra franco-india habían obligado a la corona británica a ejercer una mayor presión sobre su imperio americano. El aumento de la tributación junto con la crisis económica colonial que habría de producirse entre 1763 y 1775 terminarían conduciendo en un primer momento a la rebelión y, posteriormente, a una revolución social y política, cuya principal consecuencia sería la guerra por la independencia de las colonias.

Para compensar los gastos y las deudas de guerra, Inglaterra no podía recurrir a un aumento de los impuestos a sus ciudadanos continentales, donde la mayor parte de las clases populares era consciente de la corrupción que ejercía su gobierno. Las clases más acomodadas, por su parte, se mostraban muy reticentes a soportar el continuo despotismo de la Hacienda pública. Las reformas iniciadas por George Grenville, primer ministro del rey Jorge III, contemplaron una mayor contribución de las colonias americanas, primero con revisiones en las tasas aduaneras y más tarde con el establecimiento de nuevos impuestos, siempre que todo ello se hiciera necesario. El control de las costas y un nuevo tribunal del Almirantazgo en Halifax no tardaron en mejorar la imagen negativa ocasionada por la corrupción. A ello se sumó la Ley del Azúcar para frenar el contrabando y las corruptelas generalizadas entre los aduaneros.

Al mismo tiempo, la aparición de las nuevas leyes aprobadas a partir de 1764 ampliaba la lista de productos que debían exportarse directamente a Gran Bretaña desde las colonias, añadiendo al tabaco o al azúcar otros como la madera, el hierro o las pieles. Adicionalmente, se imponían aranceles a los tejidos, el índigo, el café o el vino importado a las colonias, lo que beneficiaba considerablemente los devengos de la corona. El 19 de abril de aquel mismo año el Parlamento aprobó la Ley de Divisas, prohibiendo el uso de papel moneda en las 13 colonias americanas. Teniendo en cuenta la extraordinaria dependencia que la economía americana tenía de los créditos británicos, la medida sometía al dinero colonial, que perdía su valor, lo que no tardó en provocar una caída en los precios y la consiguiente crisis monetaria. Esta escasez en el crédito se agravó tras la entrada en vigor de la ley. Comerciantes y grandes hacendados habían defendido el aumento del papel moneda. Convencidos de que la circulación de este podía ser una buena alternativa a la deflación y al escaso crédito, la idea terminó por persuadir igualmente a proveedores y mayoristas británicos, estimando que dicho aumento facilitaría las ventas en las colonias.

Con las primeras protestas por tales reformas, el gobierno de la metrópoli fue incapaz de cubrir los gastos de los 10 000 soldados desplazados para controlar las colonias, situación que generó una nueva vuelta de tuerca por parte del ministro Grenville. El siguiente precepto normativo, la Ley del Timbre, aprobada en marzo de 1765, gravaba los documentos legales, almanaques, prensa, etc., en definitiva, cualquier papel que tuviera utilidad fuera de Inglaterra. Casi al mismo tiempo, la Ley de Acuartelamiento instaba a las colonias al abastecimiento y alojo perpetuo de las tropas británicas en suelo americano, un precepto que afectaba directamente a la ciudad de Nueva York, donde se hallaba el cuartel general del ejército.

Este mandato para la implantación de un impuesto exclusivo en las colonias afectaba a todos los grupos sociales, especialmente a los más activos e influyentes desde un punto de vista económico. Todo ello, unido a la determinación de utilizar al ejército como garante de la recaudación, levantó fuertes reproches en todos los sectores de la sociedad norteamericana. Dentro de este contexto de agitaciones y tensiones, podemos decir que la Ley del Timbre no hizo más que subrayar el derecho individual frente a una corona británica interesada cada vez más en vigilar las aspiraciones de libertad y de igualdad que empezaban a exteriorizarse contra el poder oficial.

La articulación política de los colonos comenzó a ponerse de manifiesto gracias a quienes ostentaban una mayor estabilidad social y económica, como abogados, comerciantes, plantadores, etc., a través de asambleas y, sobre todo, mediante los llamados Comités de Correspondencia. A todo ello se sumaron algunos medios provenientes de la prensa y de organizaciones como los Hijos de la Libertad. En los *town meetings* las élites estaban acostumbradas a contar con la presencia y el apoyo de las clases menos organizadas, como eran los pequeños agricultores, los artesanos o comerciantes, mucho más habituados a las tertulias de las tabernas y a los clubes en los que se formaban facciones de resistencia. Uno de aquellos complots, ocurrido en agosto de 1765 en la ciudad de Boston, se saldó con la destrucción de la casa del gobernador Thomas Hutchinson y el ataque a varios funcionarios públicos empleados en la distribución de timbres[64].

Para los colonos, las protestas estaban totalmente justificadas, puesto que el pago de impuestos no llevaba implícita la representación en el Parlamento británico. En suma, su estatus de ciudadanos ingleses libres no se correspondía con la realidad de derechos que disfrutaban sus compatriotas en Londres y en el resto de las ciudades de Gran Bretaña. El 7 de octubre de 1765 se organizó un congreso contra la Ley del Timbre en Nueva York con una representación de 27 delegados correspondiente a 9 de las 13 colonias. De aquel acto salió la redacción de la *Declaración de Derechos y Quejas de las Colonias*.

El primer día de noviembre de 1776 y coincidiendo con el comienzo de la aplicación de la ley, tanto los intercambios como las actividades económicas comenzaron a realizarse sin timbre. Una calavera pintada en el lugar en que debía ir adherida la estampilla apareció en la mayoría de los periódicos. Distintas tramas perfectamente organizadas comenzaron a surgir de manera puntual por todas las colonias, iniciándose de este modo un boicot generalizado contra la importación. Asimismo, se puso en marcha

---

64. Bosch, Aurora (2019). *Historia de Estados Unidos 1776-1945* (pp. 11-12). Barcelona. Crítica.

una campaña de divulgación del sentir de algunas personalidades, como Benjamin Franklin, en los que se ponía de manifiesto el malestar respecto a los beneficios económicos que obtenía Gran Bretaña como consecuencia de una explotación desmesurada de las colonias[65].

El resultado de las presiones, complots y protestas no tardaron en provocar serios daños a la economía británica. Aquel mismo año, el Parlamento se vio obligado a retirar la Ley del Timbre, sustituyéndola por otra, la llamada Ley Declarativa, en la que reafirmaba las competencias del mismo y su potestad legislativa frente a las negativas de los colonos. Las autoridades decidieron volver a esgrimir la necesidad de restablecer los impuestos indirectos, subrayando la importancia de los derechos de aduanas, a los que se sumaron nuevas tasas en 1767 aprobadas por iniciativa del nuevo ministro de Hacienda, Charles Townshend. De esta forma, productos como la pintura, el vidrio o el papel eran gravados considerablemente al llegar a las colonias. Con el fin de ejercer un mayor control impositivo, la reorganización de las autoridades coloniales se reforzó con la creación de varios vicealmirantazgos en las ciudades de Boston, Filadelfia y Charleston. La vigilancia llegó a su punto más extremo al desplazar hacia las colonias costeras al ejército que debía permanecer en el oeste.

Con los últimos movimientos ordenados para mantener el control colonial, las protestas y los boicots a la importación se hicieron todavía más ostensibles. Distintas tramas comenzaron a esbozarse en los interiores de pubs y locales clandestinos, siendo Boston el punto neurálgico de las mismas. A comienzos del año 1768, la Asamblea de Massachusetts elaboró una circular denunciando la actitud de Townshend en relación con los aranceles. El escrito, concebido por Samuel Adams y el abogado James Otis, fue rechazado por el gobernador, que estaba presente en la propia Asamblea. Agrupados en la llamada Convención de Delegados, los colonos comenzaron a organizarse en bandas y grupos con el fin de intimidar a los

---

65 *Ibíd.*, p. 13.

aduaneros y presionar a los comerciantes que todavía reconocían las «reglamentaciones» británicas.

Las tensiones se acentuaron con la llegada, en 1769, de unos 4000 efectivos militares a Boston, una ciudad que contaba con una población de 16000 habitantes. En marzo de 1770 tuvo lugar un grave incidente cuando un pelotón de soldados de vigilancia, al verse rodeado y hostigado por la multitud, abrió fuego, causando la muerte a cinco personas. Para entonces, las pérdidas británicas en la recaudación y el comercio alcanzaban las 700000 libras. Una presión que solo pudo rebajarse cuando ese mismo año el Parlamento revocó los Aranceles Townshend. Sin embargo, esta era una actitud transitoria, puesto que mantenía los relativos al té. Lo cierto es que a pesar de la retirada de algunos aranceles y de la Ley del Timbre, todavía se mantenía una fuerte presión a través de las leyes que cargaban el comercio del azúcar y otras medidas, como la Ley de la Moneda y la de Acuartelamiento. Por otra parte, y junto a la vigilancia costera, tanto la Junta de Aduanas como los tribunales del Vicealmirantazgo mantenían una labor de control sobre la ciudad y el puerto de Boston. Además, para entonces los colonos ya estaban organizados en todos y cada uno de los territorios.

A mediados del año 1772 empezó a circular la idea de que no había más opción que la independencia de las colonias para asegurar y proteger los intereses de toda la población. La amenaza de una guerra parecía estar en la mente de todos, especialmente después de que en el mes de junio la población de Rhode Island hundiera la goleta *Gaspee* como protesta por la presión fiscal ocasionada con las Leyes de Navegación. En noviembre, bajo el liderazgo de Boston, con Samuel Adams a la cabeza, las principales ciudades de Massachusetts disponían de Comités de Correspondencia. Casi todas ellas habían secundado el conocido *The Votes of Proceeding*, un documento en el que se pormenorizaban los atropellos e incumplimientos por parte de los poderes británicos en todo lo que se refería a los derechos civiles en las colonias norteamericanas. Las restricciones llegaron a provocar la celebración de juicios sin la presencia de jurados en las salas. Para el mes de marzo de 1773, la Asamblea de Virginia puso en marcha los Comités de

Correspondencia entre todas las colonias con una sola consigna: la independencia.

El motivo final para la rebelión surgió después de que un nuevo ministro, lord North, sucesor de Townshend, propusiera la aprobación del derecho exclusivo a la Compañía de las Indias Orientales de expender directamente el té a las colonias, evitando de este modo su paso por los almacenes coloniales. La medida, aunque consiguió detener la subida del precio del té, no evitó calmar los ánimos y todavía menos olvidar todos los antecedentes de años atrás. Los Comités de Correspondencia comenzaron a sabotear los barcos, impidiendo que descargaran sus cargamentos en los puertos de destino. En ciudades como Charleston, el té requisado por los colonos sirvió para que los beneficios obtenidos después de su venta se utilizaran para financiar la sublevación[66].

La guerra y el papel de las logias

Después de los acontecimientos de 1773 en el puerto de Boston, el Parlamento británico aprobó las Leyes Coercitivas, una de las cuales impedía el comercio marítimo de la ciudad hasta que el té que había sido arrojado al mar fuera pagado en su totalidad. Una cascada de medidas todavía más deficientes y represivas terminó por deteriorar la convivencia entre los colonos y las tropas desplegadas en las principales ciudades. La falta de suministros por el cierre del puerto de Boston incitó a muchos agricultores a unirse a la lucha contra las Leyes Coercitivas. El paso inmediato fue la sustitución de las autoridades oficiales por comités y la ayuda del resto de colonias a Boston. Con las primeras milicias organizadas y preparadas para combatir, en septiembre de 1774 se convocó en Filadelfia el Primer Congreso Continental. Las asambleas y comités pudieron elegir a los 55 delegados que representaban la práctica totalidad de los territorios. Las colonias acababan de entrar en guerra. Los centros de resistencia apoyaban una revolución

---

66 *Ibíd.*, p. 16.

comandada por las élites económicas y políticas. Nueva York soportó, por ejemplo, una guerra civil que se prolongaría casi siete años. La propia ciudad de Filadelfia, centro neurálgico de la revolución colonial, quedó convertida en el núcleo más representativo de la lucha por la libertad y el control del poder. La incertidumbre inicial no impidió el cambio de la administración monárquica por otra colonial, controlada por los comités y las milicias procedentes de las clases medias.

Los primeros enfrentamientos armados entre las partidas organizadas en Massachusetts y las tropas británicas tuvieron lugar durante el mes de abril de 1775, en Lexington y Concord, con un resultado de 300 soldados abatidos y 95 «patriotas» muertos. La situación de violencia que se había desencadenado forzó al Segundo Congreso Continental, reunido en Filadelfia, a asumir el gobierno de las colonias y a la formación de un ejército continental al mando de George Washington, entonces comandante de la milicia de Virginia. Con el fin de proceder a la financiación de las tropas movilizadas se decidió acuñar moneda propia y crear un comité para solicitar apoyo a otros países.

Los representantes reunidos sabían de las dificultades que existían para contener los ataques y las conspiraciones procedentes del Parlamento, además de la monarquía británica. Jorge III proclamó de inmediato a las colonias en rebelión. Como respuesta, en enero de 1776 se publicó el primer texto que mencionaba de manera explícita la lucha por la independencia, cuyo fin era la instauración de una república igualitaria. Aquel documento, el *Common Sense*, había sido redactado por Thomas Paine, editor del *Pennsylvania Magazine*.

La preparación y ejecución de todos los planes hasta llegar a la pugna con Gran Bretaña no habían sido fruto de la improvisación. Se sigue discutiendo la importancia de las logias en el devenir de la independencia norteamericana. Sabemos que prácticamente desde el comienzo de la crisis muchos ideólogos pertenecían a distintas sociedades secretas, lo que posibilitó la organización y la actuación más eficaz de los colonos. Uno de los primeros implicados fue Edmund Randolph, miembro de la Logia

Williamsburg y durante la guerra, ayudante de campo del propio George Washington. Otro de los personajes más influyentes fue John Hancock, miembro destacado de la Logia de San Andrés, y comandante en jefe y general de la milicia de Massachusetts desde 1776. En 1778 dirigió a cerca de 6 000 milicianos que fracasaron en el ataque contra las tropas británicas en Newport, Rhode Island. Próximo también a George Washington fue Richard Stockton, un prestigioso abogado y presidente del Tribunal Supremo de Nueva Jersey. Capturado por los ingleses y condenado a prisión en 1777, sería liberado tiempo después en un intercambio de prisioneros.

Si bien es cierto que existen historiadores que tildan de exagerada la participación de la francmasonería en el devenir independentista, sabemos que algunas logias sí alcanzaron un papel destacado en la preparación de acciones y de conspiraciones contra el ejército y los poderes civiles británicos. Sin embargo, no todos los líderes de la revolución eran sospechosos de ser masones. El propio Thomas Paine, cuyo papel en el motín de Boston hoy no se discute, así como un buen número de líderes de la revuelta, no tenían vinculación con sociedades secretas vinculadas a la masonería. Otros, como Joseph Galloway, William Johnson o Joseph Brant, terminaron siendo leales a los británicos.

De hecho, la propia independencia fue el resultado de varios factores. Además de la victoria militar, hemos de considerar la propia emancipación como un éxito propiciado por una ideología hasta entonces ignorada. La masonería aportó una certidumbre basada en la igualdad, la libertad y la fraternidad, y proporcionó a los ciudadanos una conciencia inequívoca sobre la separación que debía existir entre el Estado y la religión. Esto mismo no suponía, ni mucho menos, el rechazo a las ideas cristianas. Basta recordar que conceptos como la fraternidad o la libertad son planteamientos ampliamente aceptados y amparados por la cristiandad.

Debido a uno de los artículos publicados por Benjamin Franklin en 1730, hay constancia de la existencia de logias masónicas en América en la primera mitad del siglo XVIII. De hecho, él mismo ingresaría en 1731 en la Logia St. John de Filadelfia y llegó a ser «gran maestre» durante años.

También en el ejército surgieron logias a partir de 1732, como la constituida por el Regimiento de los Escoceses Reales de Infantería, y en 1755 existían alrededor de 29 asambleas masónicas diferentes. De hecho, durante la guerra, todos los regimientos británicos disponían de una logia incorporada a la tropa, algo que se hizo extensible a algunos regimientos del ejército colonial.

Durante la primavera de 1776, el Congreso Continental había abierto los puertos norteamericanos al comercio exterior, autorizando la llegada de mercenarios para combatir contra los ingleses y a los enemigos de las colonias. En junio de ese mismo año se encargó la preparación de una declaración de independencia a una comisión formada por Benjamin Franklin, John Adams, Roger Sherman, Robert R. Livingston y Thomas Jefferson. En octubre de 1777, y sobreponiéndose a la derrota de Brandywine Creek, en Pensilvania, ocurrida solo un mes antes, el ejército continental lograría una victoria vital para sus intereses sobre el general Burgoyne en la batalla de Saratoga.

Aquella declaración contenía parte del ideario contenido en el contrato social planteado por John Locke. Una teoría contractual basada en la creencia de que cada persona establecía un contrato con las demás con el fin de establecer un determinado tipo de gobierno, pero con la posibilidad de que este pudiera ser modificado en cualquier momento, incluso revocado. En la proclamación se tenían en cuenta igualmente las líneas maestras del texto de Paine, *Common Sense*, en el que se afirmaba que las colonias norteamericanas no obtendrían compensación alguna de la metrópoli, siendo la independencia del dominio británico y el establecimiento de un gobierno republicano propio la única alternativa posible.

Las primeras palabras del texto se referían a la igualdad de todos los hombres, proclamando universales derechos como la vida, la libertad y la consecución de la felicidad, una causa que terminaría haciéndose extensible a todos los pueblos y países del mundo. En su conclusión, la Declaración de Independencia exponía que las colonias unidas se declaraban una entidad política libre del Imperio británico, propósitos que quedaron aprobados en el Segundo Congreso Continental el día 4 de julio del año 1776.

Por lo tanto, nosotros, los Representantes de los Estados Unidos de América, reunidos en un Congreso General, apelando al Juez Supremo del Mundo por la rectitud de nuestras intenciones, en nombre y por la autoridad del virtuoso Pueblo de estas Colonias, solemnemente publicamos y declaramos que estas Colonias Unidas son y tienen el Derecho de ser Estados Libres e Independientes, que están exentas de toda lealtad a la Corona Británica, y que todo nexo político entre ellas y el Estado de Gran Bretaña está y debe ser disuelto; y que como Estados Libres e Independientes tienen todo el Poder de emprender la Guerra, alcanzar la Paz, contraer Alianzas, establecer el Comercio y llevar a cabo todos los otros actos y cosas que los Estados Independientes tienen a bien hacer. Y en apoyo de esta Declaración, con una firme confianza en la protección de la Divina Providencia, comprometemos unos a otros nuestras Vidas, nuestras Fortunas y nuestro sagrado Honor (*La Declaración de Independencia y la Constitución de los Estados Unidos de América*, 2004, pp. 36-37).

La Declaración de Independencia terminó uniendo definitivamente a los sectores sociales en una guerra que duraría más de siete años. La victoria en Saratoga demostró la vulnerabilidad de los británicos, lo que animó a Francia a sumarse al conflicto después de haberse visto derrotada en la guerra de los Siete Años. Firmada la alianza militar con los colonos, varios contingentes de tropas terrestres cruzaron el Atlántico al mando del marqués de Lafayette y Rochambeau. Las autoridades españolas, incómodas con Gran Bretaña por razones muy parecidas, se unieron a la alianza solo un año después.

El apoyo financiero, al igual que el destinado a los suministros y material para la guerra, resultaron decisivos. En esos momentos las colonias no disponían de locales donde acuñar moneda. Ante aquella situación y con el respaldo que proporcionaban las minas de plata americanas, España llegó a aportar un efectivo monetario tan sólido que en algunas colonias como Virgina o Massachusetts se utilizó como moneda de curso legal. Incluso acabada la guerra, al no tener aceptación el dinero británico, el real de a ocho, conocido en las colonias como dólar, fue aceptado y usado por el gobierno de George Washington durante los diez años siguientes a la proclamación de independencia[67].

Después de 1778, el conflicto armado se había desplazado al sur y alcanzado una dimensión internacional. De manera clandestina, España y Francia habían firmado el 12 de abril de 1779 el Tratado de Aranjuez, cuyo fin no era otro que hostigar a los británicos en todos los frentes posibles, incluido Gibraltar. Este hecho supuso la fragmentación del ejército que el rey Jorge III preparaba para ser desplazado a las colonias norteamericanas. Puertos como los de Tolón y Brest, en Francia, bloqueados desde hacía tiempo por la Marina Real británica, dejaron de estarlo por falta de efectivos. Más útil resultó la acción en la batalla de Santa María, en el año 1780, durante la cual una flota hispanofrancesa abordó un convoy británico y le ocasionó pérdidas irreparables con destino a las operaciones militares en las colonias. La pérdida de armas, buques y provisiones, además de un millón de libras en lingotes y monedas de oro, supuso uno de los mayores desastres de todo el conflicto.

Durante las maniobras militares de 1781, 8000 soldados británicos, al mando del general Charles Cornwallis, fueron cercados y sometidos en Virginia por un ejército superior, formado por franceses y patriotas de las colonias al mando de George Washington. Los enfrentamientos en el sitio de Yorktown provocaron la rendición de Cornwallis y la petición de paz por parte del gobierno de Gran Bretaña. Esta se firmaría tras obtener España algunos territorios más que permanecían ocupados desde los acuerdos de Utrecht. En 1782, los representantes norteamericanos junto con los

---

67 Martín, Emiliano (2020). *Huellas de España en Filadelfia. Una desconocida historia en la época colonial de la ciudad* (pp. 22-23). Bensalem, Pensilvania. Lulu.com.

británicos iniciaron las primeras conversaciones de paz en París. El 3 de septiembre de 1783, ante John Adams, John Jay y Benjamin Franklin, Gran Bretaña reconocía a las 13 colonias de América del Norte como un nuevo Estado independiente en el Tratado de París. De este modo se ponía fin a una guerra por la independencia, que se había iniciado solo unos años antes merced a la preparación y la ejecución de motines y asaltos a las mercancías en el puerto de Boston.

Tras la contienda, George Washington fue nombrado presidente en 1789 y reelegido en 1792, siendo John Adams su vicepresidente. La ceremonia celebrada el 30 de abril en Nueva York fue significativamente masónica. El juramento presidencial fue realizado por Robert Livingston, gran maestre de la Gran Logia de dicha ciudad, dirigida por el general Jacob Morton, masón de la logia n.º 1 de San Juan, también de Nueva York. Escoltado por otro oficial masón, Morgan Lewis, George Washington juró el cargo sobre una Biblia perteneciente a la misma logia de su amigo Morton.

Si la Declaración de Independencia sirvió para unir a la población bajo los principios de libertad e igualdad, con la llegada del armisticio y la consolidación de la revolución desapareció la servidumbre colonial, una actitud democrática alentada desde la práctica totalidad de las logias masónicas. De los ideales de libertad también se beneficiaron muchos esclavos negros admitidos a filas durante la guerra, sin olvidar a las mujeres que dieron su vida en el frente y en la retaguardia. Pero todavía habrían de pasar muchos años para que fueran reconocidos los derechos olvidados de las mujeres y de los negros. En concreto, y en lo referente a la mujer, hasta el 26 de agosto de 1920, cuando se aprobó la Decimonovena Enmienda, no se reconoció oficialmente tanto a nivel estatal como nacional el sufragio femenino[68].

---

68 Estados Unidos fue el primer país en otorgar derechos políticos a la mujer, que comenzaron a aplicarse en diversos estados de la federación norteamericana, de los cuales fue Wyoming, en 1869, el primero en reconocer el sufragio femenino. Este se extendería rápidamente hasta ser universal con la aprobación de la 19.ª Enmienda en 1920. Véase, por ejemplo, en: Silva Bascuñán, Alejandro (1997). *Tratado de Derecho constitucional*. Tomo II. *Principios, fuerzas y regímenes políticos* (pp. 27-28). Santiago, Editorial Jurídica de Chile.

Uno de los hechos que pudo cambiar el curso de los acontecimientos, justo antes de la firma de la paz en Versalles entre colonos y británicos, en marzo de 1783, fue el que aconteció en el campamento militar de Newburgh, que estaba muy próximo a la ciudad de Nueva York. Después del éxito en la batalla de Yorktown en octubre de 1781, tanto británicos como estadounidenses habían comenzado a valorar la posibilidad de mantener conversaciones con el fin de encontrar una vía segura para la paz.

George Washington, quizá intuyendo el cercano fin del conflicto, decidió regresar con el grueso de su ejército hasta las proximidades de Hudson y controlar, de esa manera, la guarnición británica que todavía permanecía en el puerto y las calles de Nueva York.

La guerra había entrado en una fase decisiva, por lo que la llegada de dinero y otros suministros era esencial para continuar con el objetivo trazado años atrás. En el Congreso preocupaba que un ejército inactivo, en el caso de que no recibieran a tiempo los abastecimientos ni las pagas atrasadas, pudiera pasar a mostrar resistencia frente al poder político y hacerse con el control civil. Por esa razón, las autoridades comenzaron a valorar el riesgo que suponía no actuar con diligencia en todo aquello que pudiera afectar a las tropas. Aquella posibilidad, unida al final de una guerra que parecía vislumbrarse cada vez con más fuerza en el horizonte, hizo pensar en una inminente disolución de un ejército al que ya apenas se atendía y cuyos pagos se demoraban. Además, a los retrasos de sus pagas se añadía la habitual escasez de comida y ropa. Muchos incluso habían comenzado a ver peligrar las pensiones ofrecidas por el Congreso en 1780.

Efectivamente, la promesa hecha a los oficiales sublevados para que en el momento que llegase su jubilación cobrasen una pensión equivalente a la mitad de su salario, se había convertido en poco menos que una quimera, toda vez que el financiero Robert Morris había decidido suspender el pago a los ejércitos a comienzos de 1782. La medida, utilizada para no menguar más la maltrecha economía de los rebeldes, debía ser provisional si atendemos a los argumentos dados a los militares, puesto que estos recuperarían todo lo adeudado al finalizar la guerra. A lo largo de aquel año se realizaron varias peticiones desde el cuartel de Newburgh al Congreso sin obtener ninguna respuesta.

Organizados alrededor del general Henry Knox, varios oficiales redactaron un memorándum destinado al Congreso. Refrendado por varios generales y con el ánimo de que no fuera malinterpretado como un panfleto de un menguado grupo de desavenidos, el documento fue llevado y entregado por una delegación encabezada por el general Alexander McDougall y los coroneles John Brooks y Matthias Ogden a finales de 1782. En el escrito se detallaba el descontento por los meses de retraso en las pagas de los militares y el temor a que las pensiones no se recibieran nunca. Como contrapartida, el memorándum aportaba como solución el recibo de una cantidad acordada a cambio de renunciar a la prestación vitalicia. Finalmente, advertía de las consecuencias «fatales» que podría producir cualquier intento de alterar las promesas dadas tiempo atrás sobre las obligaciones con el ejército y las milicias. La grave situación llegó hasta el propio secretario de guerra Benjamin Lincoln, hecho que terminó exaltando los ánimos de algunos congresistas.

Fracturado definitivamente el Congreso por lo que respecta a la forma de acometer las finanzas, lo cierto es que las posibilidades para contar con los fondos necesarios y afrontar las obligaciones pendientes con el ejército resultaban imposibles. Tampoco se pudo llegar a un acuerdo que permitiera la aprobación de un arancel sobre las importaciones, el llamado *imposto*, con el que paliar la carencia de liquidez. Esta propuesta había sido apoyada por la facción «nacionalista» y los principales dirigentes económicos, como James Madison, quien más tarde sería el cuarto presidente de Estados Unidos, o Gouverneur Morris, el ideólogo de la unión estatal. La financiación del ejército terminó por ser un motivo con el que acrecentar las diferencias, lo que hizo que las demandas terminaran por ser abordadas en el Congreso en 1783.

Formado un comité para debatir las peticiones, este se reunió de inmediato con el superintendente de Finanzas y antiguo comerciante

Robert Morris, quien no tuvo más remedio que admitir la falta de fondos debido a una evidente paralización en el flujo de los ingresos. Informado el coronel Brooks de la delicada situación, su decepción no tardó en aflorar advirtiendo de los peligros que tales acontecimientos suponían para las tropas acampadas en Newburgh. Una reforma de esa magnitud requería la revisión de los llamados *Articles of Confederation and Perpetual Union*, un acuerdo que había sido ratificado por las 13 colonias en el Segundo Congreso Continental en 1777. La incertidumbre política hizo que Robert Morris se reuiera con McDougall para persuadirle, junto con otros congresistas, de que la «cuerda» no se podía tensar más. Sin embargo, las negativas recibidas a las demandas solicitadas en favor de las milicias llevaron a Morris a presentar su dimisión a comienzos de 1783 y a contemplar la posibilidad de que algunos oficiales pudieran finalmente conspirar preparando una insubordinación.

Conviene subrayar que la mayoría de las tropas coloniales no procedían del estamento militar. Tampoco se alistaban por vocación, sino por el anhelo de poder ser ciudadanos de una nación libre. El temor por no poder retomar sus vidas como civiles era la gran preocupación de la mayoría de los hombres que componían aquel ejército constituido para la ocasión. Personas como McDougal habían dedicado su vida a la marina mercante. Otros como Brooks precedían del ámbito de la medicina, y Knox había sido librero. Las altas graduaciones alcanzadas durante los combates habían estimulado la posibilidad de no ser ignorados. El orgullo de haber servido junto a George Washington, como era el caso de John Brooks o el de Henry Knox, amigo personal de este, implicaba una serie de protocolos y reconocimientos que en ningún caso podían quedar en balde. Con este panorama, Benjamin Lincoln no tardó en comprender la gravedad que suponía preocupar a los hombres de un ejército que, tarde o temprano, habrían de volver a retomar las vidas que tenían antes del conflicto con Gran Bretaña.

A mediados de febrero de 1783, McDougall escribió una carta a Knox sugiriendo la adopción de medidas de fuerza, como la negativa a disolver las tropas y el amotinamiento de estas hasta que se liquidara todo lo adeudado. El seudónimo utilizado para firmar la carta, *Brutus*, en alusión al complot urdido contra Julio César, dejaba claras cuáles eran las intenciones. Aunque existe la opinión de que aquella carta no se escribió con el propósito de promover un golpe de Estado o una rebelión militar contra el Congreso, lo cierto es que ya se había puesto en marcha la conspiración de Newburgh contra George Washington. Incluso sabemos que una buena parte de la oficialidad consideró que el propio general era corresponsable de los desaciertos que se estaban produciendo.

Por lo que se refiere a las maniobras emprendidas desde el Congreso, un grupo muy destacado de sus miembros conocía el descontento de varios oficiales con su superior. Algunos de los llamados nacionalistas habían concretado sus posiciones con el general de división Horatio Lloyd Gates, un viejo rival de Washington y responsable de la derrota en Camden. Gates se mostraba contrariado y receloso al haber sido apartado del mando en la batalla de Saratoga y no había podido demostrar sus dotes militares. En cualquier caso, aquel acercamiento implicaba un riesgo añadido a la situación, posibilitando cualquier intento para promover un golpe si este era preciso.

El 13 de febrero los rumores sobre un acuerdo de paz en París aumentaron la necesidad de resolver los problemas ocasionados en Newburgh. El entonces secretario del Tesoro y economista, Alexander Hamilton, dirigió una carta al general Washington en la que le instaba a que asumiera el control de las protestas en el ejército ante el temor de que se produjeran disturbios inminentes. La respuesta fue concluyente: las quejas de los oficiales eran legítimas, por lo que jamás se pronunciaría contra los principios por los que había combatido, entendiendo que estos estaban representados por el Congreso. Tampoco Henry Knox, que había apoyado las peticiones hasta entonces sin ambigüedades, estaba dispuesto a llevar al ejército a una tesitura de enfrentamiento al Estado[69].

---

69 Extraído de Álvarez, Jorge (17 de octubre de 2019). «La Conspiración de Newburgh: cuando Washington desbarató el golpe de Estado de su propio ejército»: https://www.labrujulaverde.com/2019/10/la-conspiracion-de-newburgh-cuando-washington-desbarato-el-golpe-de-estado-de-su-propio-ejercito

El día 8 de marzo, el coronel Walter Stewart, antiguo ayudante de campo de Gates, llegó hasta Newburgh desde Pensilvania, bajo las órdenes de Washington para que valorara la situación. Al mismo tiempo que se producía el encuentro de ambos oficiales, Stewart hizo correr varios rumores. El primero se refería a la decisión tomada por el Congreso de suprimir el ejército, evitando de ese modo la liquidación de las cantidades adeudadas; un segundo rumor advertía de la negativa de los militares a su disolución hasta no ver cumplidas sus demandas.

En la mañana de 10 de marzo comenzó a circular una carta anónima denunciando la pésima situación que sufrían las tropas y la falta de apoyo para con ellas del Congreso. El escrito terminaba convocando a todos los altos mandos a una reunión a la mañana siguiente. El texto, cuyo título era exactamente *Un discurso a los oficiales*, se sabe que, pese a su aparente anonimato, fue redactado por el mayor John Armstrong Jr., asistente en aquellos momentos del general Gates. Una vez informado Washington, este llegó a definir la convocatoria como «desordenada» e «irregular» y respondió con un nuevo emplazamiento dirigido a los oficiales para una reunión paralela que tendría lugar solo unos pocos días más tarde. En sus órdenes generales se especificaba que la misma estaría presidida por el oficial superior que estuviera presente, lo que invitaba claramente a pensar que Washington no acudiría.

El día 12 una nueva misiva aseguraba que el general apoyaba la causa de los conspiradores. La celeridad y presteza con la que se había organizado la distribución de esta segunda carta llevaron a Washington a pensar que el texto debía proceder de algún militar. Las sospechas recayeron en Gouverneur Morris. El 15 de marzo, como estaba previsto, se celebró en un pequeño pabellón la conferencia de oficiales, a la que compareció por sorpresa el general George Washington cuando ya había comenzado. Solicitó hablar con los oficiales y Gates, sorprendido, le cedió la palabra marchándose de inmediato con modales exasperados. Con la plana mayor allí reunida, el general pronunció un discurso breve lleno de sentido y entusiasmo por la patria. Aquel alegato se conoce, hoy en día, como el Discurso de Newburgh:

Si mi conducta hasta ahora no les ha demostrado a ustedes que he sido un fiel amigo del ejército, mi declaración en este momento sería igualmente inútil e impropia. Pero fui de los primeros que se embarcaron en la causa de nuestro país común. Nunca les he dejado ni un momento de lado, salvo cuando he sido llamado al servicio público. He sido un compañero constante y testimonio de sus aflicciones, y no de los últimos en sentir y reconocer sus méritos […] Nuestras esposas, nuestros hijos, nuestras granjas y otros bienes que dejamos atrás. O, en este estado de separación hostil ¿debemos tomarlas [a nuestras familias] para perecer en el desierto, con hambre, frío y desnudez? […] ¿Por qué, entonces, deberíamos desconfiar [del Congreso]? Y, como consecuencia de la desconfianza, ¿adoptar medidas que puedan proyectar una sombra sobre la gloria que se ha adquirido con tanta justicia y empañar la reputación de un ejército que es celebrado por toda Europa por su entereza y patriotismo? ¿Y por qué hacer esto? […] En cuanto a mí […] un sentido agradecimiento a la confianza que han depositado en mí, el recuerdo de la ayuda alegre y pronta obediencia que he experimentado desde que, en virtud de todas las vicisitudes de la fortuna y el sincero afecto que siento por un ejército al que siempre he tenido el honor de dirigir […] Dejen que les ruegue, señores, por su parte, que no tomen medidas que, consideradas a la luz tranquila de la razón, disminuyan la dignidad y mancillen la gloria que hasta ahora han mantenido […], dejen que les implore, en nombre de nuestra patria común […], expresen su máximo honor y aborrecimiento al hombre que desea con pretextos falaces cualquiera, derrocar las libertades de nuestro país, y maliciosamente intenta abrir las compuertas de la discordia civil e inundar nuestro imperio creciente de sangre […] Con esta determinación y actuación […] darán una distinguida prueba más de patriotismo sin igual y de paciente virtud (Metaxas, Eric, 2013, pp. 20-24).

Premeditado o no, el discurso y la actitud de Washington sensibilizaron a los presentes, echando por tierra la conspiración y atrayendo a los más contestatarios, como Knox y Brooks, de los que llegó a obtener su absoluta lealtad. El sacrificio del general por la revolución había quedado evidenciado, consciente de que la mayoría eran compañeros que habían compartido durante años las dificultades en el campo de batalla. Terminada la reunión, se designó un comité con el propósito de redactar una declaración que debían remitir al Congreso. Todos, a excepción del coronel Timothy Pickering, muy crítico con el cambio de actitud de sus compañeros, manifestaron su aprobación.

El 22 de marzo de 1783 el Congreso votó a favor de regularizar un plan de pensiones consistente en una paga equivalente a cinco años que se financiaría con bonos del Estado. Las reticencias de Armstrong a aceptar ese programa para efectuar los pagos provocaron una nueva tentativa de complot que sería neutralizada, una vez más, por Washington y Gates. Con el anuncio el 19 de abril del final oficial de la guerra contra Gran Bretaña, el Congreso ordenó la disolución del ejército y el abono de una paga para cada soldado correspondiente a tres meses de sueldo. La falta de fondos hizo necesaria la intervención de Robert Morris, que emitió cerca de 800 000 dólares en notas personales para los soldados. Algunos tuvieron que vender, en los mismos campamentos, los billetes a especuladores para poder regresar a sus casas. En noviembre de ese mismo año solo quedaba un pequeño asentamiento militar en West Point y varios puestos de frontera dispersos por los nuevos estados.

Como resultado de la conspiración proyectada en Newburgh, muchos creyeron en la necesidad de establecer los resortes con el fin de reafirmar el poder civil sobre cualquier intento que pudiera surgir por parte del ejército para alterar el funcionamiento democrático de las instituciones. Cierto es que todavía no hemos conocido el verdadero alcance las motivaciones que llevaron a muchos oficiales a plantear el golpe de mano en Newburgh. No está claro el tipo de información que llegaron a manejar Brooks y Stewart, como tampoco sabemos si finalmente en la mente de Gates existía el firme compromiso de organizar una acción directa contra el Congreso. En una carta escrita por el mismo general en julio de 1783, dejaba claro el propósito que tenía de mantener la presión ante los políticos reticentes, lo que quería decir que el complot era cierto y entrañaba un peligro explícito. Tampoco queda clara la actitud de George Washington, asumiendo un riesgo en uno de los momentos más delicados del proceso de independencia.

El día 23 de diciembre de aquel año el general dejaba su cargo como comandante en jefe del Ejército Continental. Apenas seis años después sería nombrado primer presidente de los Estados Unidos, honor que mantendría hasta abril de 1789. George Washington moriría años más tarde, en diciembre de 1799, dejando un impecable legado que sería reconocido por políticos, historiadores y personalidades de todo el mundo. Tal y como dejaría escrito su compañero y amigo durante los años de conflicto Richard Henry Lee en su elogio fúnebre, Washington fue «... el primero en la guerra, el primero en la paz, el primero en el corazón de sus compatriotas»[70].

---

70 Herweck, Dona (2012). *George Washington* (p. 26). Huntington Beach (CA). Teacher Created Materials.

La Revolución francesa: el paradigma de la conspiración

A finales del siglo XVIII, Francia seguía siendo un país esencialmente agrícola con una población de 28 millones de habitantes. Hacia mediados del mismo siglo, el crecimiento demográfico se había visto afectado por sucesivos periodos de hambrunas y una elevada mortalidad, consecuencia de una baja productividad y un menor rendimiento en las cosechas. Con el fin de corregir esta situación, en 1774 el ministro Turgot proclamó un edicto de liberalización del comercio de granos, quedando de este modo suprimido el «pacto de subsistencia» que había permanecido hasta entonces entre el pueblo y el rey. La reforma no tardó en provocar una subida de los precios del trigo y del pan que dio lugar a numerosas protestas y a la creencia de la existencia de un «pacto de hambruna» que supuestamente habría tenido lugar entre Luis XV y los especuladores.

Durante la primavera de 1775, una serie de motines estallaron en el país, a propósito de lo que se llamó la guerra de las harinas, y que fueron sofocados duramente por las fuerzas del orden. La liberación era contraria a una economía que había estado basada en la vigilancia del monarca hacia sus súbditos con el fin de garantizar su aprovisionamiento e impedir largos periodos de hambruna. Turgot, aunque sin renunciar totalmente a la liberalización, volvió a retomar el control de los precios del trigo sin que por ello se observara un cambio considerable en los rendimientos.

La industria, todavía muy anticuada antes del final del Antiguo Régimen, estaba sostenida en su mayor parte por los campesinos que construían y fabricaban a escala local para el autoconsumo. Este tipo de industria estaba controlada por comerciantes y empresarios que se aprovechaban de la mano de obra rural. La producción textil estaba igualmente diversificada, siendo la lana el producto más importante, juntamente con el uso de la seda en ciudades como Lyon. En las zonas urbanas, el control de la producción estaba en manos de los gremios, que, al igual que el Estado, se encargaban de regular las actividades, dando empleo a obreros y aprendices. Con el ánimo de proteger sus oficios, estas corporaciones dificultaban un crecimiento a gran escala de los sectores industriales, eludiendo cualquier intento por favorecer un desarrollo más avanzado y moderno.

A pesar de todo ello, diferentes tipos de industrias comenzaron a aparecer poco antes de la Revolución en regiones como Bretaña o Languedoc. Fueron años en los que surgieron algunas fábricas de tejidos de algodón, además de otras relacionadas con la siderurgia, como en Le Cresusot, fundada en 1785, y en donde se utilizaba la fundición a base de coque. Tampoco podemos olvidar los avances en el teñido textil en fábricas como la de Oberkampf. En la minería, ya se había introducido la máquina de vapor para bombear el agua y en torno a este sector, por ejemplo, solo en Anzin se concentró una población de 3000 habitantes en 1789. Dejando aparte estos pequeños avances, el comercio sí demostró estar en una fase muy distinta a la de la agricultura o los sectores industriales. Puertos como los de Nantes o Burdeos llegaron a tener una actividad destacada, contribuyendo con ello a la fabricación y exportación de algunos productos que demandaban las colonias. Asimismo, este dinamismo facilitó el crecimiento de las regiones limítrofes.

Aunque se vislumbraba un cierto afán por enderezar el rumbo de la economía francesa, lo cierto es que esta no dejó de empeorar desde los primeros años de reinado de Luis XVI. La industria textil se vio afectada por la disminución de las importaciones de algodón, a lo que hubo que añadir las extraordinarias sequías de 1785, 1787 y 1788 que diezmaron el ganado lanar y la producción vitícola. La guerra de América, además, había disminuido considerablemente el comercio con las Antillas. En definitiva, muchas de las economías rurales quedaron maltrechas en vísperas de 1789, lo que contribuyó a quebrar la prosperidad industrial y comercial que hacía poco tiempo había comenzado a progresar.

La crisis no tardó en mostrar su peor cara con una población que no podía acceder a los productos manufacturados. Por su parte, la industria acusó la falta de demanda y se vio obligada a despedir a los trabajadores. La mendicidad y el incremento de indigentes en las grandes urbes comenzaron a ser un problema sin aparente solución al colapsarse los centros de caridad de ciudades como París. Por último, el drástico incremento del coste de la vida no tardó en desencadenar una amalgama de protestas y de malestar que se extendió también al entorno rural.

Si bien es verdad que el deterioro era ya una realidad, no es menos cierto que a lo largo del siglo XVIII la sociedad francesa experimentó una profunda transformación, principalmente de la clase burguesa, y se materializó en un nuevo poder emergente que terminaría afectando tanto a las estructuras políticas como económicas de todo el país. Numerosas fortunas atesoradas por burgueses se transformaron en créditos cedidos a nobles, incluso al rey, atenazados por un creciente déficit en sus haciendas particulares. De la misma manera, el endeudamiento público fue aumentando a expensas de la financiación que una burguesía, cada vez más implicada en los asuntos públicos, veía con disconformidad el mal uso que se hacía de sus capitales.

El ascenso económico y social de la burguesía, a fin de cuentas, no hizo más que trastocar las jerarquías del antiguo orden en la medida en que esta se había situado a un nivel muy próximo a la aristocracia. Como dato curioso, en los años anteriores al estallido revolucionario resultaba difícil distinguir a un caballero noble de un adinerado burgués. En consecuencia, la nueva estructura de la sociedad daba cabida a personas como Voltaire, hijo de un notario, a Rousseau, de padre relojero, y a Jean le Rond d'Alembert, huérfano recogido por un vidriero. En definitiva, la forma de medir a las personas se transformó en la manera en la que se mesuraban sus méritos[71].

---

71 Callaey, Eduardo R. (2007). *El mito de la revolución masónica* (p. 98). Madrid. Ediciones Nowtilus.

Con la llegada de la crisis financiera, un número incesante de ministros comenzaron a sucederse sin obtener éxito. En 1788, la situación se complicó hasta el extremo de hacerse necesaria la convocatoria, por parte del rey Luis XVI, de los llamados Estados Generales, reuniendo de este modo al clero, la nobleza y la alta burguesía. La posterior campaña electoral demostró enseguida la importancia que había adquirido el Tercer Estado, formado por un grupo muy dispar de sectores de la sociedad que aglutinaba desde campesinos, artesanos y mercaderes a burgueses e individuos de la plebe urbana. Una octavilla escrita por el abate Emmanuel-Joseph Sieyès aseguró entonces que aquel estamento era el único que ostentaba el derecho a gobernar Francia.

El avance de la burguesía anduvo a la par que la corriente de pensamiento vigente en esos momentos en Francia, La Ilustración, cuyos principios conocemos, basados en la razón, la igualdad y la libertad, y que ya habían destacado en la guerra por la independencia de las colonias en Norteamérica y se habían convertido en el principal acervo de escritores, pensadores y científicos durante el siglo XVIII. A partir de 1751, los llamados enciclopedistas comenzaron a cuestionar el derecho divino de la realeza, representándose como la punta de lanza de lo que más tarde sería una verdadera revolución social y política. Según Albert Mathiez, uno de los mejores historiadores contemporáneos y conocedores de la Revolución francesa, esta «... fue el resultado del divorcio, cada día más profundo, entre la realidad y los monarcas, entre las instituciones y las costumbres, entre la letra y el espíritu»[72].

La creciente desigualdad social y económica, el desarrollo dinámico de la población, los altos precios de los alimentos y los obstáculos causados por la imposibilidad de atajar la deuda pública llevaron a la Francia de la segunda mitad del siglo XVIII a una crisis económica sin igual. La reticencia por parte de las élites políticas para acometer las reformas necesarias –no

---

72 Marceau, Pivert (1945). «Aspectos Económicos y Sociales de la Revolución Francesa», *Investigación Económica*, 5 (3), 369.

olvidemos que los impuestos los pagaban principalmente los más humildes de las zonas rurales y urbanas– no cabe duda de que contribuyó finalmente a agotar el Antiguo Régimen y, en consecuencia, a propiciar la caída de la monarquía de Luis XVI.

Esta crisis, tanto en lo que se refiere a la sociedad francesa como a las estructuras feudales, fue la antesala de lo que sería luego el estallido de la revolución en 1789. Existen pocas dudas acerca de la importancia que tuvo la francmasonería en todo el entramado revolucionario, en particular por los principios de libertad e igualdad social que defendían y la proximidad de estos a los postulados ilustrados en los primeros momentos de la insurrección.

En 1797 el abate y jesuita francés Augustin Barruel escribió lo siguiente a propósito de la participación de la masonería: «En la Revolución francesa todo ha sigo previsto, meditado, combinado, resuelto, estatuido: todo ha sido efecto de la mayor infamia, puesto que todo ha sido preparado y realizado por los únicos hombres que conocían la trama de las conspiraciones urdidas tempranamente en las sociedades secretas y que han sabido escoger y provocar los momentos más propicios para los complots»[73].

Las afirmaciones de Barruel, apuntadas en el prólogo de sus *Memorias*, advierten de la existencia de una triple conspiración a escala mundial y cuya culminación habría sido precisamente la propia Revolución francesa. El historiador alemán Walter Markov describió las logias durante el último periodo de la Ilustración y antes de la revolución como centros alejados de conspiraciones, pero entendidos como lugares esenciales de encuentro y de tertulias. Espacios, en definitiva, para el intercambio de opiniones entre eruditos y sociedades patrióticas.

Por su parte, el físico y filósofo John Robison, profesor en la Universidad de Edimburgo, en su extensa obra *Proofs of a Conspiracy: Against all the Religions and Governments of Europe, carried on in the Secret Meetings of*

---

73 Porset, Charles (1989). «La Masonería y la Revolución Francesa: del mito a la realidad». En Ferrer Benimeli, José Antonio (coord.), *Masonería, política y sociedad*. Volumen 1 (p. 231). Zaragoza, Centro de Estudios Históricos de la Masonería Española.

Freemasons, Illuminati, and Reading Societies, denunció en 1797 una conspiración masónica con participación de los Illuminati en contra de los poderes establecidos en Europa. A su vez el teólogo alemán Johann August Stark afirmaba que la Revolución francesa era una consecuencia de las doctrinas de los filósofos ilustrados, así como de las logias que habían sido creadas por iniciativa de los Iluminados con el fin de hacer estallar la revuelta. Podría incluirse también a Ernst August von Göchhausen, autor de *Revelaciones sobre el sistema político cosmopolita,* en el que solo tres años antes de la revolución denunció una conspiración igualmente repartida entre francmasones e iluminados, cuyo propósito era la preparación de sublevaciones en varios países de Europa. Jacques-François Lefranc, religioso y declarado desafecto a la masonería, también apuntó en 1791 la existencia de una conspiración organizada por las logias responsables de los disturbios parisinos de 1789[74].

Jean-Paul Marat, partidario del ala jacobina, cronista y testigo directo de la revolución, detalló desde su publicación *Le Publiciste Parisien* la participación e influencias procedentes del extranjero. En el supuesto congreso de los Illuminati celebrado en Fráncfort durante 1786, los distintos representantes de Alemania, Gran Bretaña y Francia habrían acordado la erradicación de las monarquías europeas, entre ellas, la del rey Luis XVI.

Es probable que, dadas las circunstancias, fuese Honoré Gabriel Riquetti, conde de Mirabeau, una de las personas más destacadas en el reclutamiento de quienes más tarde serían parte importante de la revolución. Este es el caso de Saint-Just, Desmoulins, Hébert, Danton o el propio Marat, todos ellos pertenecientes a logias que, en realidad, terminarían siendo el hilo conductor de las nuevas ideas revolucionarias en prácticamente todo el país. Existe, a este respecto, quien identifica los valores de libertad, igualdad y fraternidad como elementos claramente reveladores del origen masónico de la revolución. También la escarapela tricolor pensada por Lafayette o el gorro frigio estaban tomados de la francmasonería. Se ha comentado en

---

74 Alvarado Planas, Javier (2021). *Monarcas masones y otros príncipes de la Acacia,* vol. II (p. 292). Madrid. Ediciones Dykinson, S. L.

alguna ocasión que la conocida marcha de *La Marsellesa* fue cantada por primera vez en la Logia de los Caballeros Francos de Estrasburgo.

La mayor parte de las logias militares francesas no tardaron en alinearse con los postulados democráticos del Gran Oriente, mientras el resto permanecía fiel a la tradición del Antiguo Régimen. Quizá por esa misma razón los diferentes planteamientos y modelos esgrimidos por numerosas sociedades secretas terminaron por desembocar en duros enfrentamientos durante los años de conflicto revolucionario.

Entre 1773 y 1789, estas logias constituidas principalmente por oficiales y administradas por nobles encajaron plenamente en el cúmulo de cambios que estaban produciéndose en Francia. El conjunto de ideales masónicos, visto desde una perspectiva puramente militar y constituido como un vehículo para exaltar las virtudes de fraternidad y tolerancia, llevó a la aristocracia militar a adquirir una impronta moral con la que desempeñaría un rol muy significativo aun después de la revolución. Un cometido, no lo olvidemos, que se vería rápidamente materializado en la toma de la Bastilla, lo mismo que en otros acontecimientos posteriores.

Con una crisis ya declarada, consecuencia de la difícil situación política y económica, la convocatoria de los Estados Generales por parte del rey Luis XVI el 5 de mayo de 1789 y a instancias de su ministro de finanzas Necker tuvo como primera consecuencia el aumento de representantes pertenecientes al Tercer Estado, hasta esos momentos sensiblemente rebajado. Las discrepancias mostradas por una parte del clero con estos provocaron la escisión de ambos estamentos para formar la Asamblea Nacional Constituyente.

Desalojados del salón donde se reunían los miembros de los Estados Generales y animados por el conde de Mirabeau, junto al abate Emmanuel-Joseph Sieyès, la Asamblea se trasladó a un frontón público donde el día 20 de junio se pronunció el conocido Juramento del Juego de Pelota. Contrario en un primer momento a dicha desmembración, el rey terminó reconociendo el 9 de julio la autoridad de esta, cuyo cometido debía ser dotar a Francia de una Constitución. De igual forma, Luis XVI ordenó al clero y a la nobleza que se sumaran a las tareas constitucionales, lo que suponía un reconocimiento tácito del principio de soberanía nacional. Para defender la Asamblea de un más que probable ataque por parte de las tropas realistas, las autoridades de París crearon un ejército popular de cerca de 48 000 hombres conocida como Guardia Nacional. Sin embargo, esta fuerza carecía de armamento.

La Asamblea Nacional, convertida ahora en una cámara constituyente, tenía el deber de redactar una Constitución y otorgar al país una nueva forma de gobierno. Las protestas del campesinado habían tenido un destacado impacto, hasta el extremo de que en la noche del 4 al 5 de agosto se acordó abolir cualquier signo que tuviera que ver con las costumbres y el régimen feudal. A ello hubo que añadir la liquidación del sistema de impuestos existentes. De la misma forma y siguiendo el ejemplo de la independencia americana, el 26 de agosto de 1789 los miembros de la Asamblea aprobaron una relación de derechos del ciudadano que debía insertarse en el preámbulo del futuro texto constitucional.

En la Declaración de Derechos del Hombre y del Ciudadano estaban recogidos, los principios de libertad, igualdad, inviolabilidad de la propiedad y resistencia a la opresión entendidos como la verdadera estructura de toda la legislación revolucionaria: «[…]Considerando que la ignorancia, el olvido o el desprecio de los derechos del hombre son las únicas causas de los males públicos y de la corrupción de los Gobiernos, han decidido exponer, en una declaración solemne, los derechos naturales, inalienables y sagrados del hombre… Artículo 1°. Los hombres nacen y permanecen libres e iguales en derechos. Las distinciones sociales solo pueden fundarse en la utilidad común»[75].

Gracias al prestigio logrado por la prensa, esta publicaba diariamente los debates de la Asamblea, que eran comentados en las calles y las plazas de París. El Palais-Royal, residencia de Luis Felipe II de Orleans, quedó

---

75 Hübner Gallo, Jorge Iván (1994). *Los derechos humanos: historia, fundamento, efectividad* (p. 42). Santiago. Editorial Jurídica de Chile.

convertido en un lugar de reuniones. Miembro de la facción jacobina, era un firme defensor de Jean-Jacques Rousseau y de la formación de un gobierno basado en la moral y la democracia. Partidario de la abolición del feudalismo y la esclavitud, llegaría a ostentar el grado de gran maestro en el Gran Oriente de Francia hasta poco antes de morir ejecutado en 1793. Con la capital francesa muy próxima a la insurrección, el 11 de julio, asesorado por los nobles que conformaban su camarilla personal, el rey cesó a Jacques Necker como ministro de Finanzas, persona que estaba próxima a las demandas del Tercer Estado.

El cese de Necker no tardó en interpretarse como un golpe dirigido por la corriente conservadora de la corte. El miedo a que el ejército concentrado en Versalles pudiera entrar en la Asamblea provocó de inmediato la formación de concentraciones por toda la ciudad de París y en las cercanías del Palais-Royal. Para entonces, muchos de los mandos de los regimientos que habían sido leales al rey formaban parte ya del sentir revolucionario. Un conocido francmasón de la logia de las Nueve Hermanas, Camille Desmoulins, después de organizar un complot con un grupo de seguidores, logró concentrar a una gran muchedumbre incitándola a la revuelta con frases como estas: «¡Ciudadanos, no hay tiempo que perder; el cese del ministro de finanzas Necker es la señal de la Noche de San Bartolomé para los patriotas! ¡Esta noche batallones suizos y alemanes tomarán el Campo de Marte para masacrarnos; solo queda una solución: tomar las armas!» [76].

Desmoulins hacía referencia a tropas alemanas y suizas que, en efecto, suponían un contingente muy destacado en el ejército prerrevolucionario, que fueron tomadas como fuerzas de ocupación. En total, de los más de 25 000 efectivos concentrados días antes en París y Versalles, la mitad eran extranjeros. Precisamente, en la noche del 12 de julio, el barón de Benseval,

---

[76] La alusión a la Noche de San Bartolomé está relacionada con la matanza de los hugonotes en 1572. Desmoulins reunió, en efecto, a un grupo numeroso de seguidores y subido en una mesa con una pistola en la mano se dirigió con esas mismas palabras a la muchedumbre congregada a su alrededor. Una referencia de este hecho se encuentra en: Luna-Guinot, Dolores (2013). *Desde Ál-Andalus hasta Monte Sacro* (p. 373). Victoria. British Columbia. Trafford Publishing.

al mando del destacamento emplazado en París, ordenó la intervención de los regimientos suizos acuartelados en el Campo de Marte.

Aquel mismo día, manifestaciones en favor de Necker y del duque Luis Felipe de Orleans comenzaron a recorrer las calles parisinas iniciándose los primeros enfrentamientos y produciéndose las primeras víctimas. El mayor de los grupos, que encontró oposición en un destacamento de la caballería de Alsacia, entró en disputa en una escaramuza desproporcionada al verse obligado a luchar con piedras. La desigualdad entre la Royal-Allemand Cavalerie alsaciana y el regimiento de Gardes Françaises de París comenzó a sentirse al estar estos últimos identificados con la causa popular. El propio Carlos Eugenio de Lorena, príncipe de Lambesc, jefe del pelotón de Guardias, conocía las escasas posibilidades de que el regimiento francés obedeciera sus órdenes. Exaltados los manifestantes frente a la caballería de la Royal-Allemand, la Guardia Francesa se vio en la obligación de intervenir a favor de los parisinos.

El estallido de la revolución

De madrugada, ya durante la jornada del 13 de julio, la mayor parte de los 50 controles de acceso a París fueron incendiados por una muchedumbre amotinada que exigía un precio del trigo y del pan más barato. Al mediodía, los manifestantes se concentraron en las cercanías del Ayuntamiento de París. Sin armas, la decisión de los electores del Ayuntamiento fue la de dirigirse al Hôtel des Invalides, un edificio construido en 1670 por Luis XIV con el fin de alojar a los soldados heridos, junto con un numeroso grupo de manifestantes para solicitar armamento con el que poder enfrentarse a las tropas realistas. Horas antes había circulado el rumor de que en dicho recinto estaban depositados numerosos barriles de pólvora, además de armamento de fusilería. La negativa por parte del gobernador y la falta de reacción por parte de la corte exhortaron a los revolucionarios a tomar la Bastilla, donde se guardaba una considerable cantidad de pólvora y armas. Era la víspera del 14 de julio de 1789. Se ha hecho referencia en más de una ocasión a que Luis XVI, desde su palacio en Versalles, había escrito en su diario «Rien», ignorando los sucesos que se producirían unas horas después con las consecuencias que ya todos conocemos[77].

A pesar de las dudas de algunos insurgentes, a la mañana del día siguiente unas 100 000 personas tomaron Los Inválidos para hacerse con cerca de 30 000 mosquetones, 12 cañones y un mortero, pero las armas no disponían de munición. Pese a todo y aunque el recinto permanecía protegido por tropas y cañones, en ningún momento se abrió fuego desde las instalaciones. Varios regimientos estaban próximos a la explanada del Campo de Marte con el barón de Besenval al frente. Dispuesto a poner solución a la situación, reunió a sus oficiales con el ánimo de conocer cuál sería la reacción de los soldados ante la orden de marchar contra los amotinados. La respuesta general fue que no se moverían para reprimir al pueblo.

Con unas armas sin posibilidad alguna de ser utilizadas, solo quedaba la alternativa de llegar hasta la Bastilla. Símbolo de la tiranía y de la opresión de la monarquía absoluta regida por Luis XVI, el presidio había sido desde el siglo XVI una de las cárceles más requeridas por los reyes. A pesar de todo ello, el día del asalto solo contaba con siete presos y algo más de 80 defensores, soldados en su mayoría inválidos. Aproximadamente sobre las 10 de la mañana, 1 000 manifestantes pidieron la rendición de la prisión, la retirada de los cañones y la entrega de las armas y la pólvora.

Poco después, una delegación de la Asamblea de electores de París se presentó a las puertas de la Bastilla con la idea de negociar la rendición. Miembros del Comité permanente, junto con Jacques Alexis Hamard Thuriot y el oficial de la comisaría, Louis Ethis de Corny, pidieron entonces la entrega de las armas y de municiones al pueblo. Con el paso de las horas, una parte de la muchedumbre decidió cortar las cadenas del puente para adentrarse en el patio interior. Bernard-René, marqués de Launay, en esos

---

77 Durante muchos años se especuló con esta anotación del rey en su diario personal, interpretándose como una aparente falta de clarividencia. Hoy conocemos que dicha referencia la realizó al no haber cazado nada ese día. En: Caballé, Anna (2018). «Biografía y literatura: los horizontes epistemológicos de la biografía». En Pérez Collado, José María (ed.), *Fronteras permeables: ciencias sociales y literatura* (p. 76). Madrid, Marcial Pons.

momentos alcaide al mando de la prisión, ante la difícil situación, ordenó abrir fuego, lo que ocasionó numerosas bajas.

Transcurrida la tarde, un grupo de unos 70 guardias, junto a tropas desertoras al mando de Pierre-Augustin Hulin, un antiguo sargento de la Guardia Suiza, colocaron una batería de cañones traídos desde Los Inválidos frente a la puerta y el puente levadizo de la Bastilla. En el enfrentamiento posterior perdieron la vida más de 100 personas. La prisión había caído. Apresados los defensores para ser trasladados al Ayuntamiento, Launay fue apuñalado durante el trayecto y tres de sus defensores corrieron la misma suerte. De la crudeza de aquellos momentos ha quedado el recuerdo de la cabeza del alcaide seccionada brutalmente y clavada después en una pica para ser mostrada al pueblo por las calles de París.

Con el control de la ciudad en manos de los insurrectos, las posibilidades de una contraofensiva comenzaron a adquirir consistencia. A las seis de la tarde y sin saber que la Bastilla ya había sido ocupada, el rey ordenó a sus tropas evacuar la capital. Mientras, en Versalles, la Asamblea no valoró como hubiera sido preciso el golpe de París. Solo el mariscal de Broglie alentó a una parte del ejército a adoptar medidas drásticas en favor de la monarquía. Durante la mañana del día 15 de julio muchos soldados y oficiales que habían apoyado a los realistas ya habían desertado o estaban próximos a sus guarniciones. En pocas horas, el marqués de Lafayette fue nombrado máximo responsable de la Guardia Nacional. Por su parte, Jean-Sylvain Bailly, miembro de la logia Nueve Hermanas e instigador del Juramento del Juego de Pelota, asumía la alcaldía de París.

Solo unos días más tarde, el rey anunciaba el restablecimiento de Necker en su antiguo puesto en el gobierno. Así las cosas, lo que en un principio había sido una revuelta planeada contra los altos precios y la destitución del ministro de Finanzas, en poco tiempo, se había transformado en una revolución con consecuencias muy profundas. Llaman la atención las palabras del dramaturgo y cronista de la época Sébastien Mercier, miembro igualmente distinguido de la logia de las Nueve Hermanas, al referirse al éxito de la revolución:

Tengo fundamentos para decir que no hace falta buscar las causas de la revolución en hechos alejados. Fue la vista de los cañones y de todo el aparato de guerra, fue un golpe de sable sobre la cabeza calva de un viejo […] lo que actuó como la señal de la desesperación y lo que electrizó todas las cabezas […] Una insurrección semejante no se prepara, no se organiza, puede llegar al pueblo más tranquilo. El parisino no tenía intención de devorar Versalles; fue Versalles la que forzó a París a devorarla (Martínez-Val Peñalosa, Juan, 2013, p. 116).

Lo que Mercier probablemente no llegó a relatar es que aquella insurrección, tal y como él mismo la había denominado, había precisado de una larga preparación para que finalmente pudiera alcanzar el éxito. Aparte de las logias, como ya se ha explicado, una serie de clubes políticos de la Francia prerrevolucionaria asumieron el papel principal de informadores y aglutinadores para la defensa de los derechos de los ciudadanos. La lista es amplia en lo que se refiere a la historiografía relativa a la Revolución francesa, y en ella destacan el Club de los Cordeliers, los Feuillants o los Impartiaux y el conocido Club de los Jacobinos.

Por lo que respecta a la francmasonería, se han realizado diversos estudios en relación con la logia secreta de Philalèthes. Constituida en París en el transcurso del año de 1773 por el marqués Charles-Pierre-Paul Savalette, la sociedad tramó una conspiración contra la monarquía, en consonancia con las actividades que ya venía desarrollando la logia Les Amis Réunis. En las reuniones, altos cargos cercanos al rey junto con miembros de Philalèthes apoyaron la liquidación de este, manteniéndose esta muy activa durante todo el periodo revolucionario. Aunque es cierto que el inicio de la insurrección interrumpió muchas de las actividades que acometían las logias, no debemos olvidar que muchas de ellas, incluso desde establecimientos públicos o religiosos como eran los conventos y las iglesias, siguieron trabajando en la preparación de tramas y complots con la misma finalidad de destruir el régimen monárquico.

Es muy interesante el estudio que en su día realizó Charles Porset sobre las actas de los conventos en la Francia del siglo XIX. En ellas están registradas las reuniones organizadas por la logia Philalèthes entre 1784 y 1787 en apoyo de la Revolución francesa. En ellas se advierte la preparación de las actividades clandestinas y el papel desempeñado por miembros de las altas finanzas. Ello nos da una idea del compromiso que algunas de las logias adoptaron a favor de un cambio de régimen político, muchas veces con la ayuda de destacados sectores de la Iglesia[78].

La aparente reconciliación entre la monarquía y el pueblo comenzó a enfriarse. La insurrección de julio en París no tardó en extenderse por todas las regiones de Francia. Numerosos municipios, con la pretensión de obtener el autogobierno, crearon cuerpos de guardias para su defensa, aplicando el principio de soberanía popular, una situación que fue preciso regular desde la Asamblea Nacional. A pesar de los intentos por reconducir una situación de por sí ya alterada, algunas fincas ubicadas en las zonas rurales fueron quemadas por contingentes de revolucionarios sin control. Tampoco la aristocracia pudo asumir las nuevas condiciones creadas por la revolución y en muchos casos tomó la vía del exilio que también tendría sus consecuencias. Entre los primeros *émigrés* que salieron del país estaban el conde de Artois, futuro Carlos X, sus hijos, la familia Polignac y Alexandre de Calonne, quien había estado al cargo de las finanzas del reino. Desde Turín, este último junto con el conde de Artois y el príncipe de Condé iniciaron una conspiración con el fin de organizar una gran coalición europea contra el gobierno revolucionario francés.

Mientras, la burguesía moderada, con la mayor representación en la Asamblea, prtendía instaurar una monarquía constitucional con poderes limitados. La clase aristocrática estaba aglutinada en el ala derecha, defensora del poder absoluto y del mantenimiento de los privilegios del Antiguo Régimen, en el ala izquierda estaban los republicanos, una de cuyas figuras

---

78 Porset, Charles (1996) *Les philalèthes et les convents de Paris. Une politique de la folie*, París, Honoré Champion.

más destacadas era Maximilien Robespierre. En las sucesivas reuniones preliminares se acordó buscar una solución que acercara a Francia a un régimen monárquico y parlamentario. La Constitución de 1791 establecía una evidente separación de poderes que concedía al rey las funciones ejecutivas, mientras que al Parlamento, renovado cada dos años, le confería la mayor parte de las atribuciones legislativas. La burguesía defendía dos categorías de ciudadanos: los «activos», que tendrían capacidad para votar y ser contribuyentes, dotados de derechos políticos y civiles, y los «pasivos», aquellos que solo dispondrían de derechos civiles. En consecuencia, quedaban excluidas del derecho a voto las clases bajas, con lo que se iniciaba la radicalización de una parte importante de la población al exigir el sufragio universal.

La actividad legislativa de la Asamblea pretendía principalmente normalizar la igualdad civil y las libertades económicas, eliminando aquellas dificultades que limitaran el acceso de los ciudadanos a cargos en la Administración y el ejército. Quedaron abolidos los gremios y las asociaciones obreras igualando las cargas impositivas a los diferentes sectores sociales. Las necesidades financieras, agravadas por la propia revolución, provocaron la necesidad de que la Asamblea decretara la nacionalización del patrimonio de la Iglesia, cuyos bienes pasaron a depender del Estado.

La sociedad francesa se enfrentó a un cambio significativo impulsado por la Asamblea legislativa, una transformación que encontró una tenaz resistencia por parte de las clases más privilegiadas. Convencido Luis XVI del peligro de la radicalización como consecuencia de los cambios ocasionados por los movimientos revolucionarios, entabló negociaciones en secreto con las potencias absolutistas en Europa, al mismo tiempo que simulaba la aceptación de las reformas y preparaba la huida del país. Tras su intento de fuga, fue detenido junto a su familia en Varennes el 21 de junio de 1791.

La noticia de la huida fallida del rey agitó los ánimos en la clase campesina y provocó una oleada antimonárquica por toda Francia, lo que supuso la salida del país de una parte de la aristocracia y del clero. Desde los clubes y periódicos más radicales se exigió que fuera la nación la que juzgara al monarca, aunque finalmente fue la Asamblea la que declaró su inocencia, reforzándose, de este modo, la ruptura entre burgueses moderados y republicanos. Dirigidas por Georges-Jacques Danton y Jean Paul Marat, miembros del Club de los Cordeliers, también conocido como la Sociedad de Amigos de los Derechos del Hombre y del Ciudadano, comenzaron a organizarse manifestaciones en contra del rey, de las cuales la más importante fue la del 17 de julio en el Campo de Marte.

A comienzos del otoño de 1791, convencidos de que la situación política se había estabilizado, los representantes de la Asamblea Constituyente creyeron que debía procederse a la disolución de la cámara y convocar elecciones legislativas, tal y como preveía la propia Constitución aprobada el 3 de septiembre de ese mismo año. Las elecciones celebradas el primero de octubre dejaban un ala derecha con 260 diputados de un total de 745. Sin la presencia de la aristocracia, defensora a ultranza de los valores absolutistas, la mayoría de los representantes pertenecían a los sectores de la burguesía. En los bancos de la izquierda estaban los jacobinos, llamados así por su procedencia de un club instalado en el antiguo convento de los jacobinos, en la rue Saint-Honoré de París. Con 150 representantes, destacaban los elegidos por la región de la Gironda, grupo que terminaría siendo conocido como los girondinos. Opuestos al régimen monárquico y defensores del sufragio universal, la izquierda contaba adicionalmente con el apoyo de una buena parte de las clases bajas que no tenían derecho a voto. Identificados con la revolución, estos no estaban claramente definidos en lo que se refería al modelo de Estado que más convenía al país.

Lejos de estar resuelta la crisis económica y con los precios de los productos básicos muy elevados, las clases más deprimidas seguían poniendo en peligro la estabilidad del nuevo régimen constitucional. Tampoco la política exterior era buena. Gran parte de la aristocracia en el exilio había expresado sus intenciones en la Declaración de Pillnitz, en Sajonia, entre el 25 y 27 de agosto de 1791. La reunión, a la que asistieron el emperador Leopoldo II de Austria, el rey Federico Guillermo II de Prusia, el príncipe Federico Augusto I de Sajonia y el conde de Artois, fue interpretada por la

Asamblea Nacional como una declaración de guerra. Entre sus conclusiones se advertía que el objetivo de las potencias monárquicas en Europa era la de «[...] permitir al rey de Francia afianzar en completa libertad las bases de la forma de gobierno, que es lo que corresponde al soberano y para el bienestar de Francia»[79].

En la declaración quedaba contenida la amenaza de las potencias europeas en contra de la revolución. En un país en el que estaban recientes los cambios políticos se corría el riesgo de sortear y sufrir conspiraciones y complots fraguados por los todavía partidarios del viejo sistema absolutista. Un régimen que había basado su poder en los privilegios monárquicos, similar a los que amenazaban ahora los éxitos revolucionarios. La revolución, por tanto, debía declarar la guerra a los enemigos exteriores, anticipando un ataque preventivo contra aquellos países que habían declarado su amenaza a una Francia que vivía una transformación política y social. La burguesía conservadora, por su parte, confiaba en una victoria que permitiera reforzar a la monarquía. Por su parte, Luis XVI, en caso de sufrir una derrota, seguía confiando en una intervención desde el exterior para eliminar el sistema parlamentario y volver al absolutismo. Solo los jacobinos, conscientes de las escasas fuerzas militares que Francia poseía, temían que un fracaso amenazara la revolución.

A instancias de la mayoría de la Asamblea Legislativa, el 20 de abril de 1792 el rey Luis XVI declaró la guerra a Austria entre una gran euforia popular. El ejército, sin apenas preparación, no hizo más que agravar la crisis después de ser derrotado en todos los frentes. A finales de junio, los jacobinos dirigidos por Robespierre exigieron que se acusara al rey de traición, así como la disolución de la Asamblea con el fin de establecer una república a través del sufragio universal. La toma de Verdún por parte de las tropas prusianas y austríacas, amén del manifiesto anunciado por el duque de Brunswick proclamando arrasar París si la familia real sufría algún daño,

79 Mayer, Arno J. (2014). *Las Furias. Violencia y terror en las revoluciones francesa y rusa* (pp. 615-616). Zaragoza. Prensas de la Universidad de Zaragoza.

acabaron por enardecer y levantar los ánimos y precipitar los acontecimientos. En unos documentos recogidos por Eugène Lefèvre en 1869 con respecto al manifiesto y en contra de la revolución, podía leerse lo siguiente:

> Después de haber suprimido arbitrariamente los derechos y posesiones de los príncipes alemanes en Alsacia y en Lorena; turbado y derribado en el interior el buen orden y el gobierno legítimo; ejercido contra la sagrada persona del rey, y contra su augusta familia, atentados y violencias que se han perpetrado y renovado diariamente, los que han usurpado las riendas de la Administración, han colmado al fin la medida, haciendo declarar una guerra injusta al emperador [...] Las potencias extranjeras no tienen intención de mezclarse en el gobierno interior de Francia. Quieren solamente sacar al rey, a la reina y a la familia real de su cautiverio, y procurar a S.M.M.C. la seguridad necesaria para que pueda hacer sin peligro y sin obstáculo las convocaciones que juzgue a propósito, y asegurar la felicidad de sus súbditos, según sus promesas, tanto como dependa de él. (Lefèvre, Eugène, 1869, pp. 136-142).

El 10 de agosto de 1792 una muchedumbre exaltada entró en el palacio de las Tullerías, asesinó a la guardia y tomó como rehén al propio monarca. El descubrimiento de una documentación que comprometía al mismo Luis XVI desencadenó las primeras muestras de terror. Depuesto y encarcelado en la Torre del Temple, los altercados terminaron llevando al Ayuntamiento parisino a una Comuna revolucionaria controlada en aquellos momentos por los jacobinos y a la convocatoria, por parte de la Asamblea Legislativa, de un nuevo proceso electoral por sufragio universal. Un sufragio en el que todavía estaban excluidas las mujeres.

A comienzos de septiembre la violencia indiscriminada ya había ocasionado alrededor de 1300 víctimas en las calles de París. Numerosas personalidades del clero, de la nobleza y seguidores de la monarquía fueron ejecutadas en las llamadas matanzas de septiembre. El día 20, la Asamblea Legislativa se disolvió y se inició una nueva andadura con el objetivo de abordar un nuevo proceso constituyente a través de la recién creada Convención Nacional. Ese mismo día y al mando del general Charles Dumouriez, ayudado por el mariscal François Christophe Kellermann, duque de Valmy, las tropas revolucionarias francesas lograban la retirada del ejército prusiano del duque de Brunswick. Goethe, testigo excepcional de la batalla, escribió: «En este lugar y a partir de este día comienza una nueva era en la historia del mundo, y vosotros habéis presenciado su nacimiento»[80].

Coincidiendo con los primeros instantes de la Convención Nacional, el radicalismo en las calles se incrementó. Los nuevos comicios, una vez eliminados los monárquicos constitucionales, habían reducido la representación a solo tres grupos. Los 160 diputados girondinos, en representación de la alta burguesía, apoyaban la creación de una república descentralizada; en el sector de la extrema izquierda, la «montaña», integrado por 140 diputados, se apostaba por una república democrática; los representantes de la pequeña burguesía, como Robespierre, Danton y Marat. Entre todos ellos, la «llanura», constituida por casi 400 escaños, mantenía una posición de centro sin ofrecer una ideología determinada.

La primera decisión de la Convención fue abolir la monarquía, y el 22 de septiembre de 1792 se proclamó la República. Bajo la presión de los girondinos, el comienzo del nuevo régimen se inició con la condena a muerte de Luis XVI, que fue guillotinado el 21 de enero de 1793 en la plaza de la Revolución, actual plaza de la Concordia de París. Su ejecución intensificó aún más la crisis política y social en Francia. El ensayista Nicolas Deschamps en su libro *Les Sociétés secrètes et la société ou philosophie de l'histoire contemporaine*, señala que Luis XVI había sido condenado a muerte en un convento masónico antes incluso de ser condenado por la propia Convención Nacional. En efecto, existe una carta del cardenal Mathie a un

---

80 Parker, Geoffrey (2010). *Historia de la guerra* (p. 203). Madrid. Akal.

tal Léon Pagès en la que advierte de la conspiración y posterior escarmiento contra el rey francés.

> Hay en nuestros países un detalle que le puedo dar como cierto. Hubo en Fráncfort, en 1786, una asamblea de francmasones a la que fueron convocados dos hombres importantes de Besançon, que formaban parte de la sociedad: M. de Raymond, inspector de correos, y M. Maire de Bouligney, presidente del Parlamento. En esta reunión se resolvieron los asesinatos del rey de Suecia y el de Luis XVI. M. de Raymond y de Bouligney regresaron consternados, prometiéndose mutuamente no volver a poner un pie en una logia y guardar el secreto. El último superviviente se lo contó al señor Bourgon, que murió con casi noventa años de edad, en posesión de todas sus facultades. Es posible que haya oído hablar de él, porque dejó entre nosotros una gran reputación de honradez, rectitud y firmeza; lo conocí mucho, y desde hace mucho tiempo, porque estoy en Besançon desde hace cuarenta y dos años, y murió hace poco tiempo. A menudo me relataba el hecho a mí y a otros. Ya ve que la secta sabe, de antemano, cómo enmarcar sus golpes: esa en pocas palabras, es su historia (traducción personal de parte del escrito recogido en: Deschamps, Nicolas, 1880, pp. 134-135).

La muerte del rey activó los ánimos de las fuerzas realistas y del clero refractario, formado por obispos y sacerdotes contrarios al ideario revolucionario. A su vez, las potencias absolutistas no tardaron en organizar la Primera Coalición, formada por Austria, Prusia, España, Inglaterra, Holanda, Portugal, además de la mayor parte de estados italianos y alemanes. Los acontecimientos desencadenados fuera y dentro de Francia motivaron finalmente una lucha por el poder más cruenta que provocó un baño de sangre aún mayor y una situación extraordinariamente insostenible.

En el verano de 1793, apoyados por los ciudadanos más entusiastas de París, los *sans-culottes*, los representantes de la «montaña», controlaban el poder y habían ejecutado a los principales dirigentes de la derecha girondina, acusados de traición. El nuevo gobierno quedaba en manos de Robespierre y bajo el control del Comité de Salvación Pública, el Comité de Seguridad General y del Tribunal Revolucionario. Las primeras medidas, como el decreto para organizar una leva en masa o el control riguroso de los precios y salarios, demostraban un intervencionismo económico asfixiante para una burguesía moderada, partidaria de la liberalización de los mercados.

A todo ello hubo que sumar las nuevas normas aprobadas por la Convención para agilizar los procedimientos judiciales extraordinarios y los tribunales revolucionarios. Con la aprobación de la Ley de Sospechosos, cualquier conato de complot o conspiración contra la República quedaba neutralizada. Además, la ley permitía eliminar cualquier tentativa de disidencia contrarrevolucionaria, lo que suponía la posibilidad de depurar las estructuras del Estado. El resultado de tales desmanes dio lugar al periodo del Terror y al procesamiento y ejecución en la guillotina de más de 17 000 ciudadanos, solo durante el año que los jacobinos detentaron el poder. Se ha llegado a escribir que algunos verdugos practicaban el saludo masónico entre ellos antes de ejecutar a los prisioneros. Entre las víctimas, sería la reina María Antonieta, guillotinada el día 16 de octubre, una de las más celebradas en esos días. Años más tarde, Alejandro Dumas dejaría escrito el relato de sus últimos momentos de vida:

> Al ir desde la escalera al patio, miró a su alrededor y vio la carreta de los sentenciados que le estaba esperando; a su aspecto se detuvo e hizo un movimiento como para retroceder [...] Hasta aquel momento había creído que la conducirían al cadalso en un carruaje cerrado, como habían tenido el decoro de hacerlo con el rey; pero, según se ve, la igualdad ante la muerte fue llevada con respecto a ella hasta el extremo. Apenas se presentó, cuando todo aquel pueblo, amontonado en los puentes,

onduló como un mar, y de aquellos pechos llenos de odio y de hiel, salieron los gritos de: «¡*Abajo la Austríaca! ¡Muera la viuda Capeto! Muera madame* […] ¡Muera la tiranía!».

El control absoluto y la dictadura ejercida por Robespierre consiguieron eliminar los posibles complots, así como las rebeliones de monárquicos y girondinos. Las levas impuestas a la población terminaron por organizar un ejército de casi un millón de hombres, lo que permitió derrotar a los ejércitos de la Coalición. Ello no calmó los ánimos de los jacobinos, que comenzaron a fraccionarse y exigir un mayor acoso a quienes aún podían presumir de riqueza y poder. En el otro lado, algunos compañeros clamaban por una normalización de la vida pública y la aplicación de la Constitución que, aunque aprobada en junio de 1793, todavía no había entrado en vigor. A partir de marzo del año siguiente, Robespierre acusó de conspiradores y traidores a Jacques Hébert, Camile Desmoulins y a Georges-Jacques Danton, dirigentes que habían pertenecido a las distintas tendencias dentro del ala jacobina y que fueron ejecutados sin vacilación alguna.

El 27 de julio de 1794, los miembros que todavía formaban parte de la «llanura» en la Convención Nacional y los jacobinos más moderados retiraron su apoyo a Robespierre. Este había pronunciado un discurso días antes frente a los diputados en el que se defendía de los rumores y ataques contra su persona y sacaba a la luz una conspiración antirrevolucionaria que creía que se estaba tramando en la propia Convención Nacional y en los Comités Rectores. Como señala la historiadora Françoise Brunel, aquel discurso contenía la solución «última» para poner fin a los problemas de la revolución. Contrariados sus oponentes, estos comenzaron a creer que el mismo Robespierre estaba planeando una nueva purga entre sus filas. Uno de los más activos fue Jacques Nicolas Billaud-Varenne, diputado y miembro del club jacobino, quien le acusó de conspiración contra la Convención, demostrando que ya había sido cuestionado y expulsado del Club Jacobino el día anterior.

Después de las acusaciones, la Convención votó el arresto de Robespierre —al grito de tirano y conspirador—, y el de su hermano, Saint-

Just, además de otros líderes y funcionarios al servicio del Terror. Llevados primero ante el Comité de Seguridad General, después fueron encarcelados en distintas prisiones de París. Malherido por un intento de suicidio y sin que se hubiera celebrado un juicio previo, el día 27 de julio −9 de Termidor para el calendario aprobado por la Convención− Maximilien Robespierre fue ejecutado junto a 20 de sus partidarios. El 29 de aquel mismo mes se llevaron a cabo varias redadas contra miembros del Consejo General de la Comuna y algunos empleados municipales.

Como resultado de los arrestos, cerca de 70 seguidores de Robespierre fueron condenados a muerte sin juicio alguno, siendo el grupo más numeroso de guillotinados en un solo día desde que se habían promulgado las leyes de represión. En pocas jornadas la cifra alcanzó hasta 180 ejecuciones. Más tarde, la Convención encargó una comisión para revisar las actividades de Robespierre y de sus cómplices. Uno de los testimonios, el de Louis-Marie Stanislas Fréron, periodista, miembro de la Convención y compañero de Robespierre desde la infancia, dejó claro el carácter de aquel revolucionario que siempre había ido armado con pistolas y rodeado de guardaespaldas: «Era como le conocimos siempre: triste, repugnante, taciturno, envidioso del éxito de sus compañeros… Jamás se tuvo noticia de que se riera. Jamás olvidaba un desaire; era vengativo y traicionero»[81].

Con su muerte, la fase más cruel de la Revolución francesa ponía fin a sus excesos, pero comenzaba otra cuya reacción conservadora solo iba a cambiar los nombres a los verdugos y los ajusticiados. A partir de julio de 1794 la burguesía conservadora se afianzó dentro de la Convención Nacional, se restableció la libertad de precios y reprimió sin miramientos las protestas de las clases más desamparadas. Entre los propósitos más inmediatos estaban los de continuar la guerra en el exterior y la preparación de un nuevo texto constitucional con el que reemplazar el de junio de 1793.

---

81 McPhee, Peter (2013). *Robespierre. Vida de un revolucionario* (p. 341). Barcelona. Península.

La nueva Constitución, sancionada a través de un plebiscito en septiembre de 1795, estableció una clara división de poderes. El ejecutivo quedaba en manos de un nuevo organismo, un Directorio formado por cinco «directores» cuya renovación tendría lugar cada año por miembros del legislativo. Se intentaba evitar de esta forma que pudiera reproducirse un gobierno dictatorial como el desempeñado por Robespierre. También se ponía fin a la participación a través del sufragio universal. Quizá la visión más positiva del final de la revolución fueron los éxitos logrados en la política exterior contra la Primera Coalición gracias a las campañas de generales como Moreau, Jourdan y Napoleón contra el ejército austríaco en Italia.

Ante los problemas surgidos a raíz de la formación de una segunda alianza contra Francia por parte de países como Inglaterra, Austria, Nápoles o Rusia, además del peligro que seguían generando las presiones jacobinas y realistas, la burguesía republicana empezó a ver con buenos ojos una solución que partiera del mismo ejército. Napoleón Bonaparte, alentado por los deseos de Emmanuel Joseph Sièyes y Roger Ducos, miembros del Directorio, encabezó el 9 de noviembre de 1799 un golpe que terminó poniendo definitivamente fin a un conflicto iniciado diez años atrás.

Ultimada la revolución en Francia, muchas cosas habían cambiado. La estructura social y política emprendía un proceso de transformaciones paulatinas, a pesar de los intentos de algunas monarquías por volver a las estructuras del Antiguo Régimen. Los súbditos eran ahora ciudadanos con derechos, y la burguesía, el principal motor de la economía. Por otra parte, los nombres de algunas instituciones volvían a denominarse como aquellos que habían servido en la Roma clásica. Fue el caso del Senado, el consulado o la prefectura, etc. Desde la legislación a la ciencia y desde el ejército a la educación, muchos aspectos se habían transformado o, sencillamente, habían dejado de existir para dar paso a otros conceptos nuevos.

Aquellos cambios habían requerido un gran esfuerzo de organización y planificación. Los signos de la nueva sociedad eran también el resultado de valores como la libertad, la igualdad y la fraternidad, signos que procedían de un pasado no tan lejano y que ya habían encontrado cobijo al otro lado del Atlántico. Palabras y conceptos que, con total seguridad, debieron escucharse en tabernas, clubes y logias de francmasones.

Hoy sabemos que una parte destacada de revolucionarios pasaron mucho tiempo preparando y allanando el camino para alcanzar el triunfo final en una lucha que, desde el primer momento, se había mostrado bastante desigual. Muchos de aquellos planes y propósitos conspiradores fueron surgiendo de personas que procedían de sociedades secretas, como Dominique Joseph Garat, Jacques Pierre Brissot, Bailly, Nicolas de Condorcet, Camille Desmoulins, Sébastien Mercier, Danton, Nicolas Chamfort o Jean-Paul Rabaut de Saint-Étienne, entre otros muchos, todos pertenecientes a la logia de las Nueve Hermanas. El ingeniero y periodista André Baron llegó a asegurar que la logia masónica Les Amis Réunis había sido cómplice de muchas de las acciones ocurridas durante el Terror, implicando a François Babeuf, Jean-Louis Carra y al propio Robespierre[82].

Independientemente de la tiranía vivida durante ese periodo, la realidad socioeconómica tuvo su mayor exponente en la constitución de asambleas de representantes, algo inimaginable durante el Antiguo Régimen. Los ciudadanos, mediante la participación en los procesos electorales, delegaban su cuota de poder en unos diputados que estaban obligados a abogar por sus intereses. Unas cámaras que, del mismo modo que ya se habían constituido en los Estados Unidos, mostraban los primeros antecedentes de los actuales Parlamentos democráticos.

Por último, la idea fraternal de la revolución fue uno de los elementos esenciales por lo que respecta a las personas y a su relación con las leyes. La igualdad frente a la justicia, la presunción de inocencia y la asistencia de un letrado en los tribunales demostraban una profunda transformación en los procesos judiciales. Además, y siguiendo el modelo surgido en Francia, los ecos de la rebelión favorecieron el modo de acrecentar las libertades democráticas durante el siglo xix en otros países, tal y como sucedería en

---

82 Véase: Barón, André (1906). *Les Sociétés Secrètes, leurs crimes: depuis les initiés d'Isis jusqu'aux franc-maçons modernes* (p. 290). Paris. H. Daragon, Libraire-Éditeur: https://gallica.bnf.fr/ark:/12148/bpt6k109840h.texteImage

España en 1820 con el pronunciamiento del general Riego y la posterior jura de la Constitución de Cádiz por parte del rey Fernando VII. Una labor que contaría también con la participación de la francmasonería y de las sociedades secretas hasta la consolidación del liberalismo en las postrimerías del siglo XIX.

La España liberal del siglo XIX

Durante los últimos años del siglo XVIII, España se preparaba para recibir los primeros signos revolucionarios procedentes de Francia. El aumento de proclamas y manifiestos que recordaban los principios de libertad e igualdad habían comenzado a llegar desde el otro lado de los Pirineos, precisamente gracias a los exiliados ilustrados que habían visto muy próxima la revolución en París. El más importante de ellos fue, sin duda, José de Marchena, editor de la *Gaceta de la Libertad y de la Igualdad*, desde la que pretendía «preparar los espíritus españoles para la libertad»[83]. Su proclama *A la Nación española*, editada en Bayona en 1792, consiguió una tirada de 5 000 ejemplares. En ella se apelaba a la supresión de la Inquisición, el restablecimiento de las Cortes estamentales y la limitación de los privilegios de la Iglesia, propósitos que recordaban el ideario moderado de los girondinos. Sería en aquella ciudad donde ingresaría en la Sociedad de Amigos de la Constitución junto con varios patriotas refugiados.

Si bien los deseos de articular un plan de propaganda revolucionaria para acabar con el absolutismo en España habían fracasado, en las décadas siguientes el número de pronunciamientos, conspiraciones e insurrecciones no se detendría hasta ver culminado el proyecto liberal. Figuras como el conde de Floridablanca, el conde de Aranda, e intelectuales de la talla de Jovellanos, Campomanes y Meléndez Valdés, entre otros, tuvieron que compartir sus particulares visiones del liberalismo con otras más radicales, como

---

83 Enciso Recio, Luis Miguel (1991). «El influjo de la evolución francesa en España». En Cremades Griñán, Carmen María y Díaz Bautista, Antonio (coordinadores), *Poder ilustrado y revolución* (p. 81). Murcia. Universidad de Murcia.

la de Juan Bautista Picornell, líder revolucionario y primero en conspirar contra el orden establecido en España en febrero de 1795.

La conspiración de Picornell

Juan Bautista Mariano Picornell y Gomila dedicó parte de su vida a buscar una acción educativa más eficaz. Quizá su radicalismo se comprende cuando leemos parte de sus propósitos, en los que afirmaba que «los hijos pertenecen más a la República que a sus padres». En este sentido insistía en que la educación y el cuidado de estos debía ser una tarea ejercida desde las mismas instituciones educativas del país[84].

Entre 1791 y 1795, en Madrid, Picornell comenzó a frecuentar tertulias políticas e ideológicas, llegando a relacionarse con alguna logia masónica. Sabemos que buscó apoyos para sus planes educativos, primero estableciendo contactos con Floridablanca y más adelante a través de la Sociedad Económica Matritense de Amigos del País. Sin embargo, sus ideas no fueron tenidas en cuenta, lo que supuso que tomara actitudes claramente reaccionarias. Lo cierto es que la implantación de nuevos planes en la enseñanza no estaba bien vista, especialmente si se pretendía incorporar la educación política en unos momentos en los que la zozobra motivada por la Revolución francesa era evidente. El proyecto de Picornell, en cualquier caso, pasó por distintas comisiones sin apenas fortuna hasta llegar al ostracismo. Dentro de su frustración, una de sus salidas fue, como ya hemos dicho, su acercamiento a la francmasonería.

En 1794, Picornell llevó a cabo la conspiración de San Blas, un intento revolucionario en Madrid que fue el ejemplo más sobresaliente de rebelión durante el reinado de Carlos IV. Las reuniones comenzaron en la residencia del conde Tepa, donde se alojaba el traductor y profesor José Lax. Según las declaraciones de Picornell después de su detención, Lax fue «el autor del pensamiento, y el primero que lo propuso». Esta afirmación, sin

---

84 Aguirrezábal, María Jesús y Comellas, José Luis (1982). «La Conspiración de Picornell (1795) en el contexto de la prerrevolución liberal española», *Revista de historia contemporánea*, 1, 7‑38.

embargo, no impide pensar que el auténtico creador de la conjura fuera el propio Picornell. Se sabe que en la vivienda del conde se discutieron los planes y redactaron los manifiestos. A finales de 1794, Picornell alquiló una habitación en una fonda del número 22 de la calle de San Isidro que transformaría enseguida en su cuartel general.

Durante la noche del 2 al 3 de febrero de 1795, se discutió activamente la fecha de «rompimiento», proponiendo Picornell un aplazamiento. Desde su nueva ubicación, este comenzó a dar muestras de una liquidez económica difícilmente explicable en un maestro sin empleo como era él. Ayudó a Cortés y a Sebastián Andrés a encontrar un lugar donde alojarse clandestinamente y compró armas y una provisión de pólvora al mismo tiempo que asistía y socorría a muchos necesitados.

A través de sus «asistencias» y socorros, hacía discursos sobre los gastos exorbitantes del rey, el sometimiento del pueblo y la libertad y prosperidad que habrían de llegar a todas las regiones después de la rebelión. El origen de aquel dinero nunca se ha podido determinar. Los interrogatorios efectuados por el fiscal solo consiguieron respuestas confusas y finalmente se determinó que algunos reales procedían de la pensión de su hijo, transacciones de alguna vivienda, negocios, etc., cuestiones que sobrepasaban el ámbito de su verdadera profesión, que era la de maestro. Parece ser que llegó a afirmar que disponía de una cantidad de cinco millones de reales para su revolución. De sus declaraciones previas a la condena a muerte, las autoridades anotaron las conclusiones y los efectos que la revuelta ocasionaría: «... habrá alboroto, se mudaría el gobierno, se bajarían los comestibles, y se evitaría lo mucho que gastaba el rey, con otras expresiones alusivas a impulsar la revolución y el modo con que debía ejercitarse, y las ventajas que reportaría al pueblo, y aun a todo el reino»[85].

Entre la documentación descubierta hay un manifiesto y unas instrucciones a las que Picornell tituló: *Motivos y Peticiones del Pueblo*. En la

---

85 *Ibíd.*, p. 22-23.

vivienda de Sebastián Andrés se encontraron guardados en un cofre anotaciones que él mismo había registrado como *Pieza de Papeles Reservadísimos*. En todos ellos se habían insertado críticas al sistema político haciendo notar el sentir generalizado de malestar. No faltaba un programa con el que se debían lograr los objetivos finales:

> El Pueblo, plenamente convencido de que cuantas miserias y calamidades afligen a la Nación son efectos del mal gobierno; viendo al Estado Eclesiástico vejado, al noble abatido, y al plebeyo en la mayor opresión e infelicidad; a las ciencias sin protección, las artes sin fomento, la agricultura destruida, el comercio arruinado, las leyes sin fuerza, la virtud perseguida, el mérito desatendido, los buenos ministros depuestos, los Magistrados íntegros desanimados, los fueros de los Tribunales abolidos, los amantes del Público desterrados, los sagrados derechos de las Cortes violados, las Provincias invadidas, los Exércitos sacrificados, el Reyno despoblado y el Erario Público exhausto [...], se ve en la indispensable necesidad de ocurrir por sí mismo, en virtud de sus imprescriptibles derechos, al remedio de tantos males, por ser de otro modo imposible salvar a la Patria de la entera ruina que la amenaza [...] (Aguirrezábal, María Jesús y Comellas, José Luis, 1982, p. 24).

De la documentación recogida se desprende que, en uno de los *Manifiestos*, constaban las siguientes consignas: «Por este nuevo reglamento no quedará abolida la Dignidad Real, sino reducida a sus justos y verdaderos límites...». Tanto la composición definitiva de la llamada Junta Suprema como las posibles colaboraciones militares, etc., nunca se han llegado a saber con seguridad y se ignoran muchos de los nombres implicados en la conspiración. Es muy posible que los conjurados llegaran a confeccionar una lista con personalidades conocidas sin que estas estuvieran informadas. La realidad es que la mencionada junta, tal y como quedó recogido en el proceso contra los conspiradores: «estaría compuesta de varios individuos, entre ellos tres o quatro Grandes de España... y tres o cuatro Generales que sirven en el Exército...»[86].

A finales de enero de 1795, Juan Béjar y Manuel Hernández, dos plateros de Madrid que tenían dificultades económicas, comprendieron los problemas que podría acarrearles una sedición de tal magnitud en la capital. En su remordimiento acudieron a consultar al párroco de San Miguel, Agustín Yagüe. Este, al comprender inmediatamente el peligro de la operación, la puso en conocimiento del gobernador del Consejo de Castilla, el obispo Félix Vallejo, que la comunicó a su vez al alcalde de Casa y Corte, conde del Pinar. De esta forma se inició todo un operativo policial de la época.

Las acciones emprendidas por las autoridades acabaron con la detención de Juan Picornell en la madrugada del día 3 de febrero, el día de San Blas, mientras dormía en una pensión del barrio de Lavapiés. Siguieron luego las de algunos cómplices, entre los que se encontraba José Lax. De las confesiones de los primeros detenidos se procedió al arresto de otras 20 personas. El sumario del proceso, que fue largo y complejo, tenía casi 1500 folios.

La conspiración o revolución de San Blas fue un intento frustrado de golpe contra el sistema político. Juzgado y encarcelado, Juan Picornell fue condenado a muerte, pena que fue conmutada por otra de cadena perpetua. El caso de San Blas llegó incluso al despacho de Manuel Godoy, entonces primer secretario de Estado del rey Carlos IV, quien propuso cambiar la pena de muerte por cadena perpetua por una cuestión de seguridad. En un oficio dirigido al gobernador del Consejo, el propio Godoy aconsejaba la permuta de la condena en los siguientes términos: «Ahora no es tiempo oportuno para la resolución. Yo tengo suficientes luces del negocio para comprender su magnitud...; debemos precaver los efectos y sus semillas; y

---

86 *Ibíd.*, p. 30-31.

sobre todo conservar el Trono. Entérese al Sr. D. Francisco Pérez de Lema de toda la causa y sentencia»[87].

Después de ser decretada la cadena perpetua en Panamá, Picornell se escapó del presidio de La Guaira en 1797 e intervino después en actividades independentistas por las colonias españolas en el continente americano, especialmente en Venezuela, y en movimientos revolucionarios en distintas islas del Caribe y México hasta que finalmente falleció en Nueva Orleans en 1825. Su relato, aunque condenado y relativamente encubierto en su momento, sirvió para mantener las esperanzas de un cambio en las estructuras políticas españolas que parecían haber esquivado la revolución.

Los complots contra la monarquía de Fernando VII

Precisamente, la guerra contra Francia entre 1808 y 1814 produciría el verdadero estallido liberal con la aprobación en Cádiz de la primera Constitución española en marzo de 1812. Tanto los «jovellanistas» como los llamados afrancesados lograron modular los impulsos revolucionarios en una idea moderada y capaz de transformar el Antiguo Régimen en España. Si bien aquellas Cortes provisionales e improvisadas dieron con la fórmula para el consenso y la puesta en funcionamiento de una norma desconocida hasta entonces, lo cierto es que su recorrido fue escaso.

Finalizada la guerra de la Independencia y gracias al Tratado de Valençay, Fernando VII regresó a España. Era el mes de marzo de 1814. Recuperado el trono y con el apoyo de 69 diputados de las Cortes de Cádiz, derogó la Constitución y reinstauró el absolutismo. Aquellos diputados utilizaron el llamado *Manifiesto de los Persas* para mostrar su apoyo al rey, lo que suponía la vuelta al Antiguo Régimen. La Real Orden que contenía dicho manifiesto fue publicada el 12 de abril de 1814. Estaba firmada por

---

87 En efecto, en aquellos instantes, Francisco Pérez de Lema ocupaba el cargo de ministro del Supremo Consejo de la Guerra, quien finalmente redactaría un informe preliminar a petición de Godoy con el fin de conmutar la pena de muerte a Juan Picornell. *Ibíd.*, p. 36-37. También en Piña Homs, Román (1989). «Juan Picornell. de Maestro Reformista a Líder Revolucionario». En Ferrer Benimeli, José Antonio (coord.), *op. cit.*, vol. 2 (p. 587).

Pedro de Macanaz y Bernardo Mozo de Rosales. Aquel texto, tal y como recogía en su primer artículo, había tomado su nombre de una referencia a una antigua costumbre persa, en la que se decía que después de cinco días de anarquía tras el fallecimiento de un rey la normalidad volvía con el nombramiento de un nuevo monarca. Los firmantes habían declarado que el periodo liberal vivido en Cádiz había sido opresivo:

> La monarquía absoluta (voz que por igual causa oye el pueblo con harta equivocación) es una obra de la razón y de la inteligencia: está subordinada a la ley divina, a la justicia y a las reglas fundamentales del Estado: fue establecida por derecho de conquista o por la sumisión voluntaria de los primeros hombres que eligieron sus Reyes [...] Pero los que declaman contra el gobierno monárquico confunden el poder absoluto con el arbitrario [...] En un gobierno absoluto las personas son libres, la propiedad de los bienes es tan legítima e inviolable, que subiste aun contra el mismo soberano que aprueba el ser compelido ante los tribunales [...] Póngase al lado de esta definición la antigua Constitución española, y medítese la injusticia que se hace (Ferrer, Melchor, Tejera, Domingo y Acedo, José F, 1941, p. 298).

La vuelta al absolutismo supuso la prisión para muchos liberales, exilio y penas de muerte. Muchos militares habían quedado decepcionados después de su lucha contra las tropas francesas durante la ocupación de estas últimas en España. Marginados, unos y otros, se vieron en la necesidad de organizarse a través de sociedades secretas, en ocasiones vinculadas a la francmasonería, como la única forma de difundir sus ideas. Para los militares se presentó la ocasión de intentar la aventura de golpes rápidos o «pronunciamientos» contra el régimen monárquico, la mayoría de las veces sin éxito.

Mediante la rebelión militar podía lograrse un cambio de gobierno o de régimen si tras el mismo se producían adhesiones al ejército y de personas con una cierta relevancia en el país. Curiosamente, el primer pronunciamiento en España había tenido lugar en 1814 a través del capitán general de Valencia, Francisco Javier de Elío, que apoyó al rey Fernando VII y logró que la monarquía restableciera el poder absoluto. A partir de ese momento el concepto de pronunciamiento cambiaría y se convertiría en un sinónimo de libertad en un país que, entre otras cosas y a pesar de su abolición en las Cortes gaditanas, mantenía una institución como la Santa Inquisición[88]. Como resultado de todo ello, entre los años 1814 y 1820 se producirían en España varios intentos de pronunciamientos militares de tendencia liberal como respuesta a la liquidación de la Constitución de 1812.

A comienzos de 1814, coincidiendo con la llegada del rey Fernando a Madrid, se habían preparado distintos complots en la ciudad para terminar con el periodo pretendidamente revolucionario que se había iniciado con el levantamiento de 1808. Cerradas las puertas a la vuelta al constitucionalismo, la monarquía aniquilaba cualquier posibilidad de entendimiento entre los españoles y desmontaba todo cuanto habían hecho las Cortes gaditanas. En pocos meses, España había vuelto a restablecer la Inquisición y a suprimir la libertad de prensa y la contribución directa, lo que implicaba volver a un sistema fiscal insuficiente. También se repuso la organización gremial y la concesión a la nobleza de nuevos privilegios en las leyes sobre los señoríos. Por otro lado, muchos militares y guerrilleros que habían combatido a los franceses durante casi seis años vieron frustrados sus deseos de reconocimiento, lo que supuso una huida hacia el liberalismo y la conspiración contra un absolutismo desmedido desde la clandestinidad.

Fueron precisamente todas esas imposiciones las que forzaron a muchos liberales a apoyar incondicionalmente la práctica de los pronunciamientos militares, planificados en ocasiones desde asociaciones secretas de carácter francmasónico, ante la incapacidad de volver a utilizar la Juntas que desde 1808 habían acaparado el protagonismo de la acción popular. Con

---

88 Las Cortes de Cádiz decretaron su disolución en un decreto del 28 de febrero de 1813.

la participación militar a la cabeza de la conspiración, el ejército asumía un nuevo protagonismo que le hacía ser el depositario de una voluntad nacional. Para Irene Castells, la estrategia era evidente: «…conspiran para pronunciarse y se pronuncian para producir una serie de efectos políticos, que desembocan en la conquista del poder para restaurar la libertad»[89].

Concluida la guerra y durante el mes de julio coincidieron en Madrid los militares Juan Díaz Porlier, Luis Lacy y Gautier, Francisco Espoz y Mina, José Palafox, además del guerrillero Juan Martín Díez el Empecinado. Junto a ellos, Francisco Xavier Mina, sobrino de Francisco Espoz y Mina, un militar y guerrillero que había luchado al lado de su tío durante los peores años de guerra contra las tropas napoleónicas. Sabemos que todos ellos acudieron a la capital para ponerse en contacto con personas alejadas del régimen absolutista. Porlier, que durante el primer periodo de las guerrillas había unido sus fuerzas a las de Xavier Mina, fue detenido el 28 de mayo de 1814. Este hecho, sin embargo, no impidió que los conjurados detuviesen sus planes previstos para restablecer el gobierno constitucional. Se cree que Porlier, a pesar de su encarcelamiento en el castillo de San Antón, siempre estuvo al tanto de lo convenido con sus compañeros en Madrid. Los acuerdos en cuestión son desconocidos en tanto no existen documentos concretos ni prueba alguna de los movimientos previstos ni del número total de participantes que debían intervenir en el complot.

Precisamente, el final de la guerra había abierto la posibilidad de que se produjera el desmantelamiento de la División de Navarra, al mando en esos momentos del mariscal de campo Francisco Espoz y Mina, un ejército que estaba formado por más de 11 000 hombres de infantería, caballería y artillería. Tío y sobrino habían coincidido el 11 de mayo en Lacarre, en los Pirineos Occidentales. Lo hablado en aquella conferencia tendría consecuencias para el levantamiento que se produciría después, durante el mes de septiembre de 1814. Incluso se ha querido ver en la figura de Xavier Mina

---

89 Castells, Irene (1989). *La utopía insurreccional del liberalismo: Torrijos y las conspiraciones liberales de la década ominosa* (p. 25). Barcelona. Crítica.

al verdadero autor intelectual de la conspiración al explicar este las ideas revolucionarias a su tío. La posibilidad de que el Regimiento de Navarra quedara desintegrado, además de la llegada a Pamplona de la noticia de la firma del Manifiesto de Valencia, mediante el cual Fernando VII retornaba al absolutismo, provocó la partida a Madrid de Espoz con el fin de solicitar al rey la reposición de la Constitución, además de la petición del grado de coronel para su sobrino por los méritos adquiridos en el Regimiento de Húsares de Navarra durante la contienda.

Rechazadas todas sus peticiones, Xavier Mina y Francisco Espoz prepararon su regreso a Pamplona convencidos de la necesidad de ultimar la sublevación con sus tropas, posiblemente después de haberlo así convenido con Lacy y Porlier. En el breve transcurso entre la finalización de la guerra contra Francia y el regreso de Espoz y Mina y su sobrino a Pamplona, el rey Fernando nombró virrey de Navarra al conde de Espeleta, un hecho que difuminaba las esperanzas del primero. Un cargo que, por otra parte, creyó merecer por su labor durante la guerra. El mismo monarca nombró semanas después a Palafox capitán general del Ejército y del Reino de Aragón, con lo que culminaba el mayor de los desánimos del general al fracasar en su intento por obtener el mando militar del Alto Aragón. A partir de esos momentos es fácil suponer que buscara con un mayor empeño las alianzas con los más agraviados y perseguidos para llevar a cabo su conspiración.

El 28 de julio de aquel año, el rey firmó el reglamento que disolvía todos los «cuerpos francos» o partidas de guerrilla. Enterado Fernando VII de las deserciones que se estaban produciendo en la división, firmó una real orden que disponía la marcha del general a Navarra para tratar de impedir que los sucesos pudieran agravarse. En sus *Memorias*, Francisco Espoz y Mina recuerda una carta recibida por aquellos días desde Madrid, posiblemente de otro militar, en la que le advertía de las dificultades para retomar la vía constitucionalista:

No habrá Constitución ni Cortes; los que componen el gobierno han resuelto mandarnos despóticamente; y como les hacen sombra los hombres de alguna opinión, tratan de acabar con ellos. Bien pronto los batallones que usted manda serán licenciados, porque se les teme. La opinión de Vd. por una representación nacional no ha gustado aquí y la libertad con que Vd. ha hablado en favor del pueblo ha descontentado a muchos (Ortuño Martínez, Manuel, 2011, p. 405).

En los planes de Espoz constaba la participación de su entorno de confianza, como era el coronel Górriz, jefe del primer regimiento; el también coronel Francisco Asura, jefe del 4.º Regimiento de la guarnición de Pamplona; Ulzurrun, gobernador de Jaca, y su sobrino Xavier, entre otros muchos. Al mismo tiempo esperaba la adhesión de las provincias de Huesca, Zaragoza y Álava, completada con Cataluña, Cádiz y Madrid. Precisamente en Cádiz se había producido una conspiración descubierta días antes del alzamiento de Espoz y Mina, por lo que se produjeron numerosas detenciones en Andalucía y Madrid.

En la madrugada del 26 de septiembre de 1814, el coronel Asura convocó en su casa a todos los oficiales de su regimiento para hacer extensibles las órdenes del general. Al mediodía, Asura fue informado de la denuncia de la trama al virrey por parte de un subteniente. En ese momento, en Pamplona, se había corrido la voz de de que se estaba tramando una conspiración con participación del ejército. Este hecho provocó la inmediata huida de Xavier Mina, Asura y del capitán Joaquín Hidalgo con la intención de reunirse con el general Espoz y Mina y encontrar refugio en la población de Dax, en el sur de Francia.

Iniciada la persecución, encabezada por el coronel Joaquín de Pablo, los sublevados que habían tomado caminos diferentes fueron apresados por un contingente francés en Cannon-Mixte, junto a Saint-Palais, el día 5 de octubre, siendo inmediatamente trasladados a Pau para su interrogatorio y posteriormente a la ciudad de Burdeos con idéntico fin. El día 11 de octubre llegaron a esta ciudad varios oficiales españoles con la intención de llevarse detenidos a España a los fugados, además de a aquellos que se habían sumado durante la huida, como Tolosana, Marcos Linzoáin y el capellán Michelena. Sin embargo, nunca fueron entregados gracias al asilo solicitado al rey de Francia, situación que los llevaría finalmente a la ciudadela de Blaye, en la desembocadura del Garona, donde terminarían cumpliendo una pena de prisión atenuada.

La intentona de Espoz y Mina, probablemente realizada a destiempo, sería precursora de otros acontecimientos similares que se desarrollarían tan solo unos años después. La siguiente acometida para volver al constitucionalismo de 1812 se produciría en 1815, en esta ocasión con un final muy distinto para su protagonista al que había tenido lugar en Pamplona solo unos meses antes. La conspiración y el pronunciamiento militar llevados a cabo por Juan Díaz Porlier tuvieron un preámbulo, si se prefiere, muy afín al de su precursor Espoz y Mina.

Porlier había contribuido durante la guerra a la expulsión de los franceses del territorio español y al regreso del rey Fernando a Madrid. Como teniente coronel de Granaderos había luchado al lado de las guerrillas, obteniendo fama y reconocimiento en León, Valladolid, Palencia, Asturias y Santander, y ascendido a general poco antes de la finalización del conflicto. Tras la firma de la paz su ascenso fue inminente y fue nombrado mariscal de campo. Durante la guerra de la Independencia, Porlier siempre se había mantenido atento a los acontecimientos relacionados con las Cortes gaditanas y al proyecto constitucionalista que allí se estaba desarrollando.

La marcha atrás del rey Fernando tras el Manifiesto y la vulneración por parte del nuevo gobierno de la Constitución hicieron comprender muy pronto al general la necesidad de combatir el régimen absolutista con todos los medios que estuvieran a su alcance. La protesta realizada por Porlier y la traición de uno de sus amanuenses, Agapito Alconero, propiciaron la incautación de una carta en la que acusaba abiertamente a los absolutistas y en la que se declaraba un firme liberal. Detenido en su domicilio en la madrugada del 29 de mayo de 1814, fue procesado y condenado a cuatro años de confinamiento en el castillo de San Antón de La Coruña.

Desde su llegada a la prisión en julio de 1815, comenzó a valorar la posibilidad de llevar a cabo un levantamiento, para lo que inició una serie de contactos con personas vinculadas al liberalismo y contrarias al régimen. Aprovechando los permisos concedidos para tomar baños medicinales, debido a sus dolencias, en el pueblo cercano de Artijo, Porlier conoció al comerciante liberal Andrés Rojo del Cañizal, con el que celebró varias reuniones y ultimó la conspiración que debía producirse de manera apremiante con algunos más incondicionales. La noche del 18 al 19 de septiembre, el general se dirigió a La Coruña para entrar en la plaza de madrugada con algunos leales a su causa. En pocas horas toda la guarnición quedó a sus órdenes, detuvo al capitán general Felipe de Saint-March, al gobernador y al intendente, y proclamó la Constitución de 1812 para asombro de la población.

Nuestro objeto y el de toda España no es otro que una Monarquía sometida a las leyes justas y prudentes, y de tal manera constituida, que garantice igualmente las prerrogativas del Trono y los derechos de la Nación. Pedimos la convocación de Cortes nombradas por el pueblo, y que puedan hacer en la Constitución, proclamada por las Cortes extraordinarias, los cambios que exige nuestra situación, que demanda la experiencia, y que nos indican las leyes constitucionales de las Monarquías limitadas de Europa. Ellas restablecerán el orden en nuestra Hacienda, cuidarán de la suerte de los militares, recompensarán sus servicios, asegurarán su existencia en los días de vejez y harán en el exterior estimar y respetar a la Nación. La nobleza, renunciando a una pequeña parte de sus privilegios, encontrará la indemnización de este sacrificio en las nuevas disposiciones constitucionales, que le darán una existencia política. Todas las clases de la sociedad verán mejorar su situación [...] el agricultor, el artesano, el comerciante, el industrial gozarán de nuevo de las ventajas que habían comenzado a reportar de las reformas hechas en su favor por las Cortes, y merced a una celosa administración de los caudales públicos, los acreedores del Estado podrán esperar verse indemnizados de los adelantos que han hecho y de las pérdidas que han sufrido, ya por sus sacrificios patrióticos, ya por su confianza en las promesas del gobierno (Menéndez Pidal, Ramón, 1975, p. 624).

Constituida la Junta Provincial, Porlier comenzó a remitir órdenes y circulares tratando de ganarse a las restantes guarniciones de Galicia. Solo la de El Ferrol envió de ayuda dos regimientos de infantería a La Coruña, mientras que el mariscal José Javier de Imaz y Altolaguirre, gobernador de Tuy, se mantuvo fiel al gobierno de Madrid. Por su parte, el general Pesci, en ese momento gobernador de Santiago, convocó en su domicilio a las autoridades civiles y militares y decidió no sumarse al complot, al tiempo que solicitó 50 000 reales para financiar las tropas que debían enfrentarse a Porlier.

Dirigiéndose a Santiago con algo más de 1000 hombres, la columna de Díaz Porlier acampó en la madrugada del día 22 de septiembre en Merelle. Esa noche, sin todavía conocer bien los detalles de lo sucedido, un sargento de infantería de marina llamado Antonio Chacón, convencido por un agente de Imaz, animó al resto de los oficiales a detener al general mientras descansaba en el interior de una posada. Sin mandos militares, el resto del contingente no pudo hacer otra cosa que rendirse al ejército realista. Los detenidos fueron trasladados en secreto a la cárcel de la Inquisición en Santiago de Compostela y después a la del Ferrol.

Fueron procesados 36 oficiales, cuyos interrogatorios se iniciaron el 22 de septiembre de 1815. La represión afectó de igual manera a más de 80 civiles, en su mayoría comerciantes, muchos de los cuales huyeron al extranjero. Cuatro días más tarde, Porlier, con solo 27 años, era condenado a la horca, sentencia que se ejecutó el día 3 de octubre en un patíbulo levantado en la misma ciudad, en un lugar conocido como el Campo de Leña, en La Coruña. Por haber sido degradado, no se le concedió el fusilamiento como hubiera correspondido a su rango. Ese día, las casas y comercios de la ciudad permanecieron cerrados en señal de duelo. Su viuda, Josefa Queipo, fue encerrada en una celda del Colegio de las Huérfanas en Betanzos, lugar del que finalmente sería liberada tras la sublevación liberal de 1820. En 1842, Estanislao de Cosca, en su libro *Historia de la vida y reinado de Fernando VII de España*, describió así los últimos momentos de vida de Porlier:

> El general Porlier, conociendo que si la revolución se encerraba en las paredes de la Coruña pronto sería sofocada, determinó ir a Santiago, confiado en muchos oficiales con quienes mantenía secreta inteligencia, y en la noche del 21 al 22 salió para aquella ciudad, después de haber dejado guarnecida la Coruña, y llevando consigo cerca de mil infantes y seis piezas de artillería. Con la nueva de la salida de Porlier púsose Imaz en movimiento para correr a su encuentro y batirle; pero seducidos del todo por Antonio Chacón los demás sargentos y cabos, inclinaron al soldado, y apoderándose de Porlier y de treinta y cuatro oficiales, se dirigieron con los presos a Santiago, dando aviso a la Coruña, de donde ya había huido el 23 por la mañana la tropa que allí quedó, sabido el nuevo pronunciamiento. El general y sus cómplices fueron sepultados en las cárceles de la inquisición, de las que sacaron al desventurado don Juan Díaz Porlier el 3 de octubre, para colgarle ignominiosamente de la horca después de trasladado a la Coruña, quemando el verdugo las proclamas y demás escritos que había publicado. [...] La esposa de Porlier participó con él de todos los peligros y desgracias, y fue condenada a una larga reclusión, después de muchos insultos y privaciones (Cosca Vayo, Estanislao de, 1842, pp. 97-98).

Las conspiraciones y los intentos de pronunciamiento no cesaron a pesar de los fracasos sufridos por los oficiales Espoz y Mina y Díaz Porlier.

La llamada conspiración del Triángulo de 1816, tramada por el general Ramón Vicente Richart, y el levantamiento del general Lacy durante 1817 acapararían la atención de los liberales, todavía con la esperanza de derrocar la monarquía borbónica de Fernando VII. Respecto a la primera, hay que decir que aún hoy se tienen dudas del número de conjurados que participaron en ella, si bien y en todo lo relativo a la trama esta presentaba algunas novedades que todavía nos siguen resultando llamativas.

El nuevo gobierno nombrado en febrero de 1816 suavizó la represión absolutista e incluso llegó a preparar una amnistía que el intento de golpe del general Richart terminó frustrando. En efecto, la nueva trama liberal pretendía secuestrar al monarca con el fin de restaurar la Constitución aprobada en 1812. Antiguo jefe de la guerrilla, Vicente Richart, al mando de un grupo de francmasones civiles y militares, ideó una estrategia que consistía en que los conjurados estarían organizados de forma «triangular», es decir, cada conspirador conocería solamente a otros dos de su confianza, procediendo estos a realizar lo mismo con otros dos compañeros cada uno, sin que existiera la posibilidad de acudir, en caso de amenaza o tortura, al resto de los involucrados. Siguiendo esa estrategia, si un miembro era detenido solo conocía la existencia de otros dos, lo que dejaría libre de sospechas a los demás. Con esta forma de actuar más propia de los Illuminati, creyeron poder evitar la desarticulación de la trama.

Finalmente, y después de varias semanas de discusión, se optó por asesinar al rey durante uno de sus escarceos nocturnos. El complot, planificado al detalle, preveía que Fernando VII visitaría a Pepa la Malagueña, una prostituta que se alojaba en las inmediaciones de la calle de Alcalá, en Madrid. El monarca solía realizar estas «escapadas» acompañado de un tal Pedro Collado, un aguador que acudía a llenar sus cacharros a la Fuente del Berro, y el duque de Alagón. Curiosamente, Collado había sido contratado varios años antes, cuando Fernando todavía era príncipe, con el fin de que pudiera husmear por la corte y espiar al resto de criados por temor a ser envenenado.

El 21 de febrero de aquel mismo año y cuando la conspiración ya estaba ultimada, dos cabos —en otros relatos se ha querido constatar a dos sargentos de la Armada— que no pudieron preservar la discreción de la operación acudieron al despacho del capitán Rafael Morales para delatar la acción que estaba prevista. Richart, informado de que la conspiración había sido descubierta y desconociendo a los traidores que le habían denunciado, acudió a los mismos suboficiales para que emprendieran la huida. Dadas las circunstancias y de un modo insólito, los propios delatores terminaron deteniendo al general a punta de pistola para llevarlo de inmediato ante el capitán Morales.

Junto a Richart, fueron detenidas otras 50 personas sospechosas, incluido un tal Baltasar Gutiérrez, probablemente un barbero liberal. La mayoría de los detenidos fueron puestos en libertad. Por el contrario, el 6 de mayo de 1816 fueron ahorcados en la plaza de la Cebada de Madrid el general Ramón Vicente Richart y Baltasar Gutiérrez, acusados de conspirar contra la vida del rey Fernando VII, además de un Vicente Plaza, un sargento mayor del Regimiento de Húsares, así como un fraile sevillano llamado José que durante la guerra de la Independencia había conocido a Richart. El último de los ejecutados fue Juan Antonio Yandiola. Después de su muerte, fueron decapitados y sus cabezas expuestas en una picota del camino de Vicálvaro, lugar en el que la aristocracia madrileña habitualmente salía a pasear. Tal y como señala el historiador Eduardo Zamora, «por desgracia ni estas conspiraciones servían de saludable aviso al rey, ni fueron Richart y Yandiola los últimos que perecieron en el cadalso…»[90].

En 1817 coincidieron en Cataluña el general Luis Lacy y Gautier y el también general Lorenzo Milans del Bosch. Ambos entraron en contacto con la idea de forzar una nueva restauración constitucional, estableciendo el cuartel general del complot en Caldetas, lugar en el que residía Lacy. Aquel lugar debía ser el punto de concentración de las fuerzas insurgentes por la causa liberal. En el plan se apuntó la intención de reunir las tropas de las comarcas próximas a Mataró y desplazarse rápidamente hacia Barcelona, desde donde se proclamaría la vuelta a la Constitución.

---

90 Zamora y Caballero, Eduardo (1875). *Historia General de España y de sus posesiones en Ultramar* (p. 113). Madrid. Establecimiento tipográfico de J. A. Muñoz.

Aun cuando existían rumores fundados de la trama que se estaba preparando en Cataluña, el gobierno de Madrid no tomó una determinación urgente, quizá por la poca trascendencia dada a la operación. En cualquier caso, el día 4 de abril se produjeron los primeros conatos del alzamiento en el Regimiento de Infantería de Tarragona que, al mando del teniente coronel Quer, comenzó su marcha hacia Caldetas. Desde allí, y ya encabezado por Lacy, marchó al encuentro del general Milans del Bosch, con el que se esperaba que estuviera el Regimiento de Infantería de Murcia. Sin un contingente que pudiera persuadir a las autoridades de Barcelona, el fracaso se acentuó con la noticia de que el general Castaños ya conocía el pronunciamiento. El aviso propició que parte de la dotación que esperaba instrucciones terminara desertando y entregándose a las autoridades de Arenys de Mar.

El día 6 de abril, el general Castaños ordenó al general Llauder que se pusiera en marcha hacia el lugar donde estaban Lacy y del Bosch para reconocer la zona y obtener toda la información relativa a la conspiración. Sabemos de la prudencia de Castaños en su operación contra Lacy debido al nexo con este último, al ser ambos miembros de una sociedad francmasónica. Es justificable, por tanto, que no deseara su prisión ni la del general Milans del Bosch.

> Usía se habrá convencido de que es absolutamente indispensable que cuando no se consiga el arresto de los generales Lacy y Milans y de los demás jefes y oficiales que les siguen, no debe perderse momento en perseguirlos incesantemente hasta que hayan salido del territorio español (Fernández Bastarreche, Fernando, 1999, p. 112).

Siguiendo dichas órdenes, Llauder envió los efectivos precisos para detener a Lacy, pero mostró una clara negligencia en la persecución a Milans del Bosch, lo que dio tiempo a este a cruzar la frontera hacia Francia. Capturado más por el descuido que por la intención de Castaños y delatado por el propietario de la quinta donde descansaba, Luis Lacy no encontró el modo de tomar el barco que le esperaba en Blanes. Manuel Llauder se mostró sorprendio por dejarse capturar Lacy. En sus *Memorias* llegó a escribir:

> Mis primeras palabras fueron una reconvención, pero reconvención amistosa, no sobre la conducta que me había puesto en el caso de tener que ser el instrumento inocente y forzoso de su desgracia, sino por la extraña e incomprensible detención en su fuga.

Hecho prisionero, Lacy fue juzgado y condenado a muerte a pesar de haber declarado su desconocimiento del propósito final de su pronunciamiento. No se sabe, como quedó constancia en el relato de Llauder, si a Lacy lo convencieron muy a pesar suyo, siendo finalmente persuadido en un momento de debilidad del general. Existe el convencimiento, por otra parte, de que era plenamente consciente de los objetivos y propósitos de la conspiración. En todo caso, los intentos por salvarle la vida fueron inútiles.

Convencido el secretario de Guerra de que podían existir intentos de liberar al general preso, ordenó su traslado al castillo de Bellver, en Mallorca. Allí, el 5 de julio de 1817, conducido a los fosos, él mismo dio la orden al pelotón que debía ejecutar la sentencia. Luis Lacy y Gautier había cumplido 45 años antes, y con su muerte se esfumaba un intento más por recuperar el constitucionalismo en España.

A partir de 1819, el gobierno decidió atajar el problema independentista que había comenzado a manifestarse en las colonias americanas en poder de la corona española. Destinado a sofocar el mismo, se reunió un ejército en Cádiz y en la isla de San Fernando encabezado por Enrique José O'Donnell, conde de La Bisbal. Acusado aquellos días de conspiración, este tuvo que ceder el mando al capitán general de Andalucía, Félix María Calleja del Rey, antiguo virrey de México.

La diplomacia secreta de Fernando VII había logrado adquirir una escuadra rusa de cinco navíos y tres fragatas al margen de la Administración con el fin de incorporarlas al resto de embarcaciones que esperaban en la bahía de Cádiz. Por entonces, Rafael del Riego estaba al mando del 2.º Batallón Asturiano destinado a la Expedición de Ultramar. La magnitud de aquella empresa alargó los preparativos, lo que permitió el contacto entre los hombres y la tropa en los meses previos al embarque. Entre las cuestiones más anunciadas y discutidas se encontraban los flacos deseos de acudir a América a una guerra que quedaba demasiado lejos y de la que no estaba garantizado el regreso.

El malestar generado entre las fuerzas expedicionarias ofreció la oportunidad para intentar un nuevo golpe a favor de un gobierno liberal y constitucional. Ocasión que aprovecharía el comandante Riego el 1 de enero de 1820 en Las Cabezas de San Juan para proclamar la Constitución de 1812 frente a sus hombres y en el transcurso de lo que debía ser una parada militar. Rafael del Riego era un militar exigente, impetuoso, que se había distinguido, como tantos otros, en la guerra de la Independencia. Prisionero de Murat, logró escapar de El Escorial, ascender rápidamente a capitán y volver a la lucha al lado del general Acevedo. Hecho prisionero nuevamente, fue trasladado a Francia, donde entró en contacto con las logias francmasónicas. Regresó a España con el grado de teniente coronel en 1814 a tiempo de jurar la Constitución ante el general Lacy. Su apasionado carácter le llevó a realizar una de las arengas más conocidas del siglo XIX:

> España está viviendo a merced de un poder arbitrario y absoluto, ejercido sin el menor respeto a las leyes fundamentales de la Nación. El Rey, que debe su trono a cuantos lucharon en la Guerra de la Independencia, no ha jurado, sin embargo, la Constitución, pacto entre el Monarca y el pueblo, cimiento y encarnación de toda Nación moderna. La Constitución española, justa y liberal, ha sido elaborada en Cádiz, entre sangre y sufrimiento. Mas el Rey no la ha jurado y es necesario, para que España se salve, que el Rey jure y respete esa Constitución de 1812, afirmación legítima y civil de los derechos y debe-

res de los españoles, de todos los españoles, desde el Rey al último labrador [...] Sí, sí, soldados; la Constitución. ¡Viva la Constitución! (Burgos, Carmen, 2012, pp. 218-219).

La proclama de Riego advertía de los peligros del embarque y de la necesidad imperiosa de establecer una Constitución que garantizase los derechos de todos los ciudadanos. Su intento, además, atendía a tres condiciones indispensables. En primer lugar, la lejanía de Madrid; una segunda premisa exigía la existencia de un «caudillo»; finalmente, la lectura de un manifiesto o bando. Todas ellas estaban presentes en el golpe militar. El mismo concepto de pronunciamiento suponía tomar partido mediante una proclama que debía *pronunciar* frente a sus hombres.

Desde Cabezas, Riego se dirigió a Arcos de la Frontera e hizo prisionero al general Félix Calleja, conde de Calderón. Mientras, el coronel Antonio Quiroga, liberado tras otro complot, no dudó en sublevar los batallones de España y el de la Corona, bloqueando Cádiz y reuniéndose con Riego y otros oficiales, como Evaristo San Miguel, José Rodríguez Vera o Felipe Arco de Agüero, capitán general de Extremadura. Casi al mismo tiempo que el general Freire era enviado por el gobierno para combatir a los conjurados, parte de las tropas acantonadas en Cádiz salieron hacia Chiclana, Conil, Véjer y Algeciras, proclamando el golpe sin lograr un fuerte impacto entre la población.

A Freire se unió el mismo Enrique O'Donnell, lo que obligó a Riego a cruzar el Guadalquivir y buscar un lugar seguro en Sierra Morena. En el mes de marzo y quizá cuando la situación parecía tornarse todavía más complicada, comenzaron a producirse movimientos y conspiraciones en otros puntos del país. El primero de los focos se localizó en Galicia con el pronunciamiento de La Coruña, seguido por las rebeliones en el Ferrol y Vigo. En Oviedo una Junta Revolucionaria asumió el mando político y militar de la región. Aquellos primeros días de marzo también se pronunció la guarnición de Zaragoza, mientras en Pamplona se juraba la Constitución de Cádiz el 11 de marzo tras una acción destacada de Espoz y Mina por los pueblos del Valle de Baztán. Algo muy similar sucedió en Barcelona, donde el general Francisco Castaños, capitán general de Cataluña, ordenó la formación de una Junta con el ánimo de jurar la Constitución.

En los días siguientes algunas de las capitales de provincia más importantes se fueron sumando al levantamiento iniciado por Riego, como Tarragona, Gerona, Valladolid, Granada o Murcia. El propio O'Donnell, que hasta esos momentos había mantenido una posición ambigua en las conspiraciones liberales, no tardó en pronunciarse contra la monarquía del rey Fernando VII y el 4 de marzo proclamó en la localidad toledana de Ocaña la Constitución de 1812, con lo que el movimiento revolucionario se difundió por todas las comarcas de La Mancha.

Las proclamas llegaron a Madrid y el 7 de marzo de 1820 se organizó un importante movimiento en la Puerta del Sol que se extendió hasta el Palacio Real. Resignado por el temor y el desconcierto, el rey, después de despachar con el general Francisco López Ballesteros, tomó la decisión de tornar al constitucionalismo. En efecto, el 9 de marzo, solo dos días después de verse acosado por la ciudadanía, juraba la Constitución y ordenaba la publicación del *Manifiesto a la Nación*, en el que se mostraba convencido de acatar la voluntad de los pronunciados. En el mismo concluía: «Marchemos francamente, y yo el primero, por la senda constitucional»[91].

El levantamiento protagonizado por Rafael del Riego era el último de una larga serie de intentos del Sexenio Absolutista y el primero que lograba alcanzar sus objetivos. Los liberales ganaban un gobierno disputado entre moderados y exaltados que se prolongaría durante tres años, en tanto Fernando VII comenzaba la búsqueda de ayuda extranjera para restablecer su poder absoluto. La petición del monarca tuvo su respuesta en el mes de diciembre de 1822 a través de la Santa Alianza, que decidió dentro del Congreso de Verona restablecer la monarquía de 1814 con el envío de un fuerte contingente de tropas a España. En efecto, el 7 de abril de 1823 un

---

91 Marichalar, Amalio y Manrique, Cayetano (1876). *Historia de la legislación y recitaciones del derecho civil de España*. Tomo IX (p. 652). Madrid. Imprenta Nacional.

ejército expedicionario francés, conocido como los Cien Mil Hijos de San Luis, al mando del duque de Angulema, cruzaba la frontera por el Bidasoa, lo que suponía el final del periodo conocido como el Trienio Liberal.

Por su parte, el general Riego volvió a Cádiz para organizar la resistencia contra los franceses. Herido y derrotado en la batalla de Jódar, fue detenido y trasladado a la Real Cárcel de Corte de Madrid para ser juzgado por alta traición. A pesar de su petición de clemencia fue declarado culpable y, como ya sucediera con otros militares y liberales precedentes, fue condenado a morir en la horca. El 7 de noviembre de 1823 fue conducido a la plaza de la Cebada, arrastrado en una cesta llevada por un burro. Allí, sobre el patíbulo, fue ahorcado y posteriormente decapitado entre los insultos de muchos vecinos de Madrid. A pesar de aquella humillación, en la memoria quedaría el himno revolucionario que habían entonado sus tropas antes del combate. El conocido *Himno de Riego*, así como su popularidad por la enconada lucha en la defensa de las libertades civiles quedaron transformados en símbolos revolucionarios durante todo el siglo XIX, llegando incluso a ser mencionado por Victor Hugo en su obra *Los Miserables*.

Con el comienzo de la Década Ominosa que se prolongaría hasta la muerte de Fernando VII en 1833, las conspiraciones e intentos de pronunciamientos no se detuvieron. La más relevante de todas fue, sin duda, la planeada por José María Torrijos y Uriarte entre 1830 y 1831. Militar de convicciones liberales, tras el regreso al absolutismo participó en varios complots que lo llevaron a la cárcel en distintos momentos de su vida. Apoyó el golpe de Riego y, tras la ocupación de los Cien Mil Hijos de San Luis y el restablecimiento de la monarquía absoluta, huyó a Inglaterra, donde obtendría ayuda del duque de Wellington, entonces primer ministro británico.

En Londres, un grupo de exiliados liberales radicales y Torrijos crearon en febrero de 1827 una Junta directiva del alzamiento en España. Esta no tardó en recibir el apoyo de algunos jóvenes ingleses pertenecientes a la sociedad los Apóstoles de Cambridge. Desde esta última se participó activamente en la preparación de la conspiración, a la que se unió Robert Boyd, un exoficial británico que aportó 5000 libras que acababa de heredar. Para financiar el golpe, Torrijos, además del dinero facilitado por Boyd, obtuvo algunos préstamos del gobierno de México y 5000 francos más de los liberales franceses mediante el general Lafayette.

En mayo de 1830, Torrijos presentó un plan para la sublevación que consistía en el ataque a la Península desde distintos puntos, con maniobras envolventes que comenzarían con la entrada en España de los conjurados en Inglaterra. Al tiempo que Boyd y Torrijos se trasladaban a Gibraltar, el 16 de julio de 1830 la Junta de Londres quedó disuelta, por lo que entonces se nombró con carácter interino una Comisión Ejecutiva. Esta última estaría dirigida por Torrijos como responsable militar y por Manuel Flores Calderón, responsable civil, que había presidido las Cortes durante el Trienio.

La estancia en Gibraltar se prolongó durante un año y, desde allí, Torrijos se trasladó a Málaga con el fin de reunirse con el resto de los conspiradores. Ya en la clandestinidad, promovió varios intentos de insurrección durante los meses de enero, febrero y marzo de 1831. La primera tentativa se produjo con la marcha sobre La Línea de la Concepción desde Gibraltar. El objetivo era tomar Algeciras. Pocas semanas después un numeroso grupo de liberales exaltados asesinó al gobernador de Cádiz, hecho que se interpretó por el campamento de San Fernando como el comienzo de una intentona de golpe que finalmente resultó un completo fracaso. Asimismo, alrededor de 200 hombres marcharon por la Serranía de Ronda, pero fueron capturados por un escuadrón de voluntarios realistas. Esta serie de acciones indicaban que los preparativos avanzaban a un buen ritmo y demostraban una notable coordinación con Madrid, donde el político y abogado progresista Salustiano de Olózaga esperaba las órdenes de Torrijos.

La respuesta del gobierno de Fernando VII se tradujo en una violenta represión. Además, miembros del Ministerio de Gracia y Justicia habían seguido los preparativos del golpe desde Gibraltar. Entre las víctimas caídas los días previos a la rebelión se encontraba Mariana Pineda, acusada de traición y ejecutada en Granada en el mes de mayo de 1831. La condena era la consecuencia de haber hallado en su casa una especie de bandera supuestamente revolucionaria. Según la acusación, en el momento de su detención se encontraba «…con el signo más decisivo y terminante de un alzamiento contra la soberanía del Rey N.S. y su gobierno monárquico y paternal»[92].

A partir de septiembre los acontecimientos se sucedieron a un ritmo vertiginoso. Conocedor de los planes de Torrijos, el capitán general de Andalucía propuso al gobierno detener por sorpresa a este, algo que fue rechazado sin ningún tipo de discusión. Los motivos eran que el gobernador de Málaga, Vicente González Moreno, había iniciado hacía pocos meses una animada correspondencia con el general Torrijos bajo un seudónimo para pasar desapercibido. Con el sobrenombre de Viriato y haciéndose pasar por un liberal, no tardó en convencer a este de su condición de ser un partidario más del pronunciamiento con deseos de emprender cualquier acción contra la monarquía de Fernando VII. Buscando la mejor manera de traicionar y desarmar la sublevación, González Moreno propuso que el mejor lugar para el desembarco sería la costa de Málaga. Allí Torrijos contaría con el apoyo incondicional de varias guarniciones y un numeroso grupo de liberales. Casi al mismo tiempo, la propia Junta de Málaga le advirtió que no desembarcara si no contaba con las fuerzas necesarias. Sin embargo, Torrijos desistió del consejo.

> Yo, con los pocos valientes que me acompañen, he ofrecido y repito estar en el punto que se me indique y que nuestra presencia sea la señal del alzamiento […] El miedo confunde el patriotismo […] Falta energía y sobra voluntad. Todos se comprometen, todos se ofrecen, pero al llegar a obrar todos temen (Burdiel, Isabel y Pérez Ledesma, Manuel, 2000, p. 94).

El 22 de noviembre Viriato hizo llegar hasta Gibraltar un mediador, apellidado Salas, con la idea de ultimar el desembarco de Torrijos y sus

---

92 Rodrigo, Antonia (2004). «Mariana de Pineda», *La lucha de una mujer revolucionaria contra la tiranía absolutista* (p. 126). Madrid. La Esfera de los Libros S. L.

compañeros en la costa española. En la noche del día siguiente uno de los partidarios del general, implicado también en el pronunciamiento, vio a Salas entrar en la casa del cónsul español en Gibraltar. Esperando a que saliera para interrogarlo, el intermediario enviado por Moreno no supo qué decir. Informado Torrijos, tampoco le dio importancia a lo sucedido. El 30 de noviembre se reunieron los liberales conjurados en el barco *Virginia* para preparar el desembarco que, tal y como le había sugerido González Moreno, debía llevarse a cabo en Ventas de Bezmiliana, actualmente el Rincón de la Victoria, al estar más próximo a la ciudad de Málaga.

Ya por la noche, las barcazas *Santo Cristo del Grao* y *Purísima Concepción*, con Torrijos, 48 liberales y alrededor de una decena de marineros, pusieron rumbo a su destino. A bordo también iban varios impresos del *Manifiesto a la Nación*, algunas proclamas y la consigna «Patria, Libertad e Independencia». Para no ser confundidos con las fuerzas absolutistas, portaban tres banderas tricolores, esto es, la nacional con dos bandas de color azul celeste añadidas en los lados. Tras 40 horas de viaje, en la mañana del 2 de diciembre divisaron tierras malagueñas al tiempo que recibían fuego de artillería del barco *Neptuno* y de los barcos que les habían escoltado desde Gibraltar.

Obligados a desembarcar en tierra, un importante dispositivo realista ya se había puesto en marcha para dar captura a los liberales. Cerca de la población de Mijas, pensando que encontrarían refugio, fueron nuevamente atacados, lo que obligó a los conjurados a continuar su marcha hacia Málaga. Camino de Alhaurín el Grande y viendo que la población les negaba cualquier ayuda, Torrijos y los suyos quedaron frente a una formación de Voluntarios Realistas. Rodeados en la alquería del Conde de Mollina en Alhaurín de la Torre, en la mañana del 4 de diciembre de 1831 hubo un enfrentamiento entre los liberales y las fuerzas leales a la corona. Torrijos solicitó entonces mediar con las tropas pidiendo la presencia de González Moreno, en quien todavía confiaba.

No se sabe con certeza lo que hablaron. Se ha especulado con la teoría de que el gobernador engañara de nuevo a Torrijos al proponerle su rendición y la de sus compañeros mientras esperaban refuerzos de Vélez para retomar la insurrección. Los batallones de Vélez no existían y el general había sido burlado una vez más. La tregua solicitada por Torrijos a González Moreno de varias horas para tomar una determinación no hizo más que prolongar más la agonía que terminó con la entrega de todos ellos.

Torrijos, creyendo todavía en el apoyo del gobernador, entregó sus armas. Cuando los insurrectos salieron de la alquería en la que se encontraban, fueron obligados a iniciar una marcha forzada hasta la prisión. Entonces comprendieron que habían sido víctimas de una traición. Todo el grupo fue llevado hasta el convento de los Carmelitas Descalzos de San Andrés. Desde allí, al amanecer del día 11 de diciembre, Torrijos escribió una última carta a su esposa, consciente de que iba a ser fusilado. Su propia viuda, Luisa Sáenz de Viniegra, recogería aquel texto agónico en 1860, en un libro dedicado a la vida de su marido:

Málaga, Convento de Ntra. Sra. del Carmen el 11 de diciembre de 1831 y último de mi existencia. Amadísima Luisa mía: Voy a morir, pero voy a morir como mueren los valientes. Sabes mis principios, conoces cuán firme he sido en ellos y al ir a perecer pongo mi suerte en la misericordia de Dios, y estimo en poco los juicios que hagan las gentes. Sin embargo, con esta carta recibirás los papeles que mediaron para nuestra entrega para que veas cuán fiel he sido en la carrera que las circunstancias me trazaron, y quise ser víctima por salvar a los demás. Temo no haberlo alcanzado; pero no por eso me arrepiento. De la vida a la muerte solo hay un paso, y ese voy a darlo, sereno en el cuerpo y en el espíritu. He pedido mandar yo mismo el fuego a la escolta: si lo consigo tendré el placer, y si no me lo conceden me someto a todo y hágase la voluntad de Dios. Ten la satisfacción de que hasta mi último aliento te he amado con todo mi corazón. Considera que esta vida es mísera y pasajera, y que por mucho que me sobrevivas nos volveremos a juntar en la mansión de los justos, a donde pronto espero ir, y donde sin duda te volveré a ver. Tuyo siempre hasta la muerte. José María de Torrijos. (Sáenz de Viniegra, Luisa, 1860, p. 556).

A las once y media de la mañana de aquel mismo día, Torrijos y 48 de sus compañeros fueron fusilados sin juicio previo, en dos grupos, en la playa de San Andrés, junto a la costa de Málaga. En el primero estaba el general, a quien no se le permitió mandar el pelotón que terminó con su vida. La escena sería inmortalizada en un óleo por Antonio Gisbert en 1888. La esposa, nada más recibir la carta, había emprendido un viaje a París con la intención de solicitar a la reina francesa su intervención ante Fernando VII para que conmutara la pena de muerte de su marido. Pero antes de cruzar la frontera en Bayona Luisa Sáenz de Viniegra recibió la noticia de la ejecución de su esposo.

La muerte del rey Fernando VII en septiembre de 1833 no supuso el final de la represión contra el liberalismo. A lo largo del siglo XIX se producirían intentonas golpistas para restablecer los mecanismos constitucionales. Durante los inicios de la regencia de María Cristina, en abril de 1834, fue promulgado el Estatuto Real mediante el cual se creaban una nuevas Cortes a medio camino entre el absolutismo y un incipiente liberalismo que terminaría triunfando en el último cuarto de siglo.

Todavía habrían de aprobarse cuatro textos constitucionales entre 1837 y 1876. Una parte importante del éxito de todos ellos tuvo que ver, necesariamente, con las primeras aspiraciones liberales y los primeros conjurados declarados en rebelión, cuyo objetivo fue restituir las libertades y la Constitución de 1812. El trabajo y el esfuerzo de aquellos antiguos guerrilleros, convertidos la mayoría de las veces en mártires ocasionales, significó el primer intento por modernizar una sociedad anquilosada en la que los gobernantes no estaban sujetos a limitación institucional alguna. El poder de estos, único, indivisible e inalienable, a pesar de la coyuntura desfavorable, sería postergado y superado finalmente gracias al quehacer de hombres y mujeres que lograron mediante la conspiración y el complot retrotraer los efectos absolutistas y anunciar los sistemas constitucionales contemporáneos en España.

EL NUEVO ORDEN MUNDIAL EN EL

MUNDIAL EN EL

SIGLO XX

Los protocolos de los Sabios de Sion

El mito de una conspiración judía mundial se remonta a la tradición demonológica, según la cual, un gobierno secreto, a través de una red mundial de asociaciones y organizaciones clandestinaas, estaría controlando los medios y la economía de los países. En términos más generales, dicha conspiración sería la reacción a un antisemitismo surgido en la Antigüedad clásica, desde Cicerón a Tácito, que se prolongaría durante la Edad Media hasta nuestros días, con varios escritos y documentos injuriosos publicados por Voltaire, Nietzsche o Wagner, entre otros muchos autores.

El texto *Los protocolos de los Sabios de Sion* vio la luz en 1903, cuando se publicó en el diario ruso *Znamya* (*La Bandera*) por entregas. Pero su difusión como libro no fue hasta 1917 con el fin de responsabilizar a los judíos del inicio de la Gran Guerra y de la Revolución rusa. Se ha llegado a asegurar que, después de su ejecución, entre los efectos personales del zar Nicolás II se encontró un ejemplar de *Los protocolos*.

El verdadero origen del texto se inicia en el París de los años noventa del siglo XIX. Un relato que fue escrito por orden de Piotr Rachkovski, uno de los jefes de la delegación de Ojrana, la policía secreta del zar. Inspirado en un texto de 1864 escrito por Maurice Joly, contrario a Napoleón III, así como en la novela antisemita de Hermann Goedsche *Biarritz*, de 1868, *Los protocolos*, si bien en un inicio tuvieron escasa difusión, en 1917, ya se habían vendido millones de ejemplares y traducido a más de 20 idiomas.

A finales del siglo XIX, Rusia se había convertido en un territorio en el que el temor a los judíos podía justificar cualquier acción contra ellos. El *Bund* o la Unión General de Trabajadores Judíos —una organización revolucionaria fundada en 1897–, constituía una respuesta a la opresión del gobierno zarista y a las cerca de dos décadas de legislación antisemita. El propósito del *Bund* había sido, desde sus inicios, dotar a los trabajadores judíos de una estructura organizativa y que fuera capaz de defender sus derechos, una cuestión que los funcionarios zaristas enseguida empezaron a ver como una amenaza.[93]

En 1903 el constante enfrentamiento entre los judíos rusos y el gobierno derivó en una serie de acontecimientos violentos. Uno de los más importantes se produjo en Kishiniov, capital de Moldavia, durante la Pascua, entre los días 6 y 7 de abril de ese mismo año. En el transcurso de las referidas festividades, rusos y ucranianos solían embriagarse hasta el extremo de atacar a los judíos, los «deicidas». Era sabido que, por esa época, las autoridades y la policía mostraban una clara complicidad con las organizaciones de derecha, como las Centurias Negras. Aquellas jornadas, miembros de esta última y rusos antijudíos destruyeron los cristales de las casas y de los negocios regentados por judíos, anticipándose a lo que en 1938 sería la Noche de los Cristales Rotos a manos de grupos nazis. El balance se saldó con alrededor de 50 judíos asesinados, cerca de 500 heridos y numerosos bienes saqueados y devastados. Esta serie de acciones, llamados pogromos, comenzaron con bastante regularidad en otros países y regiones, especialmente en Europa y América.[94]

Durante la desatada violencia en Kishiniov se llegó a insistir en la idea de que los judíos usaban la sangre de los niños cristianos para hacer el pan ázimo que los hebreos solían preparar durante las festividades de la Pascua. *Los protocolos de los Sabios de Sion*, en definitiva, iba a servir a la Ojrana para justificar la persecución de los judíos, a quienes responsabilizaba de la pésima situación política y militar que estaba viviendo Rusia. Con todas las dudas que por entonces ya generaba el texto, el interés del zar por difundir la veracidad de un complot de proporciones mundiales alentó no solo a los antisemitas rusos, sino también a los de otros países europeos.

---

93 Garrard, John y Carol (2010). *La vida y el destino de Vasili Grossman* (pp. 77-78). Madrid. Ediciones Encuentro, S. A.

94 Dwork, Debórah y Jan van Pelt, Robert (2004). *Holocausto. Una historia* (p. 104). Madrid. Algaba Ediciones.

A partir de la publicación masiva de *Los protocolos*, la Ojrana puso en marcha una maquinaria de vigilancia hasta el punto de infiltrar agentes judíos en los consejos revolucionarios marxistas con el fin de preparar complots y asesinatos entre sus miembros. De este modo, el gobierno podía utilizar a los judíos como delatores y responsabilizar a los mismos de las detenciones frente a los traicionados.

Aunque cargado de generalizaciones y cuestiones poco trascendentes, *Los protocolos* fueron bien recibidos por el creciente antisemitismo que imperaba en Europa. Resulta fácil imaginar que millones de personas aceptaran sus postulados, puesto que la obra ponía de relevancia lo que muchos creían desde hacía tiempo atrás. De hecho, el editor encargado de su primera edición en San Petersburgo, Pavel Krushevan, era un antisemita declarado que había participado en varios pogromos y era cómplice de varios asesinatos. Tampoco era bien visto el acercamiento progresista que practicaban los políticos judíos rusos, algo que sirvió a la Ojrana para justificar los deseos de democratizar el país como un intento de conspiración judeo-masónica. El estallido de la Revolución rusa, en 1917, aunque logró apartar cualquier estigma en relación con *Los protocolos*, no evitó que semejantes planteamientos llegaran a Occidente, donde alcanzarían un papel decisivo en regímenes como el de la Alemania en poder de Adolf Hitler.

La novela de Hermann Goedsche *Biarritz*, escrita en 1868, está considerada la otra fuente de inspiración de *Los protocolos*. Goedsche actuó como un auténtico reaccionario durante las revoluciones de 1848 en Europa, malgastando su posición en el servicio postal prusiano y conspirando contra el líder demócrata del Partido Progresista Alemán, Benedict Waldeck. Tras su expulsión, dedicó parte de su tiempo a escribir algunos artículos de carácter conservador y varias obras de literatura bajo el seudónimo de sir John Retcliffe, siempre alternando sus actividades con la de policía secreta de Prusia. En *Biarritz* y en el capítulo conocido como «El cementerio judío de Praga y el consejo de representantes de las doce tribus de Israel», Goedsche describía una de las reuniones nocturnas de los miembros de una cábala hebrea junto al diablo donde las doce tribus de Israel trenzaban una conspiración judía. En el capítulo, dos cristianos escondidos entre las lápidas, escuchaban. Al final del encuentro, uno de los jefes pronunciaba un discurso donde quedan definidos los planes para dominar el mundo:

> Al cabo de siglos de opresión y de combates, Israel vuelve a surgir gracias al oro que ha caído en sus manos. Ahora los judíos pueden contemplar un futuro, no muy distante, en que toda la Tierra les pertenecerá [...] Por medio del control de las bolsas de valores, los judíos han logrado que todos los príncipes y los gobiernos de Europa estén endeudados con ellos, de modo que pueden controlarlos [...] Por medio de la división de los latifundios y las tierras más feraces caerán irremediablemente en manos judías y los campesinos serán sus esclavos [...] (Aguirre, Pedro A., 2021, pp. 122-123).

Solo un año después de que se publicara la obra de Hermann Goedsche apareció el *Libro del Kahal*, escrito por el lituano Iakov Aleksandovich Brafman, en el que se daba por cierto que los judíos tenían un plan con el que erradicar la competencia comercial en Rusia. Brafman había nacido en 1824 en el seno de una familia judía en la localidad de Kletsk, en Bielorrusia. Convertido al cristianismo ortodoxo durante los años sesenta, rechazó la religión de sus padres y se estableció en Minsk como profesor de hebreo y censor de libros publicados en esa lengua. Sus escritos y opiniones terminarían contribuyendo a aumentar la creencia de la existencia de un gobierno mundial secreto dominado por los judíos.

La idea de Brafman fue aprovechada por Osman-Bey poco después con la publicación de *La conquista del mundo por los judíos*, una especie de panfleto en donde sostenía la presencia de una conspiración judía mundial, cuyo principal objetivo era el derrocamiento de la monarquía zarista. Aprovechando la paranoia antisemita instalada en Rusia, siguió editando, esta vez en la ciudad suiza de Berna, artículos y prospectos relacionados con el asesinato del zar Alejandro II en 1881. En sus *Revelaciones*, afirmaba poseer documentos del complot judío y esgrimió una primera solución para terminar con el «problema»: llevar a todos los judíos hasta el continente africano, en concreto a la isla de Madagascar, para proceder al exterminio absoluto de la raza.

Si bien *Los protocolos* han contribuido durante décadas a sospechar de la existencia de un orden oculto de conspiradores judíos consagrados al desempeño de destruir gobiernos, organizar desórdenes, derribar iglesias, etc., entre otros muchos desastres y enredos, hay que decir que sus presuntos responsables, conocidos como los «Sabios de Sion», nunca han existido o al menos jamás se ha podido demostrar su veracidad. Sí, en cambio, podemos afirmar que las más de 40 ediciones conservadas en la Biblioteca Británica demuestran la gran difusión alcanzada de este texto. Dividido en 24 «protocolos», los temas planteados son muy diversos y abarcan desde el control de la prensa y el triunfo de la mentira hasta la francmasonería secreta o la justificación del empleo de la fuerza. En definitiva, se trata de un documento que, en cierto modo, fue el responsable de una de las mayores coartadas de antisemitismo y el inspirador de una masacre que provocó alrededor de 60 000 muertos judíos solo por lo que respecta a la Revolución de 1917[95].

El final de la guerra civil en Rusia, en octubre de 1922, aumentó la preocupación de que los bolcheviques pudieran expandir el comunismo a otros lugares de Europa y América. Incluso durante el proceso revolucionario, León Trotski, uno de sus dirigentes más destacados, tuvo que negar públicamente que fuera un agente de la conspiración judía. El líder revolucionario nunca pudo negar su origen judío, aunque sí se apartó del judaísmo y de todo lo que este conllevaba. Trotski no era más que un seudónimo utilizado para distanciarse de su verdadero nombre, Lev Davídovich Bronstein. Por extraño que parezca, en la guerra civil rusa se cometieron actos antisemitas en ambos bandos. Para los rojos, los judíos no pasaban de

---

95 Atilio Röttjer, Aníbal (2010). *La masonería en la Argentina y en el mundo* (p. 210). Buenos Aires. Editorial Nuevo Orden.

ser un desperdicio del pasado; para los blancos, suponían un enemigo invisible que había provocado el derrumbamiento del orden establecido.

Por lo demás, la huida desde la recién constituida Unión Soviética supuso también la reubicación de *Los protocolos*, que sirvieron como justificación a las pérdidas y a los temores que acechaban al mundo moderno. En ese tránsito y en el transcurso de 1920, la editorial británica Eyre & Spottiswoode publicó una primera edición de *Los protocolos de los Sabios de Sion* que provocó muchas dudas en la población y los editores del diario *Times* de Londres.

¿Qué son estos «protocolos»? ¿Son auténticos? De ser así, ¿qué grupo malévolo elaboró en secreto estos planes y se regocijó con su exposición? ¿Se trata de una falsificación? En ese caso, ¿de dónde proviene la misteriosa profecía, que se cumplió en parte, y en parte también estuvo lejos de hacerse realidad? (Friedländer, Saul, 1997, p. 95).

Extracto de los protocolos y temas

Protocolos	Temas
I	El derecho solo está en la fuerza. La libertad no es más que una idea
II	La guerra económica, base de la preponderancia judía
III	Inestabilidad del equilibrio constitucional. Poder y ambición
IV	Acción oculta de las logias. La libertad y la fe. La especulación
V	Medios de llegar al poder por la masonería. Cómo captar la opinión pública
VI	Expulsión de la aristocracia de sus propiedades territoriales
VII	Objeto de las alzas armamentísticas. Fermentación, luchas y discordias en el mundo entero. La prensa, la opinión pública y nuestro triunfo
VIII	El engaño en los procedimientos. Los colaboradores de la judeomasonería. Nuestras escuelas especiales y su objeto
IX	Aplicación de los principios masónicos para adoctrinar a los pueblos

X	Las apariencias en política. El triunfo judío mediante la mentira y el voto del pueblo
XI	Algunos pormenores sobre el golpe de Estado propuesto. La francmasonería secreta y sus logias de fachada
XII	La libertad según la judeomasonería. La prensa bajo el poder judeomasónico. Control de la prensa
XIII	El yugo del pan. Las cuestiones políticas
XIV	Abolición de todas las religiones salvo la de Moisés. Dominación judía
XV	Revoluciones simultáneas. Ejecuciones. Prohibiciones de sociedades secretas
XVI	Las escuelas al servicio de nuestro soberano. Abolición de la libertad de enseñanza
XVII	Legistas y abogados. Destrucción del cristianismo. Plan judeomasónico contra el Vaticano
XVIII	Medidas policíacas. Vigilancia que debe ejercerse sobre los conspiradores. La guardia del rey de los judíos
XIX	Represión de los desórdenes y motines
XX	El Tesoro público. Circulación del dinero
XXI	Insolvencia del Estado. Supresión de la bolsa de valores
XXII	El misterio de los tiempos. Plan judío político y financiero. El oro milenario, base de la prosperidad futura. Poder de los judíos por encima de los pueblos y de Dios
XXIII	Limitación en la producción de los objetos de lujo. La huelga. El mundo actual perecerá por la anarquía…
XXIV	El rey de los judíos, encarnación del destino

Fuente: Nilus, Sergei (1973). *Los protocolos de los Sabios de Sion. El plan judeo-masónico para controlar el mundo*, 210.

El mismo *Times*, de la mano del periodista Philip Graves, reveló un año más tarde que *Los protocolos* eran un fraude, argumentando que se trataba de un plagio del texto de Maurice Joly publicado en 1865 con recortes de otras obras de Jean-François Revel. Indicaba, además, la importancia que habían adquirido durante la Revolución de 1917, especialmente entre grupos de bolcheviques que parecían salvaguardar *Los protocolos* como un arma arrojadiza contra el gobierno zarista. El diario londinense recalcaba también las semejanzas con los escritos de Goedsche, en donde uno de los testigos escondidos tras las lápidas resumía la manera en la que los judíos socavarían las naciones cristianas. A pesar de estas observaciones, *Los protocolos* siguieron causando tal impacto en las décadas de los años veinte y treinta del pasado siglo XX, que se llegaron a imprimir en países como México, Siria o Japón.

Las divulgaciones hechas por *Times* propiciaron la paralización por parte de Eyre & Spottiswoode de la publicación de *Los protocolos*, así como la pérdida de publicidad en el resto de la prensa. A pesar de estar cuestionados, el movimiento antisemita mantuvo la autenticidad del texto que con el tiempo aumentó su popularidad hasta convertirse en una obra fundamental para muchos grupos de ultraderecha, cuya mayor virtud era la de pregonar la supremacía de los blancos sobre el resto de las identidades existentes en el mundo. Uno de aquellos colectivos, los Britons, consiguieron publicar una edición de *Los protocolos*, adecuándolos a su propia idiosincrasia con un prólogo que justificaba la autenticidad de los mismos:

> Por supuesto que los judíos dicen que los *Los protocolos* son una farsa. Sin embargo, la Gran Guerra no fue una farsa; el destino de Rusia no es una farsa; y estos hechos fueron predicciones de los sabios que datan de 1901. La Gran Guerra no fue una guerra alemana, fue una guerra judía. Fue tramada por los judíos y librada por la judería en las bolsas de valores del mundo. Los generales y los almirantes estaban todos bajo el control de la judería (*The Jewish Peril: Protocols of the Learned Elders of Zion*, The Britons, 1921).

En 1922, las traducciones de *Los protocolos* ya se habían extendido por Alemania, Francia y Polonia, lo que hizo temer en este último país un ataque del Ejército Rojo. Condicionados por esta idea, varios cardenales de la Iglesia católica lanzaron una petición de ayuda al temer que el bolchevismo se hiciera con el liderazgo mundial y asumir que este recaería en los judíos. Una idea engañosa, puesto que estos no tenían el gobierno comunista en

Rusia. Alrededor del 1925 eran pocos los países que no conocían el mensaje de *Los protocolos*, cuya publicación se extendió hasta Grecia, Rumanía, Hungría y España. Además, el exilio sufrido por muchos rusos después de 1917 lo llevó hasta Siria y Japón. En regiones como Palestina, su patriarca instó a la traducción al árabe ese mismo año con el argumento de que los males del mundo ya se habían profetizado en *Los protocolos*.

El conspiracionismo de Henry Ford

Estados Unidos tampoco se libró de la corriente antisemita. Uno de sus mayores defensores fue el fabricante de automóviles Henry Ford. En el mes de mayo de 1920 comenzó a publicar un periódico de tirada semanal, *The Dearborn Independent,* con una clara diatriba que apoyaba el antijudaísmo. El contenido del mismo llegó a ser tan ofensivo que provocó la renuncia de su director E. G. Pipp. Ford nombró entonces al hijo de un inmigrante alemán, Ernest G. Liebold. Su edición logró mantenerse durante 91 semanas. En su primer artículo pudieron leerse manifestaciones como la siguiente: «Hay una raza, una parte de la humanidad, que nunca ha sido bien recibida, y que ha logrado elevarse a un poder que la más orgullosa raza gentil nunca ha reclamado, ni siquiera Roma en los días de su más orgulloso poder»[96].

Liebold, un nazi convencido, se sirvió de la buena relación con Ford para convencer a este último de la necesidad de establecer una agencia de detectives con el objetivo de vigilar las vidas de los judíos más importantes de Estados Unidos, así como las conexiones que de todo ello pudieran derivarse. La oficina se ubicó en el número 20 de Broad Street, en Nueva York. Por ella pasaron numerosos exiliados rusos que habían luchado a favor del zar durante la guerra civil. Uno de aquellos inmigrantes y destacado colaborador del industrial fue Boris Brasol, miembro de la organización antisemita Los cien negros. En la agencia de investigación también trabajó el alemán Lars Jacobsen, enviado poco después a Mongolia y al Tíbet en

---

96 Ben-Itto, Hadassa (2004). *La mentira que no ha querido morir. Cien años de Los protocolos de los Sabios de Sion* (p. 103). Barcelona. Riopiedras Ediciones.

busca de documentos secretos que pudieran probar el plan judío para conquistar el mundo.

En mayo de 1920, uno de tantos refugiados rusos llegados a América proporcionó un ejemplar de *Los protocolos* a Ford, que lo pubicó de inmediato en su periódico en varios capítulos. Los hacía acompañar de artículos en los que se avalaban sus afirmaciones, respaldando lo que consideraba el peligro de una dictadura judía en los mismos Estados Unidos. Desde su convencimiento de que el texto era por supuesto auténtico, Ford publicó en 1921 su famoso libro titulado *El judío internacional: el problema del mundo*, que en muy poco tiempo se traduciría a 17 idiomas y en el que se daban detalles de cómo los judíos controlaban los sectores económicos y estaban cambiando las costumbres en los Estados Unidos, constituyéndose como un peligro social.

> ¡Cuánta clarividencia la de nuestros antiguos sabios (judíos) que decía que para conseguir un fin no hay que detenerse ante ningún obstáculo ni contar las víctimas sacrificadas! No hemos contado los ineptos cristianos victimizados. Aunque hayan caído muchos de los nuestros, hemos conquistado la tierra para nuestro pueblo. Jamás imaginaron tener tanto poder. Las víctimas, relativamente poco numerosas, nos han salvado de malograrnos (Claver Barceló, Ana, 2009, pp. 14-15).

En su particular modo de interpretar *Los protocolos*, estos resultaban claves para entender los cambios que la industrialización había impuesto a la sociedad norteamericana después de la guerra de Secesión. Se achacaba a los judíos no solo el considerable aumento de la inmigración o el auge en los movimientos obreros; también el importante poder adquirido por el gobierno federal y el control del país a través de Wall Street. No es de extrañar que para Ford, Cristóbal Colón y su expedición a través del Atlántico no fuera más que un plan surgido de la conspiración judía.

La historia de los hebreos en América empieza por Cristóbal Colón. El 2 de agosto de 1492, fueron expulsados de España más de trescientos mil judíos, un acontecimiento que provocó en forma paulatina la decadencia del poderío ibero. Al día siguiente, Cristóbal Colón zarpaba en dirección a Poniente, marchando con él cierto número de judíos. Estos no eran, ni con mucho, fugitivos, ya que los planes del intrépido navegante hacía tiempo que interesaban a los judíos influyentes. El propio Colón declara que mantenía relaciones con los judíos. El destinatario de la primera carta en que detalla su descubrimiento era un hebreo. Efectivamente, este gran acontecimiento, que dio otro mundo al mundo, se realizó merced a la influencia de judíos (Ford, Henry, 2021, p. 28).

Tampoco extrañaron los acercamientos al incipiente nacionalsocialismo alemán. El primer encuentro del que se tienen noticias está recogido en un informe de la embajada de los Estados Unidos en Berlín en el año 1921. Según consta en el mismo, el ideólogo nazi Dietrich Eichart se puso en contacto con la compañía Ford para adquirir maquinaria agrícola con destino a Baviera. Las simpatías hacia Eichart llevaron al empresario norteamericano a apoyar financieramente al movimiento, una financiación que desde el propio *New York Times* y el *Berliner Tageblatt* se consideró vital para la conspiración y posterior golpe de Estado, el *putsch* de 1923. Un intento que, por otra parte, terminaría ocasionando el primer fracaso de Hitler y su condena a prisión durante dos años.

A pesar de todo ello, la Ford Motor Company no tardó en establecerse en Alemania y abrió una filial en Berlín en 1925. Tres años más tarde, la factoría Ford se unió al *holding* químico dirigido por el alemán I. G. Farben, entre cuyos directivos se encontraban Max Ilgner y F. Ter Meer, condenados años después por crímenes de guerra en Núremberg. Tampoco podemos olvidar que la empresa de I. G. Farben sería la responsable de elaborar el Zyklon B, utilizado en las cámaras de gas en los campos de exterminio.

Parece evidente que, de un modo u otro, fondos estadounidenses llegaron a financiar parte de la guerra iniciada por Hitler en Europa a partir de 1939. En octubre de 1945, la comisión Kilgore del Senado de los Estados Unidos llegó a la conclusión de que la empresa Ford-Werke A. G. había colaborado en su esfuerzo bélico contra los aliados, empleando mano de obra judía para producir armamento. En 1938, en el 75 cumpleaños de Henry Ford, el gobierno alemán le concedió la Gran Cruz del Águila, la más alta condecoración que podía recibir un extranjero[97].

Conocida la animadversión de Ford hacia la comunidad judía, esta trató en reiteradas ocasiones de demostrar las falsedades que había declarado desde que diera comienzo la publicación de su libro *El judío internacional* y del semanario *Dearborn*. Su rechazo a tales manifestaciones provocó un efecto negativo en su imagen y muchas personas se negaron a comprar sus automóviles. Una actitud que no solo fue secundada por los judíos. Hubo quienes durante años trataron de persuadir al empresario de su equívoco. En enero de 1921, 119 personalidades de prestigio, incluidos el presidente Woodrow Wilson y el expresidente William Howard Taft, firmaron una carta en la que se condenaba expresamente el antisemitismo. Solo un mes antes, la convención del Consejo Federal de las Iglesias Cristianas de América que, en esos momentos, aglutinaba a más de 50 000 iglesias de todo el país, adoptó una resolución que se manifestó en los siguientes términos:

> Por cuanto que, durante algún tiempo han estado en cir-
> culación en este país publicaciones tendentes a crear prejuicios
> raciales y producir animosidad contra los conciudadanos judíos,
> conteniendo cargos tan absurdos como faltos de credibilidad,
> se resuelve que el Consejo Federal de las Iglesias de Cristo
> en América, impelido en estos tiempos de nuestra existencia
> nacional por la necesidad de unidad y hermandad, deplora

---

97 Camacho, Santiago (2005). *20 grandes conspiraciones de la Historia* (pp. 40–48). Madrid. La Esfera de los Libros.

tales ataques infundados a los hermanos judíos, les extiende en
espíritu de buena voluntad una expresión de confianza en su
patriotismo y su buena ciudadanía, y honestamente exhorta a
nuestro pueblo a expresar la desaprobación ante todas las acciones que conduzcan a la intolerancia o tiendan a la destrucción
de nuestra unidad nacional mediante el incremento de la división racial en nuestro cuerpo político (Ben-Itto, Hadassa, 2004,
pp. 103-104).

Sin embargo, ninguno de estos intentos pareció afectar a Ford y
mucho menos a la popularidad alcanzada por *Los protocolos*. Tampoco pareció afectar al semanario. Diariamente recibía dinero y cartas agradeciéndole
la misión tan importante que estaba realizando por revelar la conspiración
judía. Los artículos y editoriales acusaban sistemáticamente a líderes judíos,
como a Louis Marshall, presidente de la Congregación hebrea de los
Estados Unidos, o a Luis Brandeis, juez del Tribunal Supremo, de utilizar a
los presidentes Taft y Wilson como marionetas. En ocasiones se recordaba
la responsabilidad en la Gran Guerra de la comunidad judía en beneficio
de los banqueros o de los estímulos durante la Revolución en Rusia. Los
judíos se presentaban como los grandes responsables de la guerra civil y
del asesinato de Lincoln. En definitiva, *Los protocolos* se convirtieron rápidamente en la piedra angular de la campaña de antisemitismo de Henry Ford.
Edwin Pipp, director del *The Detroit News*, llegaría a plantear a Ford en una
carta las escasas pruebas que esgrimía para justificar su odio a los judíos en
su *Dearborn Independent*.

Afirman que hay una conspiración internacional y, cuando se les piden pruebas, protestan furiosos contra las películas.
Querrían que temiéramos la caída de nuestra nación como
resultado de la dominación judía de los asuntos internacionales, y cuando se les pide una prueba, hablan de la mentalidad
«oriental». Dicen que no son antisemitas, y contratan detectives

para cazar a lo largo del país cualquier caso que puedan dirigir contra cualquier judío o judíos, individual o colectivamente […] (Ben-Itto, Hadassa, *op. cit.*, pp. 103-104).

En enero de 1922 Ford detuvo su campaña contra los judíos. El hecho de que se interrumpiera de un modo tan abrupto indujo a creer que el deseo del empresario era acceder a la presidencia del país. Una ambición respaldada por los principales rotativos, como el *New York Times* o el *Wall Street Journal*. De hecho, era impensable soslayar el apoyo y el voto de la comunidad judía, lo que hubiera supuesto un cambio de estrategia con respecto a lo realizado por otros políticos tiempo atrás. No obstante, una vez se desvanecieron las aspiraciones políticas, en abril de 1924 se reanudaron los ataques antisemitas.

En efecto, en el transcurso de aquel mismo año, el *Dearborn* empezó a publicar una serie de artículos arremetiendo contra Aaron Sapiro, un abogado de Chicago miembro del Consejo Nacional de la Asociación Cooperativa de Comercialización de Granjeros. En ellos, Ford acusaba a Sapiro de pertenecer a un grupo de banqueros judíos cuyo objetivo era conspirar para controlar el mercado de alimentos en todo el mundo, aspecto que, según los *Los protocolos*, era indispensable para la dominación global del planeta. La respuesta del abogado fue la presentación de una demanda por difamación contra Ford en la que exigió un millón de dólares de indemnización.

Finalmente, el juicio fue declarado nulo después de que un miembro del jurado fuese entrevistado previamente a conocerse la sentencia. Consciente de la falta de pruebas contra Sapiro y de que las posibilidades de éxito en un segundo proceso eran escasas, Ford se puso en contacto con Louis Marshall, abogado de derechos civiles y estrecho colaborador con la comunidad judía, así como con el miembro del Congreso estadounidense Nathan Perlman. En la reunión mantenida con ellos argumentó que se había equivocado al acusar a Sapiro y a otros judíos. Marshall y Perlman plantearon entonces la alternativa de una disculpa pública y el fin de las actuaciones del empresario contra los judíos.

Considero mi deber como hombre de honor enmendar las equivocaciones cometidas respecto a los judíos como compañeros y hermanos, mediante mi petición de perdón por el daño hecho sin intención, mi retractación en tanto esté a mi alcance por los ofensivos cargos arrojados a su puerta por estas publicaciones, y la seguridad sin otro calificativo de que de ahora en adelante podrán buscar mi amistad y buena voluntad. No hace falta decir que los panfletos que se han distribuido por todo el país y en el extranjero serán retirados de la circulación, que haré saber de todas las maneras posibles que tienen mi desaprobación sin paliativos, y que, en adelante *The Dearborn Independent* continuará bajo tales principios, y que artículos que reflexionen sobre los judíos nunca volverán a aparecer en sus columnas (Ben-Itto, Hadassa, *op. cit.*, p. 112).

Henry Ford, en efecto, proclamó abiertamente durante el verano de 1927 su error y convicción de que el ataque a los judíos llevado a cabo desde el *Dearborn* y *El judío internacional* había sido una falsedad y una calumnia. Si bien el cambio de actitud tuvo sus reconocimientos y felicitaciones, la retractación, no obstante, no desvaneció el interés por *Los protocolos*, que continuaron su escalada y distribución. Dadas las circunstancias, de las cinco organizaciones de carácter antisemita reconocidas antes de 1932 se pasó a más de 120 en 1940. Muchas de ellas presentaban en sus estatutos aspectos que recordaban los artículos que Ford había publicado a comienzos de la década de 1920 avalando los ataques contra los judíos.

Entre los deudores con Ford se encontraba el sacerdote católico Charles Coughlin, un detractor de la raza judía, cuyos sermones semanales se emitían por radio desde Detroit. Estos, que consiguieron llegar a millones de hogares en todo el país, alcanzaron su mayor popularidad en 1930. Coughlin también creó el llamado Frente Cristiano en Nueva York y publicó una revista, *Social Justice*, cuya edición alcanzó casi un millón de ejemplares. El popular sacerdote volvió a imprimir *Los protocolos* y dijo que las afirmaciones de Henry Ford a propósito de los judíos y la Primera Guerra Mundial, la Revolución rusa o la Declaración de Balfour, entre otros eran ciertas[98].

Los protocolos pasaron también a formar parte de la propaganda nazi en la Alemania de los años veinte. El texto se convirtió muy pronto en un auténtico «manual» de lectura obligatoria con el que justificar el acoso y la persecución hacia los judíos. Al fin y al cabo, el antisemitismo era tan antiguo que difícilmente la sociedad alemana podía detenerse a pensar lo contrario. La escritora e historiadora del Holocausto Nora Levin llegó a afirmar que *Los protocolos* fueron imprescindibles para comprender el exterminio llevado a cabo por Adolf Hitler, al creer que nunca se habían presentado pruebas concluyentes de su falsedad. Además, las grandes ventas y su popularidad dotaron al texto de una importante credibilidad y sirvió como fuente de explicación para todos los desastres ocurridos en el país, como el hambre, la derrota en la guerra o la inflación.

En el verano de 1921, Hitler ya los había incorporado a sus discursos, y su lectura se hizo obligatoria en los colegios alemanes desde la llegada de los nazis a la Cancillería en enero de 1933. Precisamente, ese mismo año se promulgó la Ley del Servicio Civil que prohibía a los judíos alemanes el acceso a puestos públicos. Para entonces, en localidades como Breslau, jueces y judíos ya habían sufrido los ataques de miembros del Partido Nazi. Una estrategia iniciada años antes y que había tenido en *Mi lucha* –el libro de Hitler publicado en 1925–, un punto y seguido en favor de la violencia racial contra los judíos.

Si el judío con la ayuda de su credo marxista llegase a conquistar las naciones del mundo, su diadema sería entonces

---

98 La Declaración Balfour, del 2 de noviembre de 1917, fue una alocución del gobierno británico para dar a conocer su apoyo al establecimiento de un «hogar nacional» al pueblo hebreo en la región de Palestina, entonces parte del Imperio otomano. La Declaración fue apoyada y firmada por Arthur James Balfour, entonces ministro de Relaciones Exteriores, y dirigida al barón Lionel Walter Rothschild, líder de las comunidades judías en Gran Bretaña. El texto íntegro se publicó en la prensa el día 9 de noviembre de aquel mismo año de 1917, en plena Primera Guerra Mundial.

la corona fúnebre de la humanidad y nuestro planeta volvería a rotar desierto en el éter como hace millones de siglos. (Hitler, Adolf, 2018, p. 45).

Además del texto de Hitler, los artículos y los libros de Henry Ford referidos a su política antijudía ya habían logrado una amplia distribución por toda Europa y habían recabado un notable éxito en Alemania. A pesar de su retractación de 1927, las cartas remitidas a los editores y distribuidores alemanes para evitar su publicación y venta apenas obtuvieron la atención que merecían. Uno de aquellos correos fue dirigido a Theodor Fritsch, de Leipzig, que había traducido al alemán *El judío internacional* de Ford. En la carta se advertía de la revocación y cancelación de cualquier derecho de publicación del libro, pero Fritsch, haciendo caso omiso, mantuvo su distribución por todas las instituciones y escuelas públicas de Alemania, así como en numerosos quioscos de Suiza. Para la ocasión, aprovechó y utilizó las fotografías de Ford y de Hitler, colocándolas una al lado de la otra.

Hitler utilizó el libro de Ford durante su régimen de barbarie y colocó en más de una ocasión la imagen del estadounidense en reuniones del partido. Se ha llegado a decir que sobre su mesa había una foto del empresario norteamericano y que incluso la había colgado de la pared durante su estancia en la cárcel, en 1925. Como reconocería en alguna ocasión, Ford se convirtió en una verdadera inspiración para el dictador alemán hasta tal punto que llegó a incorporar pasajes enteros de su obra en *Mi lucha*. En vista de las circunstancias, tanto *El judío internacional* como los *Los protocolos de los Sabios de Sion* pasaron a ser relatos indispensables dentro de la propaganda antisemita de Hitler[99].

La influencia de *Los protocolos* después de la Segunda Guerra Mundial sufrió un cierto retroceso en cuanto a su poder de focalización se refiere. Eso no impidió que las impresiones siguieran sucediéndose y captara

---

99 Andreassi Cieri, Alejandro (2004). «*Arbeit macht frei». El trabajo y su organización en el fascismo (Alemania e Italia)* (p. 391). Barcelona. Ediciones El Viejo Topo.

adeptos en las décadas sucesivas. Solo así se puede explicar que durante la dictadura militar en Argentina entre 1976 y 1983 se llevaran a cabo persecuciones contra miembros de la comunidad judía, sospechosos de estar vinculados con algunas sociedades seguidoras de *Los protocolos*. Un ejemplo de ello fue el apresamiento y tortura del periodista Jacobo Timerman[100]. No sería el último caso, ya que en 1971 el profesor de economía de la Universidad de Buenos Aires Walter Beveraggi Allende comenzó a divulgar su teoría sobre un proyecto conspirativo llamado Plan Andinia. Dicho plan habría sido presentado en 1969 por un rabino, apellidado Gordon, a miembros de la comunidad judía en una sinagoga de Buenos Aires, basándose en algunas de las afirmaciones recogidas en *Los protocolos*. La supuesta conspiración tenía entre sus propósitos contrarrestar los efectos de la decadencia moral y económica provocada por las ideologías de izquierda en Argentina con el establecimiento de un segundo Estado hebreo entre el sur argentino y chileno[101].

Por otra parte, y a lo largo de todo el siglo xx, la URSS no perdió de vista los movimientos sionistas desde que, en 1939, manifestara sus «sentimientos fraternales» con el pueblo judío, llegando incluso a poner de manifiesto el origen hebreo de Marx. Si bien esto es así, desde la finalización de la Segunda Guerra Mundial algunos intelectuales judíos establecidos en la antigua Unión Soviética fueron arrestados y perseguidos. En 1952, varios de ellos fueron acusados por conspiración y de tratar de establecer en la península de Crimea una república judía y burguesa. El 12 de agosto de aquel año fueron ejecutados 26 escritores judíos. Pero quizá el hecho más conocido fue el llamado complot de los médicos, un suceso que sería publicado en las páginas del diario *Pravda*.

El 13 de enero de 1953, *Pravda* publicó un artículo antisemita titulado «Bajo la máscara de médicos universitarios hay espías asesinos y criminales»,

---

100 Nicolás Kahan, Emmanuel (2019). *Memories that Lie a Little. Jewish Experiences during the Argentine Dictatorship* (pp. 47-49). Boston. Brill.

101 Bohoslavsky, Ernesto (2008). «Contra la Patagonia judía. La familia Eichmann y los nacionalistas argentinos y chilenos frente al Plan Andinia (de 1960 a nuestros días)», *Cuaderno Judaico*, 25, Centro de Estudios Judaicos de la Universidad de Chile, 223-248.

en el que se denunciaba una conspiración de burgueses sionistas manejados por el Congreso Judío Mundial y la CIA. A la cabeza de aquella supuesta conspiración estaban el profesor y facultativo Vladimir Vinográdov, así como Mirón Vovsi, ambos médicos de Stalin que le habían recomendado que abandonase o redujese sus funciones en el gobierno. La razón no era otra que el diagnóstico de una hipertensión aguda. En aquella denuncia de complot estuvieron implicados 11 médicos, 7 de ellos judíos. La inmediata reacción de las autoridades fue la de perseguir y arrestar a decenas de profesionales de la medicina judíos, además de la expulsión de otros muchos de sus puestos de trabajo. Hoy sabemos que, en 1956, durante un discurso secreto de Nikita Kruschev ante el XX Congreso del PCUS, este reconoció que Stalin, quien controlaba a su antojo el Comité Central del Partido Comunista, había utilizado la conspiración como pretexto para iniciar una de las habituales purgas que solía llevar a la práctica en el seno del partido. Lo cierto es que la muerte del líder soviético evitó finalmente males mayores.

En los Estados Unidos tampoco se libraron del antisemitismo. En los años ochenta la poderosa *Coalición Cristiana*, controlada por Pat Roberson, candidato en las primarias por el Partido Republicano, llegó a escribir: «El Nuevo Testamento nos revela que los judíos mataron al Señor Jesucristo y a sus propios profetas y también nos han perseguido. Ellos no agradan a Dios y son enemigos de todos los hombres...»[102]. La idea, aunque no era nueva, produjo un resurgimiento del odio a los judíos que se manifestó más tarde a través de las llamadas Milicias Cristianas, una asociación que en los años noventa comenzó a distribuir los *Los protocolos de los Sabios de Sion* por todos los Estados Unidos.

Todavía a las puertas del siglo XXI, en una manifestación en Moscú organizada contra Borís Yeltsin se pudieron escuchar consignas contrarias a la comunidad judía y a su presunta influencia en los sectores económicos

---

102 Gómez Jeira, Juan Sebastián (2006). *El antisemitismo y otros escritos* (p. 52). Santiago de Chile. Ediciones La Runa del Lobo.

de Rusia. *Los protocolos* han continuado activos en países islámicos, así como en Occidente, en muchos casos para explicar hechos como los atentados del 11 de septiembre de 2001 en Nueva York o el asesinato del primer ministro libanés Rafic Hariri perpetrado en febrero de 2005, un crimen este último que todavía sigue rodeado de misterio. Tampoco podemos olvidar a la organización palestina Hamás, que sistemáticamente ha estado recurriendo a *Los Protocolos* para justificar sus actos terroristas contra la población israelí. Un mito, el de la supuesta conspiración judía internacional, que ha seguido manteniéndose en el tiempo, solo mitigado ligeramente en algunas regiones del mundo. Un balance sombrío cuyo final se adivina todavía lejano, pero al que debiéramos acercarnos lo antes posible para cerrar, de este modo, uno de los lastres más desmerecedores de toda nuestra historia.

De la paz de Versalles a la Alemania nazi de Hitler

La subida al poder del nazismo en Alemania en enero de 1933 y su pro-
longación hasta mayo de 1945 dieron lugar a uno de los periodos más
devastadores de la historia del siglo xx. Las políticas de austeridad impuestas
a comienzos de los años treinta por el canciller Heinrich Brüning provocaron en la sociedad alemana un notable rechazo al intensificar los efectos de
la Gran Depresión y agudizar la crisis social y financiera en la población. La
consecuencia más inmediata de todo ello fue la proliferación de disturbios
callejeros que terminaron saldándose con el ascenso de Hitler y del Partido
Nacionalsocialista Obrero Alemán, el NSDAP, al poder.

El Tratado de Versalles de 1919 dejó importantes heridas, algunas de
las cuales, como el pago de las reparaciones de guerra, quedaron saldadas
en 1983. Solo después de reunificado el país y de un esfuerzo económico
sin precedentes, Alemania saldó la deuda generada por los intereses desde
la aprobación del tratado —unos 125 millones de euros—, el 3 de octubre
de 2010. Habían transcurrido algo más de 90 años desde que finalizara la
Primera Guerra Mundial en noviembre de 1918. Además de las cláusulas
territoriales impuestas, y en las que el país iba a quedar reducido en más de
90 000 kilómetros cuadrados, las estipulaciones militares exigieron la ocupación de varios emplazamientos, la desmilitarización de Renania, así como
la internacionalización del canal de Kiel y la prohibición para la fabricación
de material armamentístico.

Fue sin embargo el carácter desestabilizador de los criterios políticos
y económicos el que mayor daño causó a la población alemana. El tratado
consideró a Alemania y a sus aliados responsables de la guerra, e imposibilitó

su ingreso en la Sociedad de Naciones. Por las mismas razones, el país fue obligado a entregar anualmente a los vencedores 44 millones de toneladas de carbón, más de 350 000 cabezas de ganado, la mitad de su producción química y farmacéutica, etc., junto con el pago de 132 000 millones de marcos de oro, una suma que no podía asumir y que incluso algunos aliados llegaron a tachar de excesiva. El famoso economista John Maynard Keynes, uno de los miembros de la delegación británica, no dudó en calificar los acuerdos de Versalles de «paz cartaginesa». En una de sus críticas al tratado llegaría a escribir: «... de allí la necesidad de "garantías"; y cada garantía se aprobaba, incrementando la irritación y por consiguiente la probabilidad de una posterior revancha por parte de Alemania»[103].

Las medidas de presión aumentaron en enero de 1923 al ocupar el ejército francés la zona industrial del Ruhr. El marco perdió gran parte de su valor, provocando una hiperinflación que disparó los precios en los mercados, al mismo tiempo que elevaba los niveles de desempleo. La recién creada República de Weimar, nada más finalizar el conflicto bélico, no tardó en percatarse de la fuerte agitación social y económica que desestabilizó la democracia y provocó el surgimiento de muchos partidos de extrema derecha. En 1923 los precios se duplicaban cada dos días y un dólar llegó a tener un valor de algo más de 4 000 millones de marcos alemanes. Los billetes, impresos por millares, debían ser llevados en sacos y carretillas.

En aquellas circunstancias, Adolf Hitler, comenzó a difundir la idea de que el fracaso en la Primera Guerra Mundial había sido la consecuencia de una conspiración organizada por judíos y marxistas. Acabada la guerra, y recuperado de sus heridas, Hitler fue destinado por su unidad militar al departamento político de asuntos de prensa del ejército, donde se convirtió en una especie de espía, lo que le llevaría rápidamente a tener sus primeros contactos con la política. Durante el mes de septiembre de 1919 recibió

103 Elster, Jon (2006) *Rendición de cuentas. La justicia transicional en perspectiva histórica* (p. 242) Buenos Aires. Katz Editores.

la orden de investigar al recién creado Partido Obrero Alemán (DAP), en aquellos días sospechoso de acoger tendencias comunistas.

Hitler asistió por primera vez a uno de sus mítines y comprendió enseguida que se trataba de un grupo de nacionalistas alemanes. En el debate final, su intervención provocó la felicitación de Anton Drexler, líder del partido, que le regaló un ejemplar de su libro *Mi despertar político* y le instó a sumarse a las filas de la formación política. A las pocas semanas pronunció su primer discurso público en una antigua cervecería de Múnich, la Hofbräukeller, e ingresó en el partido. En aquel acto se encontraba Ernst Röhm, quien a la postre sería decisivo en el devenir político de Adolf Hitler.

El 24 de febrero de 1920, el partido celebró su primera reunión importante ante unos 2000 asistentes. Hitler leyó los 25 apartados del programa que habían sido elaborados por él y el propio Drexler. Aquellos puntos se convertirían también en la base del futuro programa del nacionalsocialismo. El 1 de abril de aquel año, el mismo día en el que Hitler dejaba definitivamente el ejército, el DAP pasó a convertirse en el Partido Nacionalsocialista Obrero Alemán. En pocas semanas organizó unos escuadrones de veteranos de guerra con el fin de mantener el orden en las reuniones del partido y amedrentar a quienes pudieran provocar conflictos con las opiniones de los oradores. El 5 de octubre de 1921, ya con el nombre de *Sturmabteilung* (SA) y bajo el mando de Johan Ulrich Klintzich, los camisas pardas, como se conocía a sus miembros, iniciaron ataques contra grupos políticos oponentes y de judíos. A la vez que se radicalizaban sus acciones adquirieron el emblema de la cruz gamada y el «saludo romano», que consistía en alzar el brazo derecho con la palma de la mano hacia abajo.

Tras vencer la oposición de Drexler, hacia finales de aquel mismo año, Hitler ya controlaba el partido con métodos dictatoriales. Animado por su rápido crecimiento y pensando en tomar el poder de Alemania, comenzó a idear el modo de hacerse un sitio en la política fuera de Baviera. Para ello, procedió a idear el mejor modo para acercarse a otras fuerzas políticas y al *Reichswehr*, el ejército alemán que posteriormente rebautizaría con el nombre de la *Wehrmacht*. Con el apoyo de su organización paramilitar, las SA, y de la *Kampfbund*, una liga de asociaciones de combate creada en septiembre de 1923, inició una sucesión de maniobras y tramas para obtener el poder.

El retraso en los pagos por las reparaciones de guerra del gobierno alemán ocurrido aquel mismo año dio a Francia el pretexto para ocupar parte de la región industrial del Ruhr, lo que dejó al país sumido en una inestabilidad política que Hitler no dudó en aprovechar. Siguiendo el ejemplo que Mussolini había aplicado en Italia con la marcha sobre Roma y sirviéndose de militares descontentos, Hitler concibió un plan que consistía en secuestrar al comandante del ejército en Baviera, Gustav von Kahr, así como al jefe de la policía regional, de tal forma que pudieran marchar hacia Berlín y destituir a Stresemann de la Cancillería. Para perpetrar el golpe convenció al general Erich Ludendorff, un militar de prestigio, intuyendo que de ese modo el ejército apoyaría su acometida.

El 8 de noviembre de 1923, Hitler, junto con un grupo de camisas pardas, asaltó por la fuerza una reunión pública en la que intervenía Kahr, proclamando la intentona golpista y asegurando que la marcha sobre Berlín derivaría en la formación de un nuevo gobierno. Después de convencer a Hitler de que podía contar con su apoyo, pero engañando igualmente a Ludendorff, Kahr logró escapar y retomar de inmediato el control en toda la región de Baviera. Al amanecer del 9 de noviembre, el ejército y la policía bávara rodearon a Ernst Röhm y al resto de los nazis que estaban preparados para actuar en el edificio del Ministerio de Guerra. Hitler, convencido por Ludenforff de que las fuerzas de Kahr nunca abrirían fuego contra ellos, se dispuso a ir a su encuentro, pensando que todavía podría incorporarlo al complot. Lejos de ser convencido, 14 golpistas y 4 policías murieron en los enfrentamientos, entre ellos, Max Erwin von Scheubner, uno de los organizadores que marchaba del brazo de Hitler. El *putsch* había fracasado.

Hitler fue arrestado la noche del 11 de noviembre cuando se escondía en la casa de Ernst Hanfstaengl. Algunas crónicas han contemplado el posible intento de suicidio de Hitler aquella misma madrugada. Lo que se sabe es que en el momento de su detención ya había redactado un testamento sucesorio en el partido, a cuyo frente ponía a Alfred Rosenberg. Acusado de alta traición, el proceso por la intentona golpista recabó el interés internacional. Con un tiempo ilimitado para defenderse, las palabras de Hitler durante el juicio le permitieron difundir su pensamiento sin trabas. Asumió siempre la responsabilidad del golpe y con un discurso fácil y verosímil llegó a afirmar que su acto estaba lejos de ser un crimen.

Solamente yo cargo la responsabilidad. Pero no soy un criminal por eso. Si hoy me presento aquí como un revolucionario, es como un revolucionario en contra de la revolución. No existe la alta traición contra los traidores de 1918.

Pese a que la Constitución alemana tenía establecida, en esos casos, cadena perpetua, Hitler fue sentenciado a cinco años de prisión en la fortaleza de Landsberg. Era el 1 de abril de 1924. Durante los nueve meses que realmente duró su castigo, recibió un trato privilegiado. Su rápida absolución se debió a una amnistía general que se aplicó a prisioneros políticos. De todos modos, durante ese tiempo pudo dictar a distintos amigos, especialmente a Rudolf Hess, su conocida obra *Mi lucha*. En su extensa obra, Hitler concibió, entre otras cuestiones, la forma de destruir Francia y la expansión alemana a través de la Europa del Este en el llamado «espacio vital». En definitiva, el control continental por parte de Alemania. En su entendimiento personal, el uso de la propaganda era crucial. Hitler pensó que las masas creerían cualquier evidencia si esta era repetida de forma sistemática. Con dicha estrategia: «... los votantes se creerán una gran mentira antes que una pequeña»[104].

Mi Lucha es toda una declaración de intenciones. Por lo que respecta a Rusia, su conquista debía resultar sencilla al estar controlada por bolcheviques y judíos. Teniendo en cuenta que Hitler consideraba la raza aria superior al resto, el nuevo gobierno alemán debía basarse en una dictadu-

---

104 Lozano, Álvaro (2011). *La Alemania nazi (1933-1945)* (p. 64). Madrid. Marcial Pons Historia.

ra, una especie de «organismo» racial que terminaría esclavizando al resto del mundo a través de una cultura fundamental y definitiva. Esta visión comenzó a ser compartida por muchos alemanes que, a su vez, terminaron convenciendo a Hitler de la necesidad de reformar el partido y el modo de alcanzar el poder bajo una aparente legalidad y respetando las normas constitucionales.

> En lugar de actuar para conseguir el poder mediante un golpe militar, hemos de tapar nuestras narices y acceder al Parlamento como opositores de los diputados católicos y marxistas. Superarlos en votos llevará más tiempo que superarlos con disparos, eso al menos nos dará un resultado avalado por la Constitución (Shirer, William Lawrence, 1960, p. 119).

El ascenso nazi

A partir de 1925, los discursos de Hitler se fueron recrudeciendo. En ellos acusaba al Estado de ser cómplice de los judíos y de los marxistas. Al mismo tiempo, emprendió la tarea de organizar el Partido Nazi con sedes en todo el país, y también en Austria y Checoslovaquia. Durante el mes de abril creó una nueva organización paramilitar llamada *Schutzstaffel* o escuadrones de protección, conocidos popularmente como las SS, y que terminarían incorporando a los miembros de la SA en poco tiempo. Todos sus componentes debían realizar un juramento de lealtad a su fundador, Adolf Hitler, en aquel entonces presidente de la Organización Nacionalsocialista Alemana de los Trabajadores.

Con el fin de extender el nazismo por el norte de Alemania, propuso a Gregor Strasser que difundiera la filosofía del partido por Sajonia, Hannover, Prusia y Renania. Para alcanzar sus objetivos contó con el apoyo de un joven secretario llamado Joseph Goebbels. Strasser, quien nunca había desestimado la idea del socialismo dentro del nacionalsocialismo ideado por Hitler, no tardó en presentarse como un firme candidato con capacidad para liderar el partido. Su injerencia le costaría la vida años más tarde en la conocida como Noche de los Cuchillos Largos.

La Gran Depresión de 1929 dio nuevos impulsos a los planes de Hitler. No era ningún secreto que él había estado esperando el momento en el que la situación económica fuera asfixiante. Aprovechándose de la quiebra de algunos bancos y empresas, no dudó en apelar una vez más al orgullo nacional explicando la necesidad de desacreditar y rechazar el Tratado de Versalles e incluyendo la suspensión de los pagos pendientes de las indemnizaciones. Solo de esa forma veía posible generar empleo y controlar la corrupción de los ricos. En su particular visión, millones de alemanes estaban siendo estafados y traicionados por el marxismo.

En marzo de 1930, Heinrich Brüning fue nombrado nuevo canciller por el presidente Paul von Hindenburg. Brüning, sin una mayoría parlamentaria suficiente para controlar el gobierno, convocó elecciones con la esperanza de paliar su carencia de autoridad. Las elecciones federales tuvieron lugar el domingo 14 de septiembre y estaban destinadas a renovar los 577 escaños del Reichstag. Con ellos quedaría conformada la sexta legislatura de la República de Weimar. Los comicios volvieron a dar la victoria a los socialdemócratas con algo más del 24% de los votos y 143 escaños. Solo habían perdido 10 con respecto a la anterior consulta. No obstante, aquel triunfo fue eclipsado por el Partido Nacionalsocialista Obrero Alemán. El NSDAP había obtenido el 18% de los votos, lo que suponía 107 escaños. Su poder acababa de multiplicarse por siete. El Partido Comunista de Alemania, con 77 escaños, quedó como la tercera fuerza política.

Aquellos resultados fragmentados incrementaron todavía más el enfrentamiento entre las fuerzas de la extrema izquierda y de la extrema derecha. Así las cosas, el apoyo dado por una parte de la ciudadanía al Partido Nazi impulsó a Hitler a buscar el apoyo incondicional del ejército, que no tardó en conseguir entre los oficiales más jóvenes. El éxito electoral también comenzó a atraer a las filas nazis a personas pertenecientes al mundo de la prensa y de los negocios. Así, en 1931 el NSDAP obtuvo por ejemplo el apoyo de Walther Funk, un destacado conservador y anticomunista que entonces ejercía como redactor jefe del diario económico *Berliner Börsen-Zeitung*. Sus buenas relaciones con el mundo empresarial no tardaron en dar con personas que estaban interesadas en financiar las ideas del nacionalsocialismo. Sin embargo, y pese a encontrar apoyos, como así sucedió con la empresa Allianz, una parte del empresariado alemán continuó mostrando una clara desconfianza a los planes de Hitler.

Sin la posibilidad de formar un gobierno estable, el 7 de enero de 1932 Brüning propuso a Hitler aplazar las elecciones presidenciales que debían celebrarse ese mismo año. Debido a su avanzada edad, este pensó que Hindenburg rechazaría presentarse a la reelección, si bien finalmente Hitler creyó que lo mejor sería esperar a que muriera el presidente y encontrar entonces el mejor momento para asaltar el poder sin vulnerar la Constitución. En contra de dicha opinión, Brüning deseaba restablecer la monarquía bajo un sistema parlamentario, idea que no beneficiaba al candidato del Partido Nazi. Con ello, los enfrentamientos entre ambos líderes no se hicieron esperar. Hindenburg no tuvo más opción que presentarse a un segundo mandato, lo que en principio apartaba a Hitler de un más que probable triunfo.

La victoria de Hindenburg, sin embargo, no alteró los planes nazis. En el verano de 1932 los miembros de las SA ya superaban en número al ejército alemán, lo que provocó su prohibición y disolución. A partir de ese momento, Kurt von Schleicher, general que había apoyado el ascenso de Brüning, inició una serie de conspiraciones para provocar su salida del poder. A través de Röhm, Schleicher propuso entonces a Hitler legalizar a los camisas pardas, siempre que estos quedaran incorporados al ejército. Además, el general avanzó la posibilidad de que pudieran convocarse elecciones parlamentarias anticipadas, con lo que ello implicaba para las aspiraciones de Hitler, siempre que finalmente apoyara un nuevo gobierno de coalición.

Teniendo en cuenta la amistad que le unía a Hindenburg, a Schleicher no le resultó difícil presionar para que Brüning renunciara a su cargo. Más aún, logró que la responsabilidad de la Cancillería recayese en Franz von

Papen. Solo faltaba la promesa electoral, compromiso que tuvo lugar el mes de julio de 1932. Finalmente, aquellas elecciones dieron la victoria al Partido Nazi, pero con un número menor de votos que en los anteriores comicios, por lo que Hitler quedaba otra vez sin opciones de acceder a la dirección del país. Aun cuando ostentaba el privilegio de ser el líder de la primera fuerza política, sin las facciones de Hindenburg y de Schleicher sus posibilidades de triunfo eran nulas. Asimismo, la negativa de apoyar a Papen comenzó a abrir grietas entre sus seguidores, algo que le supuso ser criticado públicamente. Para entonces los partidarios de Strasser controlaban ya una cuota importante del partido.

Hitler mantenía el plan que había trazado hacía años. Su renuncia a aceptar cualquier pacto incluía el rechazo al puesto de vicecanciller de Alemania. Entonces Schleicher convenció nuevamente a Hindenburg de que le nombrara canciller. Con ello, Schleicher pensó que Hitler y Strasser terminarían por dividir a los nazis. Sin embargo, su gobierno duró dos meses y hubo que convocar unas terceras elecciones en 1932. Tras estas y cada vez con menos votos, el acercamiento a este último se hizo inevitable, sobre todo después de que Schleicher, siguiendo su propio plan, ofreciese la vicecancillería a Strasser, sabedor de que este era el verdadero adversario de Hitler.

La guerra abierta entre los dos responsables del nacionalsocialismo condujo al enfrentamiento directo en el seno del partido, que culminó con la renuncia de Strasser a todos sus cargos mientras la prensa aireaba las diferencias que mantenían ambos dirigentes. Molesto con la situación que se había creado, aprovechó para viajar a Italia creyendo que Hitler recapacitaría y volvería a contar con él. Pero solo cuatro días después de su marcha, el futuro Führer reunió en Berlín a todos los cabecillas nazis para exigirles lealtad. Hitler tenía por fin el control absoluto de los suyos.

En enero de 1933, Papen volvió a reunirse con el jefe del NSDAP y ambos acordaron la formación de un gobierno de coalición que estaría encabezado por el líder nacionalsocialista. Hitler exigió a continuación una entrevista con Otto Lebrecht Meissner, jefe de la Oficina del presidente.

Sin apenas apoyos, Schleicher presentó la dimisión a los pocos días. Este hecho es el que sería determinante. Condicionado por el carácter persuasivo que tenía Papen y todavía con la esperanzadora idea de que los nazis estarían en minoría, el viejo presidente Hindenburg decidió nombrar canciller de Alemania a Adolf Hitler. Era el 30 de enero de 1933. Erich Ludendorff, político ultraderechista y que había sido antiguo colaborador de Hitler, en una carta de ese mismo año dirigida a Hindenburg, llegó a profetizar lo siguiente:

> Habéis entregado nuestra sagrada patria alemana a uno de los mayores demagogos de todos los tiempos. Yo profetizo solemnemente que este hombre maldito arrojará nuestro Reich al abismo y llevará nuestra nación a una miseria inconcebible. Las generaciones futuras os maldecirán en vuestra tumba por lo que habéis hecho.

En un principio, el nombramiento preocupó relativamente poco si tenemos en cuenta que, desde el mundo financiero y empresarial, además de políticos como Papen, pensaron que sería sencillo controlar los impulsos de Hitler. En cierto modo, la realidad se imponía y, en efecto, el nuevo canciller todavía dependía de una parte importante del círculo de Hindenburg, al mismo tiempo que de un buen número de militares que todavía eran fieles a la República. Entre el orden de prioridades de Hitler estaba el de reducir el poder de Ernst Röhm, quien todavía lideraba a unos cuatro millones de camisas pardas; también quería llevar a cabo la liquidación de socialdemócratas y comunistas que poseían el control de algunos gobiernos regionales. Con algo más del 30% del Parlamento en poder del NSDAP, la realidad era que Hitler necesitaba el respaldo del presidente Hindenburg para sacar adelante cualquier ley.

Convencido de que él y sus compañeros conservadores y nacionalistas podrían manejar al recién nombrado canciller, Papen llegó a comentar al ministro de Hacienda, el conde Schwerin von Krosigk: «¡Le hemos contratado... Tengo la confianza de Hindenburg. En dos meses habremos arrinconado a Hitler hasta el punto de que se pondrá a chillar»[105]. Al contrario, en el mismo día que Krosigk escuchaba los pronósticos del incrédulo Papen, un 30 de enero de 1933, Joseph Goebbels, primer lugarteniente y máximo responsable de la propaganda del Partido Nazi, escribió en su diario unas notas cuya interpretación constataba una idea bien diferente.

Parece un sueño. La Wilhelmstrasse es nuestra. El líder ya está trabajando en la cancillería. Hemos estado en la ventana del piso superior, contemplando cómo desfilaban cientos y miles de personas ante el anciano presidente del Reich y el joven canciller a la luz de las flameantes antorchas, oyéndolos gritar de alegría y gratitud [...] Alemania se encuentra en un punto decisivo de su historia [...]. Fuera del Kaiserhof las masas arman un frenético alboroto. Mientras tanto, la designación de Hitler se ha hecho pública. Los miles de personas se convierten muy pronto en decenas de miles. Un interminable torrente de personas inunda la Wilhelmstrasse [...] Hemos dejado atrás la lucha por el poder, pero debemos seguir trabajando para conservarlo [...] Un indescriptible entusiasmo llena las calles. A pocos metros de la cancillería, el presidente del Reich se yergue en su ventana como una elevada, digna y heroica silueta, investido con un toque de la grandeza de los antiguos tiempos [...] ¡Alemania ha despertado! [...] El nuevo Reich se ha alzado, santificado con sangre. Catorce años de trabajo se han visto coronados por el éxito. Hemos alcanzado nuestro objetivo ¡La Revolución alemana ha comenzado! (Gellately, Robert, 2004, p. 18).

---

105 Vich Sáez, Sergi (2017). «Hitler y la oposición de la izquierda», *Revista Historia y vida*, 489. La Vanguardia. Publicado en: https://www.lavanguardia.com/historiayvida/historia-contemporanea/20170227/47310548146/hitler-y-la-oposicion-de-la-izquierda.html.

Hitler había puesto ya en marcha un violento complot que iba a terminar con los restos de la aún joven República de Weimar. Para ello, inicialmente sus planes y discursos respecto a los cambios en el gobierno fueron siempre moderados, aunque, a decir verdad, la democracia en Alemania estaba a punto de naufragar. La primera acción fue la exigencia de unas nuevas elecciones. Frente a las protestas del ultranacionalista Alfred Hugenberg y de Papen, Hitler les aseguró que, al margen de los resultados, no cambiaría la disposición del gabinete.

La fecha de los nuevos comicios parlamentarios se fijó para el 5 de marzo de 1933. Unos días antes, Hitler celebró una cena con distintos oficiales del ejército en la que pudo constatar que existía un deseo de implantar una dictadura militar. Solo unos pocos dudaron de la eficacia del Partido Nazi. Para esta ocasión, la maquinaria del partido dispuso, además, de una buena parte de los recursos del Estado con el fin de maximizar la campaña. En este sentido, parte del empresariado alemán ya aspiraba a hacerse con una cuota del poder económico y financiero del país. Con este mismo objetivo, un grupo de 25 industriales solicitaron una reunión a Hermann Göring con la idea de financiar el proceso electoral. El acuerdo supuso una donación de tres millones de marcos. Después de que Krupp von Bohlen expresara el sentimiento unánime del grupo en favor de Hitler, Göring hizo un comentario categórico: «El sacrificio que te pedimos es más fácil de soportar si te das cuenta de que las elecciones serán sin duda las últimas de los próximos diez años, probablemente de los próximos cien años»[106].

Los recursos y las subvenciones para la campaña no fueron suficientes. Hitler comenzó a poner trabas a la actividad del resto de partidos desde la «legalidad». Mediante decretos de la presidencia se dictaron restricciones a las manifestaciones y mítines políticos, así como a la prensa, siempre bajo un estricto control de su jefe de policía, Göring. Las presiones de los camisas

---

106 Alfred Felix Alwyn Krupp von Bohlen, industrial alemán, fue condenado después de finalizada la Segunda Guerra Mundial por crímenes de lesa humanidad por la forma en la que trataba al personal en sus fábricas. Toland, John (1976). *Adolf Hitler: The Definitive Biography* (p. 455). New York. Anchor Books.

pardas y las fuerzas del orden dieron como resultado la disolución y prohibición de concentraciones organizadas por los partidos de la oposición.
Pero el golpe maestro, fruto de una meticulosa conspiración, todavía no
había llegado.

Aunque existen algunas dudas acerca de su autoría, el 27 de febrero
de 1933 el edificio del Reichstag sufrió un incendio que terminaría destruyéndolo casi por completo. Las llamas comenzaron en la sala donde estaba
emplazado el Parlamento alemán. Sobre las nueve y media de la noche los
bomberos recibieron una llamada que informaba del fuego. La policía, tras
inspeccionar el edificio, encontró a Marinus van der Lubbe en su interior,
un joven del Partido Comunista, albañil desempleado que admitió haber
provocado la tragedia. Sentenciado a muerte, fue ejecutado y decapitado
diez meses más tarde. Sin embargo, la publicación posterior de una declaración jurada del general alemán Franz Halder levantó una duda que todavía
perdura en la actualidad.

> En un almuerzo con ocasión del cumpleaños del Führer
> en 1943, las personas de su alrededor […] dirigieron la con-
> versación hacia el incendio del Reichstag y su valor artístico.
> Escuché con mis propios oídos cómo Göring irrumpió en la
> conversación y gritó: «El único que realmente sabe sobre el
> edificio […] soy yo, porque yo le prendí fuego» (Shirer, William,
> 1959, p. 193).

Si bien durante los juicios de Núremberg, entre 1945 y 1946, Göring
negó haber tenido participación alguna en dicho incendio, tachando de
absurdas las acusaciones, sí podemos decir que solo un día después de ser
destruido el Reichstag inició una dura persecución contra los comunistas, a
cuyo partido acusó de la preparación de un golpe de Estado, lo que causó
una contraofensiva dirigida a los nazis que los responsabilizó de ser los verdaderos conspiradores del hecho. De todas formas, Hitler decretó inmediatamente el estado de emergencia con seis artículos redactados por Hermann

Göring, en el que se suspendían varios artículos de la Constitución de Weimar. El pretexto fue el de proteger los documentos que sobre la cultura alemana podrían perderse. Sin embargo, la realidad es que desde aquel momento quedó sesgada la libertad de expresión y de prensa, las libertades de reunión y de asociación o la inviolabilidad de los domicilios, entre otros muchos desatinos.

En 1955, y con motivo de la reapertura del proceso a Van der Lubbe a título póstumo, se publicaron una serie de documentos procedentes de los archivos del tribunal administrativo de Hannover, al norte de Alemania, en los que se exculpaba al presunto autor del atentado del 27 de febrero de 1933. Según consta en las páginas de esos documentos, un exmiembro de las SA, Hans-Martin Lennings, hizo unas declaraciones recordando lo sucedido aquel día en el incendio del Reichstag. En su relato, Lennings, siguiendo las órdenes del mando, contó que habían conducido a aquel hombre desde la enfermería de las SA hasta el lugar del atentado cuando ya se percibía un fuerte olor a quemado. En sus afirmaciones constató que protestó ante sus camaradas por la detención del sindicalista Lubbe. Aquel hombre, en su opinión, jamás habría podido provocar el incendio porque este ya se había iniciado. De hecho, constató que vieron salir humo de algunas salas. Marinus van der Lubbe no fue rehabilitado hasta el año 1980[107].

Tras apenas un mes desde que jurara su cargo en la Cancillería, Hitler solicitó a Hindenburg que disolviera el Parlamento y el gobierno, y para ello fijó unas nuevas elecciones. Haciendo uso de una gran habilidad, el líder nazi puso en marcha la llamada Ley Habilitante, una disposición especial recogida en la Constitución mediante la cual se autorizaba la aprobación de normas con rango legal sin la intervención del Reichstag. Aprovechando un supuesto momento de gravedad para la estabilidad del país, Hitler consiguió activar esta disposición que resultaba ciertamente sorprendente, sobre todo

---

107 Tin, Louis-George (2012). *Diccionario Akal de la Homofobia* (p. 144). Madrid. Akal.

porque para ello se requería una mayoría de dos tercios de la Cámara alemana y el Partido Nazi disponía en esos momentos del 32% de los escaños.

Las últimas elecciones se celebraron el 5 de marzo de 1933. Hitler y el NSDAP obtuvieron el 44% de los escaños, una mayoría todavía insuficiente para controlar completamente a la nación. Con la necesidad perentoria de disponer de los mencionados dos tercios y aprovechando todavía las disposiciones decretadas tras el incendio del Reichstag, se procedió a la detención de todos los diputados comunistas y de una parte de los bancos socialdemócratas. De pronto, la inmunidad de la Cámara había desaparecido.

Ahora sí, Hitler ya contaba con el número suficientes de parlamentarios para cambiar definitivamente la Constitución. El 21 de marzo, en el viejo cuartel de Potsdam y haciendo creer al pueblo alemán que todavía mantenía un fuerte respeto por Hindenburg, el líder del Partido Nazi reunió a la cúpula militar, los *junkers*, junto con el resto de los monárquicos con la idea de legitimar el primer parlamento del Tercer Reich. Dos días más tarde, el Parlamento reunido en la Ópera Kroll escuchó a Hitler asegurar que buscaría la paz y el modo de llegar a todas las clases sociales. Sus últimas frases fueron de advertencia en tanto que aseguró que de una u otra manera obtendría los poderes que todavía no albergaba. Solo los 94 votos socialdemócratas le negaron su confianza. Por el contrario, 441 diputados aceptaron la autoridad de Hitler.

Con la puesta en marcha de la Ley Habilitante, Hitler asumía también el poder legislativo durante cuatro años, dejando indemne la autoridad del presidente Hindenburg. La nueva articulación del Estado alemán y sus complejas singularidades pasaron a ser conocidas como *Gleichschaltung* o «proceso de coordinación». En consecuencia, tanto las instituciones del país como las estructuras de la sociedad alemana quedaron en manos del Partido Nazi y, por consiguiente, de Adolf Hitler. La ley, además, condujo a la liquidación del federalismo, la disolución de las dietas regionales y la destitución de los jueces en todas las regiones.

El 1 de abril de 1933, Hitler instó a realizar un boicot contra las actividades y negocios judíos. La razón fue una aparente campaña iniciada por Estados Unidos e Inglaterra contra Alemania. Víctima de aquel boicot, a Albert Einstein se le confiscaron todas sus propiedades por ser considerado un comunista. La medida tuvo el reproche de Hindenburg, que no tardó en recordar a Hitler la multitud de veteranos de la Gran Guerra que había entre aquellos judíos a los que estaba acosando. La persecución era, en definitiva, también contra ciudadanos alemanes. Para resolver la cuestión, el 7 de abril promulgó una nueva ley que prohibió a los judíos acceder a la Administración pública y restringió su participación en los ámbitos de la abogacía y la medicina.

Por otra parte, con la clase trabajadora controlada desde el Ministerio de Propaganda, Goebbels restableció la fiesta del 1 de mayo a cambio de eliminar los sindicatos, organizando marchas de obreros por toda Alemania. Hitler impulsó entonces uno de sus lemas mencionando el «honor del trabajo», al igual que la idea animando a los nazis a «dar la mano a los trabajadores». Esto supuso la inmediata centralización de todas las fuerzas sindicales en un único organismo totalitario, el Frente Alemán del Trabajo. Por último, todos los líderes sindicales fueron llevados a campos de concentración y las huelgas quedaron prohibidas[108].

Es evidente que los planes de Hitler habían funcionado a la perfección. Todavía se confiscaron las propiedades del Partido Socialdemócrata, se cerraron sus órganos de prensa y se disolvieron las protestas posteriores. Los líderes socialistas y comunistas pasaron a engrosar la larga lista de prisioneros en los campos de concentración. En vista de la situación de impotencia frente al poder dictatorial, quienes todavía mantenían con vida al Partido Democrático Alemán y al Partido Popular ordenaron su disolución. Las formaciones políticas de otras regiones siguieron la misma conducta. El Partido Nacional del Pueblo Alemán, dirigido por Hugenberg, quedó disuelto de manera «voluntaria». El 1 de diciembre se aprobó la Ley Garante de la Unidad del Partido y del Estado, una especie de ley de partido único que

---

108 Gallego Margaleff, Ferrán (2001). *De Múnich a Auschwitz. Una historia del nazismo, 1919-1945* (p. 328). Barcelona. Plaza & Janés.

definía al NSDAP como el «portador del pensamiento del Estado alemán» y obligaba a las autoridades a prestar asistencia al partido, así como a las SA. Suprimido el sistema democrático y de representación, Franz von Papen, todavía vicecanciller, comprendió la falta de sentido que entrañaba seguir formando parte de aquel gobierno. Marginado y lejos de la primera línea política, fue retirado del cargo y trasladado como embajador primero a Austria y posteriormente a Turquía.

A pesar de los éxitos, Hitler aún necesitaba controlar definitivamente el partido. Entre el 30 de junio y el 1 de julio de 1934, la Noche de los Cuchillos Largos, fueron asesinadas cerca de un centenar de personas, en su mayor parte miembros de las SA, entre ellos, su jefe, Ernst Röhm. Esta cifra, aun sin ser definitiva, se sumó a las más de 1000 detenciones que se produjeron en el transcurso de aquellos días, un plan preparado como respuesta a la amenaza que suponía la estrecha relación entre los camisas pardas y la *Reichswehr*, la organización militar de Alemania. La purga dejó sin efectos los problemas originados por los críticos no conformes con el régimen al mismo tiempo que terminó vengando antiguas enemistades.

Por su parte, en el seno del ejército alemán existía una profunda crispación con los alborotadores de las SA. Algunos destacados oficiales temieron que Röhm pudiera convertirse en su comandante. Esta era una idea inaceptable para quienes confiaban en Hitler. Las trabas impuestas desde hacía tiempo al propio ejército hicieron que Röhm amenazara con dar un golpe para hacerse con el poder por la fuerza. Los militares, preocupados por la ambición del líder de los camisas pardas, comenzaron a mostrar su descontento. Una preocupación que llegó hasta el presidente Hindenburg y Von Papen.

Dadas las circunstancias, la Operación Colibrí, nombre dado a la acción de depuración, demostró la capacidad de las Schutzstaffel y de la Gestapo, conocida como la Geheime Staatspolizei, a la hora de interpretar la conspiración urdida por Hitler. Los crímenes, planeados con muy poco tiempo, probablemente en unos pocos días, se ejecutaron con gran eficacia. Durante la preparación del complot, Himmler y su mayor colaborador, Reinhard Heydrich, jefe del Servicio de Seguridad de las SS, elaboraron un documento acusando a Röhm de haber recibido de Francia 12 millones de marcos para preparar un golpe contra Hitler. En alguna ocasión, Röhm había manifestado sus diferencias y falta de lealtad, indicando que nunca recibiría órdenes de «un cabo ridículo»[109]. El 24 de junio, algunos de los más destacados oficiales de las SS recibieron el expediente falsificado que especificaba cómo las SA, con su líder a la cabeza, se levantarían contra el gobierno. Durante la preparación de la conspiración, Himmler, Heydrich, Göring, además del propio Hitler, redactaron las listas de personas que debían ser asesinadas. El día 27 de junio, con la seguridad de que contaría con el apoyo del ejército para ejecutar el plan, Adolf Hitler decidió ausentarse y asistir a una boda en Essen, al norte de la región de Renania.

Desde allí llamó a un hombre de Röhm en Bad Wiessee y le ordenó que reuniera a los jefes de las SA el 30 de junio en el Hotel Hanselbauer. La madrugada anterior, Hitler y sus acólitos arrestaron al jefe de la policía de Múnich, Schneidhuber, con el pretexto de no haber sabido frenar los alborotos de algunos miembros de las SA del día anterior. Schneidhuber fue ejecutado un día más tarde. Luego Hitler recabó la ayuda de un grupo numeroso de miembros de las SS y de la policía y se encaminó al Hotel Hanselbauer, donde estaban reunidos Röhm y sus más firmes seguidores.

Allí se encontraba Edmund Heines, líder de los camisas pardas en Breslavia. Tanto él como otro compañero fueron asesinados por orden de Hitler sin apenas tiempo para reaccionar. Mientras, miembros de las SS arrestaban a los jefes de las SA que acudían a la reunión con Röhm. De regreso a la sede del partido en Múnich, el canciller se dirigió a los presentes y les aseguró que acababan de evitar una de las peores traiciones de la historia. Los crímenes habían empezado a producirse. Era el momento para que Goebbels pusiera en marcha la segunda fase del plan, y para ello contactó con Göring, al que le dijo la palabra *Kolibri*, una señal que involucraba a los escuadrones de ejecución.

---

109 Beneyto, José María (2009). *Los elementos del mundo* (p. 307). Madrid. Espasa Calpe.

Aquella noche, el régimen de terror iniciado por los líderes nazis no solo acabó con las filas de las SA. En Berlín, un grupo armado entró en la vicecancillería. Hombres de la Gestapo y de las SS detuvieron, y posteriormente ejecutaron, a Edgar Jung, persona próxima a Von Papen. Después asesinaron a Erich Klausener, líder de Acción Católica. Aunque no podía ser detenido, en un primer momento el vicecanciller Papen fue arrestado y puesto en libertad unos días más tarde. La decisión de Göring, Himmler y el mismo Hitler de acabar con quienes habían sido sus enemigos personales se puso en marcha. También cayó asesinado en su domicilio el antecesor de este último, Kurt von Schleicher, además de su mujer. Acto seguido buscaron a Gregor Strasser, quien había presidido el NSDAP hasta 1925, y al antiguo comisario del Estado, Gustav Ritter von Kahr, que fue golpeado con picos hasta morir.

Ernst Röhm fue llevado al presidio de Stadelheim de Múnich. Hitler sabía que si se le juzgaba públicamente, la conspiración saldría a la luz, por lo que el 1 de julio se presentaron en la celda del prisionero Theodor Eicke, comandante del campo de Dachau, junto con el oficial de las SS Michael Lippert. Ambos le exigieron a Röhm que se suicidara, pero la negativa del detenido a hacerlo obligó a Lippert a disparar para matarlo. La cascada de crímenes era de tal envergadura que parecía imposible de ocultar. A pesar de los documentos quemados y de la censura impuesta a toda la prensa, existía un alto riesgo de que finalmente la conspiración acabara en fracaso. En vista de las circunstancias, el 2 de julio, Goebbels, en un mensaje radiofónico, aseguró que Hitler había evitado un golpe contra Alemania que habían planificado Röhm y Schleicher para terminar con el Estado. El 13 de julio, el mismo Hitler justificó los actos criminales con estas palabras: «En esta hora yo era responsable del destino de la nación alemana y, con ello, supremo juez del pueblo alemán»[110].

---

110 Rüthers, Bernd (2016). *Derecho degenerado. Teoría jurídica y juristas de cámara en el Tercer Reich* (p. 141). Madrid. Marcial Pons.

El engaño y la presentación del complot como un acto legal tuvieron su culminación con un decreto emitido el 3 de julio. En el mismo, se justificaron las medidas tomadas tres días antes como actos de autodefensa del Estado. A pesar de la muerte de varios oficiales como Schleicher y Von Bredow, el ejército asumió como positiva la purga acometida por el Partido Nazi. Röhm fue sustituido por Victor Lutze, a partir de aquel momento nuevo jefe de las SA. Sin embargo, y a pesar de la presión ejercida sobre la prensa, algunos testimonios en torno a la Noche de los Cuchillos Largos sembraron dudas sobre la legalidad de aquellos crímenes. Incluso un mariscal de campo, August von Mackensen, criticó los asesinatos de sus compañeros en la reunión del Estado Mayor en febrero de 1935. Sabemos que la trama mantuvo intranquilo algunos días a Hitler tanto en el gobierno alemán como en el seno de su propio partido. Tampoco fueron bien vistos los sucesos fuera de Alemania, y la imagen de Adolf Hitler quedó como la de un fanático y tirano.

Con la muerte del presidente Hindenburg el 2 de agosto de 1934, Hitler logró la culminación de sus aspiraciones políticas al ocupar la Cancillería y la presidencia de la República. Además, una vez autoproclamado Führer, no dudó en asumir igualmente el cargo de comandante de las fuerzas armadas y erigirse en el líder absoluto del Tercer Reich. Por delante quedaba un camino expedito en el que se daría impulso a la producción industrial y al rearme en pocos años. Los derechos civiles fueron modelados según la voluntad del Partido Nazi, reduciendo todas las libertades a la mayoría de la población. Durante uno de los discursos frente a la Organización de Mujeres Nacionalsocialistas (NSF) en septiembre de 1934, Hitler determinó los deberes de la mujer alemana. Un escueto listado de tareas que las discriminaba y sometía al hombre por completo.

La expresión «emancipación de las mujeres» fue creada por intelectuales judíos. Si el mundo del hombre pertenece al ámbito del Estado, su lucha, su entusiasmo por dedicar sus fuerzas al servicio de la comunidad, entonces podemos decir que el mundo de la mujer es un mundo más pequeño; porque el mundo de la mujer es su marido, su familia, sus hijos, su casa ¿Qué sucedería en el mundo más grande si no hubiese nadie cuidando del pequeño? El mundo grande no puede sobrevivir sin la estabilidad del pequeño. Creemos que las mujeres no deben interferir en el mundo del hombre. Creemos que lo natural es que los dos mundos sigan siendo distintos (Rodríguez Luján, David, 2014, p. 100).

En la madrugada del 9 al 10 de noviembre de 1938, el Tercer Reich ideó un plan para que varios miles de judíos fueran agredidos en toda Alemania. Cuerpos de las SA junto con miembros de las SS atacaron y destruyeron hogares, escuelas, sinagogas, hospitales y comercios. Por la mañana, las calles aparecieron sembradas de cristales rotos procedentes de los escaparates y ventanas. En solo dos días, más de 250 sinagogas fueron saqueadas y quemadas. Siete mil comercios de judíos asaltados y docenas de personas asesinadas, todo ello sumado a un número elevado de heridos. En días sucesivos, cerca de 30 000 hombres, mujeres y niños judíos fueron deportados a campos de concentración. La Noche de los Cristales Rotos, o *Kristallnacht*, fue la penúltima de las conjuras preparadas por los nazis para asegurar el poder. Goebbels había concebido meticulosamente el plan esperando desatar el miedo y acelerar la salida de los judíos que aún permanecían en el país. Aquel acontecimiento desacreditó el movimiento nazi en Europa y Estados Unidos, y algunos embajadores fueron retirados de Berlín.

Asimismo, Alemania fue rearmándose, violando sucesivamente los acuerdos de la Sociedad de Naciones y del Tratado de Versalles. Además de la masiva fabricación de barcos y armas, en marzo de 1936 nuevas disposiciones aprobaron la ayuda militar a España en la Guerra Civil que acababa de iniciarse. El 25 de noviembre de 1937, Alemania firmó el Pacto Antikomintern con Japón. De forma similar, el conde Galeazzo Ciano, ministro de Exteriores italiano, firmó una alianza entre Berlín y Roma. El Pacto Tripartito se amplió después con Rumanía y Bulgaria. Las Potencias del Eje parecían preparadas para hacer tambalear y desestabilizar las estructuras de una parte importante del mundo.

En la antecámara de la Segunda Guerra Mundial, otra conspiración, esta vez de una envergadura y consecuencias imprevisibles, se llevó a cabo con las sucesivas anexiones territoriales. A la anexión de Austria como provincia del Tercer Reich en marzo de 1938, se sumaron, solo unos meses más tarde, las de las regiones de los Sudetes o *Sudetendeutsche*, integradas por los territorios de Bohemia, Moravia y Silesia oriental. El 1 de septiembre de 1939 se inició la invasión de Polonia y con ella la declaración de guerra por parte de Francia y Gran Bretaña. En los seis años siguientes, alrededor de 60 millones de personas morirían como consecuencia del conflicto, cifra que otras fuentes elevan hasta los 90 millones.

En cualquier caso, las vidas de aproximadamente seis millones de judíos fueron masacradas. Europa, sacudida desde que Adolf Hitler iniciara su proyecto para la raza aria dos décadas atrás, vería padecer a una población sometida a una guerra sin cuartel, cuya tragedia quedaba inscrita en las más amargas páginas de la historia. Con la finalización del conflicto, culminó igualmente uno de los periodos más largos de tramas y conspiraciones vividos en el mundo. El mito originado alrededor de la personalidad de Hitler y los métodos impuestos por el nazismo para hacerse con el poder han dado lugar a la publicación de numerosos estudios y algunas conjeturas relacionadas con los últimos instantes vividos por el régimen antes de la rendición frente a los aliados. Más allá de sus condiciones políticas, la combinación de sus oscuros propósitos, además de la compleja irracionalidad que demostró a lo largo de su vida, han hecho de Hitler uno de los más grandes e infames conspiradores de todos los tiempos.

La Guerra Fría y el espionaje global

A pocos meses de que la Segunda Guerra Mundial llegara a su fin, las diferencias entre los aliados occidentales y la Unión Soviética eran considerables. En opinión de los primeros, el futuro panorama de las fronteras europeas debía estar basado en la estabilidad y en la constitución de gobiernos democráticos capaces de garantizar una economía capitalista, además de proporcionar garantías para la formación de una organización en la que pudieran corregirse las posibles diferencias después del conflicto. Para los soviéticos, en cambio, dicho equilibrio significaba que el nuevo orden europeo debía proporcionar garantías al régimen comunista, un objetivo que solo estaría asegurado con el control directo de los países fronterizos por la propia Unión Soviética.

Durante la contienda, habían sido los soviéticos los primeros en dudar de los británicos y estadounidenses al asumir el avance en el Este y la ocupación de Berlín. En febrero de 1945, las potencias aliadas trataron de habilitar un contexto capaz de afrontar la reconstrucción de Europa una vez concluyese la guerra. Sin embargo, con la paz recién inaugurada y siguiendo las directrices de Stalin, las tropas rusas ocuparon de inmediato las regiones «liberadas», al mismo tiempo que el ejército norteamericano y el resto de los aliados hacían lo propio en Europa occidental. Alemania, rendida, quedaba así dividida en cuatro sectores a la par que convertida en un escenario propicio para nuevos enfrentamientos y reproches protagonizados por los vencedores.

A finales de aquel mismo año se celebró en Potsdam una conferencia en la que coincidieron Iósif Stalin y el presidente estadounidense Harry S.

Truman, junto al líder británico laborista Clement Attlee. En ella se expusieron diferencias elocuentes acerca de la actitud de las potencias vencedoras con Alemania y los territorios ocupados por la Unión Soviética en el Este. Las discrepancias, para entonces insalvables, culminaron el 22 de febrero de 1946 con el conocido «telegrama largo». En él, George F. Kennan, entonces responsable de negocios en la embajada norteamericana en Moscú, envió a Washington un memorándum de 5000 palabras bajo el título *The sources of soviet conduct*, donde se subrayaba el radicalismo de Stalin y la necesidad por ello de establecer una política de contención o *containment*. Entre otras muchas cuestiones destacaba lo siguiente: «La naturaleza del poder soviético seguirá con nosotros, el secreto, la falta de franqueza, la duplicidad, la sospecha bélica y la hostilidad de propósitos hasta que la naturaleza interna del poder soviético cambie… Estos fenómenos han venido para quedarse en el futuro previsible».[111]

En septiembre, el gobierno soviético respondió con otro telegrama redactado por Nikolái Vasílievich Novikov y Viacheslav Mólotov criticando a Kennan y advirtiendo que la política capitalista de los Estados Unidos tenía el fin de elevar su capacidad militar y hacerse con el control mundial mediante nuevas guerras. Semanas más tarde de la contestación de Moscú, el 5 de marzo, el primer ministro británico Winston Churchill pronunció una conferencia en el Westminster College de Fulton, en Misuri, advirtiendo del problema que entrañaba para el mundo la expansión del comunismo y la necesidad de actuar unidos para combatir la guerra y la tiranía. Dicho discurso ha sido considerado por muchos historiadores el verdadero inicio de la llamada Guerra Fría.

[…] Cualquiera puede ver con los ojos abiertos que nuestro camino será largo y también difícil, pero si perseveramos juntos como lo hicimos en las dos guerras mundiales

---

111 Riopedre, Jorge (2018). *Cuba: la lucha por su identidad* (p. 45). Madrid. Editorial Verbum.

—aunque no, por desgracia, en el intervalo entre ellas— no se podrá dudar de que al final vamos a lograr nuestro objetivo común. [...] No podemos cerrar los ojos ante el hecho de que las libertades que disfrutan los ciudadanos de los Estados Unidos y de todo el Imperio británico no son válidas en un número considerable de países, algunos de los cuales son muy poderosos. En estos estados se aplica, de diversas maneras, el control de los gobiernos por medio de la policía sobre la gente corriente, y todo lo abarcan hasta un grado que es abrumador y contrario a todos los principios de la democracia. El poder del Estado se ejerce sin restricciones, ya sea por dictadores o por oligarquías que operan a través de un grupo privilegiado y una policía política. [...] Nadie sabe lo que la Rusia soviética y su organización comunista internacional se proponen hacer en el futuro inmediato o cuáles son los límites, en su caso, a sus tendencias expansivas y proselitistas. [...] Somos conscientes de la necesidad de que Rusia tenga aseguradas sus fronteras occidentales por la eliminación de toda posibilidad de agresión alemana. [...] Desde Stettin en el Báltico hasta Trieste en el Adriático, una cortina de hierro ha descendido a través del continente. [...] La seguridad del mundo, señoras y señores, requiere de una nueva unidad de Europa, de la que ninguna nación debe ser permanentemente marginada (Velilla Barquero, Ricardo, 2014, pp. 153-154).

Para 1946, solo unos meses después de terminada la guerra, el conocido Telón de Acero era una realidad palpable. Entre dicho año y 1991, fecha en la que daría por finalizado el periodo de mayores tensiones, se llegarían a registrar en todo el mundo más de una docena de conflictos armados. Con anterioridad, en la Conferencia de Potsdam, Truman había comunicado a Stalin la existencia en el arsenal militar de los Estados Unidos una nueva arma atómica surgida del Proyecto Manhattan. Desde luego, esta noticia no era desconocida para los soviéticos a tenor del buen funcionamiento que ya habían adquirido los servicios secretos y de espionaje rusos. Así las cosas, el 22 de agosto de 1949 la Unión Soviética detonó en Semipalatinsk una bomba atómica RDS-1, con una potencia de 22 kilotones. Se sigue especulando todavía con la posibilidad de que los bombardeos atómicos de Hiroshima y Nagasaki, en agosto de 1945, fueran una primera advertencia de los Estados Unidos a los soviéticos y el inicio de lo que después se conocería como la «diplomacia atómica»[112].

Lo cierto es que con la posesión de un arma nuclear por parte de ambas potencias, la capacidad para provocar una destrucción masiva comenzó a hacerse ostensible y surgieron las primeras reflexiones acerca de lo que denominó el «reloj del juicio final», así como las consecuencias que el mismo podía acarrear a los dos grandes bloques militares del mundo[113]. Con todo ello, durante las cuatro décadas siguientes, un sinfín de guerras «menores» terminaron llevándose a la práctica, motivadas por la ayuda militar, golpes de Estado y espionajes selectivos realizados por Estados Unidos y la Unión Soviética. A pesar de la existencia, desde octubre de 1945, de la Organización de las Naciones Unidas (ONU), sucesora de la Sociedad de Naciones de 1919, el escenario creado por las dos superpotencias llevó a sus estados a vivir en una denuncia permanente, a la par que una política de expansión por todo el mundo. No obstante, con la puesta en marcha del célebre Plan Marshall, constituido para facilitar la reconstrucción de los países occidentales después de la guerra, así como de la Organización del Tratado del Atlántico Norte (OTAN), creada el 4 de abril de 1949 y diseñada explícitamente para fines militares, la intrusión soviética en Europa occidental quedó un tanto atenuada.

---

112 Aron, Raymond (1976). *La república imperial. Los Estados Unidos en el mundo (1945-1972)* (p. 60). Madrid. Alianza Editorial.
113 El Reloj del Apocalipsis, *Doomsday Clock* o del Juicio Final es un reloj simbólico que desde 1947 los científicos de la Universidad de Chicago mantienen como modelo simulado de aviso a la especie humana, y siempre está a unos pocos minutos de la medianoche, que representa la destrucción total de la humanidad.

En el otro extremo, el Tratado de Amistad, Colaboración y Asistencia Mutua, más conocido como Pacto de Varsovia, firmado el 14 de mayo de 1955 por los países del bloque del Este, trató de equilibrar la balanza, al tiempo que contrarrestó la capacidad militar de la OTAN en Europa. La formación de alianzas fue el resultado de los fracasos diplomáticos posteriores a la Segunda Guerra Mundial. Con la incorporación de aquellas al mapa estratégico, quedaba asegurada, al menos en apariencia, una estabilidad que se había perdido en los intentos por controlar los regímenes políticos de Turquía, Irán y Grecia.

No obstante, fue tras el incidente del puente aéreo de Berlín sucedido en 1948 cuando quedó definitivamente corroborada la intensidad de la Guerra Fría entre el Este y Occidente. La decisión por parte de norteamericanos y británicos de establecer el Deutsche Mark alemán en sustitución del Reichmark como moneda para Alemania occidental era la manera de liberar su economía de la de Alemania oriental, ocupada por los soviéticos. La inmediata respuesta soviética fue el bloqueo de las carreteras occidentales de acceso a Berlín. El temor de Stalin a que la población de Berlín Oeste terminara aceptando las medidas de los aliados occidentales acabó por imposibilitar la llegada de materiales y suministros hasta la capital. Un bloqueo ordenado por el mandatario soviético que puso rápidamente en marcha un puente aéreo dirigido por británicos y estadounidenses, lo que desbarató el plan ruso y devolvió la estabilidad de forma pacífica a la capital.

En septiembre, después del fracaso vivido en el incidente del puente aéreo berlinés, se creó el Kominform, una organización concebida, solo en teoría, para el intercambio de información entre los partidos comunistas de los diferentes países «satélites» de la esfera soviética. En realidad, su verdadero propósito no fue otro que el control de las políticas del bloque del Este, exceptuando a Yugoslavia, que consiguió mantener un estatus de relativa independencia gracias a la estrategia de su presidente Tito. Junto al Kominform, una red de espionaje impulsada por el Comisariado del Pueblo para Asuntos Internos (NKVD) o policía secreta se encargó de liquidar las cuestiones y aspectos más contraproducentes surgidos contra el régimen de Moscú.

No fue hasta la guerra de Corea cuando se tuvo conciencia de las consecuencias que podía acarrear el uso de armas nucleares por parte de norteamericanos y soviéticos. En junio de 1950, fuerzas procedentes del norte de Corea atacaron el sur del país con el beneplácito de Stalin. Los casi 100 000 soldados norcoreanos obligaron a las fuerzas internacionales, bajo la autoridad de la ONU, a retirarse al sur del paralelo 38. La rápida intervención de la Fuerza Aérea de los Estados Unidos consiguió detener el ataque en el llamado Perímetro Pusan. Pero no obstante, el recelo a que finalmente pudiera ser invadida toda la península llevó al general MacArthur a tomar la decisión de lanzar su conocida amenaza para que fuesen utilizadas bombas atómicas en el conflicto. Afortunadamente, en abril de 1951 Truman apartó de sus responsabilidades militares al general MacArthur, lo que limitó cualquier opción de la Unión Soviética a lanzar una respuesta militar atómica equivalente.

Existe un cierto desacuerdo entre los historiadores con relación a la actitud de Truman. Hay quienes consideran que fue decisiva la mediación del entonces primer ministro británico, Clement Attlee, para que finalmente el presidente Truman desechara la adopción de medidas extremas. Para otros, sencillamente el líder norteamericano nunca estuvo por la labor de emplear armas nucleares en Corea. La exclusión de armamento nuclear en 1950, lo mismo que en las sucesivas guerras y crisis acaecidas durante la Guerra Fría, no anuló, sin embargo, el temor a que pudiera emplearse en algún otro momento de confrontación. De hecho, la estrategia en el exterior ejercida por los Estados Unidos hasta mediados de los años sesenta del siglo XX estuvo basada en la llamada política del borde del abismo, lo que suponía la intimidación nuclear para disuadir posibles agresiones. Esta nueva forma de gestionar la política exterior, puesta en marcha por el presidente Eisenhower y su secretario de Estado, John Foster Dulles, culminó redundando en la aprobación de abultados presupuestos con el fin de potenciar la industria armamentística. Un hecho que terminaría cuestionando el propio presidente norteamericano por incidir directamente en la democracia. Dulles llegaría a reconocer: «El talento de mantenerse en el límite sin entrar en guerra es un arte necesario».[114] Entre julio de 1947 y marzo de 1953, fecha de la muerte de Stalin, la Guerra Fría vivió su peor etapa, y la diplomacia entre el Este y el Oeste desapareció casi por completo. Las acusaciones recíprocas sobre el interés del adversario por dominar los órdenes político, económico y social fueron utilizadas de un modo partidista para influir en las opiniones del bando opuesto, mostrándolas como una amenaza para la salvaguardia de la estabilidad global. Este fanatismo llegó a generar una corriente anticomunista en los Estados Unidos que limitó derechos y convirtió incluso a muchos norteamericanos en sospechosos de conspirar y querer traicionar la democracia del país. La búsqueda de conspiradores tuvo en el caso de Albert Hiss, funcionario del Departamento de Estado, así como en el matrimonio Rosenberg, los momentos más delicados. Durante el aproximadamente año y medio de juicio, Hiss fue acusado de pertenecer a un grupo de comunistas clandestinos, lo que permitió la utilización del proceso para advertir a la población de la existencia de traidores dentro de la Administración.

Todavía más impactante fue la condena a muerte del matrimonio de científicos Julius y Ethel Rosenberg. Desde la creación en 1947 del Comité de Actividades Antiamericanas del Congreso, una idea llevada a la práctica por el senador Joseph McCarthy, las investigaciones a profesores, escritores, cineastas o científicos bajo la sospecha de ser espías rusos, llegó a límites difícilmente aceptables. Julius y Ethel habían trabajado en las instalaciones experimentales de Los Álamos durante la etapa de las investigaciones para crear la bomba atómica. La supuesta conexión de ambos con el Partido Comunista fue letal. Durante el proceso, el jurado vio en ello motivos suficientes para ser juzgados por traición y revelación de secretos atómicos. Sin pruebas plausibles, el juez Irving Kaufman afirmó en su discurso final que los Rosenberg habían sido responsables de la muerte de 50 000 soldados norteamericanos en Corea. Sus condenas a muerte desataron una campaña

---

114 Johnson, Paul (2001). *Estados Unidos. La historia* (p. 709). Barcelona. Ediciones B.

de protestas a nivel mundial, entre las que destacó la del científico Albert Einstein. Sin embargo, tras varios aplazamientos, el 20 de junio de 1953 los Rosenberg fueron ajusticiados en la silla eléctrica en la prisión de Sing Sing[115].

A partir de esos momentos y en plena «caza de brujas», un conocido héroe del cómic como el *Capitán América* incorporaría a sus quehaceres redentores la persecución de comunistas, espías y conspiradores contra el mundo libre. Largometrajes como *La cortina de hierro*, de 1948, *Con la muerte en los talones* o la *Cortina rasgada*, estas últimas dirigidas por Alfred Hitchcock en 1959 y 1966, respectivamente, mostrarían de modo propagandístico el comportamiento correcto frente al enemigo llegado desde el otro lado del Telón de Acero. Las purgas iniciadas nada más acabar la Segunda Guerra Mundial continuaron hasta bien entrada la década de los años setenta con la aprobación de leyes para mantener el control y hacer desaparecer finalmente al Partido Comunista en Estados Unidos. La práctica totalidad de sus dirigentes, detenidos y procesados, fueron declarados culpables de conspiración y de intentar acabar con el gobierno en 1948. Todos ellos serían llevados a prisión y las actividades del partido quedaron prohibidas.

El 18 de noviembre de 1956 una vuelta de tuerca condujo a un nuevo y difícil escenario de tensiones entre la Unión Soviética y los Estados Unidos. Durante un discurso de recepción en el Kremlin, frente a algunos embajadores occidentales, Nikita Kruschev, entonces secretario general del Comité Central del Partido Comunista de la Unión Soviética, llegó a declarar: «Tanto si os gusta como si no, la historia está de nuestro lado. ¡Os enterraremos!»[116]. Durante sus años de mandato, Kruschev se mostró seguro de la superioridad nuclear de la Unión Soviética afirmando que sus misiles podrían alcanzar cualquier objetivo o ciudad de los Estados Unidos. Por su parte, en 1960 el presidente John Fitzgerald Kennedy calificó la Guerra

115 Zinn, Howard (2011). *La otra historia de los Estados Unidos* (p. 315). New York. Siete Cuentos Editorial/Seven Stories Press.
116 Dickson Yane, Ralfh (2011). *10.001: El nacimiento de los avatares, la batalla de Armagedón y el futuro del planeta Tierra* (p. 200). Emigrant. Montana. Darjeeling Press.

Fría como la lucha entre dos sistemas de organización social, destacando la importancia de los objetivos geopolíticos y los criterios militares.

En la práctica, la galopante carrera armamentística generada durante toda la Guerra Fría utilizó como campo de pruebas las sucesivas guerras que durante dicho periodo fueron produciéndose en todo el mundo. Una carrera marcada por la proliferación de armas más poderosas y eficaces, al mismo tiempo que extraordinariamente más costosas de fabricar. Promovida por el llamado equilibrio del terror, la capacidad para el rearme adquirió una importancia decisiva, en tanto que el bloque mejor situado podía desestabilizar a su contrincante y, en consecuencia, provocar una divergencia a nivel internacional. Paradójicamente, el mantenimiento de una probabilidad apocalíptica era la mejor de las garantías para conservar la paz. Por esta razón, los historiadores Heffer y Launay, al referirse a las perspectivas puestas de manifiesto por dicho equilibrio, llegaron a afirmar lo siguiente:

> En fin, el armamento atómico presenta la particularidad de ser peligroso sin necesidad de ser potente. Así, puede suceder que un país posea un armamento nuclear modesto cuyo carácter disuasorio, sin embargo, sea innegable. Bastan algunas ojivas nucleares para hacer mucho daño en las regiones vitales de un Estado. En otros términos, la estrategia de la disuasión no es directamente proporcional a la cantidad de armamento necesario para disuadir (Heffer, Jean y Launay, Michel, 1992, p. 219).

Otro de los momentos más sensibles de la Guerra Fría se produjo a raíz de la conocida crisis de los misiles en Cuba, que situó al mundo al borde de un enfrentamiento nuclear. Apenas dos años más tarde del triunfo de la Revolución cubana y después del fracaso norteamericano en la bahía de Cochinos, en abril de 1961, la respuesta soviética fue la construcción de 40 silos nucleares en la isla caribeña. Para el líder soviético, aunque la acción se debía estrictamente a planteamientos defensivos, la realidad era que con la instalación de misiles de largo alcance la intimidación a Estados

Unidos podía resultar un golpe definitivo. Con el fin de detener los planes de Moscú, el 22 de octubre de 1962 navíos norteamericanos iniciaron un bloqueo en el mar del Caribe impidiendo la entrada de barcos soviéticos hacia las costas cubanas. En todo caso, el «cerrojo» impuesto por Washington era inaceptable desde el punto de vista de Kruschev, puesto que en diferentes territorios de la OTAN existían armas similares que amenazaban a la Unión Soviética.

El día 24 de octubre, inmerso en un contexto de enfrentamiento directo, el gobierno de la Unión Soviética envió el siguiente mensaje al presidente Kennedy: «La URSS ve el bloqueo como una agresión y no instruirá a los barcos que se desvíen»[117]. A pesar de todo ello, al día siguiente por la mañana, los buques disminuyeron su velocidad evitando lo que podría haber sido una guerra difícilmente evaluable en sus consecuencias. Dos días más tarde, Moscú informó a Washington que retiraría los misiles cubanos a cambio de que el país caribeño quedara libre del riesgo de invasión. A ello se sumó la petición de la retirada de los misiles balísticos Júpiter de Turquía. Con el final de la crisis se acordó el establecimiento de una línea directa entre ambos países, lo que supuso una mayor agilidad en las comunicaciones en momentos de crisis[118].

Entre 1955 y 1973, la Segunda Guerra de Indochina o guerra de Vietnam se convirtió en uno de los conflictos mejor documentados del siglo xx al quedar suprimida la censura militar a los medios de comunicación durante toda la confrontación. Indochina había sido una colonia francesa hasta la derrota en Dien Bien Phu en 1954, momento en el que el país quedó dividido en dos zonas de influencia bien diferenciadas. Precisamente, este hecho supuso el incremento de la presencia de Estados Unidos en la región, que pasó de tener un contingente de 1000 soldados

---

117 López, Félix (2010). *Dos siglos de mitos mal curados* (p. 317). Caracas. Fundación Centro de Estudios Latinoamericanos Rómulo Gallegos.

118 A este respecto, el conocido «teléfono rojo» es una línea de comunicación telefónica directa entre los presidentes de Estados Unidos y la Unión Soviética (actualmente la Federación Rusa), que todavía sigue vigente desde que surgiera el 20 de junio de 1963.

en 1959 a cerca de 16 000 en 1963. Las sucesivas persecuciones contra los monjes budistas aquel mismo año por el entonces presidente vietnamita Ngo Dinh Diem provocó que la CIA ejecutara un plan con el propósito de derribar el gobierno. En efecto, en noviembre de 1963 y liderado por el general Duong Van Minh, la acción golpista se saldó con el arresto y posterior asesinato de Ngo Dinh Diem.

El grado de enfrentamiento se agravó a raíz del incidente del golfo de Tonkín, lo que supuso el envío de tropas terrestres y marítimas por parte del presidente estadounidense Lyndon B. Johnson. La respuesta soviética, encabezada por Leonid Brezhnev, se tradujo en un aumento de la ayuda militar a los norvietnamitas. Se iniciaba así una nueva escalada en la guerra. Ya con la zona dividida, en 1968 las fuerzas militares del Sur no resistieron el ataque comunista en la llamada ofensiva del Tet. El hecho supuso la participación directa de los Estados Unidos en la contienda y el enfrentamiento entre el norte y el sur de Vietnam.

El número incesante de muertes de soldados norteamericanos y el avance del Frente Nacional de Liberación de Vietnam, Vietcong, terminaron agotando las fuerzas e incidiendo en la opinión pública para propiciar una de las peores derrotas en la historia de los Estados Unidos. Con los acuerdos de paz de París en 1973, los antiguos territorios de Indochina quedaron reunificados. El 2 de julio de 1976 fue proclamada la República Socialista de Vietnam, un deseo que siempre había manifestado el líder norvietnamita Ho Chi Minh. En un emotivo discurso de independencia, el 2 de septiembre en la plaza Ba Dinh de Hanói, Minh expuso la crueldad de la guerra y el despropósito empleado en contra de su país.

> [...] Durante más de ochenta años los imperialistas franceses, insultando los principios de Libertad, Igualdad y Fraternidad, han violado nuestra tierra natal y han oprimido a nuestros compañeros ciudadanos. Han actuado en contra de los ideales de humanidad y justicia. Políticamente, han privado a nuestro pueblo de todas las libertades democráticas. Han

impuesto leyes inhumanas; han creado tres regímenes políticos diferentes, en el norte, en el centro y en el sur de Vietnam, para romper la unidad de nuestro país y evitar que nuestro pueblo estuviera unido. Han construido más prisiones que escuelas. Despiadadamente han masacrado a nuestros compatriotas. […] Nos han robado nuestros campos de arroz, minas, bosques y nuestros recursos naturales. […] Se han inventado innumerables e injustificables impuestos y han reducido a nuestro pueblo, especialmente a nuestros campesinos, a la extrema pobreza. […] Vietnam tiene el derecho a disfrutar de la libertad y la independencia, y, de hecho, se ha convertido en un país libre e independiente. Todo el pueblo vietnamita está determinado a movilizar toda su fuerza física y mental, a sacrificar sus vidas y sus propiedades, para salvaguardar su independencia y su libertad (Ho Chi Minh, 2019).

Más aún, la rivalidad puesta de manifiesto entre los Estados Unidos y la Unión Soviética durante la Guerra Fría no solo se manifestó a través de misivas, declaraciones o guerras abiertas. Además de los enfrentamientos directos, la capacidad de los servicios secretos se hizo aún más relevante y su peso dentro del hermetismo y el sigilo resultó decisivo a la hora de tomar decisiones en momentos tan importantes como la crisis de los misiles, la guerra de Vietnam, las acciones golpistas en Latinoamérica o las tensiones derivadas del Muro de Berlín. En consecuencia, las conspiraciones pasaron a ser una cuestión de Estado que se proyectaba más allá de sus propias fronteras. Para ello, se creó una formidable red de espionaje que inició programas tanto de vigilancia como de recopilación y análisis de la información; todo ello concebido como una forma de anticiparse a las acciones enemigas y obtener ventaja. De hecho, podemos decir que la necesidad de espiar al enemigo surgió ya desde tiempos muy remotos. En el siglo IV a. C. el filósofo y estratega militar chino Sun-Tzu llegó a asegurar:

Así, lo que permite al sabio soberano y al buen general atacar y conquistar y conseguir cosas que están fuera del alcance de los hombres ordinarios es el conocimiento previo. Ahora bien, ese conocimiento previo no puede obtenerse de los espíritus, no puede deducirse inductivamente de la experiencia ni mediante ningún otro cálculo deductivo. El conocimiento de las disposiciones del enemigo solo puede obtenerse de otros hombres. De ahí la utilización de espías (Sun-Tzu, 2021).

Desde luego, el desequilibrio en materia de espionaje a comienzos de la Segunda Guerra Mundial era muy evidente. Estados Unidos contaba con una docena de agencias federales que apenas colaboran entre ellas. En el caso de la Unión Soviética la evolución de los servicios secretos no se había detenido desde 1917 con la creación de la Cheká, un organismo dedicado al espionaje creado por el activista soviético Feliks Edmúndovich Dzerzhinski. Desde entonces y hasta la aparición del KGB en 1954, un sinfín de organizaciones —entre ellas, el Directorado Político Conjunto del Estado (OGPU), el Comisariado del Pueblo para Asuntos Internos (NKVD), el Comisariado del Pueblo para la Seguridad del Estado (NKGB) o el Ministerio de la Seguridad del Estado (MGB), este último encargado de la inteligencia y contrainteligencia nacional e internacional entre 1946 y 1953— no cesaron en el empeño de fichar disidentes capaces de planificar subversiones dentro de la propia Unión Soviética. En definitiva, a comienzos de los años cincuenta el espionaje ruso ya tenía un buen número de agentes dobles infiltrados en los servicios secretos británico y norteamericano.

La reacción de Estados Unidos en materia de seguridad y de servicios secretos se debió en buena medida al general William J. Donovan. En 1940 viajó a Inglaterra bajo las órdenes personales de Roosevelt para obtener información de la oficina británica de inteligencia, el MI6. A su regreso creó la Oficina del Coordinador de Información (COI), que más tarde, en 1942, se transformaría en la Oficina de Asuntos Estratégicos (OSS). Donovan comprendió la necesidad de establecer una organización de espionaje que estuviera formada por trabajadores y colaboradores de todos los sectores de la sociedad. Así, la OSS alcanzó los 13 000 empleados en 1944, entre los que se incluían economistas, científicos, deportistas y actores, y llegó a emplear a más de 4 500 mujeres. En 1945, una vez finalizada la guerra en el Pacífico, la OSS quedó definitivamente desarticulada.

Donovan siguió insistiendo en lo imprescindible que resultaba disponer de una agencia civil de inteligencia que pudiera operar también en tiempos de paz. Finalmente, en 1947, el presidente norteamericano Truman firmó el Acta de Seguridad Nacional, mediante la cual se creaba la Agencia Central de Inteligencia (CIA). En el mes de diciembre de ese año, el Consejo de Seguridad Nacional (NSC) se reunió en Washington por primera vez y acordó que la Agencia se encargaría de llevar a la práctica operaciones de espionaje en Europa, teniendo también como objetivo servir de «almacén de materia gris» para la Casa Blanca[119].

Una de las prioridades acordadas por el NSC fue la protección y defensa frente al comunismo. Pese a ello, resultó también una tarea prioritaria obtener cualquier información de relevancia acerca de los restos de la Alemania nazi. Al finalizar la Segunda Guerra Mundial, Frank Wisner, miembro de la OSS, pensó en reunir el mayor número de científicos alemanes, convirtiéndose en el precedente de lo que más tarde sería la Operación Paperclip. En 1943, los nazis decidieron preservar a sus científicos alejándolos de los lugares más comprometidos y trasladándolos a laboratorios más seguros. La localización de todos ellos fue planificada y coordinada por el físico y director de la Asociación de Investigación Militar, Werner Osenberg.

La casualidad quiso que, en el mes de marzo de 1945, los aliados encontraran un trozo de papel flotando en un retrete con la lista de científicos elaborada por Osenberg. Con ella, el mayor Robert B. Staver, miembro de la inteligencia norteamericana en Londres, elaboró otra con los nombres de las personas a las que debían localizar e interrogar. La plani-

---

119 Bardini, Roberto (1988). *Monjes, mercenarios y mercaderes. La red secreta de apoyo a los contras* (p. 156). México D. F. Editorial Mex-Sur.

ficación detallada de las operaciones posteriores dio sus frutos. Solo de esta manera puede explicarse que personas como Wernher von Braun, quien había utilizado a presos del campo de Buchenwald para sus proyectos en los primeros misiles V1 y V2, o Kurt H. Debus, exmiembro de las SS y que llegaría a dirigir el Centro de Lanzamientos de Cabo Cañaveral, terminaran trabajando años más tarde para la defensa militar estadounidense y para el proyecto espacial Apolo.

En 1946 la Unión Soviética ya trabajaba en la Operación Osoaviajim, una misión con idénticas características a la Paperclip. El 22 de octubre, unidades del ejército ruso ya habían captado miles de técnicos y científicos en las zonas ocupadas del Este para ser trasladados a la Unión Soviética. Se cree que alrededor de 90 trenes y más de 6 000 personas fueron relutadas en esas fechas para continuar con las investigaciones y la producción de cohetes. Uno de aquellos célebres nombres fue el de Helmut Gröttrup, un ayudante de Von Braun, que solo un año después probaría una nueva versión de un V2 en las estepas de Kazajistán[120].

El traslado a los Estados Unidos se realizó en un ejercicio de alto secreto hasta el punto de que la Oficina de Investigaciones Especiales del Departamento de Justicia, dedicada a localizar criminales nazis escapados de Alemania, ignoró durante bastante tiempo la proximidad de algunos de ellos mientras trabajaban para la administración militar. Irónicamente estos fueron clasificados como «empleados especiales del Departamento de Guerra».

Comparable a Paperclip fue la Operación Alsos, llevada a cabo con mayor secretismo aún que la anterior. La puesta en marcha del Proyecto Manhattan para el desarrollo de la bomba atómica fue motivo de preocupación al desconocerse la verdadera gravedad que podía estar alcanzando el régimen nazi. Alsos debía averiguarlo, con el problema añadido de que, al tratarse de un proyecto secreto, los servicios de información y espionaje norteamericanos no podían acceder a los detalles tecnológicos necesarios

120 Reinke, Niklas (2007). *The History of German Space Policy. Ideas, influences, and interdependence, 1923-2002* (pp. 37-38). Paris. Beauchesne Editeur.

para examinar los avances en Alemania. La cuestión se solventó con la creación de una sección para espiar desde el interior dicho proyecto. Así, a las órdenes del general Leslie Groves, se desarrollaron una serie de tramas y acciones secretas por Europa con las que se logró apresar a la mayoría de los científicos que eran expertos en el campo del desarrollo de la energía atómica; además de numerosos documentos y material nuclear que incluía varios depósitos de uranio.

Otra manera de conspirar contra el bloque enemigo fue a través de los llamados agentes dobles, muchas veces introducidos en la misma administración política y militar. Frank Wisner y Reinhard Gehlen, un oficial de alto rango en la Wehrmacht, consiguieron los servicios de unos 600 nazis residentes en la zona soviética de la Alemania ocupada para que espiaran en beneficio de los Estados Unidos. Sin saberlo, para entonces Moscú ya tenía agentes dobles trabajando en las universidades de Oxford y Cambridge. Infiltrados en Occidente, el caso de los conocidos como los Cinco de Cambridge llegó a convertirse en uno de los sucesos de espionaje más importantes y famosos de la Guerra Fría.

La evolución en el espionaje tuvo muy probablemente su punto crítico con aquellos infiltrados que podían hacerse pasar por gente del país en el que desarrollaban su trabajo. En 1961 salió a la luz en el Reino Unido una trama de espionaje soviético conocida como la Red de Portland, cuyo principal cerebro era un tal Gordon Lonsdale, empresario inglés acostumbrado al lujo y a todo tipo de privilegios. Un aparente *playboy* y hombre de negocios tras el que se ocultaba Konon Molody, espía del KGB que había nacido en Rusia en 1922. Su infancia junto a una tía en el estado de California le permitió adquirir un buen dominio del inglés, una ventaja de la que se aprovechó a su regreso a Moscú para ingresar en el NKVD.

Otro de los casos más celebrados fue lo que le sucedió el 22 de junio de 1953 a un repartidor de periódicos de Brooklyn. Sin saber la procedencia y la forma en la que llegó a uno de los bolsillos una moneda de cinco centavos, la curiosidad quiso se le cayera al suelo y se partiera en dos mitades, mostrando una minúscula fotografía con una serie de números mecanografiados. El repartidor de periódicos entregó la moneda al FBI, pero solo pudo conocerse de qué se trataba en realidad cuando en 1957 el teniente coronel ruso Reino Häyhänen desertó y solicitó asilo en la embajada de Estados Unidos en París. Häyhänen confesaría más tarde que durante cinco años había trabajado como agente soviético en aquel país.

Las aportaciones del teniente coronel permitieron comprender mejor los métodos utilizados por los soviéticos para introducirse en Occidente. Además del estudio de la lengua, destacaban la habilidad para codificar y descodificar documentos, así como para fotografiar todo tipo de informes y textos. El FBI pudo también descifrar el mensaje de la moneda y detener a otro doble agente llamado Rudolf Ivánovich Abel, un fotógrafo en cuyo domicilio se hallaron diferentes certificados de nacimientos con numerosas identidades. Ivánovich sería intercambiado tiempo después por el piloto Francis Gary Powers, apresado tras ser derribado su avión espía U-2 en el espacio aéreo soviético.

La carrera espacial supuso igualmente un pulso entre los bloques enfrentados. La exploración espacial, además de convertirse en un nuevo escenario en el que la Unión Soviética pareció haber tomado ventaja a mediados de los años sesenta, tuvo en el desarrollo tecnológico un fuerte motivo de disputas y tramas de espionaje para igualar y, en ocasiones, incluso superar al adversario. Los soviéticos lograron su primer objetivo al poner en órbita el primer satélite artificial en 1957, el Sputnik I, y más tarde enviar al espacio exterior al primer astronauta, Yuri Gagarin, el 12 de abril de 1961. Este último regresaría a la Tierra después de haberse mantenido algo más de hora y media en la ingravidez. Sin embargo, estos logros quedaron parcialmente eclipsados después de que, en 1969, la NASA consiguiera llevar hasta la superficie lunar a Neil Armstrong y *Buzz* Aldrin, mientras su compañero Michael Collins permanecía en el módulo de mando Columbia. El Programa Apolo supuso, pues, el mayor logro de la carrera espacial.

Además, la desaparición del Muro de Berlín en 1989 y la posterior disolución de la URSS entre 1990 y 1991, a la vista del colapso económico por el que estaba atravesando el país, sorprendió a los Estados Unidos, por lo que hubo que afrontar cambios radicales en la inteligencia. A fin de evitar nuevas exposiciones ante el espionaje ruso, entre las innovaciones surgidas se planteó la reactivación del programa de espionaje Echelon entre el Reino Unido y los Estados Unidos, surgido en los años setenta «para compartir inteligencia de señales entre las dos naciones y los socios de la Commonwealth de Gran Bretaña, Canadá, Australia y Nueva Zelanda»[121].

Echelon sigue considerándose la mayor red de espionaje y análisis en la interceptación de comunicaciones electrónicas de la historia, y concede una considerable ventaja a los Estados Unidos y a sus aliados occidentales al poder controlar las comunicaciones por radio y satélites con bases terrestres. A los elementos tecnológicos se añadió la participación de personas infiltradas en empresas para realizar seguimientos estratégicos y obtener la información pretendida. De esta forma, la agencia fue capaz de interceptar cualquier comunicación del exterior, analizada y decodificada casi de forma inmediata.

Asimismo, los ataques contra las Torres Gemelas de Nueva York y el Pentágono, el 11 de septiembre de 2001, como resultado de una trama perfectamente organizada, cambiaron definitivamente los patrones para combatir a un enemigo situado a miles de kilómetros del lugar de la acción. El Congreso norteamericano, apremiado por el presidente George W. Bush, aprobó, solo un mes después de dichos atentados, la conocida Patriot Act, que permite a los funcionarios de las agencias federales de seguridad la captura y diagnóstico de las comunicaciones para contrarrestar la conspiración terrorista. Estados Unidos ideó entonces un plan que autorizaba el empleo de la fuerza militar para buscar al principal enemigo, Osama bin Laden, y al grupo terrorista Al Qaeda, apoyado siempre por la Agencia de Inteligencia en Defensa. El 20 de septiembre, en una declaración ofrecida por George W. Bush se dieron a conocer las pautas diseñadas para terminar con el terrorismo, entre las que el presidente señalaba el complot, el espionaje y las operaciones encubiertas.

---

121 Alba Useche, Daniela Alejandra (2014). «El espionaje y agencias de seguridad: los Estados Unidos y la Federación Rusa», *Ciencia y Poder Aéreo*, 9, 99. Artículo en: https://publicacionesfac.com/index.php/cienciaypoderaereo/article/view/138/251

Nuestra reacción abarca mucho más que la represalia instantánea y los ataques aislados. Los estadounidenses no deben esperar una batalla, sino una campaña larga, distinta a cualquier otra que hayamos visto. Posiblemente incluya ataques dramáticos, que se puedan ver en la televisión, y operaciones encubiertas, que permanecerán secretas aún tras el éxito. Privaremos a los terroristas de financiamiento, pondremos a los unos contra los otros [...] Y perseguiremos a las naciones que ayuden o den refugio al terrorismo. Toda nación [...] ahora tiene que tomar una decisión. Están de nuestro lado o están del lado de los terroristas. A partir de hoy, cualquier nación que continúe albergando o apoyando al terrorismo será considerada un régimen hostil por los Estados Unidos. Nuestra nación ha sido advertida: no somos inmunes a los ataques. Tomaremos medidas defensivas contra el terrorismo para proteger a los estadounidenses. Hoy, docenas de departamentos y agencias federales, además de gobiernos estatales y locales, tienen responsabilidades que afectan la seguridad de la nación (Bush, George W., 2001).

En definitiva, la Guerra Fría se mantuvo durante décadas cercada bajo el denominador común del miedo a una guerra con consecuencias catastróficas. La mutua desconfianza entre los bloques puso en marcha, a su vez, una maquinaria dedicada a detener cualquier intento de confrontación directa. Basándose en todo ello, un nuevo modelo de guerra estratégica, política y científica pasó a sustituir al enfrentamiento convencional en un mundo cuya división geopolítica dependía de las voluntades de Estados Unidos y de la desaparecida Unión Soviética.

Con sus idas y venidas, el final de la Guerra Fría dio paso a un periodo de tensiones entre el Occidente próspero y las potencias revisionistas como China y Rusia, con una intención en muchos casos errática y ambiciosa, pero que ha dado lugar a conflictos armados, como la invasión de Ucrania por parte de Rusia en febrero de 2022.

El club de Bilderberg

El 29 de mayo de 1954 algunas de las personas más poderosas e influyentes de aquella época se reunieron en el Hotel Bilderberg, en la pequeña localidad holandesa de Oosterbeek. Sufragada por David Rockefeller y patrocinada por el príncipe Bernardo de Lippe-Biesterfeld de Holanda, durante un fin de semana debatieron sobre el futuro del mundo. Siempre se ha mantenido que aquel primer encuentro fue propuesto por Józef Retinger, un consejero político exiliado, preocupado por los efectos negativos del Plan Marshall en Europa. Sin ser una sociedad secreta, puesto que está reconocida como una institución oficial, se han llegado a publicar numerosos artículos desde su creación, acusándola en algunos casos de conspirar para imponer un gobierno mundial basado en el capitalismo y apoyado por activistas y personalidades conocidas con una ideología próxima a la extrema derecha.

Fruto del éxito obtenido, se realizó una conferencia anual para analizar la evolución internacional e intercambiar impresiones entre invitados de cada país tanto de posiciones conservadoras como progresistas. Además, se creó un comité de dirección, cuyo secretario sería el propio Retinger. Jamás se han dado a conocer las conversaciones y debates, y el acceso de la prensa a las deliberaciones está prohibido. Tampoco se han difundido las conclusiones o actas, ni el orden del día de las sesiones, puesto que el club desea mantener la mayor discreción posible sobre los participantes y su libertad. El objetivo anunciado por el Grupo Bilderberg ha sido desde entonces el siguiente: «... hacer un nudo alrededor de una línea política común entre Estados Unidos y Europa en oposición a Rusia y al comunismo»[122].

---

122 Ortega, Francisco y Salfate, Juan Andrés (2020). *Los nuevos brujos* (p. 29). Santiago de Chile. Editorial Planeta Chilena, S.A.

No son demasiados los trabajos sobre el fenómeno Bilderberg. Su secretismo ha sido puesto en cuestión, alegando que en cualquier sistema democrático los acuerdos y tomas de decisiones deben hacerse públicos, sobre todo en lo que respecta a cuestiones que pudieran afectar a países y personas, frente a otros eventos internacionales. Sin embargo, las reuniones del Club Bilderberg presentan una sustancial carencia de instrumentos para su difusión a pesar de la asistencia a las mismas de miembros de entidades financieras, así como un sinfín de políticos internacionales.

El testimonio de C. Gordon Tether, columnista del diario *Financial Times*, que llegó a escribir lo siguiente: «Si el Grupo Bilderberg no es ninguna conspiración, se comporta de tal manera que resulta una imitación extraordinariamente buena»[123]. En la columna Lombard, del referido periódico, Tether escribió el 3 de marzo de 1976 lo que iba a ser un artículo dedicado a la estructura de Bilderberg. Apuntaba lo siguiente:

> Los Bilderberg siempre han insistido en revestir sus idas y venidas de secretismo. [...] Cualquiera que conspire y tenga a los Bilderberg en su punto de mira se preguntará por qué, si hay tan poco que esconder, se dedica tanto esfuerzo a esconderlo. (Martínez Jiménez, Cristina, 2017, pp. 71-72).

Tether fue censurado y obligado a abandonar su trabajo en el *Financial Times*. Con posterioridad, en 1977 publicó *The Banned Articles of C. Gordon Tether*, en el que recogía los artículos «prohibidos» por el diario británico. Por ello, Tether demostró ser un periodista excelente al conocer al detalle planes muy reveladores de la organización.

A partir de 1954, alrededor de 100 personas del mundo de la economía, políticos y miembros de gobierno comenzaron a reunirse en diferentes lugares. Discutir secretamente las necesidades del planeta, sus recursos

---

123 Martínez Jiménez, Cristina (2017). *Interrelación entre el Poder Socio-Político-Mercantil y el Poder Mediático Mercantil: El «Club Bilderberg» (1954-2016)*. Tesis doctoral (p. 71). Universidad de Sevilla.

y la manera de gestionar la política y la economía han hecho del Club Bildergerg un objetivo seguro de especulaciones sobre conspiraciones y tramas que conviene repasar y comprobar.

Esta singularidad del Club Bilderberg probablemente se deba al contexto histórico en el que surgió. En efecto, sabemos que la Guerra Fría puso sobre el tablero estratégico dos modos y conceptos diferentes de comprender el nuevo mapa territorial. Un panorama que, como bien conocemos, quedó definido al final de la Segunda Guerra Mundial. Con ello, Occidente, constituido principalmente por los países de Europa occidental y Estados Unidos, y la URSS, surgida de la revolución de 1917, dieron lugar al establecimiento de dos ideologías contrapuestas y enfrentadas: el capitalismo y el comunismo. Tanto lord Rothschild como Laurance Rockefeller intentaron promover el desarrollo de Europa en todos los ámbitos. Tal y como apuntó Giovanni Agnelli, antiguo presidente de Fiat y destacado socio de Bilderberg, su objetivo era la integración de Europa: «Donde los políticos han fracasado, nosotros, los industriales, lograremos el éxito»[124].

En ocasiones, se ha quitado importancia al secretismo que tanto han utilizado quienes ven en el club un lugar para la conspiración. Will Hutton, editor del *London Observer* y miembro invitado en 1997, llegó a escribir: «No se hace política; solo se mantienen conversaciones banales y de perogrullo»[125]. A ello podemos añadir las palabras de Bernardo de Holand, quien en su día comentó: «... cuando los representantes de las instituciones occidentales abandonan la reunión, se llevan consigo el consenso del grupo. Estos debates liman asperezas y consiguen llegar a posiciones comunes»[126].

En la primera reunión, Retinger informó de la misma a David Rockefeller, así como a William Averell Harriman, embajador ante la Unión Soviética, y al director de la Agencia Central de Información, Walter Bedell Smith. Precisamente, la CIA estuvo desde el comienzo muy vinculada a

---

124 Estulin, Daniel (2005). *La verdadera historia del Club Bilderberg* (p. 24). Barcelona. Editorial Planeta, S. A.
125 *Ibíd.*
126 *Ibíd.*

Bilderberg. Conocemos que Bedell informó al general Charles Douglas Jackson, asesor del presidente Dwight David Eisenhower, de la existencia del club. Jackson era en aquellos momentos el presidente del Comité para Europa Libre, encargado de financiar la estructura de los políticos socialdemócratas y de los grupos anticomunistas, además de amigo del clan familiar Rockefeller. Cabe destacar, además, que en todo lo concerniente a la estrategia norteamericana relacionada con el Club Bilderberg la figura de Henry Kissinger resultó esencial, por estar vinculada a las empresas de Rockefeller.

Una gran aportación al conocimiento del club ha sido el sociólogo Mike Peters. En su obra *The Bilderberg Group and the project of European unification*, Peters llegó a asegurar: «Bilderberg es uno entre un número de instituciones [...] que ha desempeñado un papel importante al proporcionar un medio para debates y discusiones entre distintos grupos capitalistas y gobiernos nacionales [...] para la coordinación estratégica de la política internacional»[127]. Una labor de intervención y mediación entre el capital privado y los intereses más genéricos del capitalismo mundial.

A la vista de toda esta cadena de vínculos, se entiende la relación entre Bilderberg y el Plan Marshall. Oficialmente conocido como European Recovery Program, el plan fue una iniciativa de los Estados Unidos para abordar los problemas económicos en Europa después de la Segunda Guerra Mundial. Desde 1948, y durante los siguientes cuatro años, las ayudas a los países europeos ascendieron a unos 20 000 millones de dólares, que retornaron, con holgura e intereses, a muchas empresas norteamericanas, como la General Motors, la Ford Motor Company, y a entidades bancarias como JP Morgan.

Retinger, entonces secretario general de la Liga Independiente de Cooperación Europea, fue uno de los impulsores de aquel plan de ayudas y de los movimientos en favor de la unidad en el Viejo Continente. A partir de entonces, muchas de las personalidades terminaron comprometidas con

---

127 *Ibíd.*, p. 283.

el Club Bilderberg. George McGhee, que en su día fue embajador norteamericano en Alemania occidental, aseguró que, precisamente, el Tratado de
Roma, que había sido firmado en 1957, tuvo sus primeras propuestas en las
reuniones del club[128].

Precisamente, la conexión de Bilderberg con los organismos internacionales ha sido también utilizada para justificar el lado más oscuro de
quienes componen y han formado parte del club. Algunos de sus detractores aseguran por ejemplo que existe una red de sociedades secretas que
se dedican a conspirar para poner a los países libres bajo la autoridad de
la Organización de las Naciones Unidas (ONU). Aseguran que la propia
organización estaría gestionada y controlada por el Club Bilderberg. En
palabras de Denis Healey, ministro de Defensa británico entre 1964 y
1970, «lo que pasa en el mundo no sucede por accidente, hay quienes se
encargan de que ocurra. La mayor parte de las cuestiones nacionales o
relativas al comercio están estrechamente dirigidas por los que tienen el
dinero»[129].

Si nos atenemos a lo manifestado por Healey, una parte de los miembros del Bilderberg serían poseedores de los bancos centrales. La élite financiera e industrial, los líderes de las corporaciones multinacionales, junto con
los ministros, presidentes y secretarios de Estado de muchos países habrían
determinado aspectos tan importantes como los relativos a los tipos de interés, la disponibilidad del dinero, incluso el control de los conflictos bélicos
desde la creación del club.

Bajo dicha perspectiva, las guerras acaecidas desde el 1954, al menos
en lo que se refiere a su duración, habrían sido decididas y ejecutadas por los
miembros del propio Club Bilderberg. De hecho, se ha llegado a especular
con la posibilidad de que los presidentes Richard Nixon y Gerald Ford ter-

---

128 Tricánico, Santiago (2008). *Los códigos de la tribu. Sociedades secretas de Uruguay y el mundo* (p. 121). Montevideo. Rumbo
Editorial.
129 Meza Monge, Nilo (2011). *Espacios regionales fronterizos. Integración, más allá del discurso político* (pp. 53-54). Bloomington
(Indiana). New Publisher.

minaran sus mandatos de forma abrupta por haber dado pie a que la guerra en el Vietnam no se prolongara hasta 1978, verdadero objetivo del Bilderberg[130].

El escándalo Watergate

El nuevo orden mundial, según el *affaire* conspiratorio del club, tuvo un impulso en Estados Unidos con el llamado escándalo Watergate. En él, se desveló una trama de espionaje y escuchas que la Administración del presidente Nixon efectuó durante la campaña electoral de 1972 y se demostró que al menos cinco personas, agentes de los servicios secretos, forzaron la entrada de la sede del Partido Demócrata para intervenir los teléfonos. Aquellos hombres habían sido contratados por Howard Hunt, un exagente de la CIA, y por Gordon Liddy, asesor de finanzas adscrito al Comité de Reelección del presidente. Si tenemos en cuenta algunas de las fuentes relacionadas con el Club Bilderberg, durante los años setenta el *Washington Post* tuvo la misión de seguir de cerca a Nixon con la intención de crear sobre él un clima de desconfianza en la opinión pública. Tras la publicación del escándalo, Nixon dimitió. Parte de aquellas grabaciones fueron realizadas por David Young, quien había trabajado para el grupo Rockefeller. Todo apunta a que Young habría sido designado por Kissinger para llevar a cabo dicha tarea. A la supuesta trama se sumó James McCord, un exagente de la CIA y del FBI, director del mencionado Comité para la Reelección, responsable del «olvido» de la cinta magnetofónica en la puerta del edificio Watergate.

Tras las detenciones de James McCord, Eugenio Martínez y Frank Sturgis, el primero declaró que la Casa Blanca era consciente de los actos punitivos puestos en marcha. Posteriormente fueron arrestados Howard Hunt y Gordon Liddy. Entre los implicados figuran también el general Alexander Haig y el disidente británico y espía del MI6, John Coleman. Siguiendo las tesis de Daniel Estulin, en 1983 llegaron a Coleman unos

---

130 Esta idea aparece recogida en la obra ya mencionada de Daniel Estulin. Recordemos que el conflicto en Vietnam finalizó en la primavera de 1975, pero que los primeros contactos de paz comenzaron en los acuerdos de París, iniciados en enero de 1973. A este respecto puede consultarse de Estulin, Daniel, *op. cit.*, pp. 21-22.

documentos secretos del Instituto Tavistock, una organización británica dedicada a los estudios sociales, detallando cómo se había apartado a Richard Nixon de la presidencia. Coleman publicaría años más tarde el libro *The Tavistock Institute: Britain's Control of US. Policy*, para el que utilizó toda la información aportada por la institución británica.

> […] la manera en la que el presidente Nixon fue primero aislado, rodeado de traidores y después, confundido, seguía al pie de la letra el método Tavistock […] Una de las principales técnicas para romper la moral a través de una estrategia de terror consiste en mantener a la persona confusa acerca de lo que quiere y lo que puede esperar de las circunstancias. Además, si se le aplican medidas disciplinarias severas y promesas de buen trato al mismo tiempo, junto con noticias contradictorias, la estructura cognitiva de la situación se vuelve todavía más confusa. El sujeto ya no sabe qué plan lo lleva hacia su objetivo o lo aleja de él.

Se ha afirmado que el propio general Haig recibió unas sesiones de aprendizaje en el Tavistock, jugando «… un papel fundamental en la estrategia de confusión y lavado de cerebro del presidente Nixon».[131]Por consiguiente, el reportaje del *Washington Post* desentrañando las escuchas y publicando el escándalo habría sido una falsedad más en un intento de desestabilizar a un presidente no deseado por el club de Bilderberg. La mítica fuente de información utilizada por los periodistas Bob Woodward y Carl Bernstein, miembros del Consejo de Relaciones Exteriores (CFR), conocida como *Deep Throat* (o en su traducción, «Garganta Profunda»), podría tratarse del propio Alexander Haig. La investigación federal reveló que había audios de reuniones de trabajo del presidente en los que se mos-

---

131 Estulin, Daniel, *op. cit.*, p. 59.

traba conocedor de los hechos. Cuando las pruebas fueron reclamadas por el Congreso, la Casa Blanca envió las transcripciones incompletas[132].

Sobre la verdadera entidad de la fuente se da por seguro que la persona oculta bajo aquel seudónimo fue el agente del FBI William Mark Felt. Garganta Profunda saltó a los medios de comunicación cuando los periodistas Woodward y Bernstein publicaron *All the president's men*. Felt negó durante 30 años las acusaciones vertidas sobre él. En su opinión, la Casa Blanca le había «marcado» al mostrar su enfado después de que Nixon nombrara a L. Patrick Gray director del FBI tras la muerte de J. Edgar Hoover en 1972. Felt se mantuvo como subdirector asociado, lo que suponía el tercer escalón del FBI, nombramiento que había recibido en 1971. En su libro publicado en 1979 y titulado *The FBI Pyramid: From the Inside*, Felt alegó los inconvenientes surgidos desde la presidencia al sentirse observado por las informaciones que, supuestamente, debía conocer al ocupar un alto cargo dentro del FBI. No obstante, el 31 de mayo de 2005 Felt confesó que él era el confidente o *Deep Throat*.

Coleman afirmó que Haig llegó a tener el control del gobierno de los Estados Unidos, guiado por el Royal Institute for International Affairs (RIIA), lo que le permitió situar a personas de su confianza en puestos más determinantes de Washington. Tanto John Coleman como Lyndon LaRouche, economista, filósofo y en su día candidato a la presidencia por el Partido Demócrata, iniciaron una revisión particular sobre el Watergate, acudiendo a los llamados papeles del Pentágono y a los escasos documentos existentes sobre la posición de Nixon para frenar el desarrollo de la energía nuclear en los Estados Unidos[133].

---

132 El Council of Foreign Relations (CFR) o Consejo de Relaciones Exteriores, fundado en 1921, es una institución sin ánimo de lucro de Estados Unidos, con sede en Nueva York, especializada en política exterior y relaciones internacionales. Con más de 5000 miembros, entre políticos, abogados, directores de la CIA, profesores, banqueros, secretarios de Estado, etc. Entre sus metas figuran la globalización, el libre comercio y la consolidación de entidades transnacionales como la Unión Europea.
133 El Royal Institute for International Affairs (RIIA) o Instituto Real de Asuntos Internacionales, también conocido como Chatham House, es un organismo dedicado al análisis de asuntos internacionales fundado en 1920. A través de conferencias, reuniones y publicaciones, trabaja para impulsar debates sobre temas políticos y para la seguridad en el ámbito internacional. Se ha presentado en ocasiones al RIIA como responsable del control de la política exterior británica y de la monarquía.

En efecto, los papeles del Pentágono, cerca de 4 000 páginas, formaban parte de un dosier dedicado al espionaje norteamericano durante la guerra del Vietnam. Los documentos fueron fotocopiados por el funcionario Daniel Ellsberg y entregados primero al diario *The New York Times* para acabar después en otro de los rotativos más importantes como *The Washington Post*. Los papeles aportaban mucha información sobre las actividades de los Estados Unidos en la zona desde que, en 1967, Robert McNamara ordenara su elaboración. La publicación se inició el 13 de junio de 1971 en *The New Times*, poco tiempo después que Richard Nixon llegara a la Casa Blanca. Solo dos días después, el Gobierno, a través de Henry Kissinger, en esos momentos consejero de Seguridad Nacional, intentó suspender su divulgación temiendo las consecuencias que todo ello iba tener[134].

Nixon había apoyado la designación de James R. Schlesinger, profesor de Ciencias Económicas en la Universidad de Virginia, para que formara parte de la Comisión de la Energía Atómica. Para muchos opositores, la decisión dejaba en jaque los planes de industrialización del país. Aunque partidario de la energía nuclear, Schlesinger prefirió entonces poner el acento de su propuesta en el carbón y en otros recursos energéticos. Tanto el Club de Roma como Bilderberg hubieran preferido las políticas de crecimiento referentes a la energía nuclear. De hecho, Schlesinger llegaría a ocupar el cargo de secretario para la Energía entre 1977 y 1979. Con estas perspectivas, el caso Watergate suponía la forma más verosímil para acabar con el mandato de Nixon. Tiempo después, y en palabras de Coleman, la humillación sufrida tras el escándalo fue «…una lección y una advertencia para el futuro presidente de Estados Unidos»[135].

Otro de los pilares del Bilderberg para provocar la salida de Nixon fue la participación de su consejero de Seguridad Nacional, Henry Kissinger. A mediados de los años setenta, el club decidió constituir un pequeño grupo de hombres influyentes dirigidos por Kissinger. En él se encontraban los

---

134 Frattini, Eric (2005). *CIA. Historia de la Compañía* (pp. 214-215). Madrid. Editorial Edaf.
135 Estulin, Daniel, *op. cit.*, p. 60.

ya nombrados James Schlesinger, Alexander Haig y Daniel Ellsberg. A ellos se sumó Noam Chomsky, que entonces dirigía el Instituto de Estudios Políticos. Entre las tareas encomendadas al instituto, debía «crear la Nueva Izquierda, un movimiento de base para engendrar conflictos y extender el caos, expandir los "ideales" del socialismo nihilista... y convertirse en el gran "azote" del orden gubernamental y político de Estados Unidos»[136].

Aunque no está demostrado, Kissinger, Ellsberg y Haig pudieron haber promovido el Watergate recibiendo instrucciones del Club y del Royal Institute for International Affaires, sobre todo después de que Nixon se pronunciara en contra del Acuerdo General sobre Aranceles y Comercio (GATT). Para quienes siguen creyendo en la conspiración del Watergate, Nixon habría desoído instrucciones de David Rockefeller. Por su parte, Andrew Schoeberg, el entonces presidente del Royal Institute, afirmó que Kissinger y los hombres que estaban bajo su cargo recibían «...toda la información de inteligencia del interior y exterior del país antes que el propio presidente; incluso la información de la Quinta División del FBI»[137].

Después de la caída de Nixon, la carrera de Kissinger no se detuvo. Acusado en ocasiones de suscitar y propiciar golpes de Estado en países de América Central y del Sur, al igual que en Angola y Rodesia, fue también el artífice de la Operación Cóndor entre los años 1970 y 1980. Un plan que coordinó la actuación de los gobiernos militares y dictatoriales en el Cono Sur, especialmente en Chile, Argentina, Brasil, Paraguay, Uruguay y Bolivia, siempre en colaboración con la CIA. Después de salir de la Secretaría durante su etapa con Nixon, Kissinger fundó una asesoría política y diplomática, Kissinger Associates, y además fue cofundador y accionista de Kissinger McLarty Associates. Su polifacética vida pública le llevó igualmente a ser profesor en la Universidad de Georgetown y miembro de numerosas juntas directivas de importantes compañías, canales de televisión, grupos editoriales y revistas.

---

136 Estulin, Daniel, *op. cit.*, p. 61.
137 *Ibíd.*

La destrucción política de Nixon habría supuesto una victoria para el Club Bilderberg, llevando a la presidencia de los Estados Unidos a Gerald Ford, miembro del Club y del Council on Foreign Relations, considerado por los críticos de la conspiración como un «subordinado» del nuevo orden mundial. Según Gary Allen, escritor y uno de los teóricos de la conspiración más conocidos por su obra *The Rockefeller File*, Ford aceptó los postulados propuestos por Kissinger en política exterior «... poniendo su sello de aprobación en el secretario de Estado... para el establecimiento de un gobierno mundial débilmente unido antes de finales de la década de 1970».[138]

El caso Watergate puso de manifiesto la facilidad con la que los medios de comunicación podían controlar a la opinión pública. Desde Bilderberg, pero, sobre todo, desde la posición privilegiada de muchos de sus miembros, no cabe duda de que se han alterado comportamientos e intervenido instituciones. Para quienes creen en la conspiración, todo ello sería el resultado de un plan trazado por los componentes del club que se habría extendido a los gobiernos de muchos países del mundo para llevar a la práctica un programa de globalización mediante el control de la comunicación.

Si en el pasado los Illuminati adoptaron como principio determinante el *Novus Ordo Seclorum*, presentándolo como el nuevo orden mundial que habría de llegar en el futuro, en la actualidad dicho criterio habría evolucionado hacia un sistema desprovisto de soberanías nacionales. El mejor ejemplo de todo ello sería la Organización de las Naciones Unidas (ONU), a la que se sumarían otras, como la Organización del Tratado del Atlántico Norte (OTAN), creada en abril de 1949 con el propósito de proteger la territorialidad e independencia de los estados que la conforman. Para muchos historiadores, sociólogos y politólogos, en la actualidad estaríamos muy próximos al *Ordo Seclorum* sugerido por los Illuminati en su día o a los principios insinuados por el Club Bilderberg más recientemente. Sin embargo, la creencia en la existencia de

---

138 Allen, Gary (1976). *The Rockefeller File* (p. 79). Washington D.C., Congress of the United States: https://docs.google.com/viewer?a=v&pid=sites&srcid=ZGVmYXVsdGRvbWFpbnx0ZXNsYXNlY3JldHMyfGd4OjIyYz-NiYTNhZTU0N2Y3YjU

diferentes criterios entre los representantes europeos y los del resto del mundo habría ralentizado en exceso la culminación de dichos planes.

Principales acontecimientos cronológicos atribuidos al Club Bilderberg

Año	Acontecimiento	Consecuencias
1948	Józef Retinger impulsa la celebración del Congreso de La Haya.	El movimiento europeo promueve un bloque unido mediante una estructura supranacional.
1952	Retinger promueve una conferencia para reunir a los grandes capitalistas y políticos norteamericanos y europeos.	Adhesión al proyecto de Bernardo de Holanda; David Rockefeller y el director de la CIA, Walter Bedell Smith.
1954	Primera reunión del Club Bilderberg en Holanda.	Las élites norteamericanas y europeas se reúnen en secreto.
1957	Tratado de Roma.	Comienzo de la futura Unión Europea.
1963	Asesinato de John F. Kennedy.	Bilderberg encarga a la CIA un libro sobre el supuesto asesino.
1968	Un grupo de trabajo presenta conclusiones sobre el príncipe Juan Carlos de Borbón.	Bilderberg considera el mejor sucesor de Franco, instando, en su momento, a su coronación.
1970	Bilderberg junto a Henry Kissinger estudian a Salvador Allende.	Kissinger diseña la Operación Cóndor en favor y apoyo de las dictaduras en América.
1973	Crisis del petróleo. Visita de Kissinger a España.	Henry Kissinger viaja a Oriente Medio. El presidente Carrero Blanco es asesinado en Madrid (20-12-1973).
1975	El periodista C. Gordon Tether escribe sobre el Club Bilderberg en el *Financial Time*. Juan Carlos de Borbón envía un emisario pidiendo ayuda para su reinado.	El comportamiento de Bilderberg parece rodearse de acciones vinculadas a la conspiración Juan Carlos de Borbón desconoce que Bilderberg hace tiempo que decidió su elección como sucesor de Franco. Kissinger controlará España a través del rey Juan Carlos.

Año	Acontecimiento	Consecuencias
1980	Se discute la cuestión de los Balcanes y la desintegración de la URSS. Romano Prodi asiste por primera vez a Bilderberg.	Diez años después serán los acontecimientos geopolíticos más destacados en el mundo. En 1996 Prodi será elegido primer ministro de Italia.
1981	El presidente de Panamá Omar Torrijos muere en un accidente aéreo.	La CIA, dirigida por miembros de Bilderberg, es la mayor sospechosa del incidente.
1982	Felipe González (PSOE), presidente del Gobierno de España. Alfonso Guerra, vicepresidente, asiste a la reunión de European Management Forum.	González se declara dispuesto a colaborar con las multinacionales «por la confianza demostrada en los tiempos difíciles».
1983	David Rockefeller visita España. Es recibido por el presidente González y por el ministro de Economía.	En España es recibido como «miembro de primera fila del mundo económico internacional».
1985	Javier Solana, ministro de Cultura, es invitado a la reunión de Bilderberg.	En 1995 será elegido secretario general de la OTAN.
1991	Bill Clinton es invitado al Club Bilderberg.	En 1992 gana las elecciones de Estados Unidos y favorece el nombramiento de Kofi Annan como secretario general de la ONU.
1992	El inversor y multimillonario George Soros obliga al Banco de Inglaterra a devaluar la libra esterlina	La operación supone un beneficio de 1 000 millones de dólares. La prensa especula que la reina Isabel posee inversiones en fondos de Soros
1993	Invitación a Tony Blair.	En 1994 es nombrado presidente del Partido Laborista. En 1997, primer ministro del Reino Unido. Apoyo a la Unión Europea.
1995	Se crea la Organización Mundial del Comercio (OMC).	Todos los directores generales son o han sido miembros de Bilderberg (por ejemplo, Eric Wyndham White, Pascal Lamy...).

Año	Acontecimiento	Consecuencias
1997	El Consejo de la Tierra se reúne en Brasil, previo a la celebración de la Cumbre de la Tierra en Nueva York.	Mijaíl Sergueievich Gorbachov será el redactor de la *Carta a la Tierra,* que será el manifiesto de una nueva ética para un nuevo mundo.
1999	Preocupación en el Club Bilderberg por Jörg Haider, candidato a la Cancillería austríaca. China en la agenda Bilderberg.	Es acusado de xenófobo y neonazi. La UE solicita a Austria que cancele su nominación o pondrá sanciones económicas. Haider es separado de la candidatura. Intento de integración de China al nuevo orden mundial. China se opone.
2000	China continúa pendiente de integración.	Acuerdo de implantación del euro.
2001	Ataque terrorista a las Torres Gemelas. Donald Rumsfeld, secretario de Defensa norteamericano, asiste al Bilderberg.	George Bush declara la guerra al terrorismo internacional. Se plantea la ampliación de la UE, el futuro de la OTAN, la globalización.
2002	Nueva visita al Bilderberg de Donald Rumsfeld.	Rumsfeld anuncia el ataque de los Estados Unidos a Irak. El sector europeísta del club no apoya a Estados Unidos.
2002	Cumbre de las Azores.	Operación Libertad Duradera. Atentados en Madrid y Londres de Al Qaeda en 2004.
2008	Barack Obama, presidente de los Estados Unidos.	Obama, premio Nobel de la Paz.
2009	La OMS declara pandemia la gripe A.	El miedo, instrumento de control social.
2010	La Troika (CE, BCE y FMI), interviene en Grecia.	Rescates y reformas en varios países de Europa.
2014	Aparición del virus del ébola. Henry Kissinger publica *Orden Mundial.*	La OMS prepara un protocolo mundial. Mantiene los mismos postulados sobre el orden mundial.

Fuente: Martínez Jiménez, Cristina (2017). *Interrelación entre el Poder Socio-Político-Mercantil y el Poder Mediático Mercantil: El «Club Bilderberg» (1954-2016),* 313-331.

Si nos atenemos a los mecanismos propuestos para lograr el orden mundial mencionado más arriba, el club, desde su creación, ha planteado varias opciones. Conocido el interés por vigilar los medios de comunicación, uno de los epicentros más importantes sería el financiero. La supremacía de las políticas económicas ha supuesto la alteración de la estructura social en muchos casos, además de fluctuar el poder adquisitivo, descuidando en ocasiones los principios democráticos basados en la libertad de los ciudadanos para elegir sus propias leyes. Sin duda alguna, el poder de la llamada globalización económica, aspecto muy cuidado por el Bilderberg, ha pasado a ser un argumento eficaz para excusar las profundas desigualdades que operan todavía. Basta con subrayar lo expresado por el profesor norteamericano Carroll Quigley, historiador y teórico de la evolución de las civilizaciones, en su obra *Tragedy and Hope*: «El poder del capitalismo financiero tiene un objetivo trascendental, nada menos que crear un sistema de control financiero mundial en manos privadas capaz de dominar el sistema político de cada país y la economía del mundo como un todo»[139].

Otro de los instrumentos respaldado por las élites del Bilderberg es la guerra. Desde la perspectiva de la conspiración, resulta muy esclarecedor lo planteado en el llamado Informe Kissinger, un plan en el que se detallaba la forma de controlar el crecimiento demográfico. Precisamente, esa reducción de la población ya fue considerada un bien necesario para que el mundo pudiera seguir su desarrollo. El problema de la guerra radicaba en sus dificultades e inviabilidad en las sociedades democráticas y avanzadas. Cabe la posibilidad de que Kissinger se basara en los planteamientos del filósofo y matemático británico Bertrand Russell, un reconocido Nobel de la Paz que planteó claras alternativas al problema de la guerra.

Pero los malos tiempos […] son excepcionales y se los puede enfrentar con métodos excepcionales. Esto ha sido más

---

139 Pérez Omister, Antonio (2008). *Globalización* (p. 7). Londres. Lulu.com.

o menos cierto durante la luna de miel de la industrialización, pero no seguirá siendo cierto a menos que se disminuya
enormemente el aumento de la población del mundo [...] La
guerra, hasta ahora, no ha tenido un efecto muy grande en este
aumento, que continuó a lo largo de las dos guerras mundiales.
La guerra ha sido frustrante a este respecto [...], pero tal vez la
guerra bacteriológica resulte más efectiva. Si una vez en cada
generación se propagase por el mundo una Peste Negra, los
sobrevivientes podrían procrear libremente sin llenar demasiado el mundo [...] Las personas de veras nobles son indiferentes
a la felicidad, especialmente a la ajena (Ferreyra, Eduardo, 2010,
p. 195).

El Club Bilderberg sigue celebrando sus reuniones por todo el
mundo desde su fundación en 1954. Existen quienes creen que sus decisiones han sido determinantes para el manejo de los gobiernos a través de
organismos como la ONU, el Fondo Monetario Internacional, la Alianza
Atlántica o la Organización Mundial del Comercio, anhelando alcanzar el
poder absoluto y tergiversando la realidad con el propósito de confundir a
la población de los países desarrollados. Tras décadas de actividad, en 1999
David Rockefeller publicó una autobiografía en la que reconocía su afini-
dad y responsabilidad con todo aquello que lo relacionaba con el club. Así,
lo que en un principio fue una reunión concebida para discutir, fortalecer
y hacer prevalecer el capitalismo surgido de la posguerra frente al bloque
comunista ha conseguido traspasar el umbral de lo meramente convencional para erigirse como un foro de conspiraciones y complots con el único
afán de dominar el mundo.

La Comisión Trilateral.
El gobierno en la sombra

En 1973 David Rockefeller anunció su propósito de crear una Comisión Internacional para la Paz y la Prosperidad (International Commission of Peace and Prosperity) durante una de las reuniones del club Bilderberg en la localidad belga de Knokke-Heist. Su idea fue acogida con mucho entusiasmo, sobre todo por el contexto internacional del momento, dominado por los conflictos con China y la devaluación del dólar. Según defendería más tarde el *Wall Street Journal*, el deterioro de las relaciones internacionales entre los Estados Unidos, Europa y Japón aconsejaba la creación de un nuevo foro que, entre otras cuestiones, estuviera integrado por «ciudadanos interesados en potenciar el entendimiento y la cooperación entre aliados internacionales»[140].

Para llevar a cabo sus objetivos, Rockefeller contó con la ayuda del polaco Zbigniew Brzezinski, profesor de la Universidad de Columbia y antiguo asesor de seguridad del presidente norteamericano Jimmy Carter. Brzezinski puso en las bases de la Comisión Trilateral uno de los fundamentos ideológicos más destacados al publicar, en 1970, el libro *Between two ages: America's Roles in the Technetronic Era*, en el que defendía la necesidad de constituir una coalición a nivel global de dirigentes de Europa, Norteamérica y del Extremo Oriente. En su opinión, los países del bloque comunista no debían permanecer al margen de la alianza. En definitiva, la Comisión Trilateral asumía una forma muy diferente de concebir el mundo al entenderla como una «sociedad determinada en el plano cultural, psicoló-

---

140 Martínez Jiménez, Cristina (2010). *El Club Bilderberg. La realidad sobre los amos del mundo* (p. 91). Cádiz. Absalon Ediciones.

gico, social y económico por la influencia de la tecnología, particularmente de los ordenadores, y de las comunicaciones»[141].

Brzezinski representa un eslabón más al asegurar que las soberanías nacionales no suponen en la actualidad una concepción viable. En su libro asegura que los países deberían apostar por constituir «...un movimiento de unidad hacia una comunidad más grande mediante el desarrollo de las naciones [...] a través de una variedad de relaciones indirectas y de las limitaciones ya vigentes de la soberanía nacional»[142]. De esta manera, con la puesta en marcha de la Comisión Trilateral, la idea de configurar un gobierno mundial comenzó a resultar más factible. El antiguo senador norteamericano Barry Goldwater ya advirtió que el objetivo fundamental de la Trilateral no era otro que el de instaurar un poder económico más importante que el de los Estados Unidos.

La comisión siempre alegó que no era una organización secreta, a pesar de ser desconocidas sus actividades. Prácticamente desde su aparición, estuvo conformada por más de 300 personalidades de alrededor de 14 países. Ciento cuarenta correspondieron a países europeos, como Francia, Alemania, Gran Bretaña, Italia, Irlanda, España, Portugal, Bélgica, Países Bajos, Dinamarca y Noruega. Ciento cinco integrantes procedían de los Estados Unidos y de Canadá. Por último, 75 tenían su origen en Japón. Actualmente, algunos de sus miembros proceden de países como la República Checa, Hungría, Bulgaria, China, Rusia, Marruecos o Israel.

Si atendemos a su ideología política, la Trilateral, actualmente con sede en Nueva York, está integrada por personas de sectores conservadores, democristianos, centristas y socialistas, mientras se desestima la entrada de políticos eurocomunistas. También forman parte de la misma, empresarios

---

141 Otros nombres que se añadieron a la lista de fundadores fueron, por ejemplo, Edwin Reischauer, profesor de la Universidad de Harvard y embajador de los Estados Unidos en Japón entre 1961 y 1966, Henry D. Owen, director de estudios de política exterior de la Brookings Institution, William Scranton, exgobernador de Pensilvania o Robert R. Bowie, de la Asociación de Política Exterior y director del Centro de Asuntos Internacionales de Harvard. Véase, Maldonado G., Efendy (2015). *Epistemología de la comunicación. Análisis de la vertiente Mattelart en América Latina* (p. 92). Quito, Ecuador. Ediciones CIESPAL.
142 Martínez Jiménez, Cristina (2010), *op. cit.*, p. 92.

y financieros de los sectores públicos y privados. Otro de sus colectivos son los funcionarios de organizaciones profesionales, así como de centrales sindicales. Por último, los intelectuales, periodistas, funcionarios internacionales y personalidades de las profesiones liberales integran la cuarta y última categoría de individuos que conforman la Comisión Trilateral.

Su denominación hace referencia a las tres regiones del mundo de donde son originarios sus integrantes, siendo todavía en la actualidad uno de los puntales más importantes de la llamada era de la globalización. Algunos de sus detractores defienden que la comisión realiza sus análisis en diversas áreas del mundo, planifica sistemáticamente estrategias y maniobras, dicta directrices a los gobiernos y manipulan las democracias. Pese a todo, su papel destacado en el mapa del orden económico no figura en los medios oficiales y de comunicación alternativos.

En la campaña electoral norteamericana de 1980, el candidato republicano Ronald Reagan arremetió verbalmente contra el candidato demócrata y presidente en esos momentos, Jimmy Carter, alegando que había 19 miembros de la Trilateral en su gobierno, incluyéndole a él. Reagan prometió que si ganaba las elecciones investigaría a fondo la trama oculta y conspirativa llevada a cabo por la comisión. A pesar de su alegato, y una vez ganada la campaña, Reagan incluyó en su gabinete a 10 integrantes de la Trilateral, entre los cuales el más destacado era el vicepresidente George H. Bush. De la misma manera, hay quienes afirman que todos los presidentes del Fondo Monetario Internacional y del Banco Mundial han sido y siguen siendo socios activos de la comisión, además de algunos presidentes de gobierno europeos, directores de organizaciones no gubernamentales (ONG) y propietarios de corporaciones multinacionales.

Otra de las tramas oscuras está relacionada con Brzezinski, uno de sus inspiradores, quien llegó a confirmar ser el ideólogo de la llamada trampa afgana. En unas declaraciones realizadas al diario francés *Le Nouvel Observateur* el 3 de julio de 1979, Brzezinski llegó a afirmar que Carter había dado instrucciones para que se ayudara logística y armamentísticamente a los muyahidines que mantenían una lucha encarnizada contra el gobierno prosoviético de Kabul. Según Brzezinski, entonces consejero de Seguridad Nacional, el gobierno norteamericano era consciente de que esa ayuda provocaría el envío de soldados por Moscú con el ánimo de defender a un gobierno aliado.

Uno de los comentarios realizados por Brzezinski a su presidente Jimmy Carter fue: «Ahora le hemos regalado a Moscú su propia guerra del Vietnam»[143]. En todo caso, la llegada a la presidencia de Ronald Reagan supuso la creación y financiación de la conocida red terrorista Al Qaeda, a la que se dotó de moderno armamento a través de los servicios secretos desplazados en Pakistán.

Desde que comenzara la crisis del petróleo en 1973, los recursos energéticos obligaron a replantear los objetivos de las potencias, especialmente en todo lo relativo al control de regiones petrolíferas, como el mar Caspio, Asia Central y muy especialmente el golfo Pérsico. A finales del siglo xx, el Club Bilderberg planteó la necesidad de elaborar análisis y acuerdos que fueran capaces de prevenir crisis derivadas de una escasez energética. También David Rockefeller llegó a reconocer: «A veces, las ideas presentadas por los informes de la Comisión Trilateral se convirtieron en políticas oficiales. Esas recomendaciones siempre fueron seriamente debatidas fuera de nuestro círculo y estuvieron presentes en las reflexiones de los gobiernos y en la formulación de sus decisiones»[144].

Asimismo, se ha tachado a la comisión de querer silenciar a las democracias occidentales. A este respecto, Samuel Huntington, Michel Crozier y Joji Watanuki en el informe titulado *The crisis of Democracies: Report on the Governability of Democracys to the Trilateral Commission*, del año 1975, constataron los problemas emanados de los foros y el activismo de algunos grupos de ciudadanos, a los que califican de peligrosos. Es una realidad que en la actualidad algunas plataformas sociales están calificadas como grupos antiglobalización y suponen una preocupación en el seno de los foros de poder

---

143 Polo, Higinio (2004). *USA. El Estado delincuente* (pp. 235-236). Barcelona. Ediciones El Viejo Topo.
144 Boiral, Olivier (noviembre de 2003). «Treinta años de la Comisión Trilateral», *Le Monde diplomatique*.

como Bilderberg y la Comisión Trilateral. Huntington fue más lejos al aseverar que «algunos de los problemas relacionados con la gobernabilidad de Estados Unidos hoy en día provienen de un exceso de democracia»[145].

Las referidas plataformas de protesta ciudadana comenzaron a surgir para desafiar decisiones relativas a la política exterior aprobadas por el gobierno de Estados Unidos, como la participación en la guerra del Vietnam o el papel de las agencias de información en los golpes de Estado de Chile y Argentina. En ambos casos, la participación de miembros de la Trilateral está demostrada, especialmente en lo que se refiere a presidentes como Carter o Reagan. La evolución de estas plataformas ha desembocado en la actualidad en movimientos contra el G7, que denuncian a las grandes multinacionales y a los países más desarrollados como responsables de la precarización del trabajo y del mantenimiento de un modelo económico injusto, mermando en la mayoría de los casos la capacidad democrática de los países occidentales.

> Si observamos los movimientos antiglobalización, quizá pueda percibirse mejor a lo que me refiero. La antiglobalización se manifiesta en contra de la globalización económica porque, en definitiva, ahonda las diferencias entre países ricos y pobres. En cierto sentido el movimiento antiglobalización es una propuesta de internacionalismo un tanto difusa, pues en ella se cruzan ideologías diversas y en ocasiones enfrentadas. Digamos que en parte es un «internacionalismo estético», pero sirve a todo efecto para generar una posterior conciencia política (Miyares, Alicia, 2003, p. 201).

Alrededor de los dos primeros años de actividad, la Comisión Trilateral elaboró al menos seis informes, conocidos como los Informes del Triángulo.

---

145 Martínez Jiménez, Cristina (2010), *op. cit.*, p. 178.

Los dos primeros se desarrollaron durante la reunión de Tokio en octubre de 1973. Tres más se redactarían en el encuentro de Bruselas durante el mes de junio de 1974, y el último de ellos fue el presentado en Washington en diciembre de ese mismo año. En el ya mencionado *The Rockefeller File* de Gary Allen, su autor reconoció la capacidad de la comisión para modificar e intervenir en el orden global.

> Si los documentos del triángulo son indicación de algo, podemos decir que existen cuatro ejes principales en el control de la economía mundial: el primero, en la dirección de crear un renovado sistema monetario mundial. [...] El segundo, en la dirección del saqueo de nuestros recursos para una ulterior radicalización de las naciones desposeídas. [...] El tercero, en la dirección de un comercio escalonado con los comunistas. [...] Y el cuarto, en la dirección de explotar la crisis energética para ejercer un mayor control internacional.

Si nos atenemos al primero de los puntos señalados por Allen, se da por hecho que tanto el Club Bilderberg como el Consejo de Relaciones Exteriores (CFR) y la Comisión Trilateral son patrocinadores activos de la Unión de las Américas y de la Unión Monetaria Asiática, entre otras organizaciones económicas regionales. Rockefeller y la propia Comisión han estado enviando miles de millones de dólares en equipos tecnológicos norteamericanos desde los años setenta a China y, en su momento, a la URSS como parte del proyecto para desarrollar un supuesto gobierno único a nivel mundial. Asimismo, en cuanto a las transacciones económicas con el bloque comunista, la Trilateral ha participado activamente en la distensión tras la Guerra Fría con ambos países. Por último, conviene recordar que la crisis energética de 1973 y la preocupación por un posible déficit energético llevaron a Occidente y Estados Unidos a promover planes para la defensa del medio ambiente, pero, especialmente, a poner en marcha la guerra de Irak iniciada en marzo de 2003. Una de las cuestiones centrales en aquellos días fue, efectivamente, el motivo de los planes de invasión de aquel país. La opinión pública no dudó en señalar el control del mercado del petróleo como la causa fundamental[146].

Si bien es verdad que la visión de David Rockefeller relativa a que «… la gente, los gobiernos y las economías de todas las naciones deben servir a las necesidades de los bancos y las empresas multinacionales» estaba en consonancia con su deseo de lograr una uniformidad ideológica y un único orden mundial. A decir verdad, el mismo Rockefeller tuvo sus diferencias con el presidente Nixon cuando este puso en marcha el proyecto de la Nueva Política Económica (NPE). Un plan grandilocuente que estaba dirigido a controlar desde el gobierno los precios y salarios, al mismo tiempo que los aranceles. Durante tres meses, en efecto, el proyecto congeló los salarios y los precios para controlar la inflación, lo que afectó a las posiciones de Rockefeller y la comisión. Para el magnate norteamericano, la Administración de Nixon debería haber permitido que los mercados tuviesen total libertad. Tanto la Trilateral como Bilderberg quedaron consternados con la idea de que «los funcionarios del gobierno se pusiesen ahora a establecer los precios y los salarios».[147]

David Rockefeller hizo un último intento por variar la política económica de Nixon cuando solicitó un encuentro privado con el presidente, que finalmente fue rechazado en un primer momento por el jefe de Gabinete, H. R. Haldeman, y aunque posteriormente Rockefeller logró esa reunión, sus propuestas fueron rechazadas. Si existió una conspiración por parte de la Trilateral y de Bilderberg es algo que todavía está por estudiar. La realidad, como ya vimos, es que el presidente Nixon tuvo que dimitir al verse implicado en el Watergate, y la NPE fue retirada en abril de 1974, tras solo un año y medio de gestión.

En todo caso, los hilos de la Comisión Trilateral han ido moviéndose en función de los diferentes escenarios económicos y de poder, siempre

---

146 Ocaña Pérez de Tudela, Carlos (16 de marzo de 2003). «El petróleo y la guerra de Irak», *El País*.
147 Estulin, Daniel, *op. cit.*, pp. 136-138.

buscando la dependencia de gobiernos dispuestos a colaborar en todo aquello que se les propone, ya sea desde una perspectiva puramente política o financiera. No cabe duda de que la comisión también obtuvo privilegios una vez que Carter llegó a la Casa Blanca en 1977. El senador Barry Goldwater afirmó en su día: «David Rockefeller y Zbigniew Brzezinski encontraron en Jimmy Carter a su candidato ideal». Un hecho que sin duda llama la atención, ya que su candidatura solo contaba con el apoyo del 4% del Partido Demócrata. También apuntó la historiadora María Fernanda Arias, experta en relaciones internacionales, que nada más iniciado el periodo presidencial el *U.S. News & World Report* pudo constatar que la concentración de poder llevada a la práctica por la Trilateral no era nada más que «… el trabajo de una conspiración»[148]. En un contexto similar, en 2004, en un artículo publicado en la revista *Nexus*, Will Banyan aseguró:

> […] la estrategia de Rockefeller también revela algo fundamental acerca de la riqueza y el poder: no importa cuánto dinero se tenga; el poder real de una gran fortuna no sale a la luz hasta que se emplea para secuestrar y controlar a las organizaciones o a la gente que produce las políticas y las ideas que guían a los gobiernos.

Tomado el pulso al poder de los Estados Unidos, cabe pensar también que Rockefeller y su club privado de la Comisión Trilateral tuvieron un papel destacado en la financiación y el sostenimiento del régimen comunista en la URSS. Para los teóricos de la conspiración, un nuevo orden mundial solo es posible si se erradican los poderes descentralizados creando en su lugar una comunidad controlada a fin de poder establecer un gobierno mundial único. Resultaría difícil entender ese mismo orden sin la integración de una estructura política tan importante como la Unión Soviética. En su libro *Wall Street y los bolcheviques*, publicado en 2021, Antony Sutton

---

148 Arias, María Fernanda (1986). «Trilateralismo y política norteamericana en la década del 80: El caso de la Administración Reagan», *Estudios Internacionales*, año 19, 75, Instituto de Estudios Internacionales de la Universidad de Chile, 372-373.

aseguró: «No se ha escrito prácticamente nada acerca de la estrecha relación que tuvieron, en el siglo pasado, los Rockefeller con sus supuestos archie-nemigos, los comunistas»[149].

Al margen de los escepticismos, conviene no perder de vista los movimientos que han podido surgir dentro del mundo financiero, especialmente aquellos que ansiaban controlar el socialismo internacional surgido a principios del siglo XX. La idea no parece descabellada si se tiene en cuenta que Rusia era poseedora de un mercado capaz de amenazar la primacía industrial y financiera de los Estados Unidos. Parece lógico, pues, pensar en una estrategia que fuera capaz de neutralizar dicha capacidad. Con esta idea surgió el Plan Marburg, financiado por Andrew Carnegie, pensado para explotar las estructuras económicas bolcheviques y controlar así la competencia de los mercados soviéticos a partir de 1919[150].

Sabemos por el propio Congreso de los Estados Unidos, en una declaración de octubre de 1919 y que fue recogida por Antony Sutton, que la revolución comunista tuvo los primeros apoyos de John D. Rockefeller en 1905. Posteriormente, ya en 1917, este último y uno de los bancos más influyentes de inversiones, el Kuhn, Loeb & Co., presidido entonces por Jacob Schiff, quien luego sería el artífice de la Reserva Federal, terminaron financiando el levantamiento de Lenin y Trotsky y su posterior triunfo revolucionario. De esta forma, la pregunta surge de inmediato: ¿cuáles eran las razones de John D. Rockefeller para apoyar a los comunistas? Los argumentos también parecen obvios.

Poco antes de iniciada la Revolución, Rusia superaba en producción petrolera a los Estados Unidos. En 1900, las explotaciones de petróleo en Bakú producían más crudo que el extraído en todos los estados de la Unión. Pocos años más tarde Rusia producía la mitad de las extracciones de todo el mundo. En definitiva, existían serias razones para propiciar la caída del

149 Estulin, Daniel, *op. cit.*, p. 143.
150 Una descripción bastante completa del Plan Marburb en: M. Atudorei, Calistrat (2019). *America's Plans for World Hegemony: A study* (pp. 140-142). USA. Independently published.

zar Nicolás II. Con el triunfo de los bolcheviques, en 1922 más de la mitad de los pozos rusos ya no poseían la capacidad que tenían a comienzos de siglo, en parte, debido a la falta de apoyo tecnológico. Por si fuera poco, durante décadas la falta de competencia hizo posible que empresas como la Standard Oil interviniera en los negocios petroleros de una incipiente Unión Soviética. John D. Rockefeller había ganado la batalla y de esta forma se había convertido en el verdadero precursor de los ideales que más tarde abrazarían el Club Bilderberg y la Comisión Trilateral.

Solo unos años antes y tras el fracaso del intento revolucionario de 1905, Lenin había permanecido en Suiza hasta 1907 bajo la protección de banqueros norteamericanos. El caso de Trotsky fue todavía más sorprendente al ser expulsado de Francia y llevado a la frontera con España en verano de 1916. Días después fue detenido en la capital española por la policía y encarcelado en una celda especial al precio de una peseta y media al día. De Madrid fue trasladado primero a Cádiz y después a Barcelona desde donde finalmente embarcó junto a su familia en el vapor *Montserrat*, perteneciente a la Compañía Trasatlántica Española, con destino a Nueva York el 13 de enero de 1917. En su libro titulado *Phoenix Rising: The Rise and Fall of the American Republic*, Donald G. Lett dejó constancia del trato dado a Trotsky en los Estados Unidos.

Trotsky fue deportado de Rusia y eventualmente terminó en la ciudad de Nueva York. Afirmó que solo había recibido fondos por un total de 310 dólares entre 1916 y 1917 que compartió con otros cinco inmigrantes. Sin embargo, pagó tres meses de alquiler por adelantado por un apartamento de lujo en Nueva York y viajó en limusina. Aparentemente fue el patrocinador y financero de Wilson, Charles Crane, quien entregó a Trotsky un pasaporte emitido por orden del presidente y 10 000 dólares. Estos 10 000 dólares procedían supuestamente de una fuente alemana, pero Gyeorgos C. Hatonn ha demostrado que fue Rockefeller la fuente de estos fondos en «Rape of the Constitution; Death of Freedom».

Es conocido igualmente el hecho de que, tras la abdicación del zar, Trotsky regresó a Rusia, en marzo de 1917, con una cantidad de dinero próxima a los 10 000 dólares entregados por Rockefeller. Al líder comunista, embarcado en el *Kristianiafjord*, le acompañaron cerca de 300 revolucionarios comunistas con un pasaporte especial gracias a las gestiones de Woodrow Wilson, el presidente de los Estados Unidos. Para asegurarse de que llegaba vivo a Rusia, Rockefeller puso a Lincoln Steffens, un comunista norteamericano a su servicio, para proteger a Trotsky.

La explicación dada por algunos historiadores afines a la conspiración justifica la ayuda a Trotsky al identificar a los bolcheviques con los banqueros en un intento más por lograr la idea del «internacionalismo». En este caso, los objetivos de la revolución y de la financiación internacional habrían tenido el propósito de eliminar los poderes descentralizados, los más difíciles de controlar, y, consecuentemente, la posibilidad de asegurar el camino hacia un gobierno único, monopolizando de esta manera los poderes político y económico.

Para los Rockefeller el socialismo no es un sistema para redistribuir la riqueza, y especialmente para redistribuir su propia riqueza, sino un sistema de control de personas y competidores. El socialismo pone todo el poder en manos de los gobiernos. Y dado que los Rockefeller controlan el gobierno, esto significa que los Rockefeller tienen el control (Allen, Gary, 1976, p. 82).

La aproximación del poder financiero a la esfera comunista no fue una maniobra exclusiva de comienzos del siglo xx. Durante la presidencia de Ronald Reagan, entre los años 1981 y 1989, dicho acercamiento fue más que evidente. En julio de 1981, el presidente de Estados Unidos afirmó ante el Congreso que China era el primer socio comercial, lo que suponía relegar a la Unión Soviética a un segundo plano. Las nuevas directrices de la Casa Blanca no pretendían otra cosa que evitar una nueva propagación soviética. Para ello contaba con su aliado natural desde el final de la Segunda Guerra Mundial en la zona, Japón, además de los países del Sudeste asiático y una presencia militar de fuerzas navales en el Pacífico. Como contrapartida, Estados Unidos tuvo que posicionarse en la cuestión relativa a la isla de Formosa admitiendo que la misma era parte integral del territorio chino. En definitiva, aspectos en los que la Comisión Trilateral coincidía por completo.

La política de Reagan en Asia contrastaba con sus peticiones en favor del rearme y la movilización de sus aliados contra el comunismo, sobre todo después de unos años en los que las políticas próximas al pacifismo y a la no intervención tras el conflicto en Vietnam habían predominado en los gobiernos de Ford y Carter. La participación de la Unión Soviética en Afganistán, Angola y su influencia en regiones de Centroamérica llevaron a la Administración norteamericana a querer superar el Pacto de Varsovia en armamento convencional, lo que motivó la petición al Congreso de un aumento en los presupuestos militares. Con ello, Reagan daba cumplimiento a su promesa al asumir la presidencia cuando afirmó que «la paz mundial, la restauración del liderazgo norteamericano como la fuerza para la libertad, el progreso económico y la satisfacción de las necesidades humanas básicas» iban a ser «el objeto primario» de su gobierno[151].

Las afirmaciones de Reagan estaban en consonancia con los principios manifestados por Zbigniew Brzezinski unos años antes, aunque no era el único de la Trilateral que coincidía con los planteamientos del presidente de los Estados Unidos. Dentro de la comisión no tardó en formarse una corriente de opinión en apoyo a las posiciones de fuerza en contra de las acciones soviéticas. Brzezinski subrayó en más de una ocasión la falta de escrúpulos políticos de Moscú al intervenir en Etiopía y Afganistán, mos-

---

151 Arias, María Fernanda, *op. cit.*, p. 381.

trándose en contra de las peticiones del canciller alemán Willy Brant, que pedía un mayor control armamentístico. Tampoco faltó el respaldo de otro miembro de la Comisión Trilateral como François de Rose, antiguo embajador de Francia ante la OTAN, al asegurar que las economías occidentales estaban en peligro al depender de los pozos petrolíferos en manos soviéticas.

Reagan, en consonancia con Brzezinski, puso en valor el cerco a la Unión Soviética, por lo que no dudó en confiar parte de su estrategia exterior a personas como George Bush, Caspar Weinberger o Alexander Haig, todos ellos pertenecientes a la Comisión Trilateral. Esta comenzó a desarrollar nuevas inquietudes al margen de las relaciones Este-Oeste, referidas especialmente al precio del petróleo, la recesión económica o las elevadas tasas de inflación. A todo ello se sumó la preocupación por un repunte en la Guerra Fría, lo que condujo a plantear estrategias para integrar a otros países pertenecientes al llamado Tercer Mundo.

Este último asunto, el de la integración de los países en desarrollo en la Trilateral, desencadenó una fuerte inquietud entre los miembros de la comisión al menoscabar, en opinión de David Rockefeller, la homogeneidad y eficacia de esta. Durante la reunión plenaria de 1980, el entonces secretario general de la Commonwealth, Shridath S. Rampal, pronunció un discurso titulado *Más allá del trilateralismo*, en el que justificaba la apertura a algunos países en vías de desarrollo. Estas tesis se vieron reforzadas en 1982 y 1983 con dos informes en los que se recomendaba revisar dicho trilateralismo. Finalmente, antes de que acabara la década de los ochenta, países como España, Portugal o México se incorporaron a los debates de la comisión, dando así cabida al concepto de multilateralismo o multipolaridad.

Podría decirse, en todo caso, que la política norteamericana transcurrió durante dicho periodo paralelamente a las praxis e inquietudes de la Trilateral. La influencia de este grupo de presión se hizo sentir sobre todo en los dos mandatos presidenciales de Ronald Reagan. Conocemos que la corriente neoconservadora que el presidente representaba fue defendida durante las sesiones de la Comisión Trilateral de 1984, donde prevalecieron los puntos de vista del Partido Republicano. Precisamente ese año sería reelegido por una amplia mayoría en las elecciones celebradas el mes de noviembre.

Existe el convencimiento de que tanto el Club Bilderberg como la Comisión Trilateral han influido y siguen haciéndolo en muchas de las decisiones políticas y económicas de un buen número de países del mundo, sobre todo, teniendo en cuenta la capacidad e influencia que poseen y han llegado a ostentar las personas que desde sus inicios se han reunido alrededor de ambos foros de opinión. Cosa bien distinta es juzgar o adivinar si las intenciones fueron las de establecer una única gobernabilidad sobre la faz del planeta, lo que se ha querido llamar el nuevo orden mundial. Sabemos que las decisiones de la Comisión Trilateral son consensuadas y que en muchos casos han provocado cambios estructurales y políticos en Europa, pero sobre todo en los Estados Unidos.

En la actualidad la Trilateral continúa con sus encuentros en un mundo bien distinto al de los años de su creación, una sociedad conforme con los avances informáticos y el dinero virtual que se ha convertido en obligatorio en la mayoría de los países del mundo desarrollado. La globalización ha dado paso al control y la seguridad mediante tarjetas y bancos de datos, lo que también ha hecho pensar en la posibilidad futura de implantar un documento de identidad personal a la vez que universal con el que poder ejercer un control más exhaustivo de las personas y de las entidades diseminadas por todo el mundo, un aspecto que, por cierto, sería profetizado por Zbigniew Brzezinski en los años setenta.

Otra amenaza, menos franca pero igualmente básica, se cierne sobre la democracia liberal. Ligada en forma más directa con el impacto de la tecnología, está relacionada con la aparición gradual de una sociedad más controlada y dirigida. Dicha sociedad estará dominada por una élite que justificaría su pretensión de ejercer el poder político fundándose sobre la presunta superioridad de sus conocimientos científicos. Para lograr sus fines políticos, esta élite, ajena a las restricciones que imponen los valores liberales tradicionales, no vacilaría en influir sobre la conducta pública ni en ejercer una estrecha vigilancia y control sobre la sociedad mediante el uso de las técnicas modernas (Brzezinski, Zbigniew, 1979, p. 378).

En definitiva, la idea sobre el manejo progresivo de las soberanías nacionales por parte de instituciones como la Comisión Trilateral ha continuado vigente desde 1973, siendo uno de los argumentos preferidos para justificar la existencia de un gobierno oculto en la sombra a nivel mundial. El planteamiento parece lógico si tenemos en cuenta lo que ya manifestó David Rockefeller respecto a las intenciones de la comisión en el sentido de lograr «una soberanía supranacional de la élite intelectual y los bancos mundiales [...] preferible a la autodeterminación nacional practicada en siglos pasados».[152] Por difícil que resulte pensar en una arquitectura ideada para la gobernabilidad de las democracias avanzadas de nuestros días, los cierto es que documentos como *The crisis of Democracy: Report on the Governability of Democracies to the Trilateral Commission*, hecho público en el año 1975, demuestran la preocupación y los deseos intervencionistas de la Trilateral en detrimento de la independencia de los gobiernos. En cualquier caso, sabemos que la comisión sigue siendo una pasarela obligatoria para quienes aspiran a ocupar cargos de relevancia mundial. Personas que, terminadas las reuniones, en muchos casos ocuparán cargos influyentes con un guion perfectamente diseñado.

---

152 Martínez Jiménez, Cristina (2010), *op. cit.*, p. 34.

JFK. Los interrogantes de una gran conspiración

El 20 de enero de 1960, John Fitzgerald Kennedy se convirtió en el 35.º presidente de los Estados Unidos. Durante su breve mandato hasta su asesinato en 1963, tuvieron lugar algunos de los acontecimientos más destacados del siglo XX, como la invasión de la bahía de Cochinos, la crisis de los misiles de Cuba, la construcción del Muro de Berlín o la consolidación del Movimiento de Derechos Civiles. En la actualidad, se considera a Kennedy uno de los mejores presidentes norteamericanos de la historia.

Las numerosas teorías sobre su asesinato sugieren que se gestó después de una elaborada conspiración urdida por altos funcionarios del gobierno y miembros de grupos de presión vinculados a la industria del armamento y el petróleo. Algunas tesis han llegado a señalar la implicación de organismos como la Agencia Central de Inteligencia (CIA), el Sistema de la Reserva Federal, el KGB, la mafia, incluso personalidades como el vicepresidente Lyndon B. Johnson o el director de la Oficina Federal de Investigación (FBI), J. Edgar Hoover. En la larga lista de conspiradores tampoco falta el nombre de Richard Nixon, además del de alguna logia masónica.

El relato político de John Kennedy y el de su hermano Robert, compañero en las tareas de gobierno, destacó por los avances en la gestión provocada por la ya mencionada crisis de los misiles en Cuba y por la intervención en los conflictos raciales a comienzos de los años sesenta en algunos estados del sur, adonde JFK envió fuerzas de la Guardia Nacional, además de 400 agentes federales a la Universidad de Misisipi para atenuar los disturbios del 29 de septiembre de 1962, encabezados por civiles segregacionistas que intentaban impedir la inscripción del ciudadano afroamericano James Meredith, un militar retirado. Tanto John como Robert lograron que se avanzase en las dos cuestiones a cambio de un decisivo enfrentamiento con el *establishment*, encargado de la seguridad nacional de los Estados Unidos y partidario entonces de un enfrentamiento directo con la Unión Soviética.

Con anterioridad a la Segunda Guerra Mundial, Kennedy nunca había contemplado la posibilidad de entrar en la política, sobre todo, después de que la familia tuviera las esperanzas puestas en su hijo mayor, Joseph Patrick Kennedy, para optar a dicha carrera. Sin embargo, la muerte de este durante una misión en un B-24 en agosto de 1944 cambió por completo el destino de John. Durante seis años fue miembro del Congreso por Massachusetts y, en 1952, accedió al cargo de senador al vencer a su rival republicano, Henry Cabot Lodge. Unos años después, Kennedy obtuvo la nominación para optar como candidato a la vicepresidencia de los Estados Unidos gracias a la Convención del Partido Demócrata, pero quedó relegado a un segundo lugar superado por el senador de Tennessee, Estes Kefauver. Como senador, John Kennedy votó la aprobación final de la Ley de Derechos Civiles de 1957, una ley que de manera parcial salvaguardaba algunos derechos de las minorías, especialmente el voto de los negros en los estados sureños.

En 1958, fue reelegido senador por un segundo periodo y manifestó su intención de presentarse a las elecciones presidenciales dos años más tarde. Su nominación como candidato no estuvo exenta de dificultades al derrotar en las primarias de su partido a los senadores Hubert Humphrey de Minnesota y Wayne Morse de Oregón, pero sobre todo a Lyndon B. Johnson, que había realizado una campaña exitosa en el estado de Texas. Criticado por ser católico, Kennedy demostró conectar con parte de la ciudadanía al tratar los temas que más importaban a la opinión pública, como el creciente impacto de las corrientes comunistas, la pobreza, la escasez de instituciones de enseñanza o el retraso en la carrera espacial respecto a los soviéticos.

Entre septiembre y octubre de 1960 se enfrentó a tres debates televisados frente a Nixon, vicepresidente en esos momentos, en lo que fue la primera vez que se realizaba un evento de tal magnitud en el mundo y captando la atención de más de 70 millones de espectadores solo en el primero de los enfrentamientos. El 8 de noviembre, Kennedy, con el 49,7 % de los votos, logró la victoria frente a Nixon, que había obtenido el 49,5%. Así, a los 43 años, se convirtió en el candidato más joven elegido para la presidencia del país y en el primer católico en lograrlo. Solo Theodore Roosevelt, en 1901, con 42 años, había sido más joven en ejercer el cargo de presidente de los Estados Unidos al sustituir al asesinado William McKinley.

El programa de Kennedy en política interior denominado *New Frontier* («Nueva Frontera»), pensado para atajar la recesión, ambicionaba contar con fondos federales dirigidos a la educación y a la atención médica para la tercera edad. Para estimular la economía flexibilizó la política monetaria manteniendo los tipos de interés, lo que provocó el primer déficit presupuestario en tiempos de paz. Con una tasa baja de inflación que no superaba el 1% e interés reducido, antes de su muerte el PIB estadounidense ya había crecido un promedio de algo más del 5%. Estos índices de crecimiento se mantuvieron estables hasta el año 1966, disminuyendo el desempleo y aumentando la producción industrial hasta un 15%.

Uno de los mayores problemas durante su mandato fue la lucha contra la discriminación racial y la defensa de los derechos civiles. En 1954, la Corte Suprema falló una sentencia por la que se condenaba la segregación racial en las escuelas públicas y la declaraba inconstitucional. A pesar del pronunciamiento, muchas instituciones sureñas continuaron practicando la discriminación en autobuses, teatros, restaurantes y otros lugares públicos. El apoyo a la integración racial y a los derechos civiles ya fue un reclamo en la etapa de senador y en la campaña electoral a la presidencia, consiguiendo la excarcelación de Martin Luther King en 1956. Poco antes de su muerte y en un discurso pronunciado en favor de los derechos civiles en junio de 1963, Kennedy aseguró:

> Debe ser posible, a corto plazo, que todo estadounidense pueda disfrutar de los privilegios de ser estadounidense sin importar su raza o color. A corto plazo, todo estadounidense debe tener el derecho de ser tratado como le gustaría ser tratado, como a uno le gustaría que trataran a sus hijos (López Poy, Manuel, 2020, p. 120-121).

Además de los sucesos de 1962 en la Universidad de Misisipi, el 11 de junio de 1963 Kennedy tuvo que intervenir cuando el gobernador del estado de Alabama, George Wallace, impidió la entrada a la universidad a dos jóvenes afroamericanos, Vivian Malone y James Hood, cuando intentaban matricularse. Wallace tuvo que corregir su actitud tras ser amonestado por alguaciles federales, el fiscal general Nicholas Katzenbach y la Guardia Nacional. Aquel día, el presidente norteamericano pronunció un discurso por radio y televisión instando al Congreso a iniciar la redacción de una ley capaz de terminar con estas situaciones. Aquel deseo se convertiría en 1964 en la Ley de Derechos Civiles. Apenas tres meses después, el 9 de septiembre de 1963, el propio Kennedy dirigió al país otra alocución en contra de la segregación que todavía tenía lugar en Alabama, exhortando a su gobernador, George Wallace, a cumplir y a hacer cumplir las leyes vigentes.

El interés de Kennedy por la igualdad y la protección, tanto para los nacidos en el país como para los que podían obtener la nacionalidad, se vio reflejado en la Ley sobre Inmigración y Nacionalidad que promovió para su aprobación el senador Edward Kennedy en 1965, siguiendo las ideas que siempre había manifestado su hermano. Uno de sus proyectos había sido, precisamente, la desarticulación de la política de selección de inmigrantes llevada a cabo de acuerdo con el país de origen. Con los años, la ley provocó un cambio en el flujo migratorio con respecto a su procedencia, dando mayores facilidades a inmigrantes procedentes de Latinoamérica y Asia.

Por otro lado, la política exterior estuvo colmada de problemas. Eisenhower ya había creado antes un plan para derrocar el régimen cubano de Fidel Castro. Con apoyo de la CIA, se preparó una insurrección armada contrarrevolucionaria que debía tratar de recuperar el poder. En abril de 1961, Kennedy ordenó la ejecución del proyecto aprobado por su antecesor con el traslado de más de 1 500 exiliados cubanos hasta las costas de la isla. Sin apoyo aéreo y naval, la misión conocida como la invasión de la bahía de Cochinos fracasó. El presidente norteamericano negoció la salida de los casi 1 200 sobrevivientes a cambio de 53 millones de dólares para comida y medicinas y asumió la responsabilidad del descalabro.

El 14 de octubre de 1962, aviones U-2 fotografiaron la construcción de silos para la ubicación de misiles soviéticos de largo alcance en Cuba. Washington comprendió que una respuesta militar a las instalaciones supondría un enfrentamiento con armas nucleares contra la URSS, pero la pasividad podía demostrar debilidad. El Comité Ejecutivo del Consejo de Seguridad Nacional (ExComm), diseñado por el propio John Kennedy, presionó para que se aprobara un inminente ataque aéreo contra los silos. A pesar de las presiones de sus asesores militares para lanzar un ataque e invadir Cuba, Kennedy anunció en televisión una cuarentena naval para impedir la entrada de barcos de la Unión Soviética en Cuba y ordenó que la armada norteamericana fuera la encargada de inspeccionar todos los barcos que se aproximaran a sus costas. En dos semanas la crisis quedó solucionada con un acuerdo entre el primer ministro soviético Nikita Kruschev y el presidente Kennedy después de aceptar que Estados Unidos nunca invadiría Cuba.

El incremento de la tensión en la Guerra Fría y el peligro sucesivo provocado por la proliferación de armamento nuclear llevó a Estados Unidos a presionar para que se adoptaran medidas de prohibición y limitaciones en este sentido. En agosto de 1963, se aprobó el tratado de prohibición parcial de ensayos nucleares mediante el cual quedaban bloqueadas las pruebas atómicas en la atmósfera, bajo el agua y en superficie, salvo la posibilidad de realizar explosiones bajo tierra. Inicialmente el acuerdo fue aceptado por la Unión Soviética, Reino Unido y los Estados Unidos.

De la política exterior practicada por Kennedy, el viaje al Berlín occidental el 26 de junio de 1963 supuso un paso adelante al atenuar las tensiones de los dos bloques antagónicos. La construcción de un muro de separación en Berlín, iniciada el 13 de agosto de 1961, dejó dividida la ciudad en dos zonas de control bien diferenciadas entre los soviéticos y los antiguos aliados occidentales. La visita de Kennedy con motivo del 15.° aniversario del bloqueo de Berlín por parte de la URSS permitió que las críticas al comunismo se acentuaran en el famoso discurso pronunciado en el balcón del Rathaus Schöneberg. El presidente de los Estados Unidos se refirió así al desatino soviético provocado por la construcción del muro:

La libertad tiene muchas dificultades y la democracia no es perfecta, pero nunca hemos tenido que alzar una muralla (muro) para impedir que nuestros pueblos huyan de nosotros. [...] No conozco ninguna ciudad grande o pequeña que haya sido asediada durante dieciocho años y que todavía aliente con vitalidad y fuerza, con la esperanza y determinación del Berlín occidental. Aunque la muralla (muro) es la demostración más vívida y evidente de los fracasos del sistema comunista, cosa que ya todo el mundo conoce de sobra, a nosotros no nos satisface lo más mínimo porque es una ofensa, no solamente contra la historia, sino contra la humanidad, separando a familias, dividiendo a maridos y esposas, hermanos y hermanas, y separando a la gente que desea convivir unida (Nevins, Allan, 2020, pp. 164-165).

En buena medida, desde su llegada a la presidencia, John F. Kennedy había alterado las políticas de sus predecesores, en especial la de Eisenhower. Su actitud en favor de los derechos civiles, pero especialmente el fracaso en bahía de Cochinos y la gestión en la Crisis de los Misiles alteraron definitivamente el *statu quo* que parecía consolidado en los estamentos gubernamentales y en la Administración norteamericana desde 1945. No resulta difícil suponer que personas cercanas a Kennedy desearan, cuando menos, la victoria de cualquier otro candidato en la reelección, incluso, llegando a lo más extremo de las suposiciones, la muerte del presidente.

El 10 de junio de 1963 dio un discurso en la American University de Washington anunciando una reunión con Kruschev para detener la escalada nuclear. Un mes después, este comunicaría a Kennedy: «Ha llegado el momento de poner fin de una vez por todas a las pruebas nucleares»[153]. En

---

153 Amato, Alberto (10 de junio de 2021). «El sorpresivo llamado a la paz de John Kennedy, que propuso detener la carrera nuclear con la URSS y pudo detonar su asesinato», *Infobae*. Buenos Aires: https://www.infobae.com/socie-dad/2021/06/10/el-sorpresivo-llamado-a-la-paz-de-john-kennedy-que-propuso-detener-la-carrera-nu-clear-con-la-urss-y-pudo-detonar-su-asesinato/

la cumbre celebrada con el líder soviético en Viena, durante el mes de junio de 1961, el presidente de los Estados Unidos le comentó: «Ya podemos destruirnos mutuamente. Es hora de hablar de paz». Kennedy intuyó que su discurso en la American University terminaría siendo trascendente, un atisbo para buscar la paz dentro de las tensiones que generaba la Guerra Fría.

> [...] estoy hablando de la paz genuina, del tipo de paz que hace que la vida en la Tierra merezca la pena de ser vivida, del tipo de paz que permite que los hombres de todas las naciones crezcan en la esperanza y construyan una vida mejor para sus hijos, no solo la paz para los americanos, sino la paz para todos los hombres y mujeres, no solo la paz en nuestro tiempo, sino la paz para todos los tiempos (Corrales Arenal, Fernando, 2014, p. 13).

Siete semanas antes de que Kennedy fuera asesinado, las autoridades militares ya sospechaban una retirada norteamericana de Vietnam del Sur a finales de 1965. Existe un memorándum de más de 800 páginas en el que se advierte del plan de retirar 1 000 soldados en 1963. De hecho, el propio presidente ordenó al secretario de Defensa, Robert McNamara, que se pusiera en marcha lo necesario para cumplir con el mandato. Esto ha hecho creer a algunos historiadores que la retirada de Vietnam fuese interpretada por Lyndon B. Johnson como el anticipo de una derrota, por lo que dicha estrategia sería revocada al alcanzar la presidencia tras el asesinato de Kennedy.

Siempre apoyado por su hermano Robert, la actitud de John por hacer realidad la desescalada nuclear llevando al país a una atenuación militar puso a la Administración Kennedy en una situación de menoscabo hacia la industria armamentística. Las malas relaciones con la CIA también propiciaron una gestión incómoda durante casi todo el mandato. Los grandes grupos económicos, *lobbies* relacionados con el petróleo y la industria pesada, y muchos grupos de extrema derecha, encontraron en estas políticas de la Nueva Frontera una traba insalvable mientras los Kennedy preservaran el poder. Quizá por esto mismo solo cinco años después de acabar con la vida de John, Robert fue asesinado cuando sus posibilidades de llegar a la presidencia parecían una realidad. A pesar del riesgo que corría en sus discursos en la American University, Kennedy mencionó a la Unión Soviética en un tono conciliador. Su discurso se publicó en la prensa soviética. Kruschev comentó a Averell Harriman, subsecretario de Estado, que sus palabras eran las más importantes de un presidente estadounidense desde Roosevelt.

> Ningún gobierno ni sistema social es tan malvado como para llegar a pensar que su pueblo pueda carecer de virtudes. Como norteamericanos, pensamos en el comunismo como algo que nos repugna a todos, como algo que niega toda dignidad y libertad personal. Pero todavía hemos de admirar al pueblo ruso por sus muchos logros en los campos de la ciencia y el espacio exterior, en el desarrollo cultural y económico. [...] Entre los muchos rasgos comunes a nuestros dos pueblos, ninguno es más señalado que nuestro mutuo horror a la guerra. Como caso único entre las grandes potencias: jamás hemos guerreado entre nosotros. Y ninguna nación, en la historia militar, ha sufrido como la Unión Soviética durante la Segunda Guerra Mundial. Por lo menos, Rusia perdió veinte millones de vidas. Incontables hogares y numerosas granjas fueron incendiadas y saqueadas. [...] Hoy en día, si la guerra estallase de nuevo, sin importar ahora cómo, nuestros dos países serían las principales víctimas. [...] Todo lo que hemos construido; todo aquello por lo que hemos trabajado tanto, sería destruido en las primeras veinticuatro horas (Nevins, Allan, *op. cit.*, pp. 105-106).

El asesinato de JFK

El día 22 de noviembre de 1963, John Kennedy se trasladó a Dallas, Texas, después de que el Partido Demócrata organizara una gira presidencial para recuperar el terreno perdido en unas elecciones que debían celebrarse al año siguiente. Poco después de las doce del mediodía, cuando Kennedy saludaba a la multitud desde una limusina descapotable Lincoln X-100, dos de los tres disparos supuestamente realizados desde el último piso del Texas School Book Depository alcanzaron el cuello y la cabeza del presidente y terminaron con su vida. Apenas hora y media después, Lee Harvey Oswald, un supuesto agente y exmarine que había trabajado para los servicios secretos soviéticos, fue detenido acusado de haber disparado el rifle homicida.

Se ha especulado con que Robert Kennedy sospechó que la causa era una conspiración en la que estaban involucrados miembros de la CIA y de la mafia. Un complot planeado por expertos de la inteligencia. La tarde del asesinato, el domicilio de Robert, en McLean, Virginia, fue custodiado de inmediato por agentes del servicio de Alguaciles de los Estados Unidos, U.S. Marshals, una agencia federal de la policía penitenciaria del Departamento de Justicia dirigida entonces por Jim McShane, afín y amigo de los Kennedy.

Robert Kennedy, Bobby, desestimó acudir a las agencias gubernamentales, asumiendo que pasarían años hasta encontrar a los verdaderos responsables del asesinato. Esta idea ha sido una de las razones esgrimidas por historiadores para justificar que Robert se postulase como candidato a la carrera presidencial de 1968. Conocía perfectamente las hostilidades existentes en el seno de la Administración y en las oficinas de la seguridad nacional que hasta hacía poco había dirigido su hermano. Ambos se habían enfrentado a la CIA, que, tras el fracaso en Cuba, tenían la intención de reestructurar. El propio Robert había declarado la guerra a la mafia desde el Departamento de Justicia como fiscal general.

Después de hablar con Rose, su madre, y con su hermano Ted, Robert Kennedy llamó a John McCone, director de la CIA, para conocer de primera mano hasta dónde podía llegar la implicación de la agencia. Se ha llegado a escribir que McCone, días después del asesinato del presidente, comentó que en Dallas habían intervenido dos atacantes, una idea que contrastaba con la versión oficial, según la cual, el atentado había sido realizado por un solo tirador. Lo cierto es que Robert aceptó las afirmaciones de McCone en las que eximía a la CIA de cualquier responsabilidad de lo sucedido aquella mañana en Dallas, aunque era consciente de que no tenía el pleno control del personal a su servicio ni de las conspiraciones y complots que pudiera planificar la mafia.[154] El 29 de noviembre de 1963, el presidente Johnson puso en marcha la primera investigación oficial con el propósito de averiguar las causas y los pormenores del asesinato de Kennedy. The President's Commission on the Assassination of President Kennedy —conocida también como Comisión Warren, en consideración al magistrado y presidente de la Corte Suprema de los Estados Unidos—, entregó sus conclusiones pocos meses después, en septiembre de 1964, en las que destacaba que solo había un autor responsable del asesinato, Lee Harvey Oswald, un comunista solitario, y rechazaba las tesis que apoyaban la participación de otras personas e instituciones públicas o privadas.

Tampoco la policía ni el FBI volvieron a realizar nuevas investigaciones a pesar de las dudas que había dejado el asesinato del presidente en la opinión pública. Hubo que esperar hasta 1976 para que se creara el U.S. House of Representatives Select Committee on Assassinations (HSCA) con el fin de investigar los asesinatos de John F. Kennedy y de Martin Luther King. El informe final admitió por primera vez la posibilidad de que hubiera existido una conspiración en la muerte del primero, pero descartó cualquier participación de la CIA, el FBI, el gobierno soviético, la mafia norteamericana o grupos cubanos anticastristas. A pesar de que las conclusiones daban un giro espectacular al asunto, no se siguió investigando ni se trató de hallar a las personas que hubieran podido estar implicadas en el complot.[155]

Los motivos por los que no se protegió mejor al presidente de los Estados Unidos aquel 22 de noviembre de 1963 siguen siendo uno de los asuntos sin resolver. Cuando el *Air Force One* llegó al aeropuerto de Dallas Love Field desde Fort Worth, esperaban a JFK miembros del servicio secreto a las órdenes de Emory Roberts, jefe del equipo. Todos conocían que el

---

154 Talbot, David (2008). *La conspiración. La historia secreta de John y Robert Kennedy* (pp. 22-25). Barcelona. Crítica.
155 Arias Puerto, Carlos (2020). *JFK. Los culpables* (p. 23). Almería. Editorial Círculo Rojo.

estado de Texas, de mayoría republicana, ya había despertado antipatías hacia políticos del Partido Demócrata. También se recordaba que Adlai Stevenson, embajador de los Estados Unidos en la ONU y dos veces candidato a presidir el país por las listas demócratas, se había desplazado a Dallas el 24 de octubre de 1963 para dar una conferencia, la cual fue finalmente boicoteada por el general del ejército Edwin Walker, un declarado ultraconservador que días antes de la visita del presidente Kennedy había distribuido más de 5 000 panfletos en los que lo acusaba de traidor[156].

Roberts decidió aquel día que Henry J. Rybka (Hank), el escolta asignado para proteger la vida del presidente, se quedara en el aeropuerto. Una decisión que fue tomada en el último momento, lo que implicaba dejar a Kennedy expuesto y sin escudo humano para protegerlo. De la misma manera, se sabe que Clint Hill, el agente encargado de la protección a la primera dama, Jacqueline Lee Bouvier, no fue relevado del servicio. Tampoco se estimaron las medidas necesarias para proteger el vehículo Lincoln Mercury Continental con una cubierta transparente, a pesar de que en el mismo también debían viajar el gobernador de Texas, John Connally, y su esposa.

El itinerario es otra de las cuestiones que sugiere una cierta premeditación. El giro de 120° en uno de los tramos próximo al Texas School Book Depository obligaba a la comitiva a reducir la velocidad a poco más de 10 kilómetros por hora. Un recorrido alternativo por Main St. hubiese evitado el mencionado viraje a tan poca velocidad. Cabe señalar que, en su recorrido original, el trazado del vehículo presidencial debía continuar por la calle Main. No obstante, tal como nos recuerda el excelente trabajo de Fernando Corrales, la noche del día 21 alguien alteró los planes y se optó por atravesar la plaza Dealey. No se conoce si la decisión se debió a una sugerencia del alcalde de Dallas, Earle Cabell, del jefe de los Servicios Secretos, James Joseph Rowley, o del jefe de la Policía de la ciudad, Jesse Edward Curry, pero sin duda era contraria al protocolo de actuación. Lo cierto es que en la

---

156 Corrales Arenal, Fernando (2014). «Expediente QdC.JFK», *Quadernos de criminología: revista de criminología y ciencias forenses*, 24, 6-7

mañana del día 22 de noviembre, la prensa no tuvo ocasión de incluir dicha modificación en el trayecto del vehículo presidencial en sus rotativos[157].

A todos estos descuidos fatales debe añadirse la falta de agentes en la plaza. No se revisaron los edificios anexos ni las ventanas abiertas. No había tiradores de precisión en las azoteas, etc., lo que evidenció una falta de protección para quienes debían transitar por la plaza Dealey. Con todas estas facilidades, Oswald tuvo suficiente tiempo de preparar su rifle, un Carcano M91/38 con un cargador de seis cartuchos y una mira telescópica, y disparar desde la ventana de la sexta planta del Texas School. Uno de los abogados de la Comisión Warren, David Belin, viajó hasta Dallas en marzo de 1964 para realizar la misma ruta por la que había transitado el presidente. En una carta dirigida a uno de sus colegas y fechada ese mismo mes, Belin escribió:

> Con un agente del Servicio Secreto al volante, recorrimos el trayecto que tomó la comitiva presidencial, desde la Avenida Principal en Dallas hasta la calle Houston, donde el vehículo giró a la derecha. Ahí, a una manzana de distancia, se erguía en su desnuda realidad el Almacén de Libros Escolares de Texas, el edificio sobre el que tanto había leído durante los seis días anteriores. En cuestión de segundos, me imaginé en la caravana, dentro de las coloridas imágenes en movimiento que estaban en nuestro poder y que fueron tomadas el día del asesinato. El auto avanzó lentamente con dirección norte por la calle Houston, una manzana hasta el cruce con la calle Elm. Fue entonces cuando mis ojos se postraron inmóviles en la ventana, en la esquina sudeste del sexto piso. Giramos a la izquierda en un ángulo reflejo de aproximadamente 270 grados y nos enfilamos por la diagonal hacia la autopista. Fue aquí donde las balas impactaron al presidente (Shenon, Philip, 2013, p. 352).

---

157 *Ibíd.*, p. 7.

Por cierto, Lee Harvey Oswald no era precisamente un tirador excepcional. Al menos eso se desprende de la puntuación obtenida en su etapa en el Cuerpo de Marines, en el que ingresó con tan solo 17 años. En diciembre de 1956, sobre una puntuación máxima de 250, Oswald obtuvo 212, algo que le calificaba como francotirador. Pero en mayo de 1959, no pasó de los 191 puntos con una cualificación de «tirador». Según los expertos, con esta nueva calificación había pasado a ser un tirador poco convincente.

> Lee Oswald era un tirador mediocre, su especialidad en los Marines eran las telecomunicaciones y el servicio de radares. Todos sus compañeros marines que fueron interrogados por la Comisión Warren así lo testificaron, igual que sus pruebas de tiro registradas en su expediente miliar. Todos ellos también dijeron que jamás habían oído a Oswald hacer ninguna declaración política, ya fuese esta a favor o en contra de Fidel Castro, del comunismo o de nada parecido. Todos menos uno, que, claro está, fue el que la Comisión Warren utilizó profusamente para dar credibilidad al supuesto «fanatismo marxista-leninista» de Lee H. Oswald (Pérez Omister, Antonio, 2010, p. 428).

Si seguimos haciendo caso a la Comisión Warren, durante la investigación, tiradores de élite del ejército y del FBI, utilizando el arma encontrada en el Texas School Book Depository, no lograron igualar los resultados de Oswald en el atentado. Recordemos que el supuesto homicida, sin casi adiestramiento previo, con un rifle que apenas había utilizado antes y con una mira deficientemente calibrada, fue capaz de apuntar al objetivo, disparar tres veces y acertar en dos impactos en un tiempo de seis segundos. Extrañó, además, que el propio Oswald no disparara al presidente John F. Kennedy de frente, cuando, como todos sabemos, el blanco resulta más sencillo al hacerse más grande a medida que se acerca a nosotros.

A finales de 1969, el fiscal de distrito de Nueva Orleans Jim Garrison inició una investigación sobre el asesinato de John F. Kennedy, después de recibir algunos indicios de un tal Jack Martin que apuntaban a un hombre llamado David Ferrie, un posible implicado en asesinato. Las pesquisas dieron lugar a la detención y posterior juicio de un hombre de negocios de Nueva Orleans, Clay Shaw. Garrison planteó la posibilidad de que hubiera existido un fuego cruzado en la plaza Dealey, intuyendo que la participación de un solo hombre era la peor opción para alcanzar y herir de muerte al presidente Kennedy. Todavía hoy, muchos siguen especulando con la opción de los dos tiradores, pero se ha seguido manteniendo la teoría de los tres disparos en seis segundos realizados únicamente por Oswald[158].

Garrison vivió toda su vida con la idea de que el asesinato de Kennedy había sido fruto de una conspiración. Pero, partiendo de la base de que alguien quería, en efecto, asesinar al presidente, la reconstrucción científica de la llamada bala mágica no es más que una simple ilusión que nunca pudo demostrarse. Es sobradamente conocido que los asientos traseros del Lincoln presidencial estaban más elevados para que las personas pudieran ver mejor a John y Jacqueline. Esto explica que el segundo disparo realizado desde los almacenes donde se encontraba Oswald impactara por la espalda al presidente y continuara en una trayectoria descendente hasta herir al gobernador John Connally. La trayectoria del disparo fue completamente normal.

Ahora bien, ¿existieron varios tiradores? La grabación de Abraham Zapruder, que asistía como espectador del recorrido presidencial, demuestra varias cuestiones importantes. Hay quien dice que el movimiento de la cabeza de Kennedy al recibir el segundo impacto es consecuencia de un proyectil disparado por alguien situado delante de él. Pero dicho desplazamiento fue debido al principio conocido como momento lineal. De ahí el desplazamiento pendular de la víctima en el momento de recibir el disparo. Además, en la grabación de Zapruder se puede comprobar que la bala hace blanco tanto en el presidente como en Connally al mismo tiempo. La existencia de dos tiradores implicaría que los disparos fueran simultáneos.

---

158 La figura del fiscal Jim Garrison fue llevada al cine en 1991 por el director Oliver Stone en la película *JFK*.

Siguiendo el desarrollo constatado de los hechos, la idea de que un segundo asesino pudiera estar escondido entre unos arbustos en la calle por la que pasó la comitiva resulta del todo imposible. Se han realizado mediciones de la distancia que existió entre Oswald y Kennedy el día del asesinato en los dos impactos que recibió este último. El primero se produjo a una distancia de 53 metros, y el segundo, a 81. Como muy bien explica en un artículo J. M. Mulet, la velocidad del sonido es de 340 metros por segundo. El rifle Carcano, modelo 91/38 dispara a una velocidad de salida de la bala de unos 700 metros por segundo. Resulta lógico pensar que, si hubiera habido un segundo tirador, habría escuchado la detonación unas décimas de segundo más tarde del impacto. En consecuencia, si el segundo asesino hubiera disparado al escuchar el disparo de Oswald, las balas jamás habrían llegado al mismo tiempo al cuerpo de Kennedy. Mulet lo explica de la siguiente manera:

> La distancia entre el famoso arbusto y el coche de Kennedy era de aproximadamente 10-12 metros. La bala se desplaza a una velocidad superior a la del sonido, por lo que produce una detonación de 175 decibelios. Si tenemos en cuenta que el ruido de una taladradora equivale a 120 decibelios, el estruendo por el disparo habría sido tan grande y a tan escasa distancia que hubiera provocado que toda la gente que estaba en la calle se girara, igual que pasa cuando alguien tira un petardo. Esto no lo recoge la grabación ni lo señaló ningún testigo. Además, a tan escasa distancia, un disparo de fusil habría volatilizado la cabeza del presidente por completo (Mulet, J. M., 2019).

De acuerdo con los estudios forenses, el impacto de un proyectil de alta velocidad desde atrás provoca una abertura de salida mayor que la de su entrada. Precisamente, el disparo mortal produjo una explosión de la parte derecha-frontal del cráneo del presidente y una pérdida de masa cerebral, aunque, en efecto, el disparo primero perforó su lado posterior. Tras el tiroteo, el Lincoln aceleró con el fin de llevar al presidente y al gobernador hasta el hospital Parkland. Sin apenas esperanzas, los doctores James Carrico y Malcolm Perry hicieron todo lo posible para reavivar el pulso y la respiración de Kennedy, practicándole una traqueotomía sobre la herida en la garganta. Con la cabeza prácticamente destrozada no fue posible restablecer la actividad neuronal. Cuarenta minutos después, sobre la una de la tarde, se declaró oficialmente la muerte de JFK.

Muy pronto comenzaron a aparecer rumores y noticias de que, además de Oswald, habían existido otros autores en el atentado. A ellos contribuyeron libros como el de Richard H. Popkin, *The Second Oswald*, publicado en 1966, y más recientemente el de John Armstrong, titulado *Harvey and Lee: How the CIA framed Oswald*. Pero si no fue Lee Harvey Oswald, ¿quién asesinó a JFK? Resulta un tanto descorazonador que, al reconsiderar todos los informes y las conclusiones alternativas a las dictaminadas por la Comisión Warren, observamos que se han propuesto al menos más de 40 grupos como responsables del crimen. A ello se pueden añadir más de 80 supuestos homicidas y más de 200 personas implicadas. Pero lo cierto es que durante casi 60 años desde el atentado «... nadie ha declarado nada ante un juez o ha vendido una exclusiva por la que le darían millones».[159]

De entre los muchos relatos conspirativos hay uno referido a un agente de la CIA, Howard Hunt, implicado y posteriormente condenado por las escuchas en el caso Watergate. Antes de su muerte, el 23 de enero de 2007, confesó a sus hijos la implicación de Lyndon B. Johnson y de varios miembros de la CIA, Cord Meyer, Bill Harvey y David Morales, en la muerte de John Kennedy. Sus hijos, Howard St. John Hunt y David Hunt, hicieron entonces públicas las cintas de vídeo en las que su padre afirmaba haber participado en la conspiración para asesinar a Kennedy. El contenido se divulgó en la edición del 5 de abril de 2007 de la revista *Rolling Stone*.

---

159 Mulet, J. M. (14 de julio de 2009). «A JFK no lo mató una "bala mágica"», *El País Semanal*. Artículo en: https://elpais.com/elpais/2019/07/05/eps/1562339143_281205.html

En esas grabaciones Hunt detalló que el complot para matar al presidente Kennedy fue ordenado por el entonces vicepresidente Johnson. El encargo se pasó directamente a un alto miembro de la CIA, Cord Meyer, quien no tardó en organizar un grupo de confianza capaz de llevar a cabo el atentado. Meyer tenía a su cargo todas las oficinas de la agencia y controlaba la división de acciones encubiertas. Además, era conocida su animadversión hacia el presidente de los Estados Unidos por haber tenido este un romance con su mujer, Mary Ann Pinchot. En este sentido, son conocidas las numerosas aventuras amorosas de John Fitzgerald Kennedy y los quebraderos de cabeza que ocasionó su relación con la actriz Marilyn Monroe a los servicios secretos norteamericanos. En las declaraciones de Hunt, este manifestó que, durante las ausencias de Jacqueline, Kennedy pasaba muchas tardes con su mujer en el Despacho Oval de la Casa Blanca. Mary Ann Pinchot fue asesinada solo un año más tarde del asesinato de John Kennedy sin que se haya esclarecido el caso.

Howard Hunt, siempre según su relato, trazó todo un esquema de la estructura de mando encargada de matar al presidente. En la cúspide del plan situó las letras LBJ, correspondientes a Lyndon B. Johnson, con una línea anexa a Cord Meyer. Otra línea doble del esquema trazada por Hunt señalaba a los ya nombrados agentes David Morales y Bill Harvey. Una última línea especificaba textualmente «French gunman grassy knoll», lo que indicaba la existencia de sicarios franceses en el momento del crimen. En efecto, Hunt también reveló los nombres de los asesinos a sueldo Lucien Sarti y Jean René Marie Souetre, quienes trabajaban para la mafia en Marsella, además de hacerlo en ocasiones para la CIA en África y el continente europeo.[160]

Uno de los misterior sin resolver sobre la supuesta conspiración es, precisamente, cómo Oswald pudo conocer el itinerario de la comitiva presidencial al tratarse de una información que se había acordado la noche

---

160 Arias Puerto, Carlos, *op. cit.*, pp. 310-312.

anterior. En su huida del escenario del atentado fue interceptado por un policía de Dallas alrededor de la una y cuarto. Oswald le disparó cuatro balas con un revólver y el agente falleció al instante. Resulta sorprendente que el asesino vaciara su arma, lo que nos lleva a creer que no le importaba ser identificado. Finalmente fue detenido una hora más tarde en el cine Texas, local al que había accedido sin pagar pese a llevar dinero para hacerlo.

La trayectoria de Lee Harvey Oswald es un tanto insólita. Acusado en su momento de activista comunista y castrista, en 1959 dejó el Cuerpo de Marines, en el que ejercía de operador de radares en una base de Japón. Una vez licenciado, renunció a la ciudadanía norteamericana para trasladarse a la capital de Bielorrusia, Minsk, lo que le supuso una vigilancia constante por parte de agentes del KGB soviético. En el mes de abril de 1961 contrajo matrimonio con Marina Prusakova y, un año más tarde, regresó a los Estados Unidos. En 1963, ya en Nueva York, inició su actividad en favor de Fidel Castro imprimiendo y repartiendo octavillas e intentando llamar la atención en este sentido. No son pocos los que todavía creen que el propio Oswald fue un agente doble de la CIA, reclutado para trabajar en la URSS.

El 24 de noviembre de 1963, la policía de Dallas decidió trasladar a Oswald a la cárcel del condado. Abriéndose paso entre la multitud, y la prensa congregada a las puertas de las dependencias policiales, Jack Ruby, un empresario de negocios nocturnos vinculado a la mafia, disparó al supuesto asesino de Kennedy, que falleció instantes después. Si seguimos el criterio de la Comisión Warren, en el momento del asesinato Ruby se encontraba en el segundo piso de las oficinas de *Dallas Morning News*, muy cerca del lugar del atentado, tratando de colocar en la publicidad las promociones de los clubes nocturnos que aquel poseía en la ciudad. También hay quienes afirmaron que Ruby fue visto en la jefatura de policía de Dallas después del arresto de Oswald.

Lee Harvey Oswald siempre negó su autoría en el asesinado de John Kennedy, pero lo cierto es que solo dos días después de la muerte del presidente, Ruby eliminó la posibilidad de que pudiera someterse a más interrogatorios al acabar con la vida del principal sospechoso con un disparo en su abdomen. Una vez arrestado, Ruby declaró que con su acción había evitado que Jacqueline tuviera que testificar ante un tribunal por el asesinato de su marido. Días después precisó que había disparado a Oswald cegado por el momento, sin que estuviese planeado con anterioridad. Jack Ruby murió en la cárcel el 3 de enero de 1967.

A partir de entonces, las teorías sobre las posibles conspiraciones contra Kennedy no cesaron. En este sentido, el propio vicepresidente Johnson fue puesto bajo sospecha. Acechado por varios escándalos, no fue difícil imaginar que con la desaparición del presidente su destitución sería inviable. Tampoco se libró de los rumores Richard Nixon, quien había perdido las elecciones en 1960. La posibilidad de que John F. Kennedy repitiera su victoria en 1964 dejaba las opciones abiertas para que su hermano, Robert, hiciera lo propio durante dos legislaturas más. A comienzos del verano de 1977, la revista *Time* afirmó en uno de sus artículos que Nixon había recibido un millón de dólares por la liberación cuatro años antes del gánster James Riddle Hoffa, dirigente relacionado con el poderoso sindicato del crimen y con Ruby. En cualquier caso, nunca se ha podido demostrar la vinculación de Nixon con los asesinatos de John y Robert Kennedy.[161]

Después del informe elaborado por la Comisión Warren en 1964, impulsado por el presidente Johnson, trabajos como los de Gerald Posner, *Case Closed: Lee Harvey Oswald and the Assassination of JFK*, del año 1993, además de documentales como *JFK: The Lost Bullet* de 2011, dirigido por el historiador Max Holland, la tesis oficial relativa a un solo asesino, Harvey Oswald, se ha mantenido en el tiempo. El desatino ideológico del asesino fue incluso reconocido y explicado por la propia viuda, Jacqueline, cuando llegó a afirmar: «… mi marido ni siquiera tuvo la satisfacción de que lo mataran por los derechos civiles… tenía que ser un pequeño comunista tonto».[162]

---

161 Guzmán, Eduardo (1 de noviembre de 1977). «¿Estuvo Nixon implicado? Los asesinatos de John y Robert Kennedy», *Tiempo de Historia*, 36, 78-89.
162 Siegel, Fred (12 de julio de 2007). «The True Politics of the Paranoid Style», *The Wall Street Journal*, p. B10

Sin embargo, las incógnitas todavía no esclarecidas han mantenido vigente todo lo concerniente a los Kennedy, sus políticas, sus ideales, así como muchos de sus discursos considerados todavía por los ciudadanos norteamericanos como verdaderos iconos de los cambios en los derechos sociales y en las políticas económicas de los Estados Unidos. En Europa, para diarios como el *Tages-Anzeiger* de Zúrich, Kennedy fue la víctima de un crimen insensato y llegó a asegurar que «quien quiera que sea el asesino, y cualquiera que sea su motivación —si resulta ser un fanático racista o un seguidor de Fidel Castro—, con esta atrocidad no ayudó a nadie».[163]

Solo unos años después de los asesinatos John F. Kennedy y de su hermano Robert, los Estados Unidos quedaron empantanados en una guerra en Vietnam e inmersos en un reguero de conflictos cívicos que polarizó a una sociedad que durante un breve espacio de tiempo había creído en la posibilidad de encontrar un camino para la paz y el progreso social. El crimen en Dallas y la causa abierta contra Lee Harvey Oswald dejaron, además, a una gran parte de la opinión pública dividida, sin que exista todavía una absoluta certeza sobre las implicaciones en el crimen. A pesar de las dudas manifestadas en este sentido por altos funcionarios, como el secretario de Estado John Kerry en el año 2013, lo cierto es que la mayor parte de los medios de comunicación han desistido de proponer debates sobre si existió o no una conspiración en 1963. Un ejemplo de todo ello fue la aceptación por parte del *New York Times* de las conclusiones del Informe Warren en 1964. A pesar de todo, se cuentan por millones quienes todavía creen que finalmente se abrirá el caso para juzgar uno de los más graves ataques contra la democracia norteamericana y poder cerrar así una herida que dura ya casi seis décadas.

---

163 Stephens, Thomas. (18 de noviembre de 2013). Muerte de JF Kennedy: reacción de un mundo pre-Twitter. *SWI swissinfo. ch*: https://www.swissinfo.ch/spa/hace-50-a%C3%B1os_muerte-de-jf-kennedy--reacci%C3%B3n-de-un-mundo-pre-twitter/37314148

África. Entre la pobreza y la confrontación interior

Si hay un concepto que puede aplicarse al continente africano es la pobreza. La carencia de prácticamente todo, derivada del subdesarrollo y de la colonización económica ejercida durante siglos, ha sido durante mucho tiempo la causa de los numerosos conflictos, guerras y disturbios que con frecuencia han sacudido y siguen sacudiendo las tierras y los países de África. En este mismo sentido, es un hecho que cualquier manifestación de inestabilidad que se produzca o se haya producido, ya sea en la franja mediterránea, más estable y desarrollada, o en las regiones subsaharianas, han afectado a Europa y a las regiones desarrolladas del mundo occidental.

Una gran parte de las contradicciones y enfrentamientos proceden de la herencia histórica producida por las fronteras establecidas durante los procesos de descolonización a partir de los años cincuenta del siglo xx. Con el trazado de las mismas, la mayor parte de los países quedaron a merced de la rivalidad de las diferentes etnias, todas ellas con la intención de hacerse con el control del Estado. Uno de los ejemplos más conocidos fueron los desacuerdos y enfrentamientos entre el Congo, Uganda y Sudán que, entre 1998 y 2002, llegaron a configurar la conocida como guerra mundial africana.

En 1986, la intromisión norteamericana y británica en Uganda fue clave para sostener el régimen de Yoweri Museveni, líder del Movimiento de Resistencia Nacional. El respaldo de las potencias occidentales sirvió para exacerbar la rivalidad con Zaire y Sudán, por lo que en septiembre y octubre de 1995 tropas ugandesas atacaron las bases militares en Uganda lideradas por la secta cristiana del Ejército de Resistencia del Señor (ERS), ocasionando un sinfín de complots y escaramuzas fronterizas a las que terminó incorporándose el ejército ruandés con el ataque en Kivu a los campos de refugiados hutus en territorio del Zaire. En lo que podría llamarse una guerra sin precedentes, en un relativo y breve espacio de tiempo, Uganda aprovechó para liberarse de las guerrillas procedentes de Zaire, provocando a su vez, con la ayuda de los Estados Unidos, un pretexto para derribar la dictadura de Mobutu, quien, curiosamente, se había mantenido en el poder gracias al apoyo norteamericano.

Lo cierto es que el difícil rompecabezas político y territorial africano ha dado pie, durante las últimas décadas, a numerosas conspiraciones con el fin de erradicar las etnias enemigas, así como a consolidar el poder con el apoyo, en la mayoría de veces, de países extranjeros con amplios intereses por controlar los recursos naturales de todos y cada uno de los territorios en combate. En su trabajo titulado *African Military Coups d'Etat, 1956-2001: Frequency, Trends and Distribution*, Patrick McGowan identificó un total de 188 golpes de Estado producidos entre 1956 y 2001. A todos ellos habría que sumar los 33 principales entre los años 2000 y 2015, siempre desestimando el elevado número de complots que no llegaron a materializarse. Esto no hace más que confirmar que la práctica más extendida para acceder al poder en África ha sido el golpe militar, una circunstancia que, sin embargo, no afectó a países como Namibia, Eritrea, Sudáfrica, Botsuana, Cabo Verde y Mauricio[164].

Si hacemos caso a los datos aportados por McGowan, los golpes de Estado promovidos desde estamentos militares dieron también lugar a otro tipo de manifestaciones violentas, como fueron los asesinatos masivos o los genocidios. El politólogo y profesor de Ciencias Políticas William Reno comprobó que en las décadas de 1970 a 1990 los gobiernos en África tenían alrededor de un 70 % de posibilidades de perder el poder como consecuencia de actos violentos. Reno incluyó, además de los golpes militares, insur-

---

164 Navarro Milián, Iván (2019*). Una mirada comprensiva sobre la recurrencia de la violencia política armada en Uganda: recuperando el papel constitutivo del Estado, lo internacional y la agencia de los actores armados*. Tesis doctoral (pp. 30-31). Facultad de Derecho de la Universidad Autónoma de Madrid.

gencias o rebeliones internas. No es de extrañar, pues, que en la mitad de los estados africanos la nómina de gobiernos militares superase a los gobiernos civiles elegidos democráticamente.

Esta circunstancia impulsó a muchas de las dictaduras militares a centralizar las estructuras de mando y mantener alejados a los grupos con posibilidades de rivalizar en la toma del poder. La compra de lealtades supuso un lastre para las economías en muchos de los estados controlados por el estamento castrense, limitando las capacidades públicas para atender las necesidades de la población. Un hecho que Reno denominó «estados sombra» y que irónicamente llevó a muchos regímenes a invertir fuertes cantidades de dinero y medios con el fin de disponer de unas fuerzas armadas y de seguridad bien equipadas, capaces de contrarrestar golpes de Estado e intromisiones de terceros países. La paradoja fue que esas mismas medidas de protección resultaron contraproducentes, demostrándose la capacidad de aquellas para derribar a los gobiernos.

En este escenario de inseguridades, la sostenibilidad de la mayoría de los regímenes africanos solo pudo garantizarse mediante la injerencia extranjera a través de la participación de terceros países con capacidad para sostener las estructuras económicas y, en consecuencia, también las derivadas de la política. A grandes rasgos, desde la descolonización, dos fueron los protagonistas que más pusieron de relieve su implicación en África. Por un lado, los estados procedentes de otros continentes. En otro extremo, las grandes empresas y compañías multinacionales ligadas a la minería, la industria de la madera, la alimentación, las farmacéuticas y, desde luego, a todas aquellas relacionadas con el petróleo, implicaciones que mucho tuvieron que ver con los intereses geoestratégicos concretos recabados por cada país, lo que supuso en muchos casos la intervención en operaciones y complots preparados por las agencias de inteligencia ubicadas fuera del continente africano.

En efecto, durante la Guerra Fría, las tensiones en África, como en el resto del mundo, se conformaron en torno a la esfera comunista, representada por la Unión Soviética, China y Cuba, así como a la de países occidentales, sobre todo Francia y Gran Bretaña. Solo después de la caída del bloque soviético se inició una rivalidad entre los Estados Unidos y Francia, que se vio plasmada en la guerra civil ruandesa de los años 1990 a 1994 y los conflictos en la República Democrática del Congo. Desde comienzos del siglo XXI, otros actores cobraron también protagonismo, como la Unión Africana, así como un ingente número de asociaciones y miembros de distintas ONG que siguen acudiendo de forma sistemática a todos y cada uno de los conflictos que van surgiendo en el tiempo.

A partir de 1980, la capacidad de algunos países africanos de sobrevivir a los golpes de Estado mejoró debido a que pudieron disponer de más tiempo para estabilizar sus estructuras una vez lograda la independencia. A ello hay que añadir que el fin de la Guerra Fría supuso una incipiente democratización del continente, sin que ello conllevara la erradicación de los intentos de asalto al poder. William Reno explicó que el relevante descenso de los movimientos insurgentes fue debido, en parte, a la transformación emprendida por varios países incorporando a sus sistemas seudodictatoriales un nuevo esquema multipartidista y de representación de la sociedad. Todas estas señales demostraban la superación de las primeras fases surgidas inmediatamente después de los procesos de descolonización, evidenciando las palabras de Frantz Fanon cuando llegó a afirmar lo siguiente: «La verdadera descolonización no es simplemente la reapropiación del poder y de las riquezas de la tierra, es volver a empezar una historia allí donde Europa la ha abandonado»[165].

No hay duda de que la independencia en África puso en marcha un discurso basado en dos corrientes bien diferenciadas. Por un lado, existió el deseo de conservar las estructuras de gobiernos fundamentados en los usos, las costumbres y las tradiciones, lo que significaba mantener las cohesiones locales y las lealtades. Por otro, los nuevos estados se intentaron adaptar a

---

165 Fernández Moreno, Nuria (2009). «África en el siglo XX: una historia de la deconstrucción-reconstrucción en el trazado de fronteras e identidades». En Fernández Moreno, Nuria (ed.), *Antropología y colonialismo de África subsahariana* (p. 55). Madrid, Editorial Universitaria Ramón Areces.

las aspiraciones modernistas de algunos dirigentes formados y entrenados en Occidente. Esto último, en realidad, fue la continuidad de una opresión similar a la practicada durante el colonialismo, solo que esta vez se transformó en un control practicado a través de una especie de monopolio internacional.

Los primeros gobiernos fueron, por tanto, un reflejo de las viejas potencias coloniales, caracterizados por incorporar constituciones y presidentes civiles al estilo occidental. Por el contrario, a mediados de los años sesenta, los golpes de Estado terminaron por colocar en el poder a dictadores militares, la mayoría de las veces promovidos desde el complot y la obsesión, de forma que resultó inútil cualquier intento por armonizar los diferentes grupos étnicos y religiosos. Solo así pueden explicarse las decenas de insurrecciones y golpes en tan breve espacio de tiempo. En función, pues, de esta perspectiva, la viabilidad democrática en África se concibió exclusivamente con la premisa de que cada uno de los países soberanos renunciara a cualquier agresión entre ellos.

El 26 de mayo de 2001, se creó la Unión Africana (UA), que sustituyó a la Organización para la Unidad Africana (OUA). Sus objetivos más inmediatos fueron la solidaridad entre sus miembros, la eliminación de cualquier remanente colonial, la coordinación y cooperación para el desarrollo y la salvaguarda de la soberanía a través de promover la cooperación internacional en el marco de la Organización de las Naciones Unidas (ONU). Desde entonces, sus 55 estados miembros han tomado decisiones conjuntamente en la sede de la Asamblea de la Unión Africana, en Adís Abeba, mediante reuniones semestrales de los jefes de Estado y de gobierno.

Estos intentos por estabilizar el continente no han permitido, sin embargo, que se alcance el objetivo de poner fin a los movimientos militares en África. De hecho, desde el año 2015, 13 líderes africanos han modificado las constituciones de sus países para continuar en el poder más allá de las limitaciones establecidas para sus mandatos, cuestión que ha erosionado las democracias desde Costa de Marfil y Guinea en el oeste hasta Burundi o Uganda en el este del continente. Así, Costa de Marfil, inmerso en un largo conflicto civil, vio a su presidente, Alassane Ouattara, perpetuarse en el poder desde el año 2011. No es el único caso. Hasta el año 2019, de los diez líderes mundiales que más años llevaban gobernando, seis se encontraban en el continente africano.

La lista de los mandatarios más longevos en el poder la lidera el presidente de Guinea Ecuatorial con 43 años gobierno. El 3 de agosto de 1979, junto a varios oficiales a su mando, Teodoro Obiang Nguema protagonizó una conspiración y posterior revuelta contra su tío, el presidente Francisco Macías Nguema, que fue destituido, juzgado y condenado a muerte poco después. La acción golpista se denominó Golpe de la Libertad. Solo dos semanas después fue nombrado presidente del Consejo Militar Supremo. Para asegurar su continuidad, la Ley Fundamental de Guinea Ecuatorial, aprobada en 1982, disolvió el consejo, y Obiang continuó como presidente constitucional. Al mismo tiempo que se consolidaba como un gobernante con mano de hierro en su país, entre 1986 y 2004 su ascenso militar fue absoluto al alcanzar el grado de capitán general.

Obiang está considerado un dictador por la comunidad internacional y ha sido condenado por organizaciones de defensa de los derechos humanos como Amnistía Internacional. Se trata de un modelo de conspirador en el continente africano capaz de obtener porcentajes elevados en las urnas durante los procesos electorales. En 1987, Obiang Nguema fundó el primer partido político del país, el Partido Democrático de Guinea Ecuatorial (PDGE), formación que se presentó como única alternativa en las elecciones presidenciales de 1989. Las constantes victorias obtenidas en los comicios de manera irregular llevaron a Guinea Ecuatorial a vivir una intentona golpista en 2004. El presidente declaró entonces que existía una conspiración para terminar con él, en la que inculpó a los servicios secretos de los Estados Unidos, Reino Unido y España. El objetivo de ese complot, según Obiang, fue situar al líder de la oposición, Severo Moto, en el poder.

Un grupo de unas 15 personas fueron detenidas en Harare (Zimbabue) junto con un avión en el que declararon que su objetivo era destituir al presidente de Guinea Ecuatorial. Simon Mann, el líder de los mercenarios detenidos, reconoció el complot con la participación de Mark Thatcher, hijo de la que fuera primera ministra Margaret Thatcher, y la financiación del millonario libanés Eli Calil. El intento por derrocar al dictador no sirvió realmente para modificar la dinámica electoral. De este modo, en la convocatoria del año 2009, el Partido Democrático logró más del 93 % de los votos. En su catálogo particular de victorias hay que incluir los comicios de 2016, en los que renovó su cargo por cuarto mandato consecutivo. Unas elecciones muy cuestionadas que no estuvieron exentas de controversias. El último intento que se conoce para destituirlo por la fuerza se produjo en diciembre de 2017, esta vez mediante la participación de mercenarios extranjeros. Obiang se pronunció entonces denunciando a los partidos de la oposición. Por sexta vez, en 2018 se anunció una mesa de diálogo en el país para la que se permitiría la participación de nuevas formaciones políticas, la mayoría de ellas en el exilio.

La existencia de una supuesta trama que va más allá de las que hasta ahora hemos descrito podría aplicarse perfectamente al continente africano. En los trabajos relacionados con los complots y las revoluciones apenas se hace mención a las acciones concebidas contra el espacio geográfico. Podríamos decir que existe una conspiración geográfica contra el territorio y sus recursos que, de una u otra forma, ha terminado por incidir en los gobiernos y en la población. Indiscutiblemente, la mala industrialización y la excesiva urbanización en los países africanos han sido y todavía son responsables del deterioro medioambiental. Todo ello, añadido a una explotación injustificada de las regiones por parte de las multinacionales, justifica la existencia de un complot que de un modo sigiloso va mermando las capacidades de todo un continente.

La devastación del medio natural en África comenzó en los primeros instantes de la colonización europea con la explotación a gran escala de recursos como el marfil, productos procedentes de la minería, además de los relacionados con la agricultura. El continente en cuestión es poseedor de más de 60 tipos diferentes de minerales y cuenta con un tercio de todas sus reservas en el mundo. Entre ellas, destacan los platinoides, con el 90 %

del volumen mundial, además del coltán, que supone un 80% de las reservas mundiales. Otros materiales como el cobalto, el tántalo o los diamantes superan o se aproximan al 50 % de la producción total. Solo el oro extraído representa más del 40% de las reservas del planeta. Estos recursos ya fueron considerados en tiempos de la colonización «bienes puestos por Dios al servicio de los hombres» con el fin de que fueran explotados para el bien de la humanidad.[166]

En efecto, África cuenta con casi un tercio de los recursos mineros de todo el mundo. Solo en países como Ghana y Sudáfrica se encuentran dos de las mayores reservas de oro. En este último se ha detectado el más grande de los yacimientos de cromo, mientras que en la República del Congo existen los depósitos más importantes de coltán. Por otra parte, tanto en este último como en Botsuana se hallan dos de las más grandes reservas de diamantes del planeta. A nivel mundial, el continente africano contiene casi el 20% del uranio que, unido al resto de recursos, ha provocado que un elevado número de las explotaciones mineras sean gestionadas de una manera ilícita. El elevado e insostenible ritmo de estas actividades no está regulado por los gobiernos, y son inexistentes los planes y programas de protección de los suelos, la flora y la fauna. A esto hemos de añadir el elevado porcentaje de beneficios que se ha seguido dedicando a la financiación de conflictos bélicos y al sostenimiento de gobiernos corruptos.

Desde 1970, la producción alimentaria por habitante se ha deteriorado considerablemente, lo que ha contribuido a aumentar la desnutrición. Así, en solo 20 años se pasó de 94 millones de personas mal alimentadas a 175 millones en 1990. El hambre en muchos casos ha sido la consecuencia de la deforestación a gran escala y de las guerras civiles, es decir, de una explotación desproporcionada y muchas veces ilegal de los recursos naturales de los países que conforman todo el continente. Ha sido, además, el primero en aumentar la temperatura con un promedio de 0,7 °C en los

---

166 Kabunda Badi, Mbuyi (2008). «El infarto ecológico en África: depredación, conspiraciones geográficas y económicas», *Revista de análisis sur-norte para una cooperación solidaria*, 45, 40.

últimos 100 años, todo ello a pesar de no emitir gases de efecto invernadero. Eso explica, por ejemplo, que uno de los antiguos lagos más grandes hoy en día, el Chad, solo tenga una superficie de 3 000 kilómetros cuadrados, es decir, la décima parte del total de hace 40 años.

La llegada del siglo XXI ha mantenido a cerca de 200 millones de personas africanas próximas al hambre, sin que la intervención occidental haya influido en mejorar la situación. Por el contrario, las elevadas tasas de deforestación iniciada desde hace décadas por multinacionales madereras han dejado al segundo pulmón del planeta, las selvas tropicales del Congo, muy dañadas. La corrupción y los intereses del gobierno congoleño deben contemplarse como las causas de la fuerte devastación del medio natural en la zona. Una catástrofe que fue consentida para que empresas como Rougier, Thanry o Pallisco, de origen francés, operaran a su antojo aplicando talas con el único criterio de favorecer a empresas del sector y a oligarcas y familias importantes de los países del África subsahariana.

La larga historia del Congo relativa al saqueo de sus recursos naturales se remonta al año 1876 con la política del rey belga Leopoldo II, quien en nombre del cristianismo convirtió la región en una hacienda personal con la confiscación de todas las tierras y la explotación masiva del caucho y del marfil por las empresas concesionarias. Las graves consecuencias de aquel latrocinio llevaron a miles de congoleños a realizar trabajos forzados en minas y plantaciones con el consiguiente goteo de pérdida en vidas humanas. Esas mismas prácticas fueron utilizadas décadas después por el dictador Mobutu y sus gobiernos, desde 1965 hasta su derrocamiento en 1997, para la extracción de oro, cobre, diamantes y cobalto. Mobutu creó un sistema basado en la apropiación y posterior redistribución de los recursos del país con el único propósito de su enriquecimiento personal.[167]

Durante el gobierno congoleño, entre los años 2003 y 2006, una serie de contratos mineros y forestales firmados con varias de las multi-

---

167 El antiguo Congo belga fue conocido como República del Zaire entre octubre de 1971 y mayo de 1997, nombre dado por el dictador Mobutu Sese Seko. Actualmente el país es conocido como República Democrática del Congo.

nacionales más importantes del mundo demostraron la corrupción en la Administración dando lugar a lo que el profesor Mbuyi Kabunda llegó a denominar la «conspiración del silencio». Muchos de los políticos fueron responsables de crímenes políticos y económicos al permitir el saqueo de los recursos naturales del país por parte de empresas extranjeras y gobernantes del Congo. Todo ello supuso el enfrentamiento con países vecinos y un incremento de la violencia, que define así el propio Kabunda: «...la guerra en este país es deseada y mantenida [...] por todos los actores locales, regionales e internacionales, que sacan importantes beneficios de ella».[168]

Son muchos los negocios e industrias interesadas en la exportación, dentro de los mercados internacionales de los países desarrollados, que han presionado a los gobiernos africanos con la idea de salvar parte de sus deudas externas a cambio de ceder sus recursos naturales. Un intercambio resuelto con la degradación total o parcial de millones de hectáreas y la liquidación de la fauna autóctona con graves consecuencias en todo el continente. Esta presión también fue dirigida a sobreexplotar ilegalmente especies marinas con la llegada de grandes flotas pesqueras de países industrializados.

El caso del delta del Níger es otro claro ejemplo de manipulación y complot en beneficio de unos pocos. Los territorios al sur de Nigeria, considerados parte de las zonas más húmedas del continente, vieron liquidadas y arruinadas las actividades que antaño tuvieron que ver con la agricultura y la pesca debido a la injerencia de empresas multinacionales del petróleo norteamericanas y europeas. La más que evidente despreocupación de los distintos gobiernos del país, deseosos de proteger sus intereses particulares, llevaron a la pobreza crónica a miles de personas y a terminar con sus modos tradicionales de vida, siendo en muchos casos reprimidos violentamente por las propias multinacionales con el beneplácito del gobierno federal de Nigeria.[169]

---

168 Kabunda Badi, Mbuyi (2011). «Conflictos en África: el caso de la región de los Grandes Lagos y de Sudán», *Investigaciones Geográficas*, 55, 81.
169 Kabunda Badi, Mbuyi (2008), op. cit., p. 59.

A su vez, aunque pueda extrañarnos, algunas multinacionales se apropiaron en su día del agua potable, especialmente en aquellos países africanos que fueron antiguas colonias francesas. Este control de un bien como el agua provocó la privación y el acceso a la misma de la mayoría de la población sin recursos económicos. Por si fuera poco, los elevados precios han seguido dificultando el desarrollo de las economías autóctonas desencadenando consecuencias dramáticas en las poblaciones locales. Todos estos factores explican que un número de países en África padezcan la escasez de agua, incluso en regiones donde el agua es abundante para el desarrollo de una vida normal y próspera.

Este tipo de incertidumbre provocada por auténticas conspiraciones contra el territorio y el medio ambiente es más evidente en las prácticas de exportación de desechos tóxicos a países africanos. En las últimas dos décadas, el vertido de venenos e insecticidas, ya sin uso para la industria, se ha convertido en una práctica habitual en países como Malí, Etiopía, Tanzania, Nigeria o Botsuana, por citar solo algunos ejemplos, convirtiendo extensas áreas en un peligro sanitario con efectos evidentes sobre la población. Una de las formas más abusivas de desposeer a los campesinos de sus dominios agrícolas y ganaderos ha sido a través de la proliferación de extensas plantaciones de caña de azúcar, jatrofa o maíz con el fin de producir biocombustibles.

La producción de alimentos para las máquinas no ha dejado de ser una ironía, en tanto que muchos gobiernos africanos han permitido la introducción de pesticidas que dañan los suelos y perjudican la atmósfera en un intento más por conceder privilegios a grupos industriales y financieros a cambio de lograr la estabilidad económica y la permanencia en el poder. Esta especie de ruleta rusa en contra de los recursos autóctonos se completó con la venta a los países africanos de los llamados organismos genéticamente modificados (OGM) para, de esta forma, ayudar a los estados a conseguir una suficiencia alimentaria.

El África subsahariana se convirtió, incluso después de su descolonización, en una despensa de materias primas, explotada con métodos muy agresivos en manos de multinacionales, principalmente europeas. La intensa demanda de minerales como el cobre o el coltán, y el petróleo, y su incremento de precio en los mercados, si bien ha hecho que algunos países crezcan económicamente ha creado, al mismo tiempo, un escenario de expolio generalizado y de conflictos armados con el único fin de controlar los recursos naturales. El deterioro de los suelos y la deforestación en África son hoy, como en el pasado, las causas directas de la emigración de una parte importante de la población. Una peregrinación que, desde hace décadas, va en busca de otras regiones prósperas por todo el mundo. A ello debemos incorporar el desarraigo de millones de personas y el rechazo étnico y social por el que tienen que deambular continuamente.

Con unos procedimientos un tanto diferentes, entre las décadas de los años setenta y ochenta, el África austral desarrolló un sistema basado en el crimen y la represión, poniendo en marcha un macabro mecanismo de segregación racial o *apartheid*. Una conspiración ejecutada desde el gobierno sudafricano en la que estuvieron presentes las fuerzas de seguridad y de inteligencia de aquel país, en colaboración con altos cargos y de la Administración de otros territorios de la zona. Mientras por un lado se favorecieron actividades como el tráfico de drogas, el contrabando de armas, de marfil o de piedras preciosas, los recursos naturales sirvieron como una fórmula de intercambio para adquirir bienes de equipo, principalmente por empresas y los servicios de seguridad de Sudáfrica, con los que sufragar gastos a infiltrados y confidentes, además de movimientos guerrilleros de desestabilización en países como Mozambique y Angola.

Asimismo, la desestabilizadora política económica llevada a cabo desde 1994 por Thabo Mbeki, primero junto a Nelson Mandela y posteriormente como presidente sudafricano hasta 2008, supuso un importante retroceso social en la población, aumentando las desigualdades entre ricos y pobres. Sudáfrica está todavía pendiente de abordar la reforma de la redistribución de la tierra, un suelo que permanece principalmente en manos de sudafricanos blancos. Muy poca tierra es adecuada para el cultivo debido al relieve y a la aridez del terreno. A todo ello, deben añadirse los problemas del cambio climático y la falta de fondos, lo que está poniendo en peligro la vida natural del país.

En los últimos años, la sensibilización de una parte del mundo desarrollado con los países africanos ha puesto en evidencia los peligros de la llamada *ecocracia*, un concepto acuñado en los años setenta del siglo xx que podría definirse como el desarrollo de un tramado institucional a nivel mundial para la utilización de los medios ecológicos y naturales por parte de los países desarrollados. Algo que podría considerarse una «conspiración de la geografía», promovida en su momento por Mbuyi Kabunda en numerosos trabajos de investigación sobre el continente africano. Lo cierto es que, desde la Conferencia de Estocolmo de 1972 sobre el Medio Ambiente Humano, la de Johannesburgo de 2002 sobre el Desarrollo Sostenible, sin olvidar la importante Cumbre de la Tierra celebrada en Río de Janeiro durante el año 1992, se ha puesto el foco de atención en añadir esfuerzos para intentar paliar la crisis ecológica a nivel mundial que ha producido el desarrollo en los países del llamado Tercer Mundo.[170]

Al margen de todas estas realidades derivadas de la explotación de los recursos africanos por empresas transnacionales, existe desde los años setenta del pasado siglo una teoría de la conspiración, difundida por grupos ultraconservadores y antisemitas de Europa y Estados Unidos, que no ha dejado de expandirse hasta el día de hoy. El Plan Kalergi, o conspiración Coudenhove-Kalergi, está basado en un supuesto proyecto puesto en marcha por las élites políticas y económicas para promover la llegada de inmigrantes a Occidente de otras razas, a excepción de la blanca, y mezclarlos con las razas europeas. Para los defensores de dicha teoría, la idea original habría sido desarrollada por el político y filósofo austríaco Richard Coudenhove-Kalergi. Sin embargo, y como veremos más adelante, esta percepción se aleja bastante de la realidad.

---

170 El término «Tercer Mundo» fue acuñado por el economista francés Alfred Sauvy en 1952, en una comparación con la denominación del Tercer Estado, con lo que así quedaban designados los países que no pertenecían a ninguno de los bloques enfrentados durante el periodo de la Guerra Fría.

Richard Nikolaus Eijiro von Coudenhove-Kalergi, nacido en Tokio en noviembre de 1894, fue hijo del conde y diplomático austrohúngaro Coudenhove-Kalergi y de Mitsu Aoyama, originaria de Japón. En la actualidad, Kalergi está acreditado como uno de los padres de Europa, a pesar de ser todavía un gran desconocido para la inmensa mayoría de europeos. Doctorado en Filosofía en la Universidad de Viena, trabajó como periodista y llegó a ser editor de la revista *Paneuropa*. Sus trabajos le reconocieron como el fundador del primer movimiento para unir Europa. Al igual que muchos otros intelectuales de su época, el conde Coudenhove-Kalergi ingresó en el año 1922 en la Logia Humanitas de Viena, adscrita a la Gran Logia de Austria, y llegó al grado de maestro unos años más tarde.

En 1923 publicó el famoso manifiesto *Paneuropa*, resultado de otros trabajos de los años veinte, en los que había propugnado la creación de un movimiento paneuropeo para terminar con las diferencias entre los países del continente, evitando nuevos conflictos armados. En *Paneuropa*, Kalergi apostó por la construcción de una confederación de países europeos, para lo cual fundó la Unión Internacional Paneuropea, un movimiento político cuyo objetivo era la unificación de los estados integrantes de Europa. Entre los días 3 y 6 de octubre de 1926 tuvo lugar el Primer Congreso Europeo, en la sala de mármol de la Wiener Konzerthaus, donde se congregaron 2000 delegados de 24 países. La idea fue acogida con entusiasmo por países como España, donde en un artículo del diario *ABC* podía leerse lo siguiente:

[…] Paneuropa, idea que ha entrado ya, afortunadamente, en la mentalidad de todos, pues sus ventajas son tan palpables que no es necesario insistir en ellas. Coudenhove-Kalergi compara la situación de nuestra Europa a la de la Confederación germánica en el siglo XVII, cuando la desunión determinó su debilidad y la dominación de otras potencias unificadas, lo mismo que hoy la desunión entre los países europeos determina la ascensión de otras agrupaciones, que en un día no muy lejano podrían llegar a dividir nuestro Continente en esferas de influencia.

Posteriormente a la publicación del manifiesto de 1923, Kalergi publicó en tres volúmenes su obra más destacada titulada *La lucha por Paneuropa*. Convencido del éxito que podía lograr, incluyó en cada ejemplar de sus libros una tarjeta con el siguiente texto: «Yo me afilio a la Unión Paneuropea».[171] Solo en un mes, el movimiento alcanzó los 1 000 afiliados. Su divulgación llegó hasta Max Warburg, un banquero de Hamburgo, quien puso a disposición del proyecto 60 000 marcos de oro. Personalidades como Sigmund Freud, Albert Einstein o José Ortega y Gasset se vieron identificadas enseguida con los preceptos presentados por Kalergi. De forma paralela, sus ideas calaron rápidamente en políticos como Aristide Briand, primer ministro francés y uno de los precursores de la unidad europea. En el mes de junio de 1929, en la reunión celebrada en Madrid por el Consejo de la Sociedad de Naciones, Briand habló de la propuesta de unidad en Europa esbozando un primer proyecto de lo que, en su opinión, debía suponer la unificación.

> Estoy convencido de que entre pueblos agrupados geográficamente, como están los de Europa, deben existir lazos de una cierta unidad federal. Estos pueblos deben tener la oportunidad, en todo momento, de concertarse, de discutir sus intereses, de tomar resoluciones comunes, establecer en sí vínculos de solidaridad capaces de afrontar circunstancias difíciles cuando surjan. Son estos vínculos los que yo quisiera esforzarme en establecer. La asociación actuará sobre todo en el campo económico, esta es la cuestión más perentoria. Pero estoy convencido también de que en el plano político y el social el vínculo federal puede ser beneficioso, sin afectar a la soberanía de ninguna de las naciones que podrían formar parte de la asociación.

---

171 Faramiñán Fernández-Fígares, Juan Manuel de (2014). «Coudenhove-Kalergi, ética y dignidad en el origen del proyecto europeo», *Revista Aequitas: Estudios sobre historia, derecho e instituciones*, 4, 314.

Después de la anexión de Austria a la Alemania nazi, Kalergi huyó a Francia en 1938 para trasladarse a Estados Unidos dos años después. Allí publicó su obra *Cruzada por Paneuropa* en 1944. Llegó a ser profesor en la Universidad de Nueva York hasta 1945, cuando regresaría a Francia. Establecido definitivamente en este país, fundó la Unión Parlamentaria Europea. En uno de sus congresos celebrado en septiembre de 1947, defendió la idea de un mercado con una moneda estable como único medio para que los países europeos pudieran ocupar el sitio que les correspondía.

Consciente de la situación tras los conflictos vividos en Europa y la pérdida del papel hegemónico del Viejo Continente en el mundo, la solución para superar su deterioro y decadencia debía pasar por la convocatoria de una conferencia continental capaz de arbitrar los mecanismos necesarios para hacer frente a los conflictos entre los países. En su planteamiento original, propuso la creación de una Unión Aduanera Paneuropea, previa a la constitución de unos Estados Unidos de Europa, entidad que contaría con un Parlamento compuesto por una cámara popular y otra federal. Organizado alrededor de un sistema liberal-capitalista, el nuevo modelo europeo debía contar igualmente con una estructura de seguridad militar y diplomática a fin de impedir enfrentamientos bélicos dentro del continente.

Con los años, podemos decir que aquella Unión Europea se hizo realidad después del Tratado de Maastricht en 1992. El camino había comenzado exactamente en 1957 con el Tratado de Roma, instrumento con el que se abrió paso la Comunidad Económica Europea y que después se sumaría a la Comunidad Europea del Carbón y del Acero, así como a la Comunidad Europea de la Energía Atómica. El último paso dado en este sentido se consumó en 2002 con la consecución de una unión económica y monetaria. En 1950, Kalergi fue la primera persona en recibir el Premio Carlomagno, un reconocimiento que, desde entonces, es otorgado por la ciudad alemana de Aquisgrán a quienes contribuyen con sus ideas y trabajos a la consolidación de una Europa unida y en paz.

Pues bien, durante la década de 1970, las ideas y convicciones de Kalergi fueron distorsionadas por los escritos del neonazi austríaco Gerd

Honsik. Sus discutidas interpretaciones culminaron en el libro *Adiós Europa. El plan Kalergi, un racismo legal*, publicado en 2005. Tanto la revista *Il Foglio* como el diario *Linkiesta* corroboraron el engaño recogido en sus escritos, comparándolos con los textos antisemitas plasmados en *Los protocolos de los sabios de Sion*. Para Honsik, la verdadera intención de Kalergi no fue otra que la de implementar una política de inmigración en Europa capaz de atraer a africanos y personas de otras razas con el fin de crear una «población sin identidad».

Ese «gran reemplazo» propugnado por Honsik se consumaría al mezclar ADN de africanos y asiáticos con europeos para dar lugar a un ser humano híbrido, débil y fácilmente manipulable por una supuesta élite judía. La raza blanca quedaría así supeditada a la manipulación como mano de obra barata hasta llegar a un último estadio en el que se consumaría su completa eliminación. La organización no gubernamental en defensa de los derechos civiles Southern Poverty Law Center (SPLC) llegó a argumentar que la supuesta conspiración del Plan Kalergi no era más que un vasto fraude con el que justificar que las políticas europeas de inmigración estaban destinadas a destruir a las personas «blancas», complots que habrían sido urdidos décadas atrás.

Sacados previamente de contexto, Honsik logró reproducir párrafos de la obra de Kalergi con el ánimo de demostrar que era un ideólogo contrario a la raza blanca. Dadas las circunstancias y sin que exista una base científica, el complot internacional estaría importando millones de trabajadores de África y Asia e integrándolos y mezclándolos con ciudadanos europeos. La aniquilación de los pueblos en Europa estaría de este modo garantizada con la puesta en marcha del plan de mestizaje propuesto por Kalergi, una idea que no refleja la realidad constatada por este.

En efecto, para Coudenhove-Kalergi la superación de los conflictos étnicos era una meta que debía alcanzar Europa cuanto antes. En su concepción particular, la historia de los pueblos que integraban el continente europeo se reducía a una imagen muy concreta: «... se ve constituida por el individualismo griego, por el socialismo cristiano y por el heroísmo nórdico. La apadrinan tres pueblos: griegos, judíos y germánicos. Se da siempre bajo el signo de libertad, fraternidad y valentía».[172] Sin embargo, la manipulación de Honsik llegó al extremo de aseverar que el ideólogo, defensor de la unidad europea, lo que verdaderamente había tramado era un plan para terminar con la raza blanca.

> Él estaba a la cabeza de la conspiración que amenazaba la subsistencia de los pueblos de Europa. Ya en 1923, y ante sus hermanos masones, este oscuro personaje proclamó que Europa sería dominada por una «raza aristocrática judía». Con tal fin, los europeos debían «ser cruzados» con negros y asiáticos como si de animales se tratara. De este «cruce», Coudenhove-Kalergi esperaba la consecución de una clase humana inferior fácilmente gobernable y sin carácter (Honsik, Gerd, 2005, p. 10).

En realidad, Gerd Honsik no hizo más que alimentar el antisemitismo, tal y como con anterioridad habían hecho otros pensadores y políticos a lo largo de la historia. Nacido en Viena en octubre de 1941, Honsik fue un destacado negacionista del Holocausto. En 1992 fue condenado en Austria a 18 meses de prisión por publicar un libro titulado *¿Absolución para Hitler?* Huido a España, fue detenido y extraditado a su país en 2007, donde fue juzgado nuevamente y sentenciado a cinco años de cárcel. Honsik pretendió hacerse pasar por un liberal demócrata, pero el fiscal que lo acusó destacó, sin embargo, que era un ideólogo neonazi. Finalmente, una vez cumplida la condena, Honsik murió en la ciudad húngara de Sopron en abril del año 2018.

Como en otros casos de conspiraciones falsas, a pesar de las distorsiones realizadas sobre la obra de Kalergi, las ideas de Honsik no tardaron en difundirse, especialmente entre los partidos europeos nacionalistas y popu-

---

172 Coudenhove-Kalergi, Richard Nikolaus (1961). *Una bandera llamada Europa* (p. 5). Barcelona. Argos.

listas. Entre estos últimos destacaron la Liga Norte italiana, la Reagrupación Nacional francesa, el Partido de la Independencia del Reino Unido (UKIP) o el Fidesz-Unión Cívica Húngara, formación dirigida por el primer ministro de Hungría, Viktor Orbán. Asimismo, sabemos que las estadísticas sobre inmigración en la sociedad europea dejaron en 2020 unas cifras que nos indican que, de un total de 447 millones de europeos, solo 23 millones eran ciudadanos procedentes de terceros países. De estos, se calcula que alrededor de 14 millones son, en la actualidad, afrodescendientes, personas que han nacido fuera de África, pero que tienen algún antepasado en el continente.

A pesar de los porcentajes mencionados, existe una corriente en Europa y Estados Unidos que preconiza un enfrentamiento entre dos concepciones bien diferenciadas de la sociedad. Una primera abierta a la globalidad y la universalidad de los ciudadanos y la segunda, más cerrada y ultraconservadora, limitaría el acceso de las personas del Tercer Mundo a países de Occidente. Estos últimos estarían utilizando la difusión del mal llamado Plan Kalergi, al que habría que renombrar como Plan Honsik..

Sin duda, las teorías y desmanes de la conspiración de Kalergi que denunció Gerd Honsik afectaron y siguen afectando a un continente como es el africano, cargado de recursos naturales, pero gestionado desde la desidia y el interés indolente de sus dirigentes. Precisamente, el elevado número de personas que intentan migrar desde África a mundos más desarrollados es la consecuencia de ser el continente con el mayor índice de pobreza de todo el mundo, además de albergar el mayor número de conflictos armados.

Con el problema cada vez más acuciante de acceso al agua potable y a los alimentos básicos, se comprende que cualquier tipo de conspiración que argumente el tránsito de la población africana a otros lugares con fines hostiles es una simple quimera sin justificación científica. Actualmente y tras los procesos independentistas, alrededor del 45% de los africanos pertenece a grupos étnicos que fueron divididos por los límites fronterizos impuestos por los europeos. Una situación que sigue siendo todavía determinante para entender la particular idiosincrasia del continente.

LA AMENAZA DE LOS GRUPOS RADICALES ISLAMISTAS. PANDEMIAS Y NUEVO ORDEN MUNDIAL EN EL SIGLO XXI

El islamismo radical. La realidad de Eurabia

Alrededor de unos 25 millones de musulmanes viven en la actualidad en 28 de los estados del continente europeo, lo que supone el 5 % de la población total del mismo. En el año 711, los primeros grupos de árabes de religión musulmana procedentes de Damasco terminaron por establecerse en la península ibérica. En el Mediterráneo oriental fueron los pueblos otomanos islamizados los que expulsaron a los griegos de Anatolia, tomaron Constantinopla en 1453 y prolongaron su intrusión hasta tierras balcánicas.

Tras la Segunda Guerra Mundial, cuando los países europeos iniciaron su reconstrucción, recurriendo entonces a las antiguas colonias para paliar la escasez de mano de obra, cientos de miles de personas del norte de África, sobre todo bereberes del Rif, emigraron a Francia, mientras indios y paquistaníes tomaron el camino de las islas británicas. En el caso de Alemania, su alianza durante la Gran Guerra con Turquía supuso un flujo migratorio hacia aquel país de trabajadores turcos y kurdos.

Aquel contingente de personas reunidas durante los años cincuenta y sesenta del siglo xx en la esperanzadora Europa de la posguerra no hizo otra cosa que no fuera buscar un empleo lo suficientemente remunerado con el que aspirar a un bienestar extinto en sus países de origen. En algunos casos, los ahorros obtenidos después de años de duro e intenso trabajo permitieron el regreso a su patria de muchos inmigrantes. Existe, a fin de cuentas, una constatación de que todos contribuyeron al despegue económico desde sectores como la construcción de infraestructuras, la minería o los servicios, la mayoría de las veces empleándose en trabajos que los europeos no querían desempeñar.

La mayor parte de inmigrantes pasaron a ser personas invisibles para las Administraciones occidentales al no tener demandas por las que pugnar, entre otras razones porque en sus planteamientos iniciales siempre prevaleció la idea del regreso. Con la finalización del periodo de bonanza económica y la recesión producida por la primera crisis del petróleo en 1973, los países europeos comenzaron a restringir la inmigración, aunque favoreciendo la reunificación familiar y permitiendo que muchos inmigrantes trajeran a sus familias desde los países de origen. Esto último propició un aumento significativo en las cifras totales de migrados.

Los países europeos se mostraron muy dispares con respecto a las políticas de integración con la inmigración musulmana. Alemania apenas aprobó leyes a este respecto al considerar a estos trabajadores temporales, es decir, *Gastarbeiter* o «trabajadores temporales», Gran Bretaña y los Países Bajos adoptaron el concepto de multiculturalismo, y abogaron por conservar las diferentes identidades y costumbres culturales. Finalmente, Francia optó por una política de asimilación, imponiendo su modelo de sociedad laica. En cualquier caso, los inmigrantes fueron consolidándose en vecindarios étnicos, ya fuera a través de las *banlieues* francesas o los *suburbs* de Inglaterra.

La crisis económica supuso el cierre de minas y fábricas, y los inmigrantes fueron los primeros en sufrir las consecuencias de la precariedad y el desempleo. Fue así como surgieron las primeras manifestaciones violentas a finales del siglo xx y principios del xxi tanto en el Reino Unido como en Francia, especialmente en este último país con la *révolte des banlieues* en los años 2005 y 2007. El descontento social en la población musulmana disparó la segregación en las grandes ciudades coincidiendo con los atentados terroristas en Madrid a finales del invierno de 2004 y los de Londres en 2005. Ataques que, por otra parte, ya habían sufrido otros países, como Francia, Holanda o Dinamarca.

Este aparente fracaso de la integración en Europa de la población musulmana comenzó a intuirse como el reflejo de una imposibilidad de incorporar dos visiones del mundo bien diferenciadas con sus correspondientes incompatibilidades en lo que se refería a los valores culturales. Precisamente, en esos años comenzó a utilizarse el término «Eurabia», acuñado por la escritora de origen judío Bat Ye'or, seudónimo de Giselle Littman, que apareció por primera vez en el año 2005 en su libro titulado

Eurabia: The Euro-Arab Axis. Este planteamiento, un tanto artificioso, se ha utilizado para explicar una nueva teoría de la conspiración en la que Europa estaría siendo debilitada para ser sometida al islam.

En realidad, en Europa no ha existido una comunidad musulmana como tal. Esto se entiende perfectamente cuando observamos la procedencia de los inmigrantes, la mayoría de las veces de lugares distintos y con lenguas, confesiones o etnias visiblemente diferenciadas. Es cierto que una parte de la radicalización ha sido consecuencia de razones socioeconómicas, sobre todo por la falta de oportunidades y de adaptación a los sistemas de educación y formación occidentales.

Solo durante los últimos años hemos sido conscientes de la responsabilidad de los países europeos en la integración de la inmigración. En mayo de 2004, la Unión Europea publicó el *Manual sobre la integración*. Solo un año más tarde se aprobó el Programa Común para la Integración. A pesar de todo, la radicalización ha contado desde su inicio con el respaldo de grupos de musulmanes que añoran la vuelta a un islam lejano en el tiempo y que sigue negando los dictados de Occidente.

Este islamismo radical al que hacemos referencia ha considerado desde sus orígenes que el desfase económico, social y político de sus territorios es consecuencia del avance de la cultura occidental sobre las sociedades islámicas. La respuesta a este análisis es el cuestionamiento permanente del orden económico mundial y el rechazo a la dominación por parte de Occidente, proponiendo una vuelta a las raíces del islam. En palabras del sociólogo francés Bruno Étienne, este retorno estaría fundamentado en «la edificación de una sociedad islámica acorde con la moral religiosa como el único proyecto civilizador posible».

La intención de islamizar las sociedades musulmanas, incluidas las europeas, no es una acción unívoca en tanto que existen y han existido diferentes movimientos islamistas con interpretaciones y metodologías diversas. Una primera e importante diferencia que ha dividido a los grupos islamistas ha sido, precisamente, la estrategia propuesta. Para los llamados grupos revolucionarios, dicho proceso debe ser iniciado por los poderes del Estado, un hecho que contrasta con las intenciones moderadas, más proclives a que sean las bases sociales las que lleven el peso de islamización.

Principalmente, fue el islamismo revolucionario el que no dudó en valerse de la violencia para derrocar los regímenes «infieles», en detrimento del marco jurídico empleado por los reformistas. Entre estos últimos destaca la organización integrista de los Hermanos Musulmanes, creada en Egipto en 1928, por un maestro de escuela llamado Hassan el Banna y extendida en la actualidad por todo el mundo árabe. En las últimas décadas, los Hermanos Musulmanes han adquirido protagonismo internacional al predicar la necesidad de que sus países volvieran a practicar un islam puro y riguroso, derrocando a los gobiernos autócratas y exigiendo la independencia del poder ejercido por los Estados Unidos. A pesar de sus exigencias, siempre han rechazado el terrorismo y la violencia, salvo para defender sus territorios de un ataque extranjero. Su portavoz en 2001, Mohamed Al Hudaibi, no dudó en condenar los atentados del 11 de septiembre, así como a la organización Al Qaeda y a su líder, Bin Laden.

Los grupos radicalizados o yihadistas siempre han justificado el terrorismo como la forma de contrarrestar las injusticias cometidas por los países europeos y occidentales, presentándose a sí mismos como los verdaderos defensores del llamado *Dar al Islam*, es decir, el «hogar» o la «tierra del islam». Por lo general, la mayoría de todos ellos surgieron en países dominados por gobiernos autoritarios y con una pobreza estructural significativa. A partir de los años noventa del siglo XX, la fuerte represión adoptada por algunos estados musulmanes influyó notablemente en la radicalización de algunas organizaciones que, en un primer momento, habían apostado por una actividad más moderada y reformista.

En el transcurso de los años cincuenta y sesenta, los movimientos islamistas vivieron su etapa de gestación intelectual con teóricos como el egipcio Sayyid Qutb, el paquistaní Abul A'la Maududi o el iraní Ruhollah Jomeini. Todos ellos redactaron una nueva concepción en la que el islam quedó convertido en una identidad cultural, social y política en contra de las ideas laicas predominantes entonces. Desde entonces, el objetivo básico del islamismo trasvasado a la política ha dedicado sus esfuerzos a la instauración de un Estado islámico. En la estructura de este último, la religión quedaba reconocida como la fuente esencial que debía identificar a los musulmanes con un territorio específico.

Tanto en Europa como en los países islámicos de otros continentes, el rechazo a la sensación de humillación, debida a las intervenciones desde Occidente en sus costumbres, avivó un discurso en el que se acentuaba la grandeza experimentada por el islam en otras épocas de mayor esplendor. Una de las cuestiones fundamentales en su discurso fue renegar de aquellos valores de modernidad que aparecían vinculados con el liberalismo o el marxismo, a cuya injerencia se debían el fracaso y las frustraciones del mundo islamista. Así, la excesiva modernización de las sociedades acogidas al islam fue entendida como la principal causa de la crisis surgida en los años setenta. El proceso de actualización y remodelación, importado principalmente desde Europa, se convirtió en insuficiente para resolver los problemas sociales y culturales de países inmersos todavía en un claro subdesarrollo. Frente a este escenario yermo y deficitario en lo que a las tradiciones se refería, la reivindicación de un islam puro fue suficiente para contrarrestar los efectos del capitalismo y del comunismo propuestos desde los estados occidentales.

Previo a los movimientos radicales, el nacionalismo árabe ya había puesto en la vanguardia del mundo islámico la creación de una gran nación árabe independiente. Este primer rechazo a Occidente se vio fortalecido, en cierta medida, gracias a la influencia de la Revolución rusa partidaria de poner en marcha la maquinaria anticolonialista. Terminada la Segunda Guerra Mundial, el nacionalismo árabe cobró todavía más fuerza debido al establecimiento en 1948 del Estado de Israel en territorios palestinos. El propósito de expansión del nuevo país y las difíciles condiciones de los palestinos exiliados no tardaron en agitar a la comunidad árabe. Muchos de los líderes formados en universidades europeas o avanzadas, como las de El Cairo o Estambul, comenzaron de esta manera a conformar una nueva élite laica que resaltaba el papel del mundo árabe en la nueva configuración del mundo de posguerra. De todo ello surgieron dirigentes como Ahmed Ben Bella en Argelia y Gamal Abdel Nasser en Egipto.

El progresivo acercamiento a la cultura y a los modos de vida occidentales fue haciéndose cada vez más evidente, mientras la resistencia al mismo se mantenía entre las clases más modestas. Quienes se resistieron a esta occidentalización fueron los ulemas, una comunidad de estudiosos del islam, cuyo nombre significa «los que tienen conocimiento», cuya principal misión es el estudio de los textos relativos a las tradiciones islámicas y mostrar su oposición a la cultura occidental con el fin de regresar a los valores religiosos de los tiempos del profeta Mahoma.

A finales de los años sesenta, la mayoría de los regímenes asentados en los países musulmanes de origen árabe eran «nacionalistas». La Guerra Fría había obligado a asumir responsabilidades políticas y económicas con los Estados Unidos o la Unión Soviética, sin reparar en la proliferación de mezquitas y lugares de oración que de un modo paulatino seguían creándose para mantener latente el binomio población-religión. Algunos estados pasaron a estar controlados por regímenes nacionalistas progresistas, impulsados por un socialismo árabe claramente vinculado a la Unión Soviética. Todos ellos se vieron en la necesidad de limitar las influencias de las instituciones religiosas ejerciendo un estricto control sobre las mismas. Los ejemplos más elocuentes fueron los gobiernos de Nasser en Egipto, Gaddafi en Libia y Bourmedian en Argelia. Bajo sus mandatos, uno de los objetivos prioritarios fue la utilización de las instituciones religiosas en beneficio de dichos programas políticos, siendo la religión un mero instrumento diferenciador del marxismo ateo.

Por otro lado, surgieron los regímenes conservadores en estrecha colaboración con los Estados Unidos que utilizaron la religión islámica como un mecanismo para legitimar el poder. En estos casos fueron la propia Administración y el gobierno quienes se encargaron de estimular la islamización y las costumbres religiosas como una forma más de alejar a las masas de la política. Como muestra de todo ello, los mejores ejemplos fueron la monarquía de Arabia Saudí, junto con las de Jordania y Marruecos.

Dadas las circunstancias, durante los años sesenta la influencia de Nasser en el mundo árabe fue decisiva, surgiendo enfrentamientos contra los modelos más ancestrales de Arabia Saudí. La derrota sufrida en 1967, durante la guerra de los Seis Días dio un giro al socialismo árabe, que a partir de esos momentos inició un claro declive. Para algunos historiadores esta caída fue debida al escaso peso que había tenido el ideario revolucionario y socialista. No faltaron quienes vieron en este fracaso la escasa efectividad que suponía la «importación» de ideologías, hecho que debilitaba la verdadera organización y cultura social árabe. De hecho, Étienne no ha dudado en señalar el conflicto de 1967 como el verdadero punto de inflexión para el cambio de rumbo de la sociedad musulmana hacia el islamismo en detrimento del nacionalismo. Este vuelco también se ha querido relacionar con los sucesos vinculados con la revolución iraní de 1979 en los que fue derrocada la monarquía de Reza Pahleví en favor del ayatolá Ruhollah Jomeini, lo que supuso igualmente una fuerte radicalización religiosa en Irán.

El hecho es que fue durante la guerra de los Seis Días cuando el mundo árabe comprendió que Estados Unidos y Occidente siempre estarían al lado de Israel y de los gobiernos fuertes del territorio. Por el contrario, la Unión Soviética se había mostrado reticente y dubitativa. Una idea que se vio reforzada en 1982, cuando el Estado de Israel atacó el Líbano y a los palestinos. El desencuentro, a la vez que el desencanto generado por la falta de apoyo a las corrientes puras del islam, dio lugar a un avance en las posiciones contra los países occidentales. Además, la politización del propio islam ya se había manifestado claramente en febrero de 1979 tras la expulsión del sah iraní. Un acontecimiento que daría lugar a la creación de una república islámica cuyas consecuencias se extenderían a otros territorios árabes.

Sin embargo, el surgimiento del islamismo más radical no fue solo el efecto del rechazo al imperialismo norteamericano y al comunismo soviético. El crecimiento de la población durante las décadas de los sesenta y setenta propició que alrededor del 60% de la misma fuera menor de 25 años. A ello se sumó una mayoría de procedencia rural, lo que aumentó las dificultades de inserción por la escasez de medios educativos y posibilitó la exclusión social. Con una mayoría frustrada y desocupada, el resentimiento hacia los gobernantes y el descontento social fueron haciéndose cada vez más ambiciosos alimentando el deseo de acceso al poder.

La fuerza de este razonamiento —y la causa de la extraordinaria atracción que produjo en la juventud de los años setenta— procedía de la ruptura radical que operaba en el registro imaginario: destruía la antigua utopía convertida en sistema de poder autoritario, como el Profeta destruyó los ídolos del paganismo, y la sustituía por la utopía del islam. No había ninguna necesidad de definirla, de precisar su programa, porque ya se había producido el advenimiento del islam; bastaba con remitirse a la experiencia original del Profeta y de sus compañeros e inspirarse en ella. La debilidad de este razonamiento residía en el margen que dejaba a la interpretación de lo que fue esta experiencia y en la manera de reproducirla en el siglo xx (Kepel, Gilles, 2001, p. 32).

La aversión mostrada entonces por los grupos islámicos hacia los medios y países occidentales se amplió, convirtiéndose en una nueva variante política revolucionaria. Aunque primeramente fueron apoyados por los regímenes más opacos y conservadores para frenar las ideas revolucionarias y marxistas, lo cierto es que más tarde reaccionaron contra esos mismos gobiernos reclamando un adoctrinamiento en el islam para toda la sociedad. Mediados los años setenta, el éxito pareció estar asegurado para los grupos islamistas al creer que la llegada al poder sería rápida. El apoyo de algunas monarquías favorecidas por el petróleo y de algunos regímenes conservadores propiciaron un vuelco precisamente a través de la revolución en Irán de 1979, que puso en alerta a algunos países sobre el peligro que suponía contribuir al sostenimiento de estos grupos.

Ya en los años ochenta, las ideas islamistas se habían consolidado entre las comunidades musulmanas. Organizados políticamente, la movilización de masas puso a su alcance el asalto al gobierno, tal y como sucedería entre 1988 y 1989, con la retirada de las tropas soviéticas de Afganistán. Por otra parte, la intifada palestina dirigida por Hamás, puso en jaque a la Organización para la Liberación de Palestina (OLP). Asimismo, en Argelia se creó el Frente Islámico de Salvación (FIS), que ganó las elecciones municipales en 1990 con el 34% de los votos, lo que suponía el doble que el histórico Frente de Liberación Nacional. Con ello, el FIS recogía los resultados de las protestas estudiantiles que habían reclamado semanas antes reformas económicas y políticas en lo que entonces parecía ser un país laico desde su independencia. Además de todo ello, en las elecciones legislativas de 1991 logró un 47% de apoyo electoral, lo que terminaría provocando un golpe militar en el país. El ejército trató entonces de que no se celebrase la segunda vuelta, declarando el estado de excepción y anulando todo el proceso electoral. El FIS fue disuelto y sus dirigentes terminaron siendo encarcelados.

Si bien el avance de los movimientos islamistas parecía no tener freno, la realidad es que seguía adoleciendo de problemas internos. Las diferencias sustanciales se fueron haciendo más patentes, propiciadas en parte por los gobiernos conservadores, y, en los años noventa, se produjo una fragmentación y una violencia todavía mayor a nivel internacional. Una acometida que, entre otros, sería protagonizada por grupos como Al Qaeda. Esta corriente de terror pareció no detenerse al proliferar colectivos terroristas en varios países de África y Oriente Medio. Entre ellos destacan Al Shabaab, organización extremista de Somalia que ha reivindicado numerosos atentados y secuestros de mujeres tanto en ese país como en Kenia. En el Líbano destacó Hezbolá o Partido de Dios, seguidores del chiismo y de la revolución iraní que ocasionó más de 250 muertos en 1983. Por último, es sobradamente conocido el grupo Isis o Dáesh, partidario de la violencia extrema que ha matado a hombres, mujeres y niños, la mayoría musulmanes. Autodenominados como Estado Islámico, sus seguidores han llevado a cabo una interpretación radical de la ley islámica que no representa al islam convencional y ha ocasionado miles de muertes con el fin de esclavizar a quienes no admitiesen sus ideales políticos y religiosos.

Algunos teóricos de la conspiración han llegado al convencimiento de que Europa, como resultado de la inmigración masiva procedente de países de religión islámica, habría comenzado a ser profundamente islamizada. Una teoría geopolítica conocida por el nombre de Eurabia, según la cual, las bajas tasas de natalidad existentes en las poblaciones europeas, en comparación con las de los migrantes musulmanes, estarían poniendo en riesgo las libertades y la identidad de los estados occidentales, especialmente los europeos. Bat Ye'or, al igual que Benjamin Lee, del Centro de Investigación y Evidencia sobre Amenazas de Seguridad en la Universidad de Lancaster, a comienzos de la década de los años 2000 trataron de explicar una supuesta sumisión de Europa al islam.

Según la teoría sugerida, el continente europeo se habría visto obligado a negar su propia cultura aceptando la inmigración musulmana y pagando diversos tipos de tributos económicos. Una conspiración desarrollada por medios de comunicación, universidades, mezquitas y centros islámicos, entre otros, que estaría siendo utilizada por activistas de ideología de extrema derecha. El relato adquirió todavía más importancia a raíz de los sucesos del 11 de septiembre por movimientos como Stop Islamization of Europe o por hechos como los sucedidos en Noruega durante el año 2011, cuando Anders Behring Breivik detonó un coche bomba en Oslo y disparó de manera indiscriminada en un campamento de verano de la Liga de la Juventud. Este incidente terminó ocasionando el asesinato de 69 adolescentes.

Un día después de los ataques, Breivik distribuyó un manifiesto con una Declaración Europea de Independencia expresando su oposición al islam, al que se culpa de provocar un «suicidio cultural» en Europa. Los textos denunciaban al islam como el principal enemigo y promovían la expulsión de todos los musulmanes del continente. En relación con el multiculturalismo y la inmigración, Breivik siempre declaró su admiración por países como Japón y Corea del Sur, contrarios a la acogida generalizada de refugiados. En su declaración, de alrededor de 1 500 páginas, preparó un extenso alegato en favor de la guerra de culturas y proponía un combate abierto contra la islamización.

Retomando el fenómeno aludido anteriormente de Eurabia, este neologismo es el resultado de la refundición de los términos «Europa» y «Arabia». Sin ningún género de dudas, el concepto expresa la creencia de una progresiva islamización europea. En su origen, fue la denominación de una revista fundada en el año 1975 por la Association France-Pays Arabes de París, el Middle East International Group de Londres, el Groupe d'Études sur le Moyen Orient de Ginebra, además del Comité Europeo de Coordinación de las Asociaciones de Amistad con el Mundo Árabe, un organismo de la antigua CEE. La mencionada historiadora Bat Ye'or, especialista en Oriente Medio, atribuye al político libanés Bashir Gemayel la introducción del término *dhimmitud* o «sumisión al dominio islámico», un concepto que viene a establecer la opresión y la ausencia de libertad. En efecto, la *dhimmitud* sería la consecuencia de la yihad al comprender todas las leyes y costumbres islámicas utilizadas para el sometimiento durante siglos de poblaciones judías y cristianas ubicadas en territorios conquistados por el islam. Eurabia sería, en suma, un presagio sobre una Europa en la que la cultura dominante no sería la occidental, sino la islámica, y en la que el número de inmigrantes habría conseguido alzar «… un caballo de Troya que, en su momento, consumará la victoria cultural del islam». En cierta medida y cambiando a los actores, la percepción de Eurabia como una conspiración contra Occidente sería muy similar a la descrita en los *Los protocolos de los sabios de Sion*. Una visión de Europa en decadencia como potencia e imposibilitada para detener el avance del islam que terminará imponiéndose a medio plazo. Hay quien, sin embargo, rechaza las ideas de Bat o de Benjamin Lee, argumentando que es alarmista al tratarse de un intento de romper el ordenamiento laico y las férreas reglas del juego político en el Viejo Continente.

Fue la escritora y periodista italiana Oriana Fallaci la que hizo coincidir el neologismo con un yihadismo invasor, en el que la cultura imperante en Europa llegaría a ser la versión más sustancial, enseñando sus atisbos de antisemitismo y de antisionismo. La Eurabia de Fallaci nos remite al ocaso de las civilizaciones descrito a comienzos del siglo XX por Oswald Spengler en su obra *La decadencia de Occidente*. Tampoco fue el último en predecir la crisis europea. El *leitmotiv* de la conspiración contra Europa está basado en la idea de una amenaza demográfica por la que en algún momento el islam tomará posiciones, apoderándose de todo el continente. El historiador británico Bernard Lewis aseguró en su día: «Europa será islámica a finales de siglo». Otra manera de nombrar a Eurabia fue propuesta por el sociólogo español Rafael Bardají al referirse a ella como Europeistán. El pesimismo de Fallaci quedó de manifiesto en una entrevista, en 2005, al referirse a la situación en los siguientes términos:

> Europa ya no es Europa, es «Eurabia», una colonia del islam. Nuestro primer enemigo no es Bin Laden ni Al-Zarqawi, es el Corán, el libro que los ha intoxicado. Estamos en guerra, ¿podemos entender eso de una vez? En la guerra se llora, se muere y ya está. Europa sigue sin darse cuenta de que tiene el

enemigo en casa. En Europa no quieren darse cuenta de que esto es una cruzada a la inversa. El islamismo es el nuevo nazi-fascismo. Con el nazifascismo no es posible compromiso alguno (Carr, Matt, 2006, p. 2).

Geográficamente, Eurabia comprendería al continente europeo y los países árabes, actualmente separados desde la perspectiva territorial y desde la cultural. La globalización económica y el establecimiento de relaciones, gracias a las facilidades para el tránsito de personas, han puesto de manifiesto esta mezcolanza de la que muchos se quejan. En este contexto, además de la inmigración, un estímulo añadido sería la inclusión de Turquía en la Unión Europea. Según algunos apasionados de la conspiración, la teoría del cambio cultural y la dominación continental habría comenzado inmediatamente después de la crisis del petróleo, en los años setenta en el siglo XX, provocando la subsiguiente guerra entre los Estados Unidos y los países de la Organización de Países Exportadores de Petróleo (OPEP). El conflicto habría causado concesiones a los países productores del mundo árabe.

Al lado de la trama estarían desde entonces algunos líderes políticos europeos, la prensa de izquierdas y el sostén económico permanente que se dirige hacia los países del golfo Pérsico y el Magreb. Todo este ejercicio aparentemente coherente se habría visto favorecido por la idea de libertad en los países occidentales. Para la mayoría de los expertos e historiadores, la simple mención de Eurabia supone una teoría conspirativa islamofóbica. La comunidad académica ha descartado cualquier atisbo de idea cercana a la conspiración alegando la falta de base factual. A pesar de ello, personas como el arzobispo Giuseppe Bernardini, prelado de la Iglesia católica que trabajó como misionero en países de mayoría musulmana, entre 1957 y 2004, no han corregido, ni mucho menos, las tesis de Fallaci. Durante su desempeño como arzobispo de Izmir, en Turquía, llegó a recoger unas declaraciones autorizadas de un musulmán durante un encuentro islámico–cristiano.

Gracias a vuestras leyes democráticas os invadiremos, gracias a nuestras leyes religiosas os dominaremos: los petrodólares que entran en las cajas de Arabia Saudita y de otros gobiernos islámicos son usados para construir mezquitas y centros culturales en países cristianos con inmigración islámica, incluida Roma (León Jiménez, Fernando, 2007, p. 151).

La participación de los musulmanes en la vida pública, así como en todas las cuestiones que pudieran llevar hacia una islamización, tendría como meta influir progresivamente en la sociedad de Occidente. Esta incidencia ya habría dado comienzo por las concesiones que Estados Unidos y Europa realizaron hace algunas décadas. A raíz de la crisis del petróleo o de la idea de incluir a Turquía en el ámbito europeo, el mayor de los problemas que se observa es la constante apertura a la inmigración musulmana. Esta sería, según quienes nos advierten del peligro de «invasión», la forma más discreta, y firme, de asentar Eurabia.

Tampoco es bien aceptado el rechazo que Europa ha realizado en lo que se refiere a las raíces cristianas, reflejado en la Constitución Europea y en su pronunciada defensa del laicismo. Para muchos expertos sigue siendo un error la equiparación de las demás religiones a la cristiana en el contexto del territorio europeo al representar el cristianismo una influencia dominante en el pensamiento, la ética y la política. En definitiva, la adecuación a la sociedad europea del islam debe ser interpretada también como una suplantación cultural. En palabras del profesor Gabriel Alonso, el laicismo en Europa debería ser matizado, ya que no debe olvidarse que cerca de la mitad de la población en este continente vive en estados cuyas constituciones hacen referencias a la cristiandad.

La negativa a mencionar el cristianismo se basa en un falso argumento que confunde el secularismo ideológico con la neutralidad o imparcialidad. Y esto es una falta de respeto a la sensibilidad de millones de ciudadanos y a la identidad cultural de Europa. El cristianismo ha influido tanto o más en la conciencia europea que la Revolución Francesa y, por ejemplo, en la constitución gala se hace mención de esta última, aunque no fue un proceso pacífico ni respetuoso precisamente con muchos derechos humanos que decía proclamar. Quiero decir con ello que deberían recogerse las grandes influencias que ha recibido Europa y, en el terreno religioso, lo único que se pide es una mención especial a la herencia cristiana dado que es una obviedad a la que solo se puede resistir por motivos ideológicos poco honestos con la realidad histórica del continente.

La posibilidad de que Eurabia se convirtiera en una realidad exigiría la compatibilidad entre el islam y las democracias occidentales. Para sus detractores, la vocación totalizadora en todos los ámbitos de la vida social, sin distinguir el orden civil y el religioso, hacen imposible imaginar la defensa de una democracia desde una concepción islamista. Asumir un espacio donde la libertad individual y el Estado de derecho fuesen limitados o subordinados a la religión es una falacia difícilmente aceptable. Consecuencia de ello ha sido, por ejemplo, la proliferación en los Estados Unidos de movimientos contra la yihad. Durante la campaña para la nominación presidencial republicana en 2021, el senador Rick Santorum subrayó que, con su actitud tolerante, Europa facilitaba la creación de Eurabia.

La puesta en valor de épocas históricas dentro del continente europeo protagonizadas por el islam sigue siendo un estímulo para impulsar a Eurabia. Así, periodos como los de al-Ándalus, un momento de esplendor cultural y tolerancia, en contraposición con la Reconquista o la conquista de América, suponen un claro ocultamiento de la realidad. Existe una tendencia a interpretar la conquista de la península ibérica por los musulmanes como un hecho pacífico frente a una Reconquista cristiana cruel y repleta de abusos, rozando incluso el genocidio. Todo ello sigue siendo en la actualidad motivo para que desde países y organizaciones sometidas al islam (como Dáesh y Al Qaeda) se siga reivindicando la titularidad de territorios conquistados siglos atrás.

Por si quedaran dudas, el avance hacia Eurabia también se observa desde la estadística. En efecto, alrededor del 20 % de la nueva población europea nace en el seno de hogares de religión musulmana. El temor a una futura sustitución de la población europea se comprende al comparar las tasas de natalidad. Mientras una pareja media en Europa tiene aproximadamente menos de un 1,4 % de hijos, una de inmigrantes procedentes de países islámicos llega hasta el 3,6%. Como dato puntual, en un periodo de 30 años los musulmanes establecidos en Granada han pasado de cero a 15000, lo que ha supuesto que, para dicha población, la ciudad sea conocida como la «capital islámica de Europa». Es por ello por lo que, incluso si tuviéramos la posibilidad de vivir en un escenario de migración cero, la población musulmana del continente aumentaría con toda probabilidad debido a la tasa de natalidad antes comentada.

Con índices de migración elevados se ha calculado que en el año 2050 la proporción de musulmanes en Europa podría situarse en más del 11% de la población europea. Otras entidades especializadas, como el Pew Research Center, sitúan la cifra en solo un 8%, descartando la existencia en un futuro de una mayoría musulmana. Precisamente, una de las posibles consecuencias sería la cuota participativa en las votaciones nacionales. Un elevado nivel de votantes islámicos sería decisivo para definir los gobiernos. Ello, sumado a la coacción ejercida por imanes y mezquitas sobre las administraciones y los gobiernos, podría dar como resultado la diseminación y hegemonía de las leyes islámicas.

En contra de estas tesis alarmistas que apuntan a un éxito cierto de la conspiración, el historiador francés Justin Vaïse ha verificado que las tasas de crecimiento de la población musulmana en Francia fueron menores que las propuestas por Eurabia. Ello sería debido a la disminución de la tasa de fertilidad a medida que aumenta la integración. Tampoco descarta que un número importante de musulmanes opte finalmente por integrarse política y socialmente, descartando de esta manera la violencia en cualquiera de sus formas. Por último, Vaïse demostró que los musulmanes apenas han tenido incidencia en la política exterior de su país. Dando por válidas las opiniones que ponen en sobreaviso la población occidental del terrorismo yihadista, no existe, sin embargo, un riesgo de ser absorbidos por Eurabia.

De cualquier manera, el temor y el alegato sobre el peligro islámico y la teoría de la conspiración relativa a Eurabia han pasado en pocos años a ser una de las consignas preferidas de la extrema derecha y de los conservadores populistas en Europa. Cuestiones como el uso del velo islámico y su tolerancia por la sociedad occidental llevan tiempo siendo un argumento para justificar el avance del islam, llegándose a afirmar en algunos casos que el dominio musulmán terminará imponiéndose a medio plazo. Giulio Meotti, periodista y experto en temas sobre Oriente Medio, refiriéndose a la casba de Róterdam, reflejó en su momento las concesiones hechas por algunos países en beneficio de la cultura islámica.

> Róterdam es una ciudad que tiene muchos barrios secuestrados por el islamismo más sombrío y violento. […] *The Economist*, semanario muy alejado de las tesis antiislámicas […], hace tres meses hablaba de Róterdam como de una «pesadilla eurábica». Para gran parte de los holandeses que viven allí, el islamismo es hoy un peligro más grande que el Delta Plan, el complicado sistema de diques que previene la inundación del mar […] En Róterdam los abogados musulmanes también quieren cambiar las reglas del Derecho, pidiendo poder quedarse sentados cuando entra el juez. Reconocen solamente a Alá. El abogado Mohammed Enait acaba de negarse a ponerse de pie cuando entraron los magistrados, diciendo que «el islam enseña que todos los hombres son iguales». La corte de Róterdam reconoció el derecho de Enait de quedarse sentado. […] Todos los hombres, pero no todas las mujeres.

Abocados a un dominio probable por parte de la población musulmana, Eurabia se ha convertido en una de las conspiraciones todavía en gestación, algo poco habitual en el argumentario general relativo a las tramas y a los complots. Para los estudiosos de las conspiraciones, la concepción de esta idea es hoy una doctrina que persigue la islamización de Europa. En definitiva, un nivel de enfoque defensivo contra el multiculturalismo, considerado impracticable y peligroso. Desde esta perspectiva, es comprensible que la coexistencia de culturas en suelo europeo será inviable en tanto una de ellas pretenda imponer sus principios sin respeto a los derechos más elementales. Europa, convertida en Eurabia, ha contribuido y contribuirá a mantener un debate clave durante el siglo XXI, debiendo para ello encontrar respuestas, no solo políticas o económicas, sino éticas y culturales. Una circunstancia que hace de esta idea un hecho maleable para generaciones futuras.

En la cuerda floja.
Los Estados Unidos y el 11-S

En la mañana del día 11 de septiembre de 2001, cuatro aviones comerciales que volaban desde el nordeste de los Estados Unidos a California y a San Francisco fueron secuestrados por un grupo de terroristas de Al Qaeda. Organizados en varios grupos y con un secuestrador entrenado para volar en cada uno de ellos, el objetivo no fue otro que el de estrellar cada uno de los aviones contra algún edificio relevante, provocando el mayor número de bajas posibles y destruyendo parcial o totalmente las construcciones alcanzadas.

Poco antes de las 9 de la mañana, el vuelo 11 de American Airlines fue el primero en alcanzar su objetivo, la Torre Norte del World Trade Center en el Bajo Manhattan de Nueva York. Solo 17 minutos después, la Torre Sur era impactada por el vuelo 175 de United Airlines. Ambas estructuras, de 110 pisos cada una, caerían derrumbadas en algo más de hora y media, colapsando otras construcciones en el complejo del Word Trade Center y dañando seriamente los edificios circundantes. Un tercer avión, el vuelo 77 de American Airlines, procedente del aeropuerto de Dulles y secuestrado de la misma forma que los dos anteriores, se estrelló sobre las nueve y media contra el lado oeste del Pentágono, en el condado de Arlington del estado de Virginia. Finalmente, un último avión, el vuelo 93 de United Airlines con destino a Washington D. C., terminó estrellándose en un área próxima a Shanksville, en Pensilvania, después de que sus pasajeros trataran de desarmar a los secuestradores. En las investigaciones posteriores se determinó que este último tenía el objetivo de atacar la Casa Blanca o el Capitolio.

El resultado de los ataques causó 2996 muertes y más de 25 000 heridos. Además, los daños en las infraestructuras superaron los 10 000 millones de dólares, por lo que ha sido considerado el ataque terrorista más letal en la historia. La destrucción de las Torres Gemelas en Nueva York y los daños en las estructuras conexas afectaron considerablemente la economía de la ciudad, produciendo, asimismo, una recesión económica a nivel global. Durante varios días, los espacios aéreos de los Estados Unidos y Canadá permanecieron cerrados y las operaciones de Wall Street se detuvieron hasta el 17 de septiembre. A partir de esos momentos, la mayoría de los países desarrollados iniciaron una ampliación por lo que respecta a su legislación antiterrorista. La limpieza y el saneamiento del World Trade Center, así como de sus zonas adyacentes se completaron en mayo del año 2002, prácticamente el mismo tiempo que tardó el Pentágono en ser reparado. Sin que hubiera transcurrido mucho tiempo desde los atentados, un nuevo rascacielos, el One World Center, fue inaugurado en noviembre de 2014 en sustitución de las torres abatidas en el ataque.

La reacción política de los Estados Unidos después de la agresión, dirigida por el entonces presidente George W. Bush, se enfocó en lanzar una guerra contra el terrorismo, responsabilizando a Al Qaeda e invadiendo Afganistán con el firme propósito de diezmar al contingente talibán. Su líder, Osama bin Laden, consiguió escapar a las Montañas Blancas. Fue atacado por las fuerzas militares lideradas por Estados Unidos, pero finalmente logró escapar de la persecución. A pesar de negar en un principio la participación de Al Qaeda en la masacre, en 2004 el propio dirigente de Al Qaeda confirmó su responsabilidad en la misma, de la que dijo ser la respuesta al apoyo ofrecido por los Estados Unidos a Israel, la presencia de tropas en Arabia Saudí y las sanciones impuestas a Irak. Tras huir durante casi diez años, Bin Laden fue descubierto en Abbottabad, Pakistán, y abatido en la Operación Lanza de Neptuno el 2 de mayo de 2011.

Los ataques han generado y siguen generando muchas teorías y supuestas conspiraciones en la planificación y ejecución, implicando, además de a Al Qaeda, a funcionarios y miembros de organizaciones gubernamentales de los Estados Unidos. Los valedores de estas conjeturas afirman que existen varias incoherencias e irregularidades en la versión oficial, además de coyunturas y contingencias casi imposibles de explicar debido a las dificultades, obstáculos, tiempos, medios y esfuerzos que supuso culminar un atentado de tales magnitudes. Al considerar el volumen de escollos e inconvenientes que tuvieron que sortear los autores de la agresión, la forma escalonada y ordenada en los ataques, etc., muchas personas han llegado a la conclusión de que, en un principio, su logística exigió una gran capacidad de coordinación, posible solo en manos de personas organizadas en torno a unos intereses comunes.

En efecto, quienes organizaron los atentados fueron capaces de adquirir y poner en marcha importantes capacidades personales y de grupo, con destrezas concretas sobre estructuras para culminar la destrucción de edificios de dimensiones considerables. Además, fue preciso instruir a personas en el conocimiento y manejo de aviones comerciales, rutinas de vuelo, itinerarios y programas con la idea de dirigir las naves a unos objetivos precisos. Para los defensores de la conspiración, se precisaron conocimientos relativos a la seguridad aeroportuaria, edificios, instalaciones miliares, etc., generalmente en manos de ingenieros, arquitectos y pilotos. En la acometida terrorista se requirió pilotar aviones y estrellarlos en el centro de cada una de las torres, en un rango de pisos determinado, intimidar a la tripulación y al pasaje, coordinar los aviones desde una estación en tierra, introducir armas blancas, todo ello sumado a la necesidad de atenuar los sistemas de seguridad y de defensa de los Estados Unidos.

La hipótesis más aceptada es que los derrumbes de las torres del World Trade Center y el 7 World Trade Center fueron la consecuencia de unas demoliciones controladas y no de los fallos estructurales o de los incendios ocasionados por el impacto de los aviones. Respecto al Pentágono, un misil lanzado por el gobierno norteamericano habría impactado con precisión destruyéndolo parcialmente. Otra supuesta teoría está basada en el ataque de un avión comercial, una vez que la fuerza aérea norteamericana se hubiera retirado de la zona, permitiendo de esta forma la proximidad y la posterior colisión contra el edificio. Esta perspectiva, un tanto arriesgada, habría estado justificada en tanto el gobierno de los Estados Unidos tenía prevista la intervención en Afganistán e Irak para favorecer así un nuevo dibujo geoestratégico, cuya culminación habría de ser la construcción de un gasoducto a través de ambos países. Finalmente, un tercer argumento presume que las autoridades y el gobierno estadounidenses eran conocedores de los ataques e ignoraron las medidas que pudieran contrarrestarlos.

En este sentido, el Instituto Nacional de Estándares y Tecnología (NIST), al igual que la revista *Popular Mechanics*, rechazaron las supuestas tramas y conspiraciones a las que acabamos de hacer referencia. La comisión encargada de investigar los atentados del 11 de septiembre, junto con la comunidad de ingenieros civiles, asumieron la posibilidad de que los impactos producidos por los aviones a altas velocidades y los incendios generados tras los mismos llevaron a un colapso total en las Torres Gemelas que desencadenó su desmoronamiento y caída. Pese a todo, en varios de los informes emitidos por el NIST se admitió que ninguno de los modelos físicos utilizados para simular el incendio dio como resultado el colapso o derrumbe. Arquitectos e ingenieros adscritos al Movimiento por la Verdad del 11-S –nombre adoptado por varias organizaciones que apoyan la teoría de la conspiración–, tampoco aceptaron en su día los informes oficiales del NIST y han seguido manteniendo la posibilidad de la existencia de un encubrimiento y la complicidad de la Administración norteamericana. En cualquier caso, opiniones como la del físico y profesor estadounidense Richard A. Muller han mostrado las causas del colapso:

> Los autores de los atentados del 11-S no hicieron uso de una gran potencia para destruir las Torres Gemelas, sino que aprovecharon el alto contenido energético del queroseno, que provocó que la estructura de acero de los edificios alcanzase una gran temperatura, es decir, que las moléculas del acero se moviesen a gran velocidad. Cuando las moléculas se agitan desplazan las moléculas cercanas: por eso los objetos calientes se expanden. El problema es que ese aumento de la separación entre las moléculas también debilita su fuerza de atracción. En consecuencia, el acero caliente es más endeble que el frío. El reblandecimiento de la estructura de acero terminó provocando el derrumbe de los edificios.

En un artículo relativo a los atentados del 11 de septiembre publicado en el *The Open Chemical Physics Journal*, en febrero de 2009, se confirmó la presencia de un material denominado supertermita entre el polvo de los restos de las torres. Dicha sustancia es utilizada para la demolición controlada y está compuesta de óxido férrico y aluminio que, en la práctica, puede cortar, por fusión, las columnas de acero. Sin embargo, nunca se ha podido corroborar la certeza de tales informaciones.

El derrumbe de las Torres Gemelas se produjo desde el lugar del impacto hasta alcanzar en dirección vertical la caída libre. La investigación en este aspecto argumentó que el punto de ruptura habría estado por encima, lo que justificaba un derrumbe escalonado, provocando que las sucesivas plantas cayeran sobre el siguiente piso y cediendo finalmente en cadena. Uno de los arquitectos responsables del diseño de ambas torres aseguró que estas habían sido pensadas para resistir el impacto de un avión. Hay que pensar que se trataba de un Boeing 707, uno de los más grandes que se han construido. En una entrevista a Aaron Swirsky, otro de los arquitectos de las torres, aseguró que nunca se pensó en una situación como la que se produjo aquel día. Sin duda, es poco probable que durante la concepción de los edificios se planteara la posibilidad de que se descargaran alrededor de 30 000 litros de combustible y que la estructura soportara temperaturas superiores a los 1 000 grados.

En unas fotografías tomadas a las columnas estructurales después de los atentados, estas aparecieron cortadas en ángulos de 45°, es decir, en diagonal, un dato que hizo que los partidarios de la conspiración volvieran a reafirmarse en sus tesis al ser un hecho característico en las demoliciones controladas por termita. La mayoría de las mismas se encontraron en secciones de 9 metros, un indicio que se ha utilizado para corroborar que sufrieron fuertes explosiones provocadas. Investigaciones sucesivas demostraron que el impacto de los aviones provocó el desprendimiento en la espuma que protegía las vigas contra los incendios, así como su torcedura por efecto del calor. Este también produjo el derribo de los muros secos preparados para evitar la propagación del fuego.

Una argumentación singular sobre la supuesta conspiración en las Torres Gemelas alertó en su momento de que ninguna persona de religión judía había muerto en los atentados. En principio, alrededor de 4 000 judíos, empleados en el World Trade Center, habrían recibido el aviso previo para evitar de esa forma acudir a los edificios derribados. Los entusiastas de esta otra parte del complot afirmaron que el gobierno del Estado de Israel planeó los ataques para instar a los Estados Unidos a atacar a sus enemigos en la región. De esta forma, las élites hebreas en la sombra habrían urdido la catástrofe. Hay que decir, a pesar de los argumentos propuestos, que de las más de 2 000 víctimas fallecidas ese día en el World Trade Center, 119 fueron judías, es decir, más del 9 % de las muertes, amén de otras 70 que muy probablemente también lo eran.

Otra de las cuestiones polémicas y que se ha tratado de explicar es el colapso de la Torre 7 del World Trade Center. Andreas von Bülow, antiguo miembro del gabinete del canciller alemán Helmut Schmidt, parlamentario y exministro de Defensa, afirmó en una entrevista en el año 2006 que los ataques fueron realizados con el apoyo de la inteligencia de los Estados Unidos, utilizando la Torre 7 como puesto de mando. La explicación dada por Bülow alentó a quienes han defendido hasta ahora que el edificio fue demolido para eliminar cualquier prueba que pudiera delatar la conspiración. También Rudolph Giuliani, alcalde de Nueva York, había instalado un centro de emergencias en el piso 23 de dicha torre en junio de 1999 para dar respuesta a cualquier ataque terrorista. Un lugar, según el exministro, óptimo desde el que poder controlar los aviones de manera remota. Según sus propios planteamientos, habrían existido dos maneras de proceder: uno, el vuelo de los aviones, y otro, el relativo a las explosiones.

Lo extraño del caso es que los estadounidenses no albergaran absolutamente ninguna sospecha en relación con los atentados y, sin embargo, fueran capaces de identificar a los autores y de divulgar la información en solo cuarenta y ocho horas. [...] En cuanto a la advertencia del Mossad, sería fantástico saber qué era exactamente lo que sabían y qué les transmitieron. Por ejemplo, cuando se produjo el atentado suicida islamista contra los cuarteles estadounidenses en Beirut, a principios de la década de los ochenta, el Mossad sabía de antemano el color y el tipo de camión exacto que más tarde iban a utilizar los terroristas. [...] Remontémonos al primer atentado contra el World Trade Center en 1993. En este caso, atraparon a todo el grupo islamista que llevó a cabo la operación. Después se ha sabido que la CIA y el FBI se habían infiltrado en la organización mucho tiempo antes de los atentados. […] La pregunta crucial es: ¿quiénes son los terroristas? (Bröckers, Mathias, 2011, entrevista de Jürgen Elsässer a Andreas von Bülow).

Según Von Bülow, existe un programa informático que permite a las agencias de inteligencia rastrear los movimientos sospechosos en los mercados bursátiles en tiempo real. Pues bien, una semana antes de los atentados se pusieron en registro las operaciones de American Airlines y United Airlines por temor a las especulaciones acerca de que el mercado colapsaría. Esto indicaba a todas luces una percepción anticipada de un ataque próximo. Bülow aseguró que los nombres de los 19 secuestradores jamás se recabaron del listado de pasajeros, por lo que nunca han existido pruebas de que realmente estuvieran en los aviones. En sus declaraciones destacó que los que habían sido instructores de vuelo de los secuestradores confesaron a los investigadores que no eran capaces de volar con una avioneta Cessna. Por último, precisó que 67 intercepciones anteriores al 11 de septiembre de 2001 fueron realizadas con éxito. Pese a todo, cuatro aviones con pasaje a bordo despegaron aquel día sin que ninguno de ellos fuera interceptado.

En agosto de 2008, una vez más el NIST publicó un estudio explicando los motivos del derrumbamiento del Edificio 7. En él se especificó que el fuego situado en las plantas inferiores hasta el piso 13 se produjo de una forma descontrolada, provocando daños estructurales que se sumaron a los que ya habían producido la caída de escombros y materiales desde los pisos superiores. En ningún caso se hallaron evidencias de utilización de explosivos. Hay que recordar que en la Torre 7 se encontraban, entre otros muchos organismos oficiales, las oficinas del Servicio Secreto de los Estados Unidos (U.S. Secret Service) y la sede de la Securities & Exchange Commission, encargada de investigar los casos de corrupción en el mercado de valores.

El siguiente rompecabezas fue el de determinar los motivos por los que el vuelo 93 de United Airlines no llegó a su destino y finalmente cayó en una zona de Pensilvania. Aunque oficialmente se ha presentado el caso como un intento del pasaje por tomar el control del avión, existen otras hipótesis que lo explican como un derribo intencionado o por la interceptación por cazas de la Fuerza Aérea de los Estados Unidos. El vuelo 93 era la cuarta nave secuestrada y fue el único avión que no llegó a alcanzar su objetivo. El impacto contra el suelo tuvo lugar justo después de que los otros tres aviones lograran estrellarse contra las Torres Gemelas y el Pentágono. Si bien es cierto que esa misma mañana llegaron a difundirse informaciones que aseguraban que el avión había sido derribado por temor a que alcanzara algún punto estratégico, pronto se corrigieron para manifestar que el hecho se había debido a una revuelta a bordo.

Para las tesis que respaldan la conspiración, el vuelo 93 fue abatido por cazas estadounidenses, sobre todo después de que algunos testimonios declarasen haber visto aviones militares persiguiendo al Boeing 757 de United Airlines. Una de las personas que más ha investigado los sucesos del 11 de septiembre, David Ray Griffin, apuntó en su día lo extraño del siniestro al hallarse uno de los motores de media tonelada de peso a 700 metros del lugar del impacto, además de otros restos que fueron encontrados a más de 10 kilómetros. Estudios realizados por Jim Hoffman han cuestionado incluso la hora oficial del impacto, establecida en principio a las 10.03 horas de la mañana. Los registros sismológicos apuntan a que se produjo un choque a las 10.06 horas, tres minutos después de lo indicado por la comisión del 11-S.

Alrededor de las nueve y media, los secuestradores, armados supuestamente con cuchillos, irrumpieron en la cabina del avión y obligaron a una de las azafatas a abrir la puerta, matando a continuación al primer oficial, LeRoy Homer Jr., y al capitán, Jason Dahl, ambos asesinados con un corte en la garganta. Si bien fue la única nave secuestrada que pudo comunicarse con la torre de control, nada pudo hacerse desde esta para ayudar a la tripulación y a los pasajeros. Ziad Jarrah, el piloto preparado para hacer estrellar el avión, anunció entonces que había una bomba en el avión. Esta estrategia fue utilizada en el resto de los vuelos secuestrados ese día con la idea de amedrentar a los secuestrados. Sabemos que los terroristas permitieron realizar llamadas al pasaje, para que pudieran despedirse de sus familiares.

Se ha sabido que al menos se realizaron 37 llamadas de teléfono desde el interior. En las grabaciones quedó constancia de que los pasajeros lograron romper la puerta y entrar en la cabina produciéndose un forcejeo, momento que aprovecharon los secuestradores para estrellar el avión. Esta acción quedó registrada en las pantallas de los radares al observarse movimientos erráticos con maniobras extremas acompañadas de fuertes ascensos y picadas. A pesar de existir diferentes criterios para fijar el momento exacto del impacto, se estima que el vuelo 93 se precipitó a una velocidad de 900 kilómetros por hora. Una situación que hizo que muchos restos quedaran sepultados a bastante profundidad bajo tierra y otros se esparcieran en una gran extensión de terreno.

Las llamadas realizadas desde los aviones también han sido cuestionadas debido a las dificultades que entrañan desde un punto de vista técnico. Según la comisión, todas se realizaron desde los teléfonos que había instalados en los aviones, idóneos para ser utilizados en altitud y velocidades de crucero, así como también desde móviles particulares. Se ha cuestionado que estas últimas pudieran realizarse con éxito, sobre todo si pensamos en la velocidad y la altitud de un vuelo comercial en plena travesía. En el año 2003, el matemático Alexander Keewatin Dewdney realizó un experimento llamado Proyecto Aquiles, en el que se calcularon las posibilidades de mantener una conversación mediante telefonía móvil dentro de un avión a gran altitud. Los resultados mostraron que menos del 1% de esas llamadas podrían haber tenido éxito.

Asimismo, se cuestionó la veracidad de las conversaciones, sugiriéndose otras teorías alternativas. Mark Bingham, uno de los héroes de la incursión contra los terroristas del vuelo 93, tuvo tiempo para llamar a su madre y despedirse, a la vez que advirtió del secuestro en una corta conversación. Madeline Amy Sweeney, una de las azafatas del Boeing 767 que terminó estrellándose contra la Torre Norte del World Trade Center, realizó una llamada telefónica a su marido Michael desde el avión antes de que este despegara, una situación que este consideró poco habitual. Antes del impacto, Madeline llamó también al administrador de servicios de tierra del aeropuerto Logan, en Boston, para indicarle que estaba viendo agua y edificios sin que pudiera precisar si se trataba de Manhattan. La singularidad de algunas de las llamadas y las dificultades para realizarlas dadas las condiciones antes esgrimidas abrieron la posibilidad de que se creara un nuevo relato de lo sucedido, aduciendo que todas fueron falsificadas, incluso imitadas, utilizando tecnología existente en esa época.

Resulta sorprendente que, durante el proceso judicial celebrado en 2006 contra Zacarias Moussaoui, implicado en la red terrorista que participó en el 11 de septiembre, la unidad antiterrorista del FBI admitiera que solo habían tenido constancia de dos llamadas realizadas desde teléfonos móviles, las correspondientes a Edward Felt y Cee Cee Lyles. Ambas se habrían realizado desde el vuelo 93 dos minutos antes de las diez de la mañana a una altitud de 5 000 y 6 000 pies mientras se sobrevolaba una zona montañosa. Tal y como quedó constatado, la zona rural por la que sobrevolaron antes del impacto disponía de antenas con un alcance de hasta 15 kilómetros, mayor que el radio de las antenas utilizadas en las ciudades.

Otra teoría alternativa a la planteada oficialmente es la que se refiere a la inexperiencia de los pilotos que secuestraron los aviones. El expresidente de Egipto, Hosni Mubarak, general de las fuerzas aéreas de su país, aseguró no ser capaz de dirigir un Boeing con la precisión que lo hicieron los terroristas para impactarlo contra una de las torres. Muchos pilotos profesionales, críticos con las tesis admitidas como ciertas, han afirmado poseer horas de vuelo a sus espaldas y ser incapaces de realizar dichas maniobras, afirmando que es muy poco probable que pilotos poco experimentados las llevaran a la práctica el 11 de septiembre. La utilización de balizas, esto es, señales emitidas desde el mismo blanco, posibilita que el avión sea guiado automáticamente. Su existencia en el World Trade Center parece estar atestiguada por radioaficionados que registraron la señal. Su detección se confirmó al interferir las emisiones de las antenas de televisión ubicadas en las torres. Se ha llegado a pensar que las señales fueron activadas poco antes de los impactos con el fin de que no fueran detectadas. En todo caso, casi todos los profesionales de la aviación coinciden en la necesidad de contar con apoyo en tierra si se pretende realizar una operación de tal calado.

Antes de llegar a Nueva York, los aviones tuvieron que disminuir considerablemente la altitud, de manera que los pilotos pudieran ver las torres de frente y no desde arriba. Vista desde el cielo, una ciudad parece un plano y todas nuestras referencias visuales desaparecen. Para chocar contra las torres, era necesario posicionarse previamente a muy baja altitud. Los pilotos no solo tuvieron que ajustar la altitud del choque, sino también posicionar los aparatos lateralmente. El ancho de las Torres Gemelas es de 63,70 metros. La envergadura de un Boeing 767 es de 47,60 metros. En los vídeos se observa que los aparatos chocaron con precisión en el centro de sus blancos. Un simple desplazamiento de 55,65 metros y los aviones habrían fallado su blanco. A velocidad media (700 km/h), esta distancia se recorre en tres décimas de segundo. Vista la poca manejabilidad de estas máquinas, es una proeza para pilotos curtidos y, con más razón, para aprendices de piloto. El primer avión llegó perfectamente de frente, en dirección del viento, lo que facilitó su estabilización. Pero el segundo se vio obligado a realizar una compleja maniobra de rotación, particularmente difícil de cara al viento. Sin embargo, chocó este también contra una torre a una buena altura y en el centro.

Además de todo lo relativo a los atentados contra el World Trade Center, otro de los argumentos más manejados en relación con una posible conspiración llevada a cabo desde el interior de los Estados Unidos es la que se refiere a que no fue un avión, sino un misil, lo que se estrelló contra el Pentágono. Se dice que no existen suficientes pruebas que demuestren que un vuelo comercial impactó contra el edificio de la sede del Departamento de Defensa de los Estados Unidos, ubicado en el condado de Arlington, Virginia.

Lo contenido en la caja negra del Boeing 757, correspondiente al vuelo 77 de American Airlines, reveló que el avión efectuó un descenso en espiral mediante un giro de unos 330° a una velocidad cercana a los 500 kilómetros por hora. A pesar de la maniobra, el North East Air Defense Sector (NEADS), responsable de la zona donde se produjeron los atentados, no fue capaz de responder a tiempo. Los protocolos de seguridad en caso de secuestro u otras situaciones de emergencia disponen, entre otras cosas, la orden de despegue inmediato de cazas para interceptar el avión o comprobar qué contingencia está produciéndose. No está claro todavía, pero en el caso que nos ocupa del vuelo 77, parece evidente que los aviones militares no llegaron a tiempo y existen todavía serias dudas de que, en efecto, se produjeran los despegues contemplados en los mencionados protocolos antes de la colisión.

Los hechos, según las teorías que defienden la conspiración, apuntan a que aquella mañana el avión de la American Airlines voló hacia el Pentágono durante 40 minutos sin ser interceptado, independientemente de los sistemas de detección y de baterías antimisiles que, en su momento, se argumentó que existían en las proximidades de la base aérea Andrews. Este último aspecto es un error de quienes presentaron el suceso como una negligencia compelida por la Fuerza Aérea. La idea de proteger Washington con este tipo de baterías solo se contempló durante la celebración de los Juegos Olímpicos en Atlanta en 1996. Finalmente, se terminó desestimando por la posibilidad de que pudiera producirse un derribo por error. En el año 2002 una avioneta sospechosa fue identificada cuando sobrevolaba la capital. En aquella ocasión solo se produjo la evacuación del Capitolio.

El día de los ataques, el Pentágono se encontraba reformando su ala oeste, precisamente para reforzar el sector en caso de ataques terroristas. Es fácil imaginar que tras el impacto algunos pensaran que era el lugar perfecto para atenuar los daños personales y materiales. Daños que, en un principio, parecieron ser pequeños al tratarse de un Boeing 757. Sin embargo, en las investigaciones posteriores se comprobó que el orificio ocasionado en la pared correspondía al choque del avión. En la serie de fotografías que se realizaron se pudo observar que el fuselaje llegó a perforar dos muros del edificio mientras en las zonas próximas, donde no impactó, se produjeron quemaduras y otros daños menores en su fachada. A pesar de las evidencias, todavía hay quienes insisten en preguntarse por qué unos motores de seis toneladas de peso no penetraron en los muros mientras sí lo hizo la parte central de la aeronave.

También se argumentó que nunca se observaron restos de equipajes ni cadáveres, pero lo cierto es que existen numerosas imágenes que demuestran lo contrario en la zona de la colisión. La velocidad a la que supuestamente se produjo la misma, unos 850 kilómetros por hora, hicieron imposible que las cámaras de vigilancia, tanto del edificio como de otros colindantes, realizaran grabaciones precisas. En todo caso, de acuerdo con la versión oficial, se identificaron la práctica totalidad de los pasajeros del vuelo 77 con pruebas fiables de ADN extraídas de los restos óseos. Algunos detractores siguen asegurando que las sustancias orgánicas no soportan temperaturas demasiado altas y en algunos casos se llegan a carbonizar.

En otras series de imágenes fotografiadas del Pentágono pueden verse despachos semiderruidos, mesas o libros sin quemar, lo que dio pie, una vez más, a cuestionar las investigaciones. Los teóricos de la conspiración afirman que un misil hubiera producido exactamente estos efectos al no generar grandes incendios. Además, hubiera dado lugar a una fuerte explosión perforando los muros, aunque no con pequeñas brechas ni en línea recta, como así sucedió finalmente, lo que deja sin efecto las tesis de quienes vieron un complot interno en el atentado. Hay quienes pensaron que el fuego no llegó a los despachos, quedando expuestos por el hundimiento posterior.

En todo caso, sí existió una trama. Una conspiración que exigió la realización de una planificación detallada y precisa para que no fracasara. La verdadera concepción de los atentados se inició en 1999 con un grupo de jóvenes radicales pertenecientes al islam y residentes entonces en la ciudad alemana de Hamburgo. Todos ellos viajaron hasta Afganistán para recibir formación militar y combatir a las tropas rusas en la segunda guerra chechena. En los meses posteriores, Bin Laden financió su entrenamiento convencido de que podrían realizar atentados suicidas mediante aviones, estrellándolos contra edificios paradigmáticos de los Estados Unidos. También se sabe que el plan original contemplaba el secuestro de 12 aeronaves comerciales que debían impactar, entre otros, contra el Empire State Building, la Casa Blanca, el Capitolio, la Torre Sears de Chicago, la U.S. Bank Tower en Los Ángeles o el Columbia Center de Seattle.

La dimensión de la conspiración inicialmente hubiera requerido de unos recursos inalcanzables por los terroristas, cuestión que motivó un cambio en los objetivos. Finalmente se seleccionaron las dos Torres Gemelas, el Pentágono, el Capitolio y la Casa Blanca. Esta última pretensión debía llevarla a cabo Zacarias Moussaoui, pero fue detenido por el FBI el 16 de agosto de 2001 por cargos relacionados con la inmigración irregular. Para los terroristas, cada uno de los edificios representaba un objetivo de los diferentes poderes imperantes en los Estados Unidos: desde el económico, conformado por las torres del World Trade Center, al ejecutivo, asumido por la Casa Blanca. El militar y el legislativo correspondían al Pentágono y el Capitolio, respectivamente. El resultado final es de todos conocidos. Diecinueve hombres embarcaron en los cuatro aviones, cinco en cada uno, excepto en el vuelo 93 de United Airlines, donde solo entraron cuatro secuestradores. Entre los terroristas se encontraban Mohamed Atta, Waleed al-Shehri, Wail al-Shehri, Abdulaziz al-Omari, Satam al-Suqami, Hamza al-Ghamdi, Khalid al-Mihdhar o Ahmed al-Nami, la mayoría saudíes, excepto el propio Atta, de nacionalidad egipcia, y Ziad Jarrah, libanés. Al mismo tiempo, eran personas con estudios y de familias acomodadas.

Esta idea del secuestro de aviones no era una novedad. En 1970, miembros del Frente Popular de la Liberación de Palestina se hicieron con cuatro aviones comerciales que desviaron a Jordania y Egipto. En aquella ocasión, los conocidos secuestros de Dawson's Field se saldaron con la liberación de los rehenes y la detonación intencionada de las aeronaves. Los autores de la masacre de la Escuela Secundaria de Columbine en 1999, Eric Harris y Dylan Klebold, también planearon secuestrar un avión y estrellarlo en la ciudad de Nueva York. En último término, la tragedia acabó con la vida de 12 estudiantes y un profesor, y otras 24 personas heridas. Ambos secuestradores terminaron por suicidarse. El único accidente grave del que se tienen noticias contra un rascacielos de Nueva York se produjo el 28 de julio de 1945, cuando un B-25 chocó con el Empire State Building, arrojando un balance de 14 personas fallecidas.

Cierto es también que los servicios de inteligencia erraron acerca del 11-S. Los fallos en los intercambios de información fueron constantes, siendo responsabilizados los agentes del Departamento de Justicia que limitaban la distribución y participación de la documentación. A ellos se sumaba la renuncia, tanto de la CIA como de la National Security Agency (NSA), a exponer o desvelar fuentes confidenciales y sensibles. En abril de 2004, en su declaración ante la comisión, el entonces fiscal general, John Ashcroft, reconoció que el mayor problema del 11 de septiembre había sido la segregación entre investigadores criminales y agentes de inteligencia. Incluso, la CBS reveló que el presidente Bush había sido advertido de que terroristas seguidores de Bin Laden planificaban un secuestro de aviones de línea. Ahora bien, los avisos de aquellos días a los servicios secretos en Washington fueron ignorados. David Welma, corresponsal de la emisora del Congreso, nada más producirse los ataques el 11 de septiembre llegó a manifestar:

> Hablé con el congresista Ike Skelton, un demócrata de Misuri, miembro del Comité de los Servicios Interarmas, que me contó que, hacía muy poco, el director de la CIA (George Tenet) había advertido de que podía perpetrarse un ataque de esta naturaleza contra Estados Unidos. Así que no se trataba de algo completamente inesperado.

Los ataques tuvieron una gran repercusión en los mercados norteamericanos y de todo el mundo. La Reserva Federal redujo durante unos días sus contactos con los bancos debido a los equipos perdidos en el distrito financiero. Tampoco abrieron los índices New York Stock Exchange (NYSE), American Stock Exchange y NASDAQ de la Bolsa, que permanecieron cerrados entre el 11 y el 17 de septiembre. Las redes telefónicas del sistema financiero del World Trade Center quedaron inservibles durante unos días y tras la apertura de los mercados el índice Dow Jones Industrial Average sufrió un desplome de más de 600 puntos, lo que suponía algo más del 7%, la mayor caída en una sola jornada.

Las pérdidas en el sector aéreo fueron muy considerables al permanecer cerrado su espacio durante varios días. A ello se sumó una disminución de pasajeros y de tráfico, lo que supuso una pérdida de su volumen de negocios del 20%. Todo ello significó que a partir de los atentados la economía de los Estados Unidos entrara en recesión, resultado de la inseguridad y la desconfianza, así como de la psicosis de una población que comenzó a tener menos movilidad y a demandar en menor medida los vuelos comerciales. Las acciones de choque aprobadas trataron de bajar los impuestos y los tipos de interés, lo que a su vez ocasionó una burbuja inmobiliaria en las hipotecas *subprime*. Los gastos de la guerra contraídos en Afganistán, sumados a las medidas antes mencionadas, tuvieron al final unos efectos negativos que terminaron reflejándose en unos presupuestos cada vez más mermados.

La nube tóxica provocada por los miles de toneladas de escombros tras el derrumbamiento de las torres en Manhattan, compuesta principalmente de plomo, mercurio, vidrio y otros materiales fibrosos, liberaron un nivel de dioxinas que durante los incendios provocó una alerta sanitaria sin precedentes en Nueva York. Una de las consecuencias más inmediata fue la declaración de enfermedades en los equipos de rescate que llegaron hasta la zona cero, extendiéndose posteriormente a otros barrios cercanos, como el de Chinatown. El riesgo de la nube afectó a niños y madres embarazadas que vivían o trabajaban en la zona de los siniestros. En definitiva, alrededor de 7 000 personas del total que estuvieron próximas al World Trade Center solicitaron compensaciones por la exposición a la que estuvieron sometidas.

Tras los ataques, las medidas de seguridad en los Estados Unidos se endurecieron. Unos 80 000 árabes y musulmanes registraron sus huellas y 5 000 de ellos fueron detenidos después de aprobarse la resolución 107-40 del Congreso en la que se autorizaba el uso de la fuerza militar para prevenir el terrorismo internacional en el país. Para reorganizar la lucha antiterrorista se creó el Departamento de Seguridad Nacional de los Estados Unidos y se aprobó la Ley Patriótica que suspendía y limitaba derechos y libertades constitucionales. La Administración de Bush ordenó a la Agencia de Seguridad Nacional registrar las comunicaciones de los ciudadanos norteamericanos con países extranjeros. Por último, a finales de 2002 se constituyó la Comisión Nacional sobre los Atentados Terroristas contra los Estados Unidos, más conocida como la Comisión del 11-S, presidida por el exgobernador de Nueva Jersey Thomas Kean, quien elaboró un informe completo sobre los atentados que sería publicado el 22 de julio de 2004.

A nivel internacional dos fueron las principales medidas tomadas por el gobierno de los Estados Unidos contra el terrorismo. La primera fue la invasión de Afganistán, una operación que dio comienzo el 7 de octubre de 2001 y en la que participaron contingentes de la Alianza Atlántica y de la Alianza del Norte, también conocida como el Frente Islámico Unido por la Salvación de Afganistán. La ocupación se justificó después de la negativa del gobierno talibán a entregar a Osama bin Laden, supuestamente escondido en el país.

Una segunda fase se puso en marcha el 20 de marzo del año 2003 con la entrada en Irak por parte de fuerzas militares de Estados Unidos y Gran Bretaña, en esta ocasión sin la autorización de las Naciones Unidas. Una pequeña alianza formada por otros países como España e Italia colaboró en acciones humanitarias en la zona. Esta vez, la invasión se sustentó en la existencia de armas de destrucción masiva en aquel país, algo que nunca pudo corroborarse tras la guerra. Estados Unidos justificó sus acciones entonces por la presunta relación del presidente iraquí Sadam Husein con Al Qaeda, un hecho que tampoco pudo probarse nunca.

Cuesta imaginar que los terroristas pensaran en todas las consecuencias que finalmente conllevaron sus actos. Seguramente nunca creyeron que de su complot se derrumbaran las torres del World Trade Center. En el momento de su hundimiento movieron tras de sí todo el combustible que todavía no se había quemado provocando el debilitamiento de los pilares del Edificio 7 y su colapso final debido al fuego. No cabe duda de que los comandos suicidas del 11 de septiembre obtuvieron un incontable rendimiento de su formidable conspiración. Mohamed Atta, como pasajero del vuelo 11 de American Airlines, así como el resto de terroristas pudieron pasar los controles de seguridad sin armas de fuego ni explosivos. Por entonces, estaba permitido viajar con cuchillos a bordo, siempre que la hoja fuera inferior a 10 centímetros. Es muy probable que eligieran cuchillas de cortar papel, cúteres, con unas hojas cortas pero muy afiladas. En la planificación llevada a cabo durante meses, incluso años, el riesgo de que fueran sorprendidos con armas era considerable, a pesar de las deficiencias demostradas en la supervisión de los puestos de control.

Se ha llegado a asegurar que la operación en sí apenas conllevó riesgos, siendo suficiente una infraestructura mínima, si exceptuamos a los pilotos, cuya responsabilidad y audacia debieron de ser máximas. Atta dependía de una norma ya inexistente basada en la cooperación de los pilotos con los secuestradores, una estrategia que hasta entonces había salvado muchas vidas y aviones. Todos eligieron vuelos a primera hora de la mañana para esquivar la posibilidad de retrasos y asegurar los ataques a Washington y Nueva York. Más importante fue seleccionar trayectos transcontinentales con aviones de gran capacidad de pasajeros y combustible para maximizar los daños.

Los secuestradores habían ido a escuelas de vuelo. Contrariamente a lo que algunos han dicho sobre las dificultades de volar con un avión comercial, hay quienes han asegurado que mantener una aeronave de esas características a una altitud constante, incluso direccionarla hacia una pista de aterrizaje no es tan complicado. La mayor dificultad estaría en el aterrizaje. No debemos olvidar que los terroristas habían recibido formación para la navegación. En las imágenes que todos hemos visto, el avión que impactó contra la Torre Sur aparece ladeado en el momento del impacto, una inclinación que prueba la buena preparación que habían recibido.

Aquel día, las cosas se pusieron muy favorables para que los terroristas tuvieran éxito en sus intenciones. La única conspiración posible y el único complot que existió fue el que habían planeado quienes alcanzaron sus objetivos el 11 de septiembre de 2001. Puede que la versión oficial todavía no convenza a la mayoría y que contenga graves fallos en sus explicaciones. Quienes afirman haber encontrado incongruencias también aseguran que la versión del gobierno dejó de ser veraz en su totalidad al existir miembros de este que conocían los planes de Al Qaeda y no hicieron nada para evitarlo. Estas tesis se han ido renovando con el paso de los años abriendo dudas en los hechos que realmente sucedieron. No obstante, más allá de estas percepciones, lo cierto es que los acontecimientos del 11-S contribuyeron al comienzo de una nueva etapa en nuestra historia reciente, caracterizada por una vuelta a la militarización en la escena internacional y postergando en muchos casos la diplomacia, subordinándola a decisiones políticas, la mayoría de las veces sin mucho acierto. En este sentido, el físico Gerald Holmgren llegó a escribir, refiriéndose a las paranoias creadas en torno a los atentados de las torres en Nueva York y del Pentágono en Arlington, unas líneas que reflejan a la perfección la realidad de lo sucedido.

Los astutos observadores de la historia son conscientes de que por cada acontecimiento notable suele haber al menos una, a menudo varias teorías de la conspiración descabelladas que surgen a su alrededor. «La CIA mató a Hendrix», «El Papa mandó asesinar a John Lennon», «Hitler era mitad hombre lobo», «Los extraterrestres reemplazaron a Nixon con un clon», etc.,

etc. Cuanto más grande es el evento, más ridículos y numerosos son los desvaríos fantasiosos que circulan en relación con él. Así que no sorprende que los eventos del 11 de septiembre de 2001 hayan generado una buena cantidad de estos ridículos cuentos de hadas. Y como siempre, hay lamentablemente un pequeño, pero crédulo porcentaje de la población ansiosa por disfrutar de estos cuentos, independientemente de los hechos o el análisis racional. Una de las historias más despiadadas que circulan sobre el 11 de septiembre, y que ha atraído una especie de culto entre los fanáticos de la conspiración, es que fue llevado a cabo por 19 secuestradores árabes fanáticos, ideados por un genio infame llamado Osama bin Laden, sin otra motivación aparente que «odiar nuestras libertades» (Holmgren, Gerard, 2003. Traducción de un fragmento de su artículo «Debunking Conspiracy Theorists. Paranoid Fantasies About 911 Detract From Real Issues»).

El calentamiento global: ¿negacionismo o conspiración?

En las últimas décadas las cuestiones relativas al cambio climático y al calentamiento global han tenido un gran impacto en las sociedades de todo el mundo. A mediados del siglo pasado comenzaron a escucharse las primeras voces advirtiendo de la posibilidad de un cambio del clima en la Tierra, especialmente por el incremento constante en la atmósfera de dióxido de carbono (CO_2) y de otros gases de efecto invernadero como resultado de la quema de combustibles fósiles. En 1980 se puso en marcha el Programa de Investigación del Clima Global, bajo el respaldo del Consejo Internacional para la Ciencia y la Organización Meteorológica Mundial (OMM), y solo unos años más tarde, en 1988, el Panel Intergubernamental de Cambio Climático (IPCC), fundado por la propia OMM y el Programa de las Naciones Unidas para el Medio Ambiente. Desde el año 1990, el IPCC ha publicado distintos trabajos relacionados con el cambio climático, entre los que destacan los *Informes de Evaluación* que cada cinco o siete años suele publicar a nivel mundial. En el sexto informe se concluyó que el aumento de los gases de efecto invernadero en la atmósfera ha tenido un grave impacto en el clima. Dicho incremento parece tener su origen en las actividades humanas. Durante los años 1960 y 2019, los dos principales gases con mayor impacto en el clima fueron el dióxido de carbono y el metano (CH_4). Las dos terceras partes del CO_2 correspondieron a la quema de combustibles fósiles, y la otra restante habría sido consecuencia de la agricultura y la gestión de residuos. El caso del metano hay que contemplarlo de manera inversa, ya que un tercio de sus emisiones corresponde a los combustibles y el resto al uso de la tierra.

Como resultado de todo ello, la superficie de nuestro planeta sigue padeciendo un exceso de calor. En concreto, el incremento medio de la temperatura del aire en la superficie terrestre, entre 1850-1900 y 2011-2020, se ha calculado en 1,09 °C, subiendo hasta los 1,29 °C entre 1750 y 2019. La comunidad científica que apoya la teoría del cambio climático sostiene que, pese a que se dejaran de emitir gases de efecto invernadero, todavía la temperatura del planeta continuaría aumentando.

En el *Sexto Informe de Evaluación* se estimaron los posibles impactos, el alcance global, etc., del aumento de temperatura, valorando el grado de probabilidades en las predicciones. Destacaron aquellos cuya proyección superaba el 90 %. Entre las consecuencias indiscutibles del calentamiento cabe destacar el aumento del nivel de los mares, causado por la expansión del agua al calentarse, y también por la pérdida de masa en los glaciares y en el hielo continental. El informe advirtió de un incremento entre 0,55 y 0,90 metros para finales del siglo XXI. Los expertos sostienen, además, la intensidad en la frecuencia de fenómenos extremos, como tormentas, sequías prolongadas, huracanes y la desaparición de muchas zonas costeras.

Hoy sabemos que el repunte de la temperatura en la superficie terrestre ha comenzado a condensar una mayor cantidad de agua en nuestra atmósfera, distribuyéndose de manera desigual y provocando importantes periodos de sequías en climas mediterráneos y precipitaciones abundantes en latitudes elevadas. También cabe destacar la acidificación y desoxigenación de las regiones oceánicas, la subida de los índices en la estratificación de las aguas superficiales y las afluencias de calor marino en las regiones de costa, con el consiguiente deterioro en la biodiversidad de los ecosistemas marinos. Por último, es importante considerar la posibilidad de que, en el año 2050, la superficie del hielo ártico se haya extinguido en el transcurso de los veranos australes.

La evolución de los efectos está directamente relacionada con el volumen de CO_2 que terminará siendo emitido a las capas de la atmósfera. En los últimos 60 años algo más del 50 % del mismo se ha depositado en los océanos y la biosfera terrestre. Existe un grado elevado de incertidumbre con respecto a los efectos que pueda llegar a producir el retroceso del permafrost, capa que permanece congelada en el suelo y que en la actualidad ya acumula una cantidad considerable de materia orgánica.

La evolución de los hielos antárticos sigue siendo otro de los motivos de preocupación en el futuro. En contraposición a lo que está sucediendo en las zonas árticas, el deshielo en el océano Antártico no parece estar en función de la temperatura del aire, sino del calor añadido a las aguas que se encuentran por debajo de la superficie.

Si bien el problema del efecto invernadero parece relativamente reciente, lo cierto es que, ya en el siglo XIX, algunos científicos ya mostraron su preocupación. Joseph Forier, matemático y físico francés, ya observó en 1827 que el CO_2 retenía el calor de la atmósfera en los invernaderos, concepto que denominó «effet de serre». El también físico inglés John Tyndall comprobó, a finales del mismo siglo, que dichos gases absorbían la radiación infrarroja, afectando al equilibrio térmico en todo el globo terrestre. Sin embargo, en 1903, fue el premio nobel de Química, el sueco Svante August Arrhenius, el primero en presentar una teoría sobe el efecto invernadero y el calentamiento del planeta.

En 1896, publicó una investigación que mostraba las posibles repercusiones del CO_2 en los procesos de hielo y deshielo, especificando un coeficiente de absorción del gas y del agua, y probando que no solo el vapor de agua era el responsable de dicho efecto, sino que el propio dióxido de carbono también lo generaba. Según sus cálculos, duplicando una concentración de CO_2 esta era capaz de elevar la temperatura entre cinco y seis grados. Asimismo, Arrhenius consideró que la actividad industrial podría repercutir a largo plazo en las condiciones atmosféricas, un periodo de tiempo que estableció en 3000 años. En España, el geógrafo Juan Dantín, uno de los renovadores de la ciencia geográfica, publicó en el año 1925 un artículo en el suplemento del desaparecido periódico *El Sol*, donde hacía una seria reflexión sobre el impacto humano en la variación del clima.

Cuestión muy interesante e igualmente discutida es la del influjo que en los pretendidos cambios del clima ha podido ejercer el hombre. Se ha hablado mucho del efecto que los descuajes y las repoblaciones forestales de grandes masas forestales han ejercido sobre el clima, pero a ninguno de los invocados y ya manidos argumentos se concede hoy el valor preciso de probar que la acción del hombre sea capaz de modificar el clima en medida apreciable.

Tras los estudios de Arrhenius, los tratados de Guy Stewart Callendar determinaron que la radiación infrarroja y el dióxido de carbono influían en el calentamiento global, concretamente en una subida de la temperatura anual de 0,03 °C. Hubo que esperar hasta mediados del siglo XX para que las investigaciones fueran mucho más precisas. A partir de 1957 se llevaron a cabo los registros de concentraciones correspondientes al CO_2, lanzando desde una altitud de unos 4 000 metros, en Mauna Loa, en las islas de Hawái, globos aerostáticos con la finalidad de medirlas. Unos años más tarde se procedió de manera similar en regiones tan separadas unas de otras como Alaska, Samoa o la Antártida. Estas evaluaciones han continuado hasta la actualidad, y se ha observado el paso de una concentración de 315 partes por millón (ppm) en 1958 a 387 ppm en 2007.

De igual manera, resultan interesantes los estudios de Richard Fitter y de su hijo Alastair Fitter, quienes descubrieron en diferentes áreas de Oxford que la floración de más de 300 tipos de plantas se había anticipado en los años noventa del siglo XX. Ese adelanto se estimó en algo más de cuatro días de media, exceptuando unas 60 de ellas, que lo hacían con dos semanas de antelación. Para Richard y Alastair, el efecto era una consecuencia directa del aumento de temperatura, un hecho que, de perdurar en el tiempo, podría producir, adicionalmente, la extinción de algunas especies de animales y vegetales. En los años setenta, desde la NASA, James Hansen junto con otros compañeros realizaron mediciones del calentamiento de la superficie terrestre en vatios por metro cuadrado, vinculando la incidencia solar con la absorción marina. Las conclusiones determinaron que los efectos del CO_2 en la atmósfera estaban intensificándose más rápidamente de lo esperado. En una alusión directa al año 2008, declarado el más caluroso, Hansen aseguró en un discurso ante el Congreso de los Estados Unidos que:

De nuevo, ha crecido la brecha entre lo que la comunidad científica relevante sabe acerca del calentamiento global y lo que saben los políticos y la población. Hoy como ayer, la evaluación franca de los datos científicos lleva a conclusiones que conmocionan a la clase política. Hoy como ayer, puedo afirmar que dichas conclusiones tienen un grado de certeza superior al 99%. La diferencia está en que, actualmente, hemos agotado el tiempo disponible para emprender las acciones necesarias que desactiven la bomba de relojería del calentamiento global. El año que viene, el nuevo presidente y el Congreso deberán trazar un plan en el que los Estados Unidos ejerzan el liderazgo correspondiente a nuestra responsabilidad en la peligrosa situación actual. De lo contrario, resultaría inútil tratar de reducir el dióxido de carbono atmosférico a niveles que eviten que el sistema climático alcance un punto de inflexión más allá del cual se produciría una espiral de desastrosos cambios climáticos que escapará al control de la humanidad.

Uno de los métodos más importantes en la investigación sobre el cambio climático se ha desarrollado también en la profundidad de los casquetes polares. La perforación y la extracción de hielo con polvo y oxígeno del pasado son hoy de vital importancia para determinar el clima existente hace cientos o miles de años. Las burbujas de aire aportan datos importantes de la concentración de gases. Anualmente se establecen expediciones que, como en 1999 con la misión rusa Vostok en la Antártida, realizan perforación a más de 3000 metros de profundidad para explorar las condiciones meteorológicas y climáticas de hace medio millón de años. Destaca el programa europeo EPICA, que en 1995 estableció con sus prospecciones, las características y la naturaleza del clima 900000 años atrás.

En definitiva, todos estos estudios realizados desde hace alrededor de un siglo y medio han podido determinar algunas certezas bastante reveladoras. Sabemos que en los últimos 740000 años la Tierra ha soportado ocho ciclos climáticos, alternando periodos cálidos y fríos. Asimismo, científicamente se ha demostrado que durante los últimos 400000 años las temperaturas dominantes en las etapas cálidas (interglaciales) fueron muy parecidas a las actuales. Los cálculos del astrónomo yugoslavo Milutin Milankovitch han determinado que no volveremos a entrar en un periodo frío (glacial) hasta dentro de 10000 o 15000 años, siempre que seamos capaces de mantener el clima estable. Finalmente, el aire atrapado en el hielo polar ha confirmado que las cantidades actuales de gases de efecto invernadero alcanzan niveles muy elevados, una información que coincide con las perforaciones llevadas a cabo en fondos marinos y lacustres.

Si bien todo lo dicho parece tener una confirmación científica, tampoco en este sentido faltan quienes aseguran que tales afirmaciones son un fraude. La negación y el escepticismo sobre un cambio climático de origen antropogénico se han llegado a generalizar hasta el extremo de convertirse en un debate que ha polarizado creencias e ideologías, germinando un relato de la negación recogido en la llamada teoría conspirativa del calentamiento global. El 12 de agosto de 1990 se emitió a través del Canal 4 del Reino Unido el documental titulado *La conspiración del invernadero*. En él se aseguraba que un numeroso grupo de científicos, críticos con las hipótesis vertidas sobre un calentamiento global, habían dejado de recibir fondos para sus trabajos de investigación.

En 2007 se dio a conocer otro documental, *La gran estafa del calentamiento global*, que negaba la realidad y las causas del cambio climático, argumentando que la climatología se rige más por factores financieros y políticos que por criterios científicos. Realizado por Martin Durkin, se afirmaba que el calentamiento global provocado por el ser humano era una mentira y una de las mayores estafas cometidas en las últimas décadas. El documental presentaba los puntos de vista de una parte de la comunidad científica que no creía en el calentamiento causado por la producción antropogénica de CO_2. Dicho documental fue muy criticado por numerosos científicos, por la «fabricación» de datos falsos y engañosos, desnaturalizando las evidencias expresadas por el Panel Intergubernamental sobre el Cambio Climático.

Así, el complot de la llamada industria activista del calentamiento global no sería más que una plataforma utilizada por los ecologistas occidentales con el objeto de promover la sofisticada y costosa energía solar o eólica a cambio de postergar y desaprovechar los combustibles fósiles, más baratos y viables para la industrialización tan necesaria en los países del Tercer Mundo y en vías de desarrollo. A favor del documental se declararon una larga lista de personas, como Patrick Moore, exmiembro de Greenpeace; Richard Lindzen, profesor de meteorología del Instituto Tecnológico de Massachusetts; Patrick Michaels, profesor de Investigación de Ciencias Ambientales de la Universidad de Virginia; Nigel Calder, editor de *New Scientist*; John Christy, profesor y director del Centro de Ciencias del Sistema Terrestre de la Universidad de Alabama, o Nigel Lawson, exministro de Hacienda del Reino Unido.

Es obvio que el sentido que adquiere una crisis medioambiental como la que tratamos de explicar implicaría, al mismo tiempo, la aceptación de una crisis a nivel global. Ello supondría aceptar el agotamiento del modelo económico y social propuesto desde hace más de un siglo por la hegemonía capitalista. En consecuencia, el nuevo reto pasaría por realizar una notable revisión del modelo neoliberal y la erradicación de algunas políticas económicas que siguen todavía vigentes en nuestros días. En 1978, el biólogo y pensador Barry Commoner ya advirtió del desajuste que existía entre la biosfera y la tecnosfera. En el primer caso, estaríamos hablando del sistema que comprende la vida en el planeta; en el segundo del ámbito desarrollado por la especie humana. Se trata de una sociedad industrialaza y globalizada que lleva décadas produciendo y consumiendo por encima de los recursos naturales disponibles, y también excediendo la propia capacidad de la biosfera para absorber los desechos y la contaminación generada. Esta idea ha sido expresada, asimismo, por el catedrático y economista español Enric Tello, planteando la disyuntiva entre la necesidad de mantener el crecimiento económico y el deterioro consecuente en la ecología.

> El primer principio de la termodinámica nos recuerda que la energía o la materia no se crean ni se destruyen, solo se transforman. Por cada unidad de energía útil (o exergía) transformada en algún trabajo deseado, capaz de aumentar la productividad del sistema económico, las pérdidas de transformación de aquellos convertidores han disipado una cantidad mucho mayor de materiales y energía en forma de degradación ambiental no deseada que se viene sobre los sistemas naturales. Luego el deterioro ecológico es la otra cara de los aumentos de productividad que han propulsado el crecimiento económico contemporáneo. Es la huella ecológica que nos muestra dónde ha ido a parar la energía primaria que el sistema económico ha

consumido sin poder aprovecharla como trabajo útil. Mientras inyecta exergía para mantener el orden en la esfera económica e incrementar su tamaño, ese consumo bombea desorden y degradación hacia la biosfera. Cuanto menor sea la eficiencia energética y material del trasiego biofísico realizado por los sistemas de producción, consumo y ocupación del territorio dentro de la tecnosfera humana, mayor será la carga del deterioro que proyectan hacia el medio natural. [...] La degradación ambiental está en función directa de la potencia de la energía inanimada empleada por el sistema económico, y en función inversa de la eficiencia metabólica. También depende críticamente de la clase de fuentes y formas de energía que emplea, el tipo de sustancias y subproductos que procesa y del grado de antropización del territorio que comporta.

En consecuencia, resulta evidente que cualquier acción que interrumpa o intente suspender dicho desarrollo será considerado un ataque al sistema. Esta idea supondría la aceptación de una conspiración en contra del progreso, aunque este sea considerado necesario para continuar manteniendo los niveles de bienestar en el mundo desarrollado. Pero ¿cómo han justificado los negacionistas la supuesta realidad del bienestar y la mentira del cambio climático? En primer lugar, los niveles atmosféricos de dióxido de carbono y la temperatura del planeta están cambiando desde 1940. Desde entonces, los niveles de CO_2 han ido aumentando al mismo tiempo que disminuía la temperatura global hasta 1975 para volver a elevarse hasta 1997. Los científicos que se muestran a favor de no disminuir las emisiones afirman que los modelos que predicen un calentamiento de la troposfera como resultado del efecto invernadero están equivocados. Con los datos disponibles de satélites y globos meteorológicos, las tasas de calentamiento en la superficie terrestre no son preocupantes.

Se ha argumentado igualmente un aumento en las emisiones de CO_2 y de las temperaturas después del final de las glaciaciones. Sin embargo, dicho aumento en los niveles de dióxido de carbono se estancó alrededor de 100 años. Además, estos han ido incrementándose o disminuyendo según el aumento o descenso de las temperaturas. Esta idea desvincularía la elevación térmica de los niveles de CO_2, ya que a medida que el clima se enfría, los mares y océanos siguen absorbiendo el dióxido de carbono. Por el contrario, mientras se calienta, estos liberan más CO_2. Es un criterio aceptado por los negacionistas que se necesitarían cientos de años, debido precisamente a la gran masa oceánica del planeta, para que los cambios de temperatura a nivel global en las aguas marinas pudieran ser registrados. Una razón por la cual la estación Vostok y los análisis del hielo muestran que los cambios en el nivel de la atmósfera y del dióxido de carbono han comportado los cambios de la temperatura global en estos últimos 800 años.

Respecto a la determinación del CO_2 en el cambio climático, solo aparece en una proporción del 0,054 % en la atmósfera terrestre. La actividad humana ha contribuido en un porcentaje inferior al 1 %. Un ejemplo muy recurrido ha sido afirmar que los volcanes producen anualmente un volumen de emisiones más relevante. Lo mismo sucede con las plantas y los animales, junto con los vegetales muertos, pero especialmente con los océanos, que siguen siendo la mayor fuente de dióxido de carbono del planeta.

Otro de los aspectos que estaría influyendo en la transformación del clima sería el que se refiere a la variación solar, según la cual, la actividad del sol estaría siendo determinante e incidiendo negativamente en nuestra atmósfera desde hace siglos. Por otra parte, estos episodios de calentamientos y enfriamientos en la superficie habrían tenido lugar a lo largo de la historia reciente, siendo uno de los ejemplos más recurridos el periodo cálido medieval. Durante dicho periodo, el clima se mostró extraordinariamente caluroso en las regiones del Atlántico norte, se mantuvo así desde el siglo x hasta el siglo xiv, momento en el que comenzó una disminución de la temperatura global que ha llegado a conocerse como la pequeña edad de hielo. Una anomalía climática, esta última, que ha sido utilizada reiteradamente como justificación para poner en duda la repercusión humana en el actual calentamiento global de la Tierra.

En el plano ideológico, quienes sostienen que el cambio climático es consecuencia del comportamiento humano son vistos como enemigos del capitalismo, del desarrollo económico, la globalización y la industrialización. Por el contrario, los del lado opuesto viven en riesgo permanente de sufrir amenazas, pérdida de financiación en sus proyectos, además de ataques personales y en su reputación. En su día se especuló con la idea de que los defensores del calentamiento del planeta fueron auspiciados por la primera ministra británica Margaret Thatcher en su intento por promover la energía nuclear y minimizar las consecuencias de la huelga en la industria del carbón, entre 1984 y 1985.

A pesar de la sistemática divulgación de un sinnúmero de destacados científicos que, supuestamente, han estado apoyando los informes del IPCC sobre el calentamiento global, algunos informes mantienen que entre estos se encuentran muchos políticos que nada tienen que ver con el mundo de la ciencia. Se ha acusado al Panel Intergubernamental de tergiversar las opiniones de un buen número de científicos, entre los cuales uno de los casos más conocidos es el de Paul Reiter, miembro destacado del Instituto Pasteur, quien llegó a manifestar una firme protesta al no ser tenida en cuenta su opinión profesional. En sus afirmaciones aseguró que el IPCC preservó su nombre como colaborador en varios trabajos y no fue apartado de la lista hasta que advirtió de la intención de demandar legalmente al organismo.

En el mencionado documental *La gran estafa*, de Martin Durkin, puede comprobarse cómo los negacionistas son tratados como herejes, siendo comparados con quienes niegan el holocausto nazi. Tim Ball, profesor jubilado, recuerda en una de las secuencias las amenazas de muerte recibidas tras declararse escéptico en relación con el calentamiento global. Sin perder de vista el trabajo de Durkin, el economista James Shikwati destaca en el mismo la campaña realizada por los ecologistas en contra de los combustibles fósiles en el continente africano, lo que supone, en su opinión, detener el progreso en países necesitados y retrasados respecto a Occidente. Shikwati advierte que las energías renovables nunca podrán funcionar en África mientras mantenga su estado de subdesarrollo actual. La idea de restringir a una gran parte de la población más pobre del mundo fuentes de energía capaces de provocar su crecimiento resulta para Shikwati una idea moralmente inaceptable.

A pesar del amplio consenso científico respecto a las evidencias del cambio climático, las resistencias a nivel político y económico son patentes.

Multitud de trabajos durante los últimos años han constatado la existencia de un movimiento de negación conocido como *denials*, contrario al planteamiento de un calentamiento global ocasionado por la antropización. En la cultura anglosajona se ha venido utilizado la expresión *contrarians* para señalar a aquellos que muestran su hostilidad tanto a las evidencias de la ciencia como a los investigadores, muchas veces respaldados económicamente por importantes empresas relacionadas con los combustibles fósiles y grupos políticos conservadores.

Estudiosos y conocedores del tema como Philip Kitcher o George Monbiot han llegado a hablar de una «industria de la negación» en referencia a los grupos de escépticos, entendiendo el concepto como el esfuerzo común por difundir cuidadosamente información inexacta y falaz con el único propósito de confundir y engañar a una parte de la población.

Los negacionistas sostienen que el cambio del clima es simplemente fruto de un ciclo natural, asegurando que el dióxido de carbono forma parte de la vida y su impacto en la atmósfera no es el predicado por quienes siguen abogando por la erradicación de los gases de efecto invernadero. La otra forma conocida de rechazo es la atribución a un sector de la ciencia de una conspiración generalizada para enmascarar los datos y mostrar la poca fiabilidad de los mismos. En todo caso, estos ataques no han hecho otra cosa que añadir más desprestigio a miles de investigadores que lo único que intentan es aportar veracidad y elementos para un posterior análisis. Como muy bien ha recordado Ángeles Abellán, un ejemplo muy claro de todo esto podríamos encontrarlo en los años cincuenta del pasado siglo, cuando comenzó a difundirse una campaña que negaba la relación entre el tabaco y el cáncer. En consecuencia, «es la propia experiencia la que avala la estrategia negacionista». Este empeño por minar la legitimidad y el crédito de las investigaciones científicas sobre el cambio climático antropogénico se hizo mucho más evidente desde la década de los años noventa, después de las publicaciones presentadas por el IPCC. Como ya vimos, en el que fue su primer *Informe de Evaluación*, el calentamiento global fue estimado como un desafío con consecuencias generalizadas advirtiendo de la necesidad de establecer una gestión a nivel internacional. Precisamente, el IPCC fue esencial en la creación de la Convención Marco de Naciones Unidas sobre el Cambio Climático (UNFCCC).

La evidencia de los datos ha puesto de manifiesto la inviable negación de la realidad, un hecho que ha provocado un cambio de las estrategias de quienes persiguen atacar a los defensores del calentamiento global. Recientemente, en 2018, coincidiendo con una ola de frío en el hemisferio norte del planeta, Donald Trump comentó: «¿Qué le pasó al calentamiento global?». Desde 2012, Trump no ha cesado de realizar comentarios sobre la necesidad de retirar a los Estados Unidos del Acuerdo de París sobre el Clima, celebrado en 2015, un consenso suscrito entonces por 195 países. Incluso un país como China ha reconsiderado su actitud, anunciando su intención de alcanzar cuotas más acordes en las emisiones antes de lo previsto, debido a la situación actual de calentamiento global. En 2017, el controvertido científico Richard Lindzen, que hasta el año 2001 había colaborado en varios proyectos del IPCC, remitió una carta abierta a Trump instándole a abandonar las decisiones de la ONU sobre el cambio climático.

> Pedimos que el gobierno americano y otros cambien su curso sobre un acuerdo internacional desfasado, enfocado a una dura regulación de gases invernadero minoritarios, principalmente CO_2. Desde 2009, el gobierno USA y otros han emprendido acciones respecto al clima global que no tienen justificación científica, y que causan, y seguirán causando, daños económicos y sociales sin beneficios medioambientales. Aunque nosotros apoyamos controles directos sobre contaminantes medioambientales convencionales, que sean eficaces, asequibles y razonables, [...] hay una clara evidencia de que el aumento del CO_2 en la atmósfera es beneficioso medioambientalmente para los cultivos y las otras plantas que alimentan toda la vida. Es comida de plantas, no un veneno.

En el discurso de Trump que dio a conocer durante su campaña electoral, este arremetió duramente contra los argumentos científicos logrando aglutinar a parte de un electorado que ya había sido movilizado previamente en este sentido. Una negativa climática que no se ha presentado como una estrategia exclusiva de los Estados Unidos. En Brasil, el expresidente Jair Messias Bolsonaro nunca ha mostrado dudas en abrir el Amazonas a la explotación de la industria minera y maderera, dañando, todavía más si cabe, el «pulmón» del planeta, al mismo tiempo que retiraba fondos públicos para la preservación del entorno selvático. En países como el Reino Unido no han faltado relatos contrarios al cambio climático por parte del ex primer ministro Boris Johnson. Algo muy parecido a lo sucedido en Italia con Matteo Salvini, que fue vicepresidente y ministro del Interior, quien además del rechazo al fenómeno climático ha proferido en ocasiones comentarios ridiculizando el asunto.

Pero volviendo a los Estados Unidos, el senador por Oklahoma entre los años 1987 y 1994, Jim Inhofe, publicó en 2021 un libro titulado *La más grande de las mentiras. Cómo la conspiración del calentamiento global amenaza su futuro.* Aunque pueda parecer extraño, Inhofe se basó en la Biblia para explicar la supuesta mentira de quienes advierten del peligro del cambio climático. Génesis 8:22: «…mientras la Tierra permanezca, habrá tiempo de siembra y cosecha, frío y calor, invierno y verano, día y noche». Conviene saber que el ya exsenador ocupó el cargo de presidente en la comisión de Medio Ambiente y Obras Públicas del Senado desde 2003 hasta 2007 y entre 2015 y 2017, aprovechando para erigirse como portavoz del negacionismo. Durante su mandato declaró que el calentamiento global era un engaño y, posteriormente, realizó una intensa campaña de propaganda junto a su asesor personal, Marc Morano, a fin de evitar que los gobiernos regulasen las emisiones de gases de efecto invernadero. Inhofe llegó a justificar: «Dios está todavía allí arriba. La arrogancia de la gente que piensa que nosotros, los seres humanos, podríamos cambiar el clima me resulta indignante».

En un tono muy similar, otro exsenador norteamericano, Tom Coburn, llegó en 2017 a discutir el acuerdo de París, negando el consenso científico sobre el calentamiento global causado por el hombre. Coburn afirmó que el aumento del nivel del mar no había superado los 5 milímetros en 25 años, asegurando que en la actualidad el planeta estaba viviendo un enfriamiento generalizado. De este modo, políticos próximos a *lobbies* y grupos de interés han venido manteniendo un pulso con científicos y conocedores del problema, ofreciendo argumentos razonables en apariencia. No es de extrañar, pues, que afirmen que las mediciones de la temperatura son meras exageraciones, incorporadas a una agenda política planificada de antemano por grupos antisistema, movimientos extremistas, etc.

Uno de los planteamientos más sutiles empleados por los negacionistas ya fue presentado por Karl Popper en los años sesenta. Popper, en efecto, propuso que «nunca podemos considerar que una teoría particular es absolutamente cierta: toda teoría puede tornarse problemática por muy bien corroborada que pueda parecer ahora». Si bien esto puede ser cierto, la realidad es que tras los discursos negacionistas se esconde una pléyade de intereses y estrategias que han intentado desde el principio debilitar las tesis del calentamiento global y el cambio climático. Una herramienta fundamental en este sentido es la utilización interesada de las redes sociales y de las nuevas tecnologías, abiertas a impulsar el mensaje contrario al consenso científico.

Desde otro aspecto, como es el de la ciencia económica, en los últimos años han surgido dos enfoques contrapuestos. La economía ambiental utiliza la metodología económica para ahondar en los problemas medioambientales sin poner en duda los fundamentos del mercado, además de cuantificar los efectos exteriores negativos. Por su parte, la llamada economía ecológica analiza las dificultades y la relación entre los recursos naturales y la economía, cuestionando en muchos casos las pretensiones de la economía del mercado. Esta última, como muy bien sabemos, aboga por maximizar la libertad económica y la propiedad privada, asegurando que así se protege adecuadamente el medio ambiente.

Existen grupos adheridos a la negación que, sin embargo, son conscientes de la realidad del cambio del clima. Estos alegan que las conductas empleadas para mitigar los efectos del mismo son dañinas para la economía y no resuelven el problema ambiental. Desde esa perspectiva, actualmente no se dispondría de la tecnología necesaria para detener las emisiones sin malograr el desarrollo económico. Solo en un futuro sería posible determinar las soluciones al problema. El enfoque del negacionismo económico resulta esencial en tanto que, si bien a nivel científico resulta más evidente que dicho calentamiento global parece estar demostrado, los argumentos respecto a la actividad económica tienen un peso muy importante en los países desarrollados y sus consecuencias podrían terminar afectando gravemente a todo el mundo.

La función de los *lobbies* «energéticos» ha sido desde sus comienzos bloquear la acción de los gobiernos en cuanto a políticas frente al cambio climático. Su influencia y medios económicos aportan a la maraña de organizaciones la posibilidad de organizar congresos o informes, a la vez que financian publicaciones o compran voluntades para transformar el debate del calentamiento global. Independientemente de los medios que ostentan, cada vez están más aislados y les resulta embarazoso contradecir las evidencias, por lo que sus estrategias han transitado a un planteamiento que podríamos llamar *from deny to delay*, es decir, de «negar a retrasar». Traducido a la acción, las grandes multinacionales del negacionismo han optado por aceptar en cierta medida el problema, pero tachando de inútil cualquier desempeño por atajar la cuestión.

De un modo similar podría explicarse la importancia del cambio climático antropogénico desde el ámbito político. Los debates, aunque no en todos los casos, no están favoreciendo a los defensores del cambio climático. En algunos países como en Estados Unidos la acción política ha bloqueado en los últimos años acciones públicas para enfrentarse al calentamiento. Para la clase política negacionista no es posible tomar medidas si no se hace de forma conjunta a nivel internacional. No es posible aplicar políticas públicas de manera unilateral en un mundo globalizado. Quienes no niegan el cambio climático, pero sí sus repercusiones, suelen ser críticos con las acciones unilaterales. Por esta razón, deberían ser los países más desarrollados los que deberían tener mayores responsabilidades a la hora de aplicar todos los mecanismos a su alcance con el fin de reducir sus emisiones de gases de efecto invernadero. En este sentido, se ha tratado deliberadamente de reducir la importancia de las actuaciones a meros debates técnicos quedando al margen la participación de la ciudadanía.

Negar las evidencias científicas, al mismo tiempo que divulgarlas, forma ya parte del complot de muchos movimientos conservadores y negacionistas con nexos en el sostenimiento de las energías basadas en los combustibles fósiles. A veces esta actitud ha supuesto un claro inmovilismo en la lucha contra el cambio climático. Desde luego, no hay dudas al respecto de que los *contrarians* se beneficiaron en un principio de la fuerte atención mediática que, por otra parte, no recibían quienes defendían los peligros del cambio climático.

Abordar eficazmente el cambio climático requiere cambios significativos en el comportamiento humano individual y colectivo y en la toma de decisiones. Sin embargo, a la luz de la creciente politización de la ciencia (climática) y los intentos de los grupos de intereses creados para socavar el consenso científico sobre el cambio climático a través de «campañas de desinformación» organizadas, identificando formas de interactuar de manera efectiva con el público sobre el tema en todo el espectro político ha resultado difícil. Un creciente cuerpo de investigación sugiere que una forma prometedora de contrarrestar la politización de la ciencia es transmitir el alto nivel de acuerdo normativo (consenso) entre los expertos sobre la realidad del cambio climático causado por el hombre. Sin embargo, gran parte de la investigación anterior que examina la dinámica de la opinión pública en el contexto del cambio climático lo ha hecho en condiciones con una validez externa limitada. Además, ninguna investigación hasta la fecha ha estudiado cómo proteger a público de la difusión de información errónea influyente sobre el cambio climático (traducción de un fragmento del artículo publicado en *Global Challenges* por Van der Linden, Sander; Leiserowitz, Anthony; Rosenthal, Seth y Maibach, Edward, 2017, p. 1).

En definitiva, es evidente que existe una clara dicotomía, además de un enfrentamiento entre científicos y expertos en relación con el cambio del clima y su negación. Si bien parece que las evidencias científicas han provocado que los negacionistas encuentren su labor cada vez más incómoda y engorrosa, lo cierto es que la industria energética, principalmente la vinculada a las reservas de hidrocarburos, no ha cesado en generar informes alternativos al consenso en favor del calentamiento global. Así las cosas, las supuestas teorías de la conspiración se han ido repartiendo según los intereses de cada cual.

Se han presentado teorías de la conspiración sobre el calentamiento global que argumentan lo delirante y el poco realismo del consenso científico, desvirtuando sus opiniones y estudios al actuar en bien de sus propios intereses. Evidentemente, hasta la fecha no se ha presentado ninguna evidencia ni certeza que confirme tales complots, si bien existe un asentimiento entre los científicos que reconoce el alcance que podría conllevar no considerar la evidencia de la existencia de un cambio en el clima. Otra cuestión es reconocer las responsabilidades, así como las causas de dicho cambio. Al margen de las opiniones de algunos negacionistas, este consenso también es mayoritario. Por poner un ejemplo, en la actualidad apenas se discute que la quema de combustibles fósiles representa unas 30 000 millones de toneladas de CO_2 cada año. Una cantidad que es 130 veces superior a la producida por los volcanes. También existe un acuerdo en reconocer que el vapor de agua, considerado un gas de efecto invernadero, tiene una vida atmosférica de diez días. Un dato que contrasta con los cientos de años que tarda en desvanecerse el CO_2, siendo este último gas el mayor responsable del aumento de las temperaturas en todo el planeta.

En definitiva, implementar tramas al cambio climático resulta arriesgado, sobre todo cuando está en juego la credibilidad y la continuidad de la vida en la Tierra. Sin duda lo que sí se percibe son los esfuerzos por influir en la percepción pública y social del problema climático. Hasta el momento, muchos científicos continúan profundizando en sus teorías, ya sean estas escépticas o no, convencidos de la urgencia y de la oportunidad de transformación social, económica y ambiental, necesarias para el desarrollo integral del planeta. Asimismo, el respeto a las explicaciones sobre el calentamiento global y el cambio climático, antropogénico o derivado de otras causas naturales, no debe excluir la capacidad de crítica hacia la inteligencia y el entendimiento científico, el único camino para encontrar una solución a la crisis ambiental de nuestros días.

Tiempos de pandemia, tiempos de silencio. El miedo al futuro

Sabemos que la humanidad ha soportado diferentes pandemias y epidemias a lo largo de su historia que han provocado innumerables muertes y diversas consecuencias sociales, políticas y económicas. Desde el mismo corazón de la Edad Media, pasando por el Renacimiento o el siglo XX, hasta llegar finalmente al siglo XXI, con la aparición de una enfermedad como el coronavirus (COVID-19), todas las pandemias han dejado graves improntas que se han ido extendiendo por gran parte del planeta.

Como ya sucedió en el pasado, las enfermedades infecciosas han seguido jugando un papel destacado en la opinión colectiva, dando lugar a teorías de conspiración como resultado de la necesidad de encontrar explicaciones a preguntas de difícil o nula respuesta. En los últimos años, un grupo denominado Médicos por la Verdad ha venido sosteniendo que la COVID-19 es un fraude creado por los poderes ocultos que desean romper las economías e instalar sistemas de gobierno comunistas. Un plan de dominación a nivel mundial a cambio de un engaño sobre una afección que no vas más allá de una simple «gripe invernal». Los seguidores e integrantes de esta organización, nacida en Alemania, se mostraron desde el primer momento en contra de la cuarentena, del uso de mascarillas en la población y de la aplicación de las vacunas. A pesar de negar la existencia del virus, lo cierto es que han propuesto como tratamiento para la prevención sustancias como el ozono o compuestos como el dióxido de cloro o el peróxido de hidrógeno.

Existen múltiples ejemplos de cómo las epidemias y pandemias han alterado el curso de los acontecimientos en la historia. Existen evidencias de enfermedades epidémicas que se remontan al año 2700 a. C. Calamidades sanitarias como la epopeya babilónica del mítico rey de Uruk Gilgamesh, considerada la descripción más antigua de una epidemia y contada en distintos relatos, en donde se detalla el descenso de cadáveres por el río debido a una enfermedad mortal que afectaba a todos sus súbditos. Explicadas de un modo somero en tablillas sumerias y acadias, conocemos hechos acontecidos con sus correspondientes etiopatogenias y epidemiologías en las regiones del Éufrates y del Tigris. El historiador Tucídides, entre los siglos V y IV a. C., también describió en su *Guerra del Peloponeso* el descenso de la muerte desde Etiopía hasta las tierras de Egipto y Libia que llegó a Atenas de modo imprevisto y provocó la muerte, como consecuencia de la peste, de Pericles. El propio Tucídides parece describir en su obra el primer contagio epidémico sucedido en Occidente, lo que contribuyó finalmente a la derrota de Atenas tras un periodo de fuerte anarquía.

> Por eso muchos morían en las cuevas echados, y donde podían, sin respeto alguno, y algunas veces los unos sobre los otros yacían en calles y plazas, revolcados y medio muertos; y en torno de las fuentes, por el deseo que tenían del agua. Los templos donde muchos habían puesto sus estancias y albergues estaban llenos de hombres muertos, porque la fuerza del mal era tanta que no sabían qué hacer. Nadie se cuidaba de religión ni de santidad, sino que eran violados y confusos los derechos de sepulturas de que antes usaban, pues cada cual sepultaba los suyos donde podía. Algunas familias, viendo los sepulcros llenos por la multitud de los que habían muerto de su linaje, tenían que echar los cuerpos de los que morían después en sepulcros sucios y llenos de inmundicias (Tucídides, 1986, p. 119).

Tras la «peste» ateniense, otras epidemias como la plaga de «Orosius», en el año 125, provocó la muerte de alrededor de 800 000 personas en Nubia y 200 000 en Útica. Un brote de tifus extendido

por el Imperio romano entre los años 164 y 194 fue responsable directo de la muerte de Marco Aurelio. Otra epidemia de sarampión, entre
los años 250 y 270, mató a más de 5 000 ciudadanos romanos, cifras
que todavía serían ampliamente superadas por la peste bubónica en el
verano del año 541. Esta enfermedad apareció primero en el puerto de
la ciudad de Pelusium, en el borde oriental del delta del Nilo, y como
se propagó durante el mandato del emperador Justiniano se denominó
«plaga de Justiniano». La enfermedad permaneció latente durante casi
dos siglos y llegó hasta las costas del Imperio bizantino y a su capital, Constantinopla, causando la muerte de más de 200 000 personas.

Tambien sabemos ya los efectos y consecuencias que tuvo la
peste negra durante la Edad Media en Europa, que contribuyó al cambio
radical de la civilización occidental y al castigo dado a quienes fueron
acusados de complot y conspiración. En América, con la llegada de los
primeros europeos comenzó también la expansión de las enfermedades
infecciosas introducidas involuntariamente por los colonos y conquis-
tadores entre la población autóctona. Hoy está aceptada la tesis de que
la viruela llevada por los españoles al continente americano fue decisiva en la conquista del Imperio inca por parte de Francisco Pizarro,
quien, como ya es sabido, a pesar de contar con solo un contingente
de 160 hombres, pudo superar a las fuerzas del emperador Atahualpa.

Un claro ejemplo de la devastación epidémica provocada por la
llegada de los europeos a América fue debida al desembarco de Cristóbal
Colón a las costas caribeñas en 1492, en donde se cree que vivían medio
millón de taínos. En 1535, la población había desaparecido prácticamente
en su totalidad. La llegada de Hernán Cortés a las costas de México en
1519 supuso que solo un año después la mitad de los aztecas murieran de
la enfermedad de la viruela. En muchos casos, esta última epidemia, junto
con otras de sarampión y tifus, consiguió diezmar la resistencia militar
de los pueblos americanos, entre ellos, el azteca o el inca. En efecto, y en
palabras del catedrático de Geografía Jared M. Diamond, este hecho no fue
exclusivo del continente americano. En África, y otras regiones del Índico
o el Pacífico, tampoco se libraron de la propagación de enfermedades procedentes de Europa:

En toda América, las enfermedades introducidas con los europeos se propagaron de una tribu a otra mucho antes que los propios europeos, causando la muerte de aproximadamente el 95 % de la población indígena americana precolombina. Las sociedades indígenas más numerosas y sumamente organizadas de América del Norte, las jefaturas misisipienses, desaparecieron de ese modo entre 1492 y finales del siglo XVII antes incluso de que los europeos construyeran su primer asentamiento a orillas del río Misisipí. Una epidemia de viruela que, en 1713, traían los colonizadores europeos, causó estragos en el pueblo de la etnia san del África austral. Poco después del poblamiento británico de Sídney, en 1788, se declaró la primera de las epidemias que diezmaron a los aborígenes australianos. Un ejemplo bien documentado de las islas del Pacífico es la epidemia que asoló Fiji en 1806, que trajeron algunos navegantes europeos que consiguieron llegar a tierra tras el naufragio del barco *Argo*. Epidemias semejantes marcaron la historia de Tonga, Hawái y otras islas del Pacífico.

Las enfermedades también afectaron a los europeos. En concreto, la fiebre amarilla o el paludismo, transmitidos por mosquitos, dificultaron los primeros asentamientos en algunas zonas de América Central y del norte sudamericano. Es por ello por lo que, durante la segunda década del siglo XVI, los esfuerzos de los españoles por ocupar el istmo de Panamá se vieron seriamente obstaculizados por patologías como la malaria o la fiebre amarilla que, en 1514, causaron la muerte a más de 700 colonos en la región selvática del Darién.

De igual manera, entre los siglos XVI y XIX, el comercio de millones de esclavos a través del Atlántico supuso la introducción de enfermedades propias de África, como la tuberculosis o el dengue en el continente americano. Epidemias como la de la sífilis, surgida probablemente en América, o el cólera procedente de la India durante el siglo XIX, alcanzaron igualmente la categoría de pandemia en todo el planeta. Si a mediados del siglo XVI la viruela en Europa apenas mostraba un elevado grado de mortandad entre su población, dos siglos después pasó a ser la principal causa de muerte en todo el continente. Sin que todavía se haya podido saber la causa del cambio, lo cierto es que existen datos recogidos del año 1762 en Londres, donde murió alrededor del 20% de su población.

Otras veces, las epidemias han llegado a influir hasta el extremo de hacer imposible la victoria en algunas guerras. Una plaga bubónica introducida por prisioneros egipcios en el Imperio hitita causó un declive decisivo en el devenir de su civilización. Heródoto también llegó a relatar cómo una plaga bloqueó completamente la invasión persa en Grecia en el año 480 a. C. Asimismo, la conocida como plaga antonina alteró el transcurso de la guerra entre el imperio romano y el imperio parto durante el siglo II a. C., causada probablemente por una epidemia de viruela o sarampión. LA mortandad fue tan elevada que terminó afectando a la política, así como a la economía de Roma. Parece obvio pensar que la violencia de la enfermedad terminó por dañar al ejército, anulando cualquier capacidad para neutralizar las hostilidades en sus fronteras.

Otros conflictos, como el de la guerra de Crimea entre 1853 y 1856, también se vieron perjudicados por el cólera. En el caso de las fiebres tifoideas, estas afectaron a las guerras de finales del siglo XIX. Transmitido por los piojos, sabemos que el tifus se multiplica en ambientes de hacinamiento y poca salubridad, lo que se ha asociado a la guerra. En pleno siglo XX, la enfermedad mató a cerca de 10 000 soldados, siendo decisiva en el frente oriental durante la Primera Guerra Mundial. A su término, la Liga de las Naciones creó la Comisión del Tifus, que años después se transformó en la Comisión de Epidemias para ampliar sus intervenciones en otras enfermedades, como la disentería, el cólera o la viruela. La situación llegó a convertirse en un problema de tal envergadura que Lenin llegaría a decir en 1919: «O el socialismo derrota al piojo, o el piojo derrotará al socialismo».

La Gran Guerra, que hacinó a los soldados en trincheras, ofreció un «caldo de cultivo» idóneo para la propagación de muchas enfermedades, como la conocida pandemia de gripe española, que durante el periodo transcurrido entre marzo de 1918 y mayo de 1919 llegó a matar a 50 millones de personas en todo el mundo, esto es, cuatro veces más que el total de muertes provocadas por el propio conflicto. John M. Barry ha situado la primera presencia de la gripe en enero de 1918 en una comunidad del condado de Haskell en Kansas, desde donde posteriormente se propagó a unos campos de entrenamiento del ejército, próximos a Camp Funston, antes de que las tropas fueran trasladadas a Europa. Solo en los Estados Unidos murieron más de 600 000 personas por causa de esta pandemia en menos de un año. El número de militares muertos por gripe fue casi idéntico a la cantidad de soldados norteamericanos fallecidos en el campo de batalla durante la Primera Guerra Mundial.

Recibió el apelativo de *gripe española* porque la pandemia despertó una mayor atención por parte de la prensa en España que por parte de la presa europea, ya que como país neutral no estaba involucrado en la Primera Guerra Mundial y por lo tanto no se censuró la información sobre la enfermedad. Sin embargo, en otoño de 1918, cuando la guerra estaba finalizando, una segunda ola de gripe alcanzó el frente occidental y causó la muerte a cerca de 100 000 soldados a ambos lados del frente. Precisamente, a finales de 1919, el hacinamiento en las trincheras y campamentos, además de las dificultades que existían para que las tropas recibieran alimentación y descanso adecuados, facilitó la infección a miles de soldados y, por extensión, a millones de personas en todo el mundo. En definitiva, se ha estimado que la enfermedad tuvo un fuerte impacto hasta el extremo de infectar a la mitad de la población del planeta. A diferencia de la gripe estacional, que afectaba especialmente a mayores y enfermos, la gripe española acabó con la vida de personas de todas las edades.

Finalizada la Gran Guerra, dio comienzo un periodo de investigaciones que condujeron al descubrimiento de antibióticos, gracias a nombres como los de Paul Ehrlich y Alexander Fleming. Con la llegada de la Segunda Guerra Mundial, los avances médicos permitieron la producción industrial de la penicilina y otros medicamentos, llegándose a producir más de dos millones de dosis solo durante la planificación de la invasión en Normandía. Con la llegada del antibiótico, se pudieron salvar de este modo millones de vidas, no solo entre los combatientes, sino también en la población civil.

A pesar de los avances en la investigación médica, las pandemias continuaron apareciendo durante la segunda mitad del siglo XX, muchas veces manteniéndose en los conflictos y guerras regionales. Durante la guerra en Vietnam, la malaria afectó a las tropas norteamericanas desplazadas al Sudeste asiático y llegó a ser la tercera causa de hospitalización, por detrás de otras afecciones respiratorias y digestivas. Entre 1965 y 1971, casi 80 000 soldados de las fuerzas de los Estados Unidos contrajeron la enfermedad, pero el número de fallecidos fue muy inferior a los dos por cada mil gracias al progreso en los métodos de diagnóstico y tratamiento de los casos.

Paralelamente, otra de las enfermedades transformada en pandemia a finales del siglo xx fue el sida. En 1981, aparecieron los primeros casos en cinco jóvenes de California y Nueva York. Cabe la posibilidad de que la versión del virus encontrado en los chimpancés, llamado virus de inmunodeficiencia símica o VIS, pudiera haberse transmitido a los seres humanos cuando cazaban a estos animales, bien por su carne o al entrar en contacto con la sangre infectada. La realidad es que, en 2019, aproximadamente 38 millones de personas estaban infectadas por VIH, de las que murieron cerca de 900 000 ese mismo año, registrándose un 70 % de dichas infecciones en el continente africano.

Así las cosas, a grandes rasgos y hasta la llegada de la COVID-19, solo el virus del ébola había sido motivo de especulación con respecto a teorías conspirativas. El 23 de marzo de 2014, la Organización Mundial de la Salud (OMS) notificó un brote de dicho virus en Guinea, en África Central, que posteriormente se extendió a otros países africanos, como Liberia, Sierra Leona, Nigeria, Senegal, Malí, y alcanzó Estados Unidos, y, en menor medida, Reino Unido y España. Hasta hace unos pocos años, la cifra de fallecidos rondaba los 5 000, con 10 000 afectados.

Quizá las conjeturas más difundidas referidas a una trama conspirativa hayan sido las que relacionan al virus del ébola con un turbio proyecto de arma biológica surgido en los Estados Unidos. La primera noticia surgió en un artículo del *Daily Oberserver*, uno de los diarios más importantes de Liberia, país con la tasa más alta de casos registrados de ébola en el mundo. Su autor, Cyril Broderick, profesor de la Universidad de Delaware, en Estados Unidos, afirmó que el virus era un organismo modificado genéticamente que este país había probado en algunas zonas de África. A su juicio, el motivo no era otro que aumentar la presencia militar en África y responder de alguna manera al prospectivo aumento del protagonismo de China en el continente.

Se ha llegado a decir que científicos norteamericanos guardan la vacuna contra la enfermedad para remediar las dolencias de algunos médicos infectados. A ello se ha sumado el interés que habría generado la misma para ser comercializada en todo el mundo. Bajo estas premisas, la industria farmacéutica igualmente habría creado el ébola para incrementar las ventas de la medicación y de la vacuna. A su vez, los centros de investigación estarían contagiando deliberadamente, lo mismo que sucedería con algunos colectivos de médicos y enfermeras, quienes supuestamente habrían expandido el virus mediante la administración de vacunas.

Entre la amplia relación de complots también consta el de una enfermera que declaró que el virus del ébola había sido creado para ocultar una serie de rituales vinculados con el canibalismo en varios hospitales del África occidental. Su declaración provocó manifestaciones multitudinarias muy cerca de un centro de tratamiento del ébola en Sierra Leona. En julio de 2014, varios periódicos de todo el mundo se hicieron eco de la noticia que aseguraba que una enfermera había comentado, entre un gran número de personas congregadas en un mercado de pescado, que la afección era una «artimaña» ideada para llevar a la práctica ritos de canibalismo. La policía tuvo que dispersar con gases lacrimógenos a la multitud que había creído la historia en la ciudad de Kenema. Durante algún tiempo, familiares e infectados prefirieron las prácticas curanderas tradicionales en lugar de los remedios aplicados por la medicina oficial.

Según el *Daily Observer*, otra de las historias sobre el ébola es la de un hombre que, cuando fue detenido por la policía, aseguró que había participado en la contaminación de pozos de agua mediante una sustancia que causaba los mismos efectos de la enfermedad. En su confesión posterior constató que las empresas embotelladoras de agua potable llevaban a cabo la misma práctica criminal. El mismo diario relató otra teoría conspirativa relacionada con el tráfico de órganos, según la cual, los gobiernos de algunas localidades africanas habían consentido la instalación de centros de aislamiento con los infectados para, de este modo, asesinar a los pacientes y extraer sus órganos a cambio de dinero. Allegados de los fallecidos habrían asegurado recibir los cadáveres sin algunos de sus órganos.

Una de las teorías más fantásticas que se han divulgado en África menciona al ébola como un invento de la brujería y la religión. Los enfermos, creyendo ser víctimas de un embrujo, se vieron así imposibilitados para acudir a los centros médicos. En julio de 2014, un buen número de líderes cristianos declararon en Liberia que el ébola era una plaga enviada por Dios para castigar al pueblo. Casi al mismo tiempo, un clérigo musulmán esbozó un plan que presentaba la enfermedad como el fruto del adulterio y de la maldad existente en el país.

Quizá de todas las teorías conspirativas, la de mayor arraigo es la concerniente a la posibilidad de que el virus del ébola podría haber sido elaborado por grupos terroristas con el fin de atacar países occidentales, una idea reforzada por la preocupación mostrada en los últimos años por el gobierno de los Estados Unidos ante la posibilidad de que fuera empleado por grupos terroristas. Los esfuerzos de este país para encontrar una vacuna responden al reconocimiento del virus como un agente potencial para ser usado en una guerra biológica. Esta preocupación ha sido compartida durante mucho tiempo por otros países, como el Reino Unido, especialmente tras ser descubierto un ordenador portátil en Siria con archivos en los que se destacaban las ventajas de las armas biológicas, por su fácil acceso y su bajo coste en relación con otras armas convencionales.

El ordenador en cuestión, un portátil de la marca Dell, fue encontrado por un grupo rebelde sirio en enero de 2014 en un refugio del Estado Islámico, situado en la provincia de Idlib, al norte del país. Fue un equipo de reporteros del *Foreing Policy* quienes lo examinaron, y hallaron más de 2 300 carpetas y más de 35 000 archivos. La mayoría de ellos contenían discursos yihadistas, vídeos de Osama bin Laden, etc., pero había varios documentos con instrucciones para la fabricación y utilización de armamento biológico, especialmente un archivo de 19 páginas, en árabe, que especificaba la manera de propagar la peste bubónica sobre objetivos civiles y militares, obtenida a partir de animales ya infectados.

La idea de conspirar con este tipo de componentes biológicos ha cambiado el concepto de lucha contra las enfermedades, ya que contrarrestar este tipo de ataques, diseminando intencionadamente un determinado tipo de virus, resulta más difícil a la hora de localizarlo y de neutralizarlo, a diferencia de cuando se producen de forma natural. Un ejemplo de todo ello podría ser un ataque intencionado con la peste bubónica, lo que provocaría severas neumonías. De igual manera, el ántrax carbunco, que suele presentarse con trastornos cutáneos, en un brote intencionado y calculado que afectaría al sistema respiratorio. De la lectura de los archivos antes citados en poder del Estado Islámico se deduce que habrían alcanzado la capacidad operacional en pocos años para diseminar el virus del ébola. Un plan, o si se prefiere, una trama conspiratoria que habría tenido un impacto y unos resultados todavía difíciles de predecir.

Alcanzar dicha capacidad hubiera requerido por parte de los terroristas la superación de una serie de importantes obstáculos. El primer paso habría sido adquirir el agente biológico para posteriormente ser cultivado y procesado, siendo diseminado eficazmente sobre los supuestos objetivos a fin de lograr un brote deliberado. En opinión de varios expertos, esta operatividad no es fácil de adquirir por las organizaciones terroristas y menos aún por individuos y grupos con escasa capacidad tecnológica. La premisa inicial habría estado en adquirir por parte del Estado Islámico el agente o virus en su lugar de almacenamiento. En el caso del ébola, la dificultad parece obvia. Para ello también habría sido necesaria una financiación, instalaciones adecuadas para su cultivo y manipulación con el correcto nivel de bioseguridad. En definitiva, se habría precisado la presencia de individuos especializados en microbiología y con formación en bacteriología, micología o virología.

En septiembre de 1989, médicos del estado de Portuguesa, en Venezuela, detectaron un brote de una enfermedad febril grave que se caracterizaba por fiebre, cefalea, mialgia, dolor de garganta, náuseas, vómitos y anorexia. Muchos de los afectados tuvieron que ser hospitalizados como consecuencia de la fiebre persistente, la deshidratación y manifestaciones hemorrágicas. La dolencia afectó por igual a todos los grupos de edad. Inicialmente el diagnóstico fue descrito como dengue hemorrágico, identificándose finalmente como un nuevo virus denominado fiebre hemorrágica venezolana (FHV). Durante el verano de 2014, el presidente venezolano Nicolás Maduro denunció que el país estaba siendo víctima de un complot en forma de guerra biológica. Un ataque que, según sus palabras, jamás se había vivido durante los años de revolución.

En diciembre de 2019 en Wuhan, una extensa capital de la provincia de Hubei, en China, comenzó una pandemia global que sería declarada como tal el 11 de marzo de 2020. En un artículo publicado ese mismo año en *Nature Medicine* por Kristian G. Andersen, se aportaron las primeras evidencias genéticas y experimentales que sustanciaban un origen zoonótico de la epidemia mediante procesos de selección natural entre especies silvestres y el ser humano. Conocido científicamente con el nombre de SARS-CoV-2, este se presentó como el séptimo coronavirus conocido con capacidad para contagiar a humanos. Apenas unas semanas después, parte de una opinión pública comenzó a sugerir la conspiración de que su existencia había sido debida a un accidente en uno de los laboratorios de Wuhan, una afirmación que hasta el momento sigue careciendo de argumentos científicos serios, pero que tiene preocupada a una parte de la sociedad en todo el mundo.

A pesar de que se desconocen muchos detalles relacionados con la infección por COVID-19, lo que se ha demostrado es que es un virus altamente contagioso. Los síntomas más comunes comprenden cuadros febriles y tos, siendo la dificultad respiratoria una de las características más extendida. Entre los argumentos presentados por Andersen para explicar la cadena de eventos biológicos responsables del brote, estos demostraron que el SARS-CoV-2 se había adecuado idóneamente para reconocer la proteína humana ACE2, que funciona como receptor para adherirse a la membrana de las células humanas. En palabras del doctor Javier Torres-López, es poco probable que el virus haya sido el resultado de una manipulación.

> La proteína del virus responsable de esta unión tiene un dominio de seis aminoácidos, que es el responsable del reconocimiento de ACE con alta afinidad, pero también se ha encontrado que este dominio presenta alta afinidad para ACE en hurones, gatos y otras especies. Esas observaciones son una clara evidencia de que el SARS-CoV-2 no es un producto de una manipulación en laboratorio, sino que tiene origen en otras especies.

A medida que la crisis originada por la COVID-19 se propagaba e intensificaba, también las teorías sobre supuestas tramas ocultas comenzaron a aparecer entre la población de todo el mundo. Las conjeturas sobre cualquier conspiración resultan tentadoras en tanto nos parecen que vinculan dos hechos entre sí. Algo así debieron creer quienes intentaron involucrar a Bill Gates como uno de los responsables de la pandemia. En una conferencia del empresario norteamericano y fundador de Microsoft impartida en el año 2015 en el TEC de Monterrey, una organización que publica charlas en línea, refiriéndose a las catástrofes mundiales, aseguró: «Si algo ha de matar a más de 10 millones de personas en las próximas décadas, probablemente será un virus muy infeccioso más que una guerra: no misiles, sino microbios».

Lejos de estar refiriéndose a una profecía, Gates trató entonces de hacer una alusión al brote de ébola que había tenido lugar en 2014 y a la escasa capacidad que existía para combatirlo. Advirtió que, en efecto, su control se debió al trabajo de miles de empleados en centros de salud y a la buena suerte. Su advertencia de una posible pandemia futura no implicaba ser conocedor de una conspiración en marcha contra la humanidad. Pronosticó entonces que el único remedio posible sería la inversión en medicamentos antivirales y terapias de anticuerpos capaces de ser fabricados con rapidez para tratar a las personas expuestas. Bajo estas premisas, Bill Gates se atrevió a subrayar la posibilidad de que una pandemia surgiera como consecuencia de un virus que se propagaría a través del aire, contagiando a una parte importante de la población mundial.

En efecto, cinco años después sucedió que un virus como el del coronavirus se extendió muy rápidamente, desplazándose a diferentes lugares y creando una reacción en cadena hasta entonces inimaginable. Lo que pareció una predicción dio lugar poco tiempo después a una nueva variante de la teoría conspiratoria, algo que sigue siendo defendido por los grupos negacionistas y activistas contra la vacuna creada para combatir la COVID-19. El mundo habría comenzado de este modo a vivir un complot tramado por Gates para vacunar a la población mundial con el solo propósito de implantar microchips digitales que, de una manera premeditada, rastrearían y controlarían a las personas. Precisamente, en este sentido Gates se ha manifestado en varias ocasiones para expresar su postura contraria a que sea utilizada con fines políticos: «Cualquier sugerencia de que un político ayudó a crear la vacuna es algo muy peligroso».

En otro sesgo del ideario conspiratorio se ha sugerido que la pandemia, propiciada como consecuencia de la COVID-19, habría sido un proyecto militar del ejército chino para probar un arma biológica. La doctora Li-Meng Yan, viróloga que trabajó en la Escuela de Salud Pública de Hong Kong, publicó en 2020 un artículo en el que catalogó al SARS-CoV-2 como un «arma biológica sin restricciones». Junto a otros expertos, como Shu Kang, Jie Guan y Shanchang Hum, llegó a la conclusión de que todo lo relativo al coronavirus era un fraude científico. Tras analizar los datos disponibles, Li-Meng afirmó que los nuevos coronavirus de animales no existen en la naturaleza, por lo que sus secuencias habrían sido «fabricadas». En consecuencia, tanto ella como su equipo consideraron que el SARS-CoV-2 es un producto que se modificó en su momento en un laboratorio, pudiéndose crear en unos seis meses mediante un virus propiedad del Ejército Popular de Liberación chino. Además de confirmar que se trataría de un arma biológica, el grupo de investigadores admitió que la liberación del patógeno debió hacerse de manera intencionada y no accidentalmente.

La gravedad de sus afirmaciones se elevó al asegurar que la pandemia era el resultado de una guerra biológica, así como un ataque contra la comunidad mundial ordenado desde Pekín. Li-Meng Yan huyó en abril de 2020 a los Estados Unidos para advertir y alertar sobre el virus, recordando que había sido silenciada y destruidos todos los estudios que realizó durante su estancia en la Escuela de Salud en Hong Kong, uno de los centros de investigación y de referencia de la Organización Mundial de la Salud. En este sentido, el propio laboratorio negó reiteradamente que Li-Meng hubiera realizado trabajo alguno sobre la transmisión entre personas, advirtiendo que sus afirmaciones carecían de base científica.

Lo cierto es que Yuan Zhiming, director del Instituto de Virología de Wuhan, siempre ha negado que la COVID-19 se propagara accidentalmente desde sus instalaciones. Afirmación que coincidiría con las llevadas a cabo por virólogos de la Universidad de California en las que se describía que la secuencia genética del virus probaba que el SARS-CoV-2 no era una creación de laboratorio ni una manipulación. Asimismo, las agencias de inteligencia de Estados Unidos descartaron a través de un informe, publicado en agosto de 2021, que el virus fuera diseñado como un arma biológica. El mismo, sin embargo, no ofreció información sobre qué lo originó.

Como cabría esperar, el gobierno de la República Popular de China respondió a las acusaciones con una teoría propia al respecto, en la que admitía una conspiración contra su país. El portavoz del Ministerio de Relaciones Exteriores chino, Zhao Lijian, acusó a los Estados Unidos de haber llevado el virus a Wuhan. La noticia, recogida en *Voice of America News*, aseguraba que el rumor más extendido en China era que se habría producido una conspiración tramada por el ejército norteamericano para introducir la COVID-19 durante la participación de ese país en los Juegos Mundiales Militares en octubre de 2019, precisamente en la ciudad de Wuhan. Conocido en el país asiático como el «virus de los Estados Unidos», no se ha podido demostrar tal complot, quedando como una táctica geopolítica sin otra finalidad que la de contrarrestar los ataques generados desde Occidente.

Existen, no obstante, algunos foros de opinión en los que se ha acusado también a los cultivos modificados genéticamente de ser los causantes de la pandemia de COVID-19. La teoría saltó a la opinión pública como consecuencia de la publicación de un artículo de un abogado italiano, Francesco Billota, en la que afirmaba erróneamente que los cultivos modificados genéticamente causaban la contaminación genética provocando la proliferación de casos de coronavirus, debido al desequilibrio ambiental que ocasionaban. Activistas contrarios a la utilización de organismos modificados genéticamente también han culpado en ocasiones a la agricultura moderna.

Otra de las teorías de la conspiración propugnada por grupos conservadores es la que defiende la idea de que las cifras de contagios y fallecidos han aumentado de forma deliberada. Una de las personas que ha dedicado tiempo a promover esta visión de la COVID-19 ha sido la doctora Annie Bukacek, asegurando que los certificados de defunción habrían sido manipulados. Lo cierto es que la defensora de dicho relato es una activista declarada contraria a las vacunas. Además de los que creen que los datos de la pandemia se han manipulado desde el comienzo, hay otros que aún van más lejos y aseguran que el virus ni siquiera es real. De acuerdo con las opiniones de David Icke y Alex Jones en *InfoWars*, un sitio web en el que se difunden teorías de la conspiración, la COVID-19 no habría existido nunca, sino que sería un complot de las élites del mundo para arrebatarnos la libertad.

Icke y Jones no han sido los únicos en pregonar que el SARS-CoV2 era una simple mentira. Supuestamente, nunca ha existido porque no se ha conseguido aislar en un laboratorio. La idea se atribuye a un supuesto doctor en virología e inmunología de California, Andrew Wye, que habría analizado cerca de 1 500 muestras de pacientes infectados. En su exposición aseguraba haber compartido las muestras con otras universidades, pero lo cierto es que no se ha podido verificar esta afirmación. Tampoco existen enlaces a documentación alguna ni resultados publicados, etc., lo que pone en evidencia la falsedad de la información.

Por último, la argumentación de que el virus pudo escapar de un laboratorio chino puede resultar la teoría conspiratoria más creíble. En efecto, sabemos que la ciudad de Wuhan, sede de un Instituto de Virología, ha dedicado muchos años a la investigación del coronavirus en murciélagos. Shi Zhengli, una de sus investigadoras y reconocida viróloga, pasó años recogiendo muestras de excrementos de murciélagos en cuevas, y, hoy en día, es una autoridad en el reconocimiento del coronavirus antes de producirse la pandemia. Preocupada por la posibilidad de que hubiera podido suceder una fuga en el laboratorio, dedicó muchos esfuerzos a la revisión de todos los registros. Zhengli admitió haberse sentido tranquilizada «cuando la secuenciación genética mostró que el nuevo coronavirus SARS-CoV-2 no coincidía con ninguno de los virus muestreados y estudiados por su equipo en el Instituto de Virología de Wuhan».

Desde luego, resulta tentador imaginar las consecuencias que puede tener la coincidencia de que la principal institución encargada del estudio de coronavirus de murciélago en China estuviera en la misma ciudad desde la que se propagó el brote de COVID-19. Los datos posteriores parecen haber demostrado que se trataba de una coincidencia lo suficientemente atractiva como para hacer de todo ello un motivo más para afianzar la probabilidad de una nueva conspiración. La primera idea surgió a través de un documental, realizado por la productora británica Epoch Times de Estados Unidos. A esta compañía audiovisual se la ha relacionado con el culto religioso de Falun Gong, una práctica espiritual china basada en la enseñanza de los principios de la verdad, la benevolencia y la tolerancia, próximos al taoísmo, que ha sido duramente perseguida por el Partido Comunista Chino (PCCh). Epoch Times se refiere a la COVID-19 como el «virus del PCCh», siendo una afirmación destacada y anunciada después en medios de información como el *Washington Post* o el *Times*.

Ciertamente, el coronavirus nos ha demostrado que seguimos derrochando imaginación a la hora de buscar alternativas a hechos que en ocasiones no logramos comprender. Desde una conspiración surgida en el laboratorio de Wuhan a una maniobra empresarial para controlar a toda la población mundial, el denominador común en todas ellas es que, por lo menos, alguna de las premisas parece resultar cierta. Habría que citar, por último, la propuesta realizada por el Foro Económico Mundial (FEM), denominada Great Reset. Este Gran Reinicio estaría fundamentado en poner fin a los subsidios al petróleo y otros combustibles fósiles, acoger como cierto el cambio climático o trabajar de una manera definitiva en la seguridad internacional. El relato no ha dejado de especular para construir teorías sobre complots a nivel mundial, intuyendo que la COVID-19 no era más que el plan perfecto para iniciar el proyecto.

Es cierto que la pandemia ha impulsado la creación de movimientos negacionistas muy dispares, encabezados por profesionales de la medicina o por políticos y periodistas. El caso más flagrante es el ya citado Médicos por la Verdad, una amalgama de redes sin una estructura concreta, convertida finalmente en una fuente de desinformación con múltiples teorías, pero ninguna válida desde una perspectiva científica. Todo ello vuelve a recordarnos la facilidad con la que podemos generar estados de opinión y de alarma en la sociedad. Empero, no cabe duda de que los efectos de una pandemia en nuestras vidas estarían a un nivel muy similar a los de las grandes guerras del pasado, ya que una enfermedad infecciosa sin control puede llegar a ser tan letal como una bomba o todo un ejército con la capacidad de destruir objetivos humanos.

Es evidente que los virus y las bacterias han hecho ganar y perder guerras, y han alterado los flujos comerciales y económicos de los países. Solo un dato para concluir. En el transcurso del siglo XX, el periodo más devastador de nuestra historia, murieron entre 100 y 200 millones de personas como consecuencia de las guerras, una cifra similar a la de los fallecidos por el sarampión. Huelga decir que los 800 millones de personas que perdieron la vida por gripe o viruela son superiores a la mortandad de las guerras del siglo XIX

Pese a todo, aun cuando los avances en la medicina han logrado reducir, incluso erradicar, algunas enfermedades infecciosas, como la poliomielitis, el sarampión o la rubeola, en el siglo XXI también han aparecido nuevas epidemias y pandemias. Hoy en día, las enfermedades infecciosas seguirán exigiendo enormes desafíos y una mayor atención internacional.

Conspiraciones: verdades y mentiras

El 8 de junio de 1949 George Orwell publicó *1984*. Intelectuales y expertos en distintos ámbitos de la cultura han dejado constancia del formidable paralelismo que existe entre la sociedad actual y el mundo representado en *1984*, cuyos denominadores comunes podrían ser la manipulación de la información, la vigilancia o la coerción política y social. El libro, cuya acción se desarrolla en un Londres entonces del futuro (1984), integrado a su vez en un Estado colectivista denominado Oceanía, describe una división de la sociedad en tres grupos. Los miembros externos del Partido Único; un segundo conformado por los miembros del Consejo dirigente, o círculo interior del partido, siendo el tercero la multitud menos privilegiada o *proles*, sometidos de por vida sin posibilidad de oposición.

Los llamados externos, convertidos en la máquina burocrática del Estado, son expuestos a un control estricto y a una propaganda desmoralizadora impidiéndoles el modo de adquirir un pensamiento crítico. Sin apenas derechos individuales, la vida miserable de la mayor parte de los ciudadanos solo se ve aliviada cuando participa en las manifestaciones colectivas, donde pueden gritar consignas favorables al partido y criminalizar a los traidores del régimen. Administrados y conducidos únicamente por cuatro ministerios, los del Amor, de la Paz, de la Abundancia y de la Verdad, el protagonismo de este último resultará vital para manipular y destruir los documentos históricos, como libros, periódicos, etc., de tal forma que puedan corresponderse las evidencias pasadas con las versiones oficiales de una historia manipulada por el propio Estado.

Por extraño que parezca, el 6 de enero de 2021, una muchedumbre de insurgentes asaltó el Capitolio en Washington, creando un caos y desafiando a los legisladores que allí se habían reunido para certificar los resultados electorales. Un hecho que se producía como rechazo a la derrota del hasta entonces presidente Donald Trump, entendiendo que aquellos habían sido «amañados». Una teoría más que advertía de un posible fraude electoral, al mismo tiempo que señalaba con claridad la complicidad de algunos grupos de poder capaces de manipular a la sociedad de forma ímproba.

Esta tendencia que posee el ser humano para creer en cualquier detalle o aspecto que satisfaga nuestras ideas preconcebidas, sean verdaderas o no, forma parte de nuestra vida mucho antes de los hechos de Washington o de las manifestaciones de los múltiples grupos negacionistas surgidos por todo el mundo durante la pandemia provocada por el SARS-CoV-2. Son solo dos ejemplos de lo que podríamos llamar atajos cognitivos, ya mencionados en su día por la psicóloga Marta Marchlewska, para explicar la existencia de unos patrones generales, la mayoría de las veces inconscientes, con el propósito de tomar decisiones más rápidamente.

Muchas de las teorías de la conspiración, tanto las que circulan actualmente como las que se han descrito en el libro desde tiempos remotos, han buscado en muchos casos justificar lo inexplicable, aunque en otros, la conjura o el complot ha tenido como objeto la derrota de los enemigos. A menudo se han idealizado las conspiraciones hasta llegar al punto de ser reconocidas como un arte capaz de cambiar las cosas o de alterar el destino de los acontecimientos. Pero la realidad es que cuando no alcanzamos a entender un acontecimiento, un suceso, etc., hemos buscado refugio en las conspiraciones, en una maldad oculta para convertirnos en enemigos invisibles.

La historia de las tramas ocultas nos ha enseñado que la racionalidad muestra su lado más incómodo, martirizando o culpando a inocentes con tal de llegar a un refugio seguro. Así se han podido explicar las persecuciones a los judíos, a las brujas y brujos durante la Edad Media. Instalados en la ingenuidad, pero seguros de que de esa manera alcanzarían el perdón, el mundo quedó dividido de pronto en buenos y malos, sin tiempo para contrastar la realidad o la mentira. Unas veces por ignorancia, otras por miedo, hemos condenado a inmigrantes o gentes de otro color, todos por tener un denominador común como es la diferencia.

Cierto es que gracias a las tramas políticas o sociales se han producido cambios sustanciales. La Revolución francesa, la independencia de los Estados Unidos o las dos Grandes Guerras son ejemplos de lo que significa modificar el tiempo y el espacio en la historia. Los seres humanos venimos creyendo que las teorías de la conspiración traen consigo un salvador, alguien que nos ayudará a protegernos de nuestros enemigos. Ya sabemos que esto no siempre es así. Primero imaginamos a los enemigos, luego nos disponemos a librar una batalla sin tregua. Al final, personas ajenas al problema terminarán sufriendo las consecuencias.

Existen estudios que aseguran que para disuadir a la gente de las teorías falsas deberíamos corregir nuestras convicciones y plantear nuevos puntos de vista. Con ello, seguramente el mundo dejaría de ser una víctima del fanatismo. Sin embargo, conceptos como la libertad, la patria o el honor han prevalecido para buscar siempre algún chivo expiatorio en el que volcar nuestros prejuicios, nuestros fracasos, nuestra mala suerte, incluso nuestra ignorancia. Y es que, tal y como hemos visto hasta ahora, en los casos más extremos, las ideas paranoicas pueden llevar hasta el genocidio, legitimando así la persecución de unos pocos en lo que no es sino una consecuencia más de una cosmovisión poco menos que injusta y sectaria.

Richard J. Evan, historiador y profesor británico, dijo que el conocimiento histórico no debe admitir atajos. Aunque resulta una labor muchas veces compleja y monótona, lo cierto es que todas las evidencias deben examinarse con cautela. Más allá de las informaciones inexactas o de las propias manipulaciones, los planes y tramas han existido desde tiempos antiguos. Si bien es cierto que la incertidumbre a veces ha hecho vulnerables a muchos personajes de la historia, hemos de admitir que en otras ocasiones ha sido suficiente para dotarles de éxito. De esta manera, en tiempos del Imperio romano la eliminación de un dictador era celebrada como un hecho favorable. Una de las excepciones fue el asesinato de Julio César a manos del Senado. En realidad, aquella pérdida fue llorada por el pueblo, cambiando la tendencia preservada hasta entonces.

Así pues, muchas de las conspiraciones que nos ha transmitido el saber histórico no han pasado de ser meras cuestiones ficticias, muchas veces más próximas a lo absurdo que a la realidad. Sin embargo, cualquier conspiración puede transformarse en peligrosa cuando traspasa el umbral de la sinrazón para llegar hasta el centro del sentir cultural. Es aquí cuando es asumida por un colectivo que hace de ella su causa y su fe. La historia nos ha ofrecido claros ejemplos de este desplazamiento con resultados dañinos para la humanidad, causando genocidios o masacres, la mayoría de las veces innecesarios. Complots y tramas conspiratorias que consideraron a los cristianos en Roma como los responsables de todas las desgracias, siendo finalmente perseguidos con crueldad. En la Edad Media las víctimas serían las brujas y judíos con miles de muertos ajusticiados. Siguieron las conspiraciones de masones y herejes, declarados enemigos del pueblo durante el siglo xx.

Indicadores que hoy continúan presentes en los distintos patrones de información al considerar todavía a los emigrantes como ocupantes ilegales o a las instituciones supranacionales, gobiernos o multinacionales sospechosos de conspirar para controlar el mundo y vigilar nuestra libertad. Son miles las personas que no han dejado de pensar que entidades e individuos poderosos trabajan para ocultar la verdad. En último término, al margen de las realidades que han quedado demostradas o de las conjuras acreditadas, disipar el creciente auge en las teorías de la conspiración será uno de los desafíos importantes para el futuro. La comprensión de cómo socavar dichas teorías que conducen, en muchos casos, a la violencia se ha convertido en una tarea que tendrá que sustentarse, más pronto que tarde, en la transparencia y la necesidad de alcanzar una madurez cultural de la sociedad. Una asignatura pendiente, en definitiva, cuya superación no debemos demorar.

Bibliografía

Publicaciones periódicas:

ABC • *Anuario de Estudios Medievales* • *Boletín de la Asociación Española de Egiptología* • *Boletín del Instituto Español de Estudios Estratégicos* • *Cuaderno Judaico del Centro de Estudios Judaicos de la Universidad de Chile* • *Cultura Científica y Tecnológica* • *El Fénix, periódico universal, literario y pintoresco* • *El País* • *El País Semanal* • *Il Foglio* • *Investigación Económica* • *Investigaciones Geográficas* • *La Aventura de la Historia* • *La Vanguardia* • *Le Monde diplomatique* • *Melanges d'Archéologie et d'Histoire de l'École Française de Rome* • *Nova Tellus. Revista Internacional de Pensamiento Político* • *Revista Aequitas: Estudios sobre historia, derecho e instituciones* • *Revista Científica General José María Córdova* • *Revista de análisis sur-norte para una cooperación solidaria* • *Revista de Claseshistoria* • Revista *Historia Contemporánea* • *Revista de Historia* de la Universidad de Concepción de Chile • *Revista de la Inquisición. Intolerancia y Derechos Humanos* • *Revista Electrónica Historias del Orbis Terrarum* de la Comisión Editorial de Estudios Clásicos • Revista *Historia y Vida* • Revista *Horizontum* • Revista *Intus − Legere Historia* • *Revista Médica del Instituto Mexicano del Seguro Social* • Revista *Estudios Clásicos* • *The Wall Street Journal*

Textos publicados con anterioridad a 1950:

- Barón, André (1906). *Les Sociétés Secrètes, leurs crimes: depuis les initiés d'Isis jusqu'aux franc-maçons modernes.* Paris. H. Daragon, Libraire-Éditeur.
- Berti, Giovanni Lorenzo (1787). *Compendio de la Historia Eclesiástica.* Tomo III. Madrid. Andrés Ortega.
- Castellanos de Losada, Basilio Sebastián (1863). *Biografía eclesiástica completa. Vidas de los personajes del Antiguo y Nuevo Testamento; de todos los Santos que venera la Iglesia, Papas y eclesiásticos célebres por sus virtudes y talentos, en orden alfabético.* Tomo XVII. Madrid. Imprenta de D. Alejandro Gómez Fuentenebro.
- Cosca Vayo, Estanislao (1842). *Historia de la vida y reinado de Fernando VII de España.* Tomo II. Madrid. Imprenta de Repullés.
- Díaz Iglesias Castañeda, Epifanio (1852). *Historia general de la Iglesia, desde la predicación de los apóstoles, hasta el pontificado de Gregorio XVI.* Tomo II. Madrid. Imprenta de Ancos, Editor.

- D. M. M. (1860). *Diccionario de las principales sectas heréticas*. Barcelona. Imprenta y Librería Politécnica de Tomás Gorchs.
- Gaxotte, Pierre (1942). *La Revolución Francesa*. Madrid. Gráfica Universal.
- Hosmer, James K. (1893). *Historia de los judíos en las edades antigua, media y moderna*. Madrid. El Progreso Editorial.
- Lefèbre, Eugène (1869). *Documentos oficiales recogidos en la Secretaría Privada de Maximiliano. Historia de la intervención francesa en Méjico*. Tomo I. Bruselas y Londres.
- Luc, Pierre (1938). «Un complot contre le pape Benoît XIII», *Melanges d'Archéologi et d'Histoire de l'École Française de Rome*, 55.
- Llauder, Manuel (1844). *Memorias documentales del teniente general Manuel Llauder: en que se aclaran sucesos importantes de la historia contemporánea en que ha tenido parte el autor*. Madrid. Imprenta de Ignacio Boix, editor.
- Marceau, Pivert (1945). «Aspectos Económicos y Sociales de la Revolución Francesa», *Investigación Económica*, 5.
- Marichalar, Amalio y Manrique, Cayetano (1876). *Historia de la legislación y recitaciones del derecho civil de España*. Tomo IX. Madrid. Imprenta Nacional.
- Soulié, F. (domingo, 17 de octubre de 1847). «Pepino el Jorobado», *El Fénix, periódico universal, literario y pintoresco*.
- Rochi, Aquiles (1869). *Los males y los remedios para las naciones civilizadas, o sea, educación política para establecer la libertad de los pueblos basadas en las doctrinas y publicaciones de Mazzini, Victor Hugo, J. de la Portier, Garibaldi, etc.* Tomo II. Madrid. Editores Elizalde, Iruela y Compañía.
- Sáenz de Viniegra, Luisa (1860). *Vida del general D. José María de Torrijos y Uriarte*. Tomo I. Madrid. Imprenta de Manuel Minuesa.
- Saint-Acheul, M. Julien (1822). *Tarifa de los emolumentos eventuales de la tienda de papa, arreglada por Juan XXII y publicado por León X, par la absolución (á dinero de contado) de toda especie de crimen*. Cádiz. Imprenta de Ramírez.
- Zamora y Caballero, Eduardo (1875). *Historia general de España y de sus posesiones de ultramar: desde los tiempos primitivos hasta el advenimiento de la república, sacada de las principales crónicas, anales e historias de César Cantú… y otros célebres historiadores*. Tomo VI. Madrid. Establecimiento tipográfico de J. A. Muñoz.

Bibliografía básica:

- Álvarez Calderón, Carlos Enrique y Botero Murillo, Diego (2021). «Guerra y pestilencia: impacto de epidemias y pandemias en la historia hasta el siglo xx», *Revista Científica General José María Córdova*, 35.
- Álvarez Palenzuela, Vicente Ángel (2021). *Documentos de Benedicto XIII referentes a la Corona de Castilla*. Madrid. Editorial Dykinson.
- Andreassi Cieri, Alejandro (2004). «*Arbeit macht frei*». *El trabajo y su organización en*

el fascismo (Alemania e Italia). Barcelona. Ediciones El Viejo Topo.

- Bardini, Roberto (1988). *Monjes, mercenarios y mercaderes. La red secreta de apoyo a los contras*. México D. F. Editorial Mex-Sur.

- Bedman, Teresa (2003). *Reinas de Egipto. El secreto del poder*. Madrid. Alianza Ensayo.

- Ben-Itto, Hadassa (2004). *La mentira que no ha querido morir. Cien años de los Protocolos de los Sabios de Sion*. Barcelona. Riopiedras Ediciones.

- Benedictow, Ole J. (2011). *La Peste Negra (1346-1353). La historia completa*. Madrid. Akal.

- Boiral, Olivier (noviembre 2003). «Treinta años de la Comisión Trilateral», *Le Monde diplomatique*.

- Bosch, Aurora (2019). *Historia de Estados Unidos 1776-1945*. Barcelona. Crítica.

- Bröckers, Mathias. *11-S. Las teorías de la conspiración y los secretos nunca revelados del 11-S*. Barcelona. Ediciones B.

- Cadiñanos Martínez, Ana Begoña (2016). *La imagen de Alejandro en Roma. Desde los Escipiones a los Severos*. Tesis doctoral. Universidad Autónoma de Madrid.

- Camacho, Santiago (2005). *20 grandes conspiraciones de la Historia*. Madrid. La Esfera de los Libros.

- Castellanos de Zubiría, Susana (2008). *Mujeres perversas de la historia*. Bogotá. Grupo Editorial Norma.

- Castells, Irene (1989). *La utopía insurreccional del liberalismo: Torrijos y las conspiraciones liberales de la década ominosa*. Barcelona. Crítica.

- Cavallero, Constanza (2011). «Brujería, superstición y «cuestión conversa»: historias de construcción de "otros-cristianos"», *Anuario de Estudios Medievales (AEM)*, 44.

- Ceballos Gómez, Diana L. (1994). *Hechicería, brujería e Inquisición en el Nuevo Reino de Granada: un duelo de imaginarios*. Medellín. Editorial Universidad Nacional de Colombia.

- Cique Moya, Alberto (29 de enero de 2015). «Amenaza bioterrorista y Ébola. Documento de opinión», *Boletín del Instituto Español de Estudios Estratégicos*.

- Ehrenreich, Barbara y English, Deirdre (1981). *Brujas, parteras y enfermeras. Una historia de sanadoras*. Barcelona. Editorial La Sal.

- Estulin, Daniel (2005). *La verdadera historia del Club Bilderberg*. Barcelona. Editorial Planeta, S. A.

- Étienne, Bruno (1996). *El islamismo radical*. Madrid. Editorial Siglo XXI.

- Gottfried, Robert S. (1989). *La Muerte Negra*. México. FCE.

- Guzmán Hennessey, Manuel (2010). *La generación del cambio climático. Una aproximación desde el enfoque del caos*. Bogotá. Editorial Universidad del Rosario.

- Halphen, Louis (1992). *Carlomagno y el Imperio Carolingio*. Madrid. Akal.

- Heffer, Jean y Launay, Michel (1992). *La Guerra Fría 1945-1972*. Madrid. Akal.

- Hernández Buberos, Adolfo (2009). La conjura de Catilina. *Revista de*

Claseshistoria, 56.

- Herweck Dona (2012). *George Washington*. Huntington Beach (CA). Teacher Created Materials.
- Kabunda Badi, Mbuyi (2008). «El infarto ecológico en África: depredación, conspiraciones geográficas y económicas», *Revista de análisis sur-norte para una cooperación solidaria*, 45.
- Koch, Paul H. (2006). *Illuminati. Los secretos de la secta más temida por la Iglesia católica*. Barcelona. Planeta-De Agostini.
- Kramer, Heinrich y Sprenger, Jacobus (2005). *Malleus maleficarum: el martillo de los brujos*. Barcelona. Círculo Latino, S. L. Editorial.
- Lanfranchi, Edalfo (2017). *Illuminati (Historia, Poder y Futuro)*. Berlín. Verlag GD Publishing Ltd. & Co. KG.
- León Jiménez, Fernando (2007). «Eurabia: el dominio musulmán de Europa», *Nova Tellus. Revista Internacional de Pensamiento Político*, 3.
- López Palacios, Íñigo (22 de septiembre de 2019). «Apóstoles del negacionismo», *El País Semanal*.
- Martínez Gallo, Alejandro (2020). *Teorías de la conspiración: de la franja lunática al centro del imaginario colectivo*. Resumen de tesis. Universidad Nacional de Educación a Distancia (España). Escuela Internacional de Doctorado. Programa de Doctorado en Filosofía.
- Martínez Jiménez, Cristina (2010). *El Club Bilderberg. La realidad sobre los amos del mundo*. Cádiz. Absalon Ediciones.
- Martos Rubio, Ana (2008). *Papisas y teólogas. Mujeres que gobernaron el reino de Dios en la Tierra*. Madrid. Editorial Nowtilus.
- McPhee, Peter (2013). *Robespierre. Vida de un revolucionario*. Barcelona. Península.
- Meyssan, Thierry (2002). *11 de septiembre de 2001. La terrible impostura. Ningún avión se estrelló en el Pentágono*. Buenos Aires. Editorial El Ateneo.
- Meza Monge, Nilo (2011). *Espacios regionales fronterizos. Integración, más allá de discurso político*. Bloomington (Indiana). New Publisher.
- Mitre Fernández, Emilio (2009). *Una primera Europa. Romanos, cristianos y germanos (400-1000)*. Madrid. Ediciones Encuentro.
- Muller, Richard A. (2009). *Física para futuros presidentes*. Barcelona. Antonio Bosch Editor, S. A.
- Nevins, Allan (2020). *El deber y la gloria: Testamento político de John F. Kennedy*. Ediciones LAVP.
- Nicolás Kahan, Emmanuel (2019) *Memories that Lie a Little. Jewish Experiences during the Argentine Dictatorship*. Boston. Brill.
- Nievelt Pattillo, Hendrik van (2020). *El fin de la sociedad medieval y la peste negra*. Santiago de Chile. Origo Ediciones.
- Ortega, Francisco y Salfate, Juan Andrés (2020). *Los nuevos brujos*. Santiago de Chile. Editorial Planeta Chilena, S. A.

- Ortega, Guillermo (2015). *La Contra Contrarreforma*. Buenos Aires. Editorial Dunken.
- Pérez Largacha, Antonio (2006). *Historia antigua de Egipto y del Próximo Oriente*. Madrid. Akal.
- Ponce, Cruz Yamín y Cantú Martínez, Pedro César (2012). «Cambio Climático: Bases Científicas y Escepticismo», *CULCyT: Cultura Científica y Tecnología*, 46.
- Popper, Karl (2006). *La creatividad en la ciencia y en la educación*. Bogotá. Cooperativa Editorial Magisterio.
- Porset, Charles (1989). «La Masonería y la Revolución Francesa: del mito a la realidad». En Ferrer Benimeli, José Antonio (coord.). *Masonería, política y sociedad*. Volumen 1. Zaragoza. Centro de Estudios Históricos de la Masonería Española.
- Reinke, Niklas (2007). *The History of German Space Policy. Ideas, influences and interdependence, 1923-2002*. Paris. Beauchesne Editeur.
- Rodríguez Luján, David (2014). *Las Mujeres, Alemania y el Nazismo*. Lulu.com.
- Rojas Donat, Luis (2014). «El papel político del papado medieval. Notas sobre el valor de su estudio», *Intus-Legere Historia*, 8.
- Rubli Kaiser, Federico (noviembre-diciembre de 2020). «Repensando la sociedad. Conferencia virtual con Bill Gates, organizada por el TEC de Monterrey», *Horizontum*, 34.
- San Martín, Joaquín y Serano, José Miguel (2006). *Historia antigua del Próximo Oriente. Mesopotamia y Egipto*. Madrid. Akal.
- Siegel, Fred (12 de julio de 2007). «The Politics of the Paranoid Style», *The Wall Street Journal*.
- Szasz, Thomas S. (2005). *La fabricación de la locura. Estudio comparativo de la Inquisición y el movimiento en defensa de la salud mental*. Barcelona. Editorial Kairós.
- Talbot, David (2008). *La conspiración. La historia secreta de John y Robert Kennedy*. Barcelona. Crítica.
- Tello, Enric (2005). *La historia cuenta. Del crecimiento económico al desarrollo humano sostenible*. Barcelona. Libros del Viejo Topo.
- Toland, John (1976). *Adolf Hitler: The Definitive Biography*. New York. Anchor Books.
- Torres-López, Javier (2020). «¿Cuál es el origen del SARS-CoV-2?», *Revista Médica del Instituto Mexicano del Seguro Social*, 58.
- Trello Espada, Jesús (2003). «Medinet-Habu: La conjura de la reina madre», *La Aventura de la Historia*, 57.
- Wilson, Peter H. (2020). *El Sacro Imperio Romano Germánico*. Madrid. Akal.